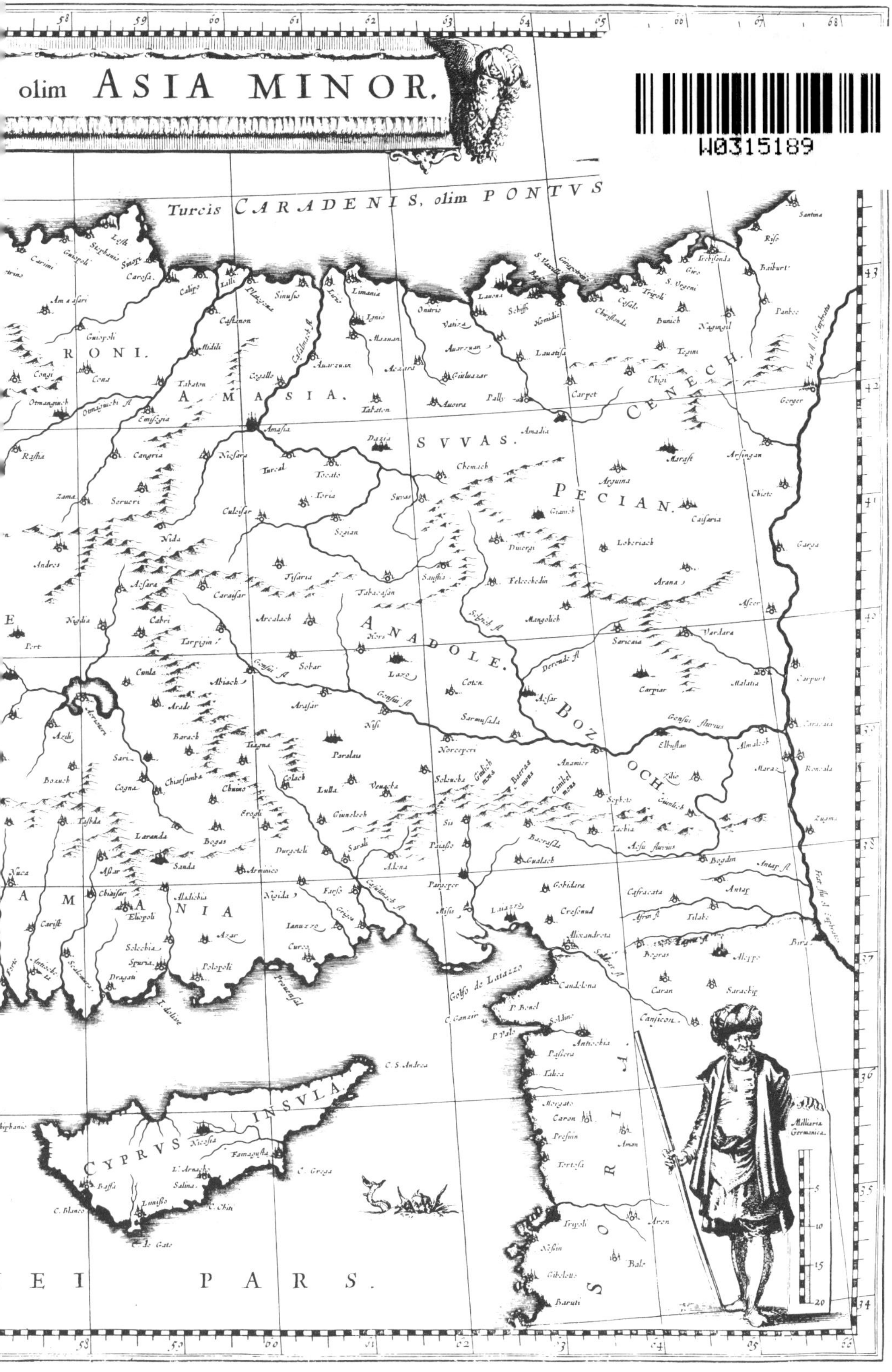
olim ASIA MINOR.
Turcis CARADENIS, olim PONTVS
AMASIA.
SVVAS.
PECIAN.
CENECH.
ANADOLE.
BOZOCH.
CYPRVS INSVLA.
Golfo de Laiazzo
Milliaria Germanica.
PARS.
Amasia
Trebisonda
Tripoli
Famagusta
Nicosia
Alexandreta
Antiochia
Aleppo
Malatia
Tarso
Adena
Laranda
Caraisar
Tabaccasan

KULTURGESCHICHTE DER ANTIKEN WELT

BAND 7

Schriften der Hermann-Bröckelschen-Stiftung
CARL HUMANN ZUM GEDÄCHTNIS
Band V

Herausgegeben von Dr. Friedrich Karl Dörner
Professor an der Westfälischen Wilhelms-Universität Münster

Vom Bosporus zum Ararat

HERAUSGEGEBEN
VON
FRIEDRICH KARL DÖRNER

PHVZ

VERLAG PHILIPP VON ZABERN · MAINZ/RHEIN

XII, 392 Seiten mit 27 Textillustrationen, 64 Abbildungen,
5 doppelseitigen Farbtafeln und 6 Farbtafeln mit 8 Abbildungen

Umschlagfoto · Vorderseite: Friedrich Karl Dörner
auf einem Erkundungsritt am Euphrat

Umschlagfoto · Rückseite: Blick über den See
von Achtamar (Foto Stephan Kroll)

2. Auflage 1984
ISBN 3-8053-0417-X

Printed in W. Germany / Imprimé en Allemagne
Satz: Studio Feldafing Karin Geiss
Gesamtherstellung: Zaberndruck, Mainz am Rhein

Diese ANTHOLOGIE,
d.h. diesen Blumenstrauß,
überreiche ich allen türkischen Freunden
vom Bosporus zum Ararat,
deren Gastfreundschaft ich genießen durfte,
deren Hilfe ich die Ergebnisse meiner
wissenschaftlichen Forschungen verdanke
und die mir mit Rat und Tat
bei meinen vielen Reisen
in ihrem schönen Land
beigestanden haben

Bu ANTOLOJİYİ,
güzel yurtlarındaki gezilerim sırasında
konukseverliklerini her fırsatta tattığım,
ilgi ve yardımlarına ilmi araştırmalarımın
neticelerini borçlu olduğum,
Boğaziçi'nden Ağrı'ya kadar
bütün Türk dostlarıma
bir çiçek demeti gibi sunuyorum

INHALTSVERZEICHNIS

DIE WESTKÜSTE

DIE SÜDKÜSTE

INNERANATOLIEN

DER OSTEN DES LANDES

GRUSS AN KLEINASIEN

Auch denke ich gerne meiner Wanderung durch die Gegenden von Smyrna. Es ist ein herrlich Land, und ich habe tausendmal mir Flügel gewünscht, um des Jahres *einmal* nach Kleinasien zu fliegen.

1797 *Friedrich Hölderlin*

EINFÜHRUNG

Die vorliegende Anthologie ist das Ergebnis einer lebenslangen Beschäftigung mit dem kleinasiatischen Raum, der im wesentlichen das Staatsgebiet der heutigen Türkei umfaßt. Nachdem mein Vater mir als Sextaner des Humanistischen Gymnasiums in Gelsenkirchen „Die schönsten Sagen des klassischen Altertums", nacherzählt von Gustav Schwab, geschenkt hatte, faszinierten mich diese antiken Götter, Heroen und Helden. Daneben trat die biblische Welt des Alten und Neuen Testaments. In der Sonntagsschule erweckten gute Leistungen meinen Sammeltrieb; denn sie wurden jeweils mit einer großformatigen Abbildung der Holzschnitte aus der Bilderbibel von Schnorr von Carolsfeld belohnt, die immerhin zweihundertvierzig biblische Örtlichkeiten und Szenen umfaßt.

Als dann an einem Sonntag ein Geistlicher uns stolz eine Flasche vorführte, die er von einem Besuch in Palästina mitgebracht hatte, und als er verkündete, er werde nun seine Taufhandlungen mit diesem in der Flasche aus Palästina mitgebrachten Jordanwasser vornehmen, da wurde zum ersten Mal der Orient für mich Wirklichkeit, und mein Entschluß stand fest, die Welt des Orients selbst einmal zu erleben.

Die Verwirklichung dieses Wunsches rückte näher, als ich nach einem erfolgreich abgeschlossenen Studium der Altertumswissenschaften auf Grund meiner Dissertation, für die mir Josef Keil, Professor für Alte Geschichte in Greifswald und Leiter der Ausgrabungen in Ephesos, von ihm entdecktes Inschriftenmaterial zur Bearbeitung anvertraut hatte, mit dem von der Reichsregierung auf Antrag der Zentraldirektion des Deutschen Archäologischen Instituts in Berlin verliehenen Archäologischen Staatsstipendium ausgezeichnet wurde. So stand mir entgegen allen Befürchtungen, trotz absoluter Devisensperre, versehen mit Dienstpaß und mit auf deutsche Goldmark ausgestellten Schecks die antike Welt offen. Ich lernte sie in atemberaubender Fülle bis zum zweiten Nilkatarakt kennen, erlebte die farbenreiche Welt des Orients noch ohne Touristen, wanderte durch Palästina und Kleinasien, besuchte alle mir von Jugend auf so vertrauten Städte im Heiligen Lande, stand einsam und allein auf dem geschichtsträchtigen Hügel von Troja und war überglücklich, als ich am Ende meines Stipendiatenjahres an der Herbstkampagne 1937 der Ausgrabungen in der hethitischen Hauptstadt teilnehmen durfte, die unter der Leitung von Kurt Bittel durchgeführt wurde.

Als ich anschließend einen Arbeitsvertrag bei der Abteilung Istanbul des Deutschen Archäologischen Instituts erhielt, da wurde das Land VOM BOSPORUS ZUM ARARAT meine zweite Heimat. Eine von Atatürk durch Vermittlung von Hans Henning von der Osten, damals Professor für Archäologie an der Universität in Ankara, erteilte Sondererlaubnis ermöglichte die gemeinsam mit meinem Freunde Rudolf Naumann durchgeführte erste Expedition nach Kommagene. In der vom Schwarzen Meer und Bosporus begrenzten bithynischen Landschaft entdeckte ich eine Fülle von epigraphischen und historischen Denkmälern. So konnte ich in der ehemaligen Hauptstadt des Königreiches Bithynien, in Nikomedeia, heute Izmit, die antiken beim Bau der Papierfabrik freigelegten Funde bearbeiten, die mit der Entdeckung des Marmorporträts von Kaiser Diokletian einen unverhofften Höhepunkte brachten. Hierüber berichtete ich in meinen wissenschaftlichen Arbeiten, aber ich schrieb darüber auch Artikel, die für den großen, an unserer Wissenschaft interessierten Leserkreis bestimmt waren. Dieser Gewohnheit bin ich treu geblieben, und so bilden Schilderungen über meine verschiedenen Arbeitsbereiche den Grundstock dieser Anthologie. Daneben begann ich aber auch Aufsätze und Artikel anderer Autoren zu sammeln, die mir besonders bemerkenswert erschienen und wert waren, der Vergessenheit entrissen zu werden. Es läßt sich denken, wie schwierig es gewesen ist, aus der großen Fülle des gesammelten Materials eine beschränkte Auswahl zu treffen.

Meine Idee war es, mit meinen Lesern die Weite der kleinasiatischen Landschaft mit ihren so diametral verschiedenen Klimazonen zu durchwandern, dabei die Fülle der historisch bedeutsamen Stätten kennenzulernen, die Kleinasien in einer ununterbrochenen Kontinuität seit 8000 Jahren zu bieten hat.

Verständlich, daß die Anthologie in ihrer Auswahl einem ständigen Wechsel unterworfen war. Manches schon Aufgenommene wurde wieder ausgeschieden und durch andere Artikel ersetzt; aber ich hoffe, daß die Anthologie in ihrer jetzigen Form meinem Ziele nahe kommt, meine zweite Heimat in ihrer Vielfalt darzustellen und einen Begriff von den Schönheiten dieser Brücke zwischen Europa und Asien zu vermitteln.

Durch meine Berufung an die Kleinasiatische Kommission bei der damaligen Wiener (jetzt Österreichischen) Akademie wurde das Land zwischen Bosporus und Ararat mein ausschließliches Arbeitsgebiet. Die Einziehung zum Wehrdienst beendete zunächst die mit viel Freude und Hingabe ausgeführte Tätigkeit, die für mich besonders gewinnbringend wurde, weil mein direkter Vorgesetzter mein inzwischen nach Wien berufener „Doktorvater" wurde, während die Kleinasiatische Kommission Adolf Wilhelm, der Altmeister epigraphischer Forschungsarbeit, leitete.

Wenn mir auch nach Beendigung des Krieges die Ärzte keinerlei Hoffnung machten, je wieder den körperlichen Strapazen der Forschungsarbeit in Kleinasien gewachsen zu sein, so gesundete ich doch durch körperliches Training und gewann allmählich meine alte Leistungskraft wieder. Vom Lazarett in Tübingen entlassen, erhielt ich durch Vermittlung der Professoren Weinreich und Watzinger sofort bei der Öffnung der Tübinger Universität einen Lehrauftrag für Alte Geschichte und Epigraphik, und schon im Jahre 1948 führte ich die erste Expedition nach Kleinasien aus. Ziel war die Entdeckung von antiken Inschriften im östlichen Teil von Bithynien. Die hierfür benötigten finanziellen Mittel stellte mir der amerikanische Gelehrte David Magie zur Verfügung, um die erfolgreich begonnenen Forschungen für die Tituli Asiae Minoris fortsetzen zu können.

Wenn jetzt die lange geplante Anthologie gedruckt werden kann, so ist das nur möglich gewesen durch vielfache Hilfe und Förderung. Mit der Widmung möchte ich meinen Dank an die vielen Freunde zwischen Bosporus und Ararat aussprechen, die mich bei meinen Wanderungen auf Schusters Rappen in ihren Häusern aufgenommen haben, die mir Unterkunft gewährten, wenn Roß und Reiter ermüdet nach einem arbeitsreichen Tage ein Nachtquartier suchten, die zu jeder Tages- und Nachtzeit bereit gewesen sind, den Jeep zu reparieren, der mich aber glücklicherweise immer nur dann im Stich ließ, wenn Hilfe in der Nähe war.

Die Entstehung dieser Anthologie hat meine Frau viele Jahre hindurch mit großem Interesse begleitet; sie hat mir ihre eigenen Reiseerinnerungen und zwei Übersetzungen aus dem Englischen zur Verfügung gestellt. Ihr möchte ich auch an dieser Stelle aufrichtig für alle Hilfe danken ebenso wie auch den Autoren und Verlegern, die in entgegenkommender Weise die Erlaubnis für die Publikation erteilt haben. Bei der Reinschrift des Manuskripts wurde ich im Laufe der Jahre von Margarete Seubel, Christina Nellissen und Helene Schröder sowie bei der Schlußredaktion von Monika Hörig unterstützt. Willy Rösinger hat die kartographischen Beigaben mit gewohnter Umsicht hergestellt. Ihnen allen danke ich sehr herzlich und ebenso auch meinem Freunde Hans Bünner. Als Initiator der „Hermann-Bröckelschen-Stiftung – Carl Humann zum Gedächtnis" hat er mit Umsicht und Tatkraft die bisher erschienenen Publikationen der von der Stiftung herausgegebenen Schriftenreihe ermöglicht. Nach dem Tode von Eduard Schulte habe ich auf Wunsch des Stifters und des Vorstandes die Leitung und Herausgabe der

Schriftenreihe übernommen, zu einem Zeitpunkt, als der bisherige Verlag seine Buchproduktion einstellte.

Ich bin glücklich, daß Franz Rutzen die Schriftenreihe in die Obhut des Verlages Philipp von Zabern übernommen hat und die vorliegende Anthologie durch seinen verlegerischen Rat freundschaftlich förderte.

Den Lesern dieser Anthologie bin ich noch ein Wort der Erklärung über die äußere Form schuldig. Im Text wurden offensichtliche Versehen ohne Hinweis verbessert, Orthographie und Zeichensetzung den üblichen Gepflogenheiten der Jetztzeit angepaßt. Bei türkischen Eigennamen und geographischen Bezeichnungen sind die veralteten Formen der ehemaligen Transkription aus der arabischen Schreibung dem jetzigen, durch Atatürk eingeführten lateinischen Alphabet angeglichen worden. Dabei wurden auch nach Möglichkeit die Besonderheiten des neuen türkischen Alphabets berücksichtigt; denn die türkische Sprache hat als Grundgesetz die Vokalharmonie; den hellen Vokalen e – i – ö – ü stehen in den europäischen Sprachen nur die dunklen Laute a – o – u gegenüber. Es fehlt ein dem hellen i entsprechender dunkler Vokal. Hierfür wurde ein neuer Vokal geschaffen, das ı, also primitiv ausgedrückt, ein i, aber ohne Punkt! Dank gebührt der Setzerei des Verlages, daß diese Besonderheiten im Satz berücksichtigt werden konnten.

So ergibt sich folgende Übersicht über die Besonderheiten der türkischen Rechtschreibung:

ç = tsch (çay = tschaj)
c = dsch (cemal = Dschemal)
ğ = kaum hörbarer Gurgellaut (dağ = dagh)
ı = (i ohne Punkt) dumpfer ü-Laut
j = Vereinigung von g und j wie in den deutschen Fremdwörtern Jalousie oder Journal
kâ = etwa gleich deutschem kja
s = stets scharf und stimmlos (Samsun = Ssamssun)
ş = sch
v = w
y = gleich deutschem j (yenice = jenidsche)

Wer sich für die originale Publikation der in dieser Anthologie aufgenommenen Beiträge und für ihre Verfasser interessiert, findet die Angaben darüber in der Kurzbiographie der Autoren, die in alphabetischer Reihenfolge am Ende des Bandes veröffentlicht sind.

1979 *Friedrich Karl Dörner*

REISEZIEL KLEINASIEN

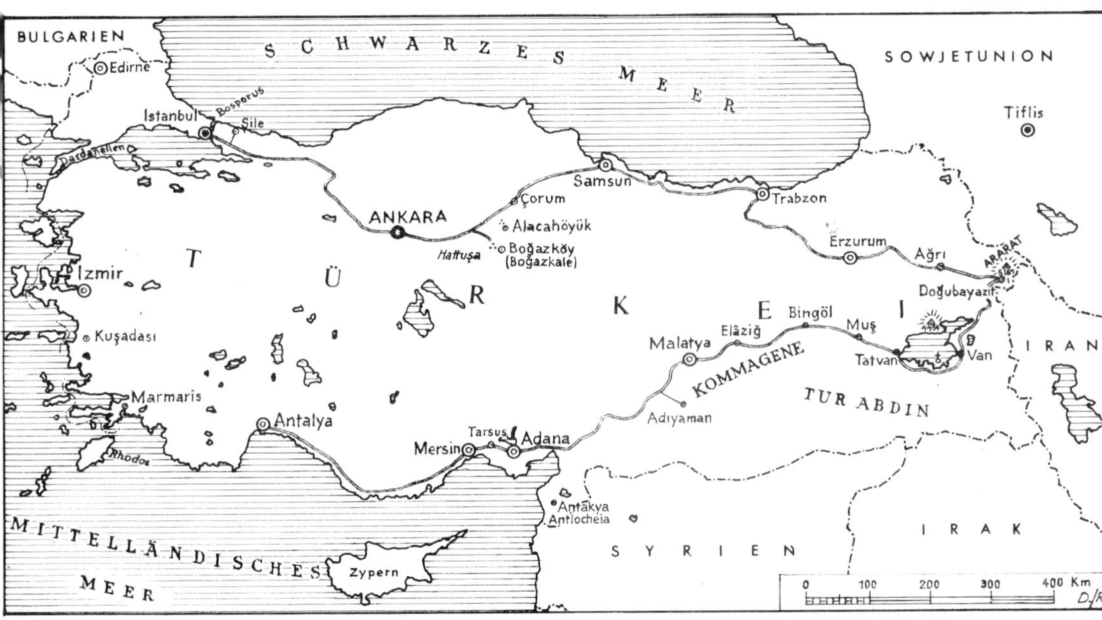

1 Kleinasien – Schematische Übersicht

KLEINASIEN
BRÜCKE ZWISCHEN EUROPA UND ASIEN

Zwischen je zweien der drei Weltteile, die das Mittelmeer einschließen, finden wir jedesmal eine Halbinsel, die, von einem zum andern hinüberleitend, trotz der Meerenge, die sie vom Nachbarerdteil trennt, eine verbindende Brücke bildet. Nicht ohne einige Berechtigung zählten manche alte Geographen Arabien zu Afrika; denn geographisch wie historisch standen und stehen die beiden Uferländer des Roten Meeres in engem Zusammenhange. Wer die Pyrenäen überschritten hat, ist mehr als einmal geneigt, sich zu fragen, ob nicht vielmehr diese statt der Meerenge von Gibraltar die Grenze zwischen Europa und Afrika bilden, und ebenso kann man Kleinasien bald als Fortsetzung Asiens, bald als solche Europas mit beinahe gleicher Berechtigung ansehen.

Westlich vom armenischen Hochland, dem Quellengebiete des Euphrat und Tigris, dehnt sich, den Kern der Halbinsel bildend, ein weites Hochplateau aus, eine baumlose Steppe mit einer Einsenkung in der Mitte ohne Abfluß nach außen und mit Salzseen, die Zeugnis davon ablegen, daß sie vor Urzeiten vom Meere bedeckt war. Dieses Hochplateau, den zentralasiatischen Hochebenen ähnlich, deren rauhes Klima es teilt, während die Küstenländer sich des Klimas und der Vegetation der übrigen Mittelmeerländer erfreuen, fällt nach Westen zu allmählich ab. Die Ströme, die ins Ägäische Meer sich ergießen, sind ziemlich weit ins Land hinein schiffbar, und uralte, bequeme Verkehrswege führen vom Bosporus und den gesegneten Gestaden Ioniens nach der lykaonischen Hochebene und von da weiter durch die Euphratländer nach Iran und dem Persischen Meerbusen. Nach Süden und Norden hingegen türmen sich mächtige, schwer übersteigliche Randgebirge auf, parallel zum Meere sich hinziehend und das Zentralgebiet von den Küstenländern abschließend, und die Ströme, die nach dem Schwarzen und Mittelländischen Meere fließen, den größten derselben, den Halys, nicht ausgenommen, sind nur auf ganz kurze Strecken von der Mündung aufwärts zu befahren.

Das Land ist also schon von der Natur vorherbestimmt als Durchzugsland zwischen der Balkanhalbinsel und dem inneren Asien, und dazu kommt noch als Hauptfaktor die für Handel und Schiffahrt so überaus günstige Westküste im Gegensatz zur Nord- und Südküste. Auf unserem ganzen Planeten gibt es kein zweites Länder- und Meergebiet, wo sich Land und Wasser ähnlich durchdringen, wie jenes ein Ganzes für sich bildende des Ägäischen Meeres mit der Ostseite Griechenlands und der Westseite Kleinasiens zwischen den Dardanellen und Kap Knidos. Ganz uneigentlich finden wir den Namen Griechenland auf den südlichen Teil der Balkanhalbinsel beschränkt. Eigentlich müßte man die Gesamtheit von Halbinsel, Inseln, Meerengen, Ebenen und Gebirgen so bezeichnen, die vom Marmarameere bis Kreta reicht und das europäische Griechenland ebenso umfaßt wie die kleinasiatische Westküste, die Heimat Homers und der ältesten griechischen Kultur. Die Nord- und Südküste Kleinasiens dagegen liegen jenseits der eigentlichen griechischen Welt und können sich, was Küstengliederung und brauchbare Häfen betrifft, nicht entfernt mit der Westküste messen.

Auf den uralten Heerstraßen zwischen den westlichen Meeren und dem Euphrat sind über Kleinasien noch ungleich häufigere Völker- und Kulturströmungen dahingezogen als über die pyrenäische und arabische Halbinsel. Von Osten kamen die Assyrer und Perser, das Christentum, die Araber und Türken, von Westen kam die griechische Zivilisation, kamen die Heere der Gallier und Alexanders, die der Römer und Kreuzfahrer, und unsere moderne Kultur bricht sich auf Telegraphendrähten und Schienenwegen langsam Bahn. Immer Stoß und Gegenstoß einander feindlicher Strömungen aus erster Hand empfangend, hat es dies Land nicht wie etwa Iran oder Mesopotamien zu einer einheitlichen Kultur bringen können, und für kein anderes der alten Welt hat die Pax Romana unter den römischen Kaisern so sehr eine unerhört glückliche Periode des Ausruhens und Aufblühens bedeutet, der dann wieder dunkle Jahrhunderte voll Greuel und Verwüstung folgten. Eine natürliche Folge der Küsten- und Bodenbeschaffenheit aber war es, daß die westlichen und mittleren Landschaften der Halbinsel ungleich mehr in den Strudel der Weltereignisse hineingerissen wurden als die nördlichen und südlichen Uferländer.

1885 *Karl Graf Lanckoroński*

VÖLKERKESSEL KLEINASIEN

Anatolien hat mit der Vielfalt seiner Formen, der Gegensätzlichkeit seiner Klimazonen und der Dramatik seiner Geschichte von Herodot über Xenophon und den Türken Çelebi bis zu den europäischen Reisenden der Neuzeit die besten Federn zu geographischer oder historischer Darstellung gereizt; aber es hat bisher noch nicht den Künstler gefunden, dessen schildernde Kraft der Gewalt seiner Landschaft gewachsen wäre. Es ist auch keine Schönheit, die sich rasch Bewunderer erobert; sein Antlitz gleicht vielmehr den Zügen eines sibyllinischen Weibes, in das Jahrhunderte ihre Furchen gegraben haben. Der Natur fehlt das Maßvolle, die Harmonie, die in der italienischen Landschaft den Dichter und den Maler seit jeher begeistert haben. Für Dürer und Winckelmann, für Goethe und F.Th. Vischer bedeutete Italien die Erfüllung einer Sehnsucht, weil sich ihnen dort in Zusammenklang von Natur und Kunst, von ungebrochenem Volkstum und ehrwürdiger Vergangenheit ein romantisches Idealbild erschloß. In Hellas, das nur wenige unserer Großen mit körperlichen Augen erblicken durften, versöhnte eine ewig junge und treu in der Seele bewahrte Vergangenheit den Philhellenen mit den Schattenseiten des Alltags. Das Anatolienerlebnis ist weniger eindeutig; mit einem ideal verklärten Orient im Sinne des Westöstlichen Diwans oder Rückerts hat es kaum zu tun. Wohl haben Dichter wie Lord Byron, Lamartine, Chateaubriand, Théophile Gautier auf anatolischem Boden geweilt, aber tatsächlich und geistig nur am Rande; den Landschaftseindruck vermittelt vielleicht keiner besser als der Dichter des „Patmos", der nie einen Fuß an die Gestade des Mittelmeeres gesetzt hat, wenn er etwa von den entsetzlich öden, aber in ihrer nackten Plastik ergreifenden südlichen Gebirgen sagt:

Aber auf denen springt / kein frischaufgrünender Wald nicht
In die tönende Luft / üppig und herrlich empor.
Unbekränzt ist die Stirne des Bergs, / und beredsame Bäche
Kennet es kaum, es erreicht / selten die Quelle das Tal.

(Hölderlin, „Der Wanderer")

Die anatolische Landschaft kann sich wohl in der Anlage, nicht aber im Ausmaß der Formen messen mit den gewaltigsten Bildern aus Innerasien oder Südamerika. Was sie aber diesen voraus hat, ist ihre Sättigung mit Zeugnissen der Vergangenheit. Auf Schritt und Tritt stößt man auf die Spuren einstiger Größe. Wenn man darum nach einem Ausdruck sucht, um das Wesen dieser Landschaft zu fassen, so müßte man von heroischer Landschaft reden. Ihr Maler müßte einer sein wie der Albrecht Altdorfer der Alexanderschlacht, wie Nicolas Poussin oder Karl Rottmann.

Große Geschichte spricht zu jedem vernehmlich aus den noch aufrecht stehenden Trümmern des Apollonheiligtums von Didyma hoch über der Ägäis oder dem römischen Tempel von Ankara mit dem in seine Cellawände eingegrabenen Rechenschaftsbericht des Augustus; leiser spricht sie zu dem, der sie hören will, in den elegischen Ruinenfeldern von Milet, Priene, Ephesos und Sardes. Der offenen Auges entlegene Landstriche durchstreifende oder der planvoll suchende Reisende des 19. Jahrhunderts hat manches vergessene Denkmal neu bekanntgemacht, und schließlich haben die Spitzhacke und der Spaten des Ausgräbers dem schweigenden Boden ein Geheimnis ums andere entrissen. Carl Humann hat in Pergamon aus byzantinischen Wehrmauern Platte um Platte den Relieffries des hellenistischen Zeusaltars herausgeschält, der den Kampf der Giganten gegen die Götter zeigt. In Hisarlık am Südausgang der Dardanellen hat Heinrich Schliemann in eigensinnigem Glauben an die Wirklichkeit der homerischen Mythen Troja entdeckt; Dörpfeld und später die Amerikaner haben durch systematische Fortsetzung seiner Grabungen neue Dimensionen der Geschichte des Landes erschlossen. Waren die bisher bekannten Denkmäler im wesentlichen die noch immer ansehnlichen Überreste prunkvoller Anlagen aus der römischen Kaiserzeit, unter denen selten genug rein Griechisches erhalten blieb, und reichten unsere schriftlichen Zeugnisse nicht viel über die Berichte des Herodot hinaus, so war nun die Geschichte des Landes um Jahrtausende nach rückwärts erweitert.

Die Grabungen der Brüder Körte in Gordion verschafften der Wissenschaft Kenntnis von einem phrygischen Reich, von dem in der griechischen Tradition nicht viel mehr als der sagenhafte Name Midas übriggeblieben war. Neuland schlechthin erschloß 1906/07 H. Winckler mit seinen Grabungen bei dem Dorfe Boğazköy im Halysbogen nordöstlich von Ankara; die von ihm erforschte ausgedehnte und wohlbefestigte Stadtanlage mit umfangreichen Tempeln und einem Felsheiligtum gehört ins zweite Jahrtausend vor Christus. Die Hauptstadt und das Reich der Hethiter traten mehr und mehr ins Licht der Geschichte, nachdem 1915 der Tscheche B. Hrozný die Sprache enträtselt und als indoeuropäisch nachgewiesen hatte. Die in einem reichen

Archiv gefundenen, in Keilschrift geschriebenen Tontafeln begannen zu sprechen und die Namen von Königen, ein ganzes Pantheon von Göttern, einen bis ins kleinste geregelten Kult, ein kodifiziertes Recht und eine nach Ägypten und Babylon ausgreifende Diplomatie zu entschleiern. Neue Aufschlüsse werden wir erwarten dürfen, sobald es gelungen sein wird, auch die vorzugsweise auf den Steindenkmälern verwendete hethitische Bilderschrift zu lesen. Die systematische Durchforschung einzelner der arabisch *tell,* türkisch *hüyük* genannten Siedlungshügel, die mit den viel kleineren Hügelgräbern nicht verwechselt werden dürfen, hat noch entferntere Zeiträume erleuchtet; manche dieser Stätten haben seit dem Neolithikum ununterbrochen der menschlichen Siedlung gedient, so daß der Kulturschutt sich zu mächtigen Schichten häufte. In der Ruinenstätte Kültepe bei Kayseri fanden sich keilschriftliche Urkunden aus dem 20. Jahrhundert v.Chr., die das Bestehen assyrischer Handelsfaktoreien in Kappadokien beweisen. Im 3. Jahrtausend teilten sich viele kleinere politische Einheiten Kleinasien; einer dieser Fürstenhöfe wurde durch die türkischen Grabungen 1925 bis 1941 in Alaca Hüyük erschlossen. Überraschend reiche Grabbeigaben kamen zutage, Gefäße, Schmuckstücke, Waffen und, besonders aufschlußreich für die religiösen Vorstellungen, vollplastische Figuren aus schwerem Kupfer, zum Teil mit Einlagen und Überzug aus Silber und Elektron; sie zeigen Stiere und Hirsche, rhombische, halbkreisförmige und oval gegitterte Scheiben, offenbar Standartenaufsätze. Die nach der Unterbrechung durch den zweiten Weltkrieg wieder einsetzende friedliche Arbeit der internationalen archäologischen Wissenschaft wird in Gemeinschaft mit dem regen türkischen Interesse an der Frühgeschichte des nationalen Bodens aus den noch weniger durchforschten abgelegenen oder bisher unzugänglichen Gebieten noch manche überraschenden Ergebnisse bieten. So hat man seit Kriegsende bei den von H.Th. Bossert geleiteten Grabungen in Karatepe (Kilikien) zweisprachige (hethitisch-phönizische) Texte gefunden; sie liefern aller Voraussicht nach den Schlüssel zur Lesung der bisher noch unentzifferten hethitischen Hieroglyphen.

Als bisherigen Ertrag dieser Forschung darf man buchen, daß die früher kaum in das historische Bewußtsein der Welt getretene vorhellenische Vergangenheit Anatoliens nun allgemein, und von den jetzigen Bewohnern des Landes ganz besonders, in ihrer Bedeutung erkannt ist. Man weiß nun, daß Kleinasien bereits in der frühen Steinzeit von Menschen bewohnt war, wenn man auch bisher nur Einzelfunde gemacht hat und noch auf keine Siedlungsstelle gestoßen ist[1]. Die Kulturstätten, die zeitlich am weitesten zurückführen, liegen im Südosten, also im Einflußgebiet Syriens und Mesopotamiens: Soğuksutepe bei Mersin und Sakçagözü westlich vom Euphrat. Auf dem

Hochland und im Westen, wo die unterste Schicht von Troja und das Bestattungsfeld von Yortan davon Kenntnis geben, scheint der Mensch später, gegen Ende des 4. Jahrtausends, seßhaft geworden zu sein. Hier hat sich so etwas wie eine eigenständige anatolische Kultur herausgebildet, die durch verhältnismäßig dicht gestreute städtische Siedlungen mit Herrensitz und Unterstadt hinter wehrhaften Mauern gekennzeichnet ist. Man glaubt, für diese Kultur die in den Boğazköy-Texten vorgefundene proto-hattische Sprache in Anspruch nehmen zu dürfen. Im Hethiterreich des 2. Jahrtausends mischt sich dann dies Einheimisch-Kleinasiatische mit dem von einer schmalen Einwanderer- und Erobererschicht mitgebrachten Indoeuropäischen. Das hethitische Reich, aus der Zusammenfassung mehrerer Stadtstaaten entstanden, stieg im 17. Jahrhundert auf und erlebte zu Beginn des 14. eine neue Blüte. Zum ersten Mal in der Geschichte ist Anatolien von der Hochfläche aus politisch zusammengefaßt, wenn auch vom Rande her im Osten das um den Vansee blühende Reich der Hurriter, die eine weder semitische noch indoeuropäische Sprache sprachen, und das Reich Mitanni in Nordmesopotamien, das eine indoeuropäische Oberschicht hatte, hereinragten und gegen Westen der hethitische Einfluß mit den ersten Gründungen aus dem Westen gekommener mykenischer Siedler sich berührte.

Ende des 13. Jahrhunderts ist dieses Reich in einer politischen Katastrophe untergegangen, der gleichzeitig die Siedlung VIIa in Troja zum Opfer gefallen ist (das Ereignis, das sich in den homerischen Epen spiegelt): bei einer Völkerwanderung aus Südosteuropa sind Phryger und Myser in Kleinasien eingedrungen, und die „Seevölker" suchten die Levanteküsten bis nach Ägypten heim. Ein phrygischer König namens Mita (Midas) faßte noch einmal den Herrschaftsraum der Hethiter zu einem kräftigen Reich zusammen; die Phryger, die eine großartige Felsarchitektur hinterlassen haben, stehen unter dem Einfluß der hethitischen Kultur, deren Höhe sie übrigens nicht wieder erreichten. In dieser Zeit woben die Äolier im Norden, die hochbegabten Jonier mehr südlich und schließlich die Dorer im äußersten Süden der ägäischen Küste „dem barbarischen Kontinent einen hellenischen Küstensaum an" (Jacob Burckhardt). Sie stießen nicht in das Landesinnere vor, sie lehnten sich an das Meer; daß sie aber bei ihren Gründungen auch bodenständige Anregungen verwerteten, beweist der Artemiskult in Ephesos, in dem die weibliche Gottheit der kleinasiatischen Bevölkerung, die Magna Mater, die Kybele, eine neue Verehrung findet.

Die kulturell schon den Hellenen verpflichteten Lyder Westkleinasiens, deren König Kroisos mit seiner Hauptstadt Sardes die Sage so viel beschäftigt, haben einen neuen Vorstoß barbarischer Völker aus dem Norden, der Kimmerier, zum Stehen gebracht. Dem indoeuropäischen Hochlandsvolk der Perser, die als Erben der stammverwandten Meder den mittelanatolischen Grenzfluß Halys überschritten, konnten die Lyder nicht Widerstand leisten. Ganz Kleinasien geriet teils freiwillig, teils unterworfen in persische Hand. Damit war es mit gesamtanatolischen Staatsgründungen bis ins hohe Mittelalter vorbei. Die Zugehörigkeit zum vorderasiatischen Weltreich schmolz das anatolische Selbstgefühl bis auf das weniger, noch lange hartnäckiger Bergstämme in die Untertanenschaft unter den Großkönig ein. Kulturell – das lehren die Grabungsergebnisse an alten Kulturstätten wie Boğazköy – wird das Kleinasiatische nach alten, längst erstarrten Mustern weitergepflegt, bis durch Alexander den Großen, den Vollender des unglücklichen jonischen Aufstandes vom 5. Jahrhundert, das Hellenentum weit über Kleinasien weg in das Herz Vorderasiens getragen wurde. Wenn auch die in der Diadochenzeit stürmisch anwachsenden, volkreichen Residenzstädte Seleukeia, Alexandreia und Antiocheia nicht auf kleinasiatischem Boden lagen, so kam der Aufschwung des Griechischen als der Koiné der neuen Weltsprache auch den älteren Zentren wie Milet und Ephesos zugute. Nach den vielverheißenden Anfängen der Frühzeit in Kunst und Philosophie war dort die Erfüllung ausgeblieben. Unter persischer Herrschaft oder persischer Bedrohung fehlte die Luft der Freiheit, die jenseits des Meeres der griechischen Kultur die klassische Blüte schenkte. In der Atmosphäre des Hellenismus hat Kleinasien, von jeher an größere materielle Maßstäbe gewöhnt als das Mutterland, den Vorsprung bald wettgemacht. Neue, schachbrettartig angelegte Städte wie Priene und junge Fürstensitze wie das unvergleichliche Pergamon auf seinem steilen Burgfelsen überflügelten Athen. Die Hellenisierung der Oberschicht, vor allem der lokalen Dynastien, in Inneranatolien darf nicht darüber hinwegtäuschen, daß sich kleinasiatisches Eigenleben, wenn auch nicht politisch, so doch religiös und sprachlich, noch lange fortsetzte. Im griechischen Gewande ist manche einheimische Gottheit an den alten Kultstätten weiter verehrt worden. Im Totenkult hielten die einzelnen Landschaften besonders treu an ihrer Eigenart fest.

Vorgriechische kleinasiatische Sprachen wurden bis nach Christi Geburt, zum Teil bis ins 6. Jahrhundert hinein, noch gesprochen. Zu einer Aufwallung des anatolischen Selbstgefühls und zu einer Reaktion gegen die von außerhalb der Halbinsel erobernd und ordnend eingreifenden Kräfte ist es nur einmal gekommen: Mithradates von Pontos hat diese Kräfte in seinen Dienst gestellt und 88 v.Chr. sie selbst in den weltoffenen Küstengebieten der Ägäis zu einer Art Sizilianischen Vesper gegen die Römer aufgestachelt. Aber das Ereignis blieb Episode; zu sehr war das Amalgamieren fremder Einflüsse, der Synkretismus in Religion, Sprache und Kultur den Kleinasiaten schon zur Gewohnheit geworden. Altkleinasiatisches, Hellenisches, Römisches und bisweilen noch Barbarisch-Nordisches wie das keltische Element in Galatien waren eine unauflösliche Legierung eingegangen. Die schon von der Natur vorgezeichnete Neigung zum Anschluß nach außen und das mangelnde Vermögen zu universalen Staatsbildungen von der mittelpunktlosen Halbinsel aus förderten immer wieder die Aufspaltung in kleinere Einheiten. Ein Beweis dafür ist vielleicht das hartnäckige Fortleben der alten Landschaftsnamen, als sie schon längst nicht mehr stammesmäßig Geschiedenes bezeichneten: neben den griechischen Gebieten Äolien und Jonien im Westen Bithynien, Mysien, Lydien, im Süden Karien, Lykien, Pisidien, Pamphylien und Kilikien, Phrygien, Galatien und Kappadokien in der Mitte, Paphlagonien und Pontos im Norden.

Die römische Herrschaft hat das Land nicht latinisiert, sondern durch die fortschreitende Erschließung von der Küste aus die Hellenisierung gefördert. So waren die anatolischen Weltstädte mit ihrer gemischten Bevölkerung und der griechischen Sprache als allgemeinem Verständigungsmittel der geeignete Boden für das Christentum; von den jüdischen Kolonien sprang die Botschaft bald auf die übrige Bevölkerung über: Antiocheia, Kolossai, Ephesos waren Einfallstore. Im Hinterlande von Smyrna lagen die sieben apokalyptischen Kirchen. Auf anatolischem Boden fand 325 das Konzil von Nikaia (Nicaea) statt, das unter der Leitung eines römischen Kaisers der jungen Kirche die Glaubenseinheit sichern sollte. Religiös zu allen Zeiten fruchtbar, wurde Anatolien neben Ägypten eine Heimat des östlichen Mönchtums. „Anatolische Staatsidee" nennt Jacob Philipp Fallmerayer die unauflösliche Verschmelzung von Diesseits und Jenseits in einem theokratischen Reich unter einem apostelgleichen Kaiser, der neben sich nicht das Korrelat eines Papsttums dulden konnte. Die Verkennung Ostroms, das Zerrbild vom Byzantinischen, die Ansicht, das „Bas Empire" sei nur ein schwacher Abglanz des großen Römerreiches, ein dauernder „decline and fall", geht auf die religiösen Streitigkeiten zwischen Ost und West, auf das bedauerliche, 1054 endgültig gewordene Schisma und auf Rivalitäten und Mißverständnisse aus der Kreuzzugszeit zurück. Viel zu lange ist darum diese dauerhafteste politische Schöpfung des griechischen Geistes unterschätzt worden; darf sie sich doch auf das Fortleben der griechischen Sprache, auf die dauernde Pflege des antiken Erbes und auf eine bis 1453 ununterbrochene Reihenfolge von Kaisern berufen.

Anatolien ist allerdings schon früh zu einer bedrohten Mark geworden. Es bedurfte immer wieder kräftiger Herrschergestalten, um in gewaltigen Anstrengungen die eingedrückten Grenzen wiederherzustellen. Nachdem der Ansturm der iranischen Sasaniden bewältigt war, stießen die zu kriegerischen Missionaren des Islam gewordenen Araber bereits unter den ersten

Omajjaden-Kalifen durch Kleinasien gegen die Reichshauptstadt vor. Sie scheiterten, aber bis heute lebt im Volksglauben das Brauchtum um die Grabstätten der legendären arabischen Glaubenskämpfer, des Sidi Battal südlich von Eskişehir, des Hüseyin Gazi auf dem Felsgipfel östlich von Ankara und des Eyub vor den Mauern Konstantinopels.

Die Kämpfe kamen am Euphrat zum Stehen, und hier entwickelte sich diesseits und jenseits ein Grenzkriegertum, das sich von der seßhaft-friedlichen Bevölkerung des Hinterlandes sozial, religiös und herkunftmäßig abhob. Die Lebensbedingungen waren auf beiden Seiten die gleichen: dauernder Kleinkrieg, stete Bereitschaft, Zwang zum Beutemachen, Belohnung durch Landzuweisung und Steuerfreiheit. Wer immer zu dieser gefährdeten, aber auch einträglichen und unabhängigen Lebensweise als Grenzkrieger bereit war, galt als willkommen. Nach seiner Volkszugehörigkeit wurde weder der „Akrites" (von ἄκρις = ἄκρα – das Äußerste, die Spitze, die Grenze) gefragt noch der Verteidiger des Islam an der Grenze (türk. *uç,* das Äußerste, die Grenze). Nicht einmal in Glaubensdingen war man sehr genau, das unterschied den kampfbereiten Glaubenskämpfer (arab. *ghāzī,* dazu das kriegerische Unternehmen im Glaubenskampf, *ghāzīa;* das Wort ist über das Italienische als Razzia bis zu uns gelangt!) von der dem orthodoxen Prediger folgenden städtischen Gemeinde des sicheren Hinterlandes. In den Marken des Islam aber herrschten seit dem 9. Jahrhundert die kriegerischsten und unvoreingenommensten seiner Bekenner vor, Türken aus Chorasan (Nordpersien) und Transoxanien (Westturkestan).

Das Ungestüm der Gazi sprengte schließlich den byzantinischen Grenzschutz; 1071 fiel bei Malazgirt (Mantzikert) Kaiser Romanos Diogenes in die Hand des Seldschuken Alp Arslan. Während seiner Gefangenschaft brach die byzantinische Verteidigung völlig zusammen. Anatolien stand offen, zumal Byzanz das armenische Element des Ostens vergrämt und es teils zur Abkapselung in kleineren Fürstentümern veranlaßt, teils geradewegs den Gazi in die Arme getrieben hatte, die es ohne Vorbehalt aufnahmen und zum Teil einschmolzen.

Die einströmenden Eroberer waren also für Anatolien nichts schlechthin Fremdes und nichts ausschließlich Feindliches. Die beiden Seiten der Grenze gemeinsame Kampfbereitschaft, die Opposition gegen Orthodoxie, Beamtenschaft und geordnete Staatlichkeit im Rücken, die Neigung zur Revolte und nötigenfalls zum Übergang auf die andere Seite hatten gesinnungs-, ja auch blutsmäßig das neue, vorwiegend türkische Element bereits auf die anatolische Mentalität eingestimmt. Die zahlenmäßig den Eindringlingen überlegene, von ihren kulturellen Wurzeln nicht abgeschnittene Vorbevölkerung blieb. Die Neuankömmlinge richteten sich in vielem nach ihr; das beweist schon die große Zahl von den Türken beibehaltener griechischer und zum Teil noch vorgriechischer Ortsnamen. Die Mischkultur des Grenzstreifens im Osten wurde nun zum Kennzeichen ganz Anatoliens; im Jahre 1095 stießen die Ostrom zu Hilfe geeilten Kreuzfahrer bereits im Dunstkreis Konstantinopels, in Nikaia, auf den ersten „sarazenischen" Vorposten. Die Unerfahrenheit der „Franken" im Kampf mit einem beweglichen Gegner und ihre Unbelehrbarkeit führte zwar auf anatolischem Boden zu einer Reihe von militärischen Katastrophen, aber im ganzen brachte ihr Eingreifen Byzanz doch die Erleichterung, daß der Küstensaum im Westen bis zum Hochplateau noch gehalten werden konnte. Hier entwickelten sich nun im kleinen dieselben Grenzverhältnisse:

Rückwärts von den Grenzen die staatlichen Kristallisationskerne, das von den Lateinern ins Exil nach Nikaia getriebene oströmische Kaisertum der Laskaris und das von einem Zweig der Seldschuken mit islamischer Rechts- und Verwaltungspraxis errichtete Reich von Rum mit der blühenden Hauptstadt Konya; beide Reiche blieben jahrzehntelang mehr in friedlichen als kriegerischen Beziehungen. An die Grenze schiebt das von der Eigensucht der Kreuzfahrer enttäuschte Ostrom Söldnerscharen aus aller Herren Länder: „Turkopulen", türkische Verbände aus den Wandergruppen, die auf dem nördlichen Steppenwege vom Kaspisee zum Schwarzen Meer und an seinem Westufer ins Reich gelangt waren, und die ungebärdigen Katalanen, aus deren Reihen Ramón Muntaner einen aufschlußreichen Bericht hinterlassen hat. Auf der Gegenseite nomadisierende türkische Stammesverbände (Turkomanen), die den Weidegang ihrer Herden im Niemandsland zwischen beiden Staaten mit Raubzügen gegen Freund und Feind verbanden; vor allem aber wieder die aus vielerlei beutelustigen und kampfbereiten Elementen unter schwer lenkbaren Emiren zusammengesetzten Scharen der Gazi. Die Kampfbereitschaft wurde als sicherer Weg zu Gott ins Mystische erhoben und zu einem Standesideal geprägt, das dem der parallelen christlichen Ritterorden sehr nahe kommt: hier wie dort die gleiche Gehorsamspflicht und Treuebindung, auszeichnende Verleihung von Kleidungsstücken (eine weiße Filzmütze bei den Gazi), Waffen und Geräten.

Heiligmäßige Männer, Scheiche und Derwische der verschiedenen mystischen Richtungen, die mit der großen Woge von Flüchtlingen nach dem Einbruch der Mongolen in das Reich Chwarezm südlich des Aralsees nach dem Westen gelangt waren, fanden in der Mitte der Gazi-Bünde freundliche Auf-

Abb. 1: Antike Denkmäler anstelle eines Minaretts als Postament für den Muezzin (Gebetsrufer) – s.S. 19 (Foto F.K. Dörner)

nahme. Die übersteigerte Glaubensbereitschaft, die im Klima des Kampfes gegen die Ungläubigen erwuchs, die Neigung auf individuellem, von den orthodoxen Autoritäten mißbilligtem Wege rascher der Vereinigung mit Gott teilhaft zu werden, schuf jenen Männern zu Lebzeiten weiten, auch politischen Einfluß; ihre Grabstätten wurden zu Orten abergläubischer Verehrung.

Als die oströmischen Kaiser wieder in Konstantinopel residieren konnten, ließen sie, wie zu früheren Zeiten, Anatolien aus dem Auge. Um 1300 war es fast ganz an eine Reihe von türkischen Gazi-Fürstentümern verloren. Da gab es im Südwesten das Emirat Menteşe, eine Gründung von Piraten, die bald mit dem Johanniterorden um Rhodos kämpften. Zusammen mit den Herren von Aydın dehnten sie ihre Raubzüge übers Meer, ja bis auf die Balkanhalbinsel aus. Weiter nördlich machten sich im ägäischen Küstengebiet die Herrschaften Saruhan und Karası breit. Andere Piratennester waren Tekke im Süden und Sinop am Schwarzen Meer. Hinter diesen, schon im gesicherten Gebiet, lagen die größeren Fürstentümer Germian um Kütahya und Karaman am Tauros. Die Beherrscher des letztgenannten traten schließlich das Erbe der Seldschuken in deren Hauptstadt Konya an. Wenn eines dieser Fürstentümer, so schien also Karaman, auch geographisch, dazu berufen, die Hegemonie in dem türkisch überschwemmten Anatolien zu übernehmen. Tatsächlich sind sie alle, und zuletzt auch Karaman, der jüngsten dieser Markgrafschaften erlegen, der der Osmanlı.

Es war also Kleinasien bereits vor dem Auftreten der Osmanlı türkisch durchsetzt; es war auf türkische Staatsgebilde aufgeteilt. Und doch ist mit ihnen etwas Neues da: der rücksichtslose Drang nach staatlicher Macht, aber auch der sichere Instinkt für alles, was diese Macht nach innen und nach außen stärken könnte. Die Osmanlı brachten in den Völkerkessel Kleinasiens sozusagen das Ferment, das die unzähligen Volksgruppen altanatolischen, griechisch-indoeuropäischen, semitischen und altaischen Ursprungs zu einer Staatsbürgerschaft zusammenschloß.

Der eherne Ton, den die älteste von einem osmanischen Herrscher zeugende Inschrift anschlägt, 1337 auf einer Moschee in Bursa, ist unüberhörbar:

Abb. 2: Der Gebetsrufer in Dört Divan — s.S. 90
Abb. 3: Bauer aus Bithynien — s.S. 90
Abb. 4: Der praktische Reisewagen beim Passieren einer Brücke mit Spolien und Bauelementen aus antiker Zeit — s.S. 62 (Fotos F.K. Dörner)

Osmans Sohn bezeichnet sich als „Sultan, Sohn des Sultans der Gazi, Sohn des Gazi, Markgraf der Horizonte, Held der Welt".

[1] Diese Lücke ist durch neue Entdeckungen seit 1950 auch geschlossen; vgl. den Artikel Çatal Hüyük S. 208 ff. (F.K.D.).

1950 *Friedrich von Rummel*

Blick auf Amasra am Schwarzen Meer ▷
(Foto F. K. Dörner)

bei dem sich die ganze Bevölkerung für die von Sonnenaufgang bis Sonnenuntergang eingehaltene Fastenzeit während der Nacht durch besonders gutes Essen schadlos hält. Aber im Hause meines Führers Hassan sah es traurig aus; durch Krankheit und Mißernte war der letzte Kurusch (Pfennig) aufgezehrt. Traurig ging er, wie er mir treuherzig erzählte, über sein großes Tabakfeld, in Sorge, was er seinen Angehörigen zum Essen mitbringen solle; denn in der Türkei macht immer der Hausherr alle Besorgungen für den Haushalt. Und da habe er recht innig zu Allah gefleht, er möge ihm doch irgendwie in der Not helfen. Kaum habe er sein Gebet gesprochen, als auch schon ein kleiner glitzernder Gegenstand seinen Blick auf sich gezogen habe. Es sei eine herrliche Gemme gewesen, ein kleiner geschnittener Edelstein, wie man ihn in antiker Zeit vielfach zum Siegeln benutzte. Und Hassans Augen leuchteten auf, als er mir in der natürlichen Redebegabung der Orientalen ausführlich schilderte, was er alles an Delikatessen an diesem und in den folgenden Tagen von dem Erlös des kostbaren Steines eingekauft hatte.

Großartig war die selbstverständliche Gastfreundschaft, mit der ich immer wieder auf meinen Fahrten aufgenommen wurde. Abseits der großen Straßen war mein Beförderungsmittel das Pferd oder der anatolische Reisewagen, dieses praktische Gefährt, in dem man halb sitzt und halb liegt und das infolge der tadellosen Federung alle Tücken des Weges überwindet und sich immer wieder aufrichtet, selbst wenn man einen Sturz für unabwendbar hält. Niemals konnte ich voraussehen, wo ich mein Nachtquartier aufschlagen würde, da meine Zeiteinteilung völlig von den Funden und deren Bearbeitung abhing. So erlebte ich – immer unangemeldet – die Gastfreundschaft von arm und reich, verbrachte die Nächte in wohlhabenden, mit allem Komfort des Orients ausgestatteten Häusern ebenso wie in armen Hütten, wo man sich noch der Hände als seiner natürlichen Eßwerkzeuge bedient. Ich glaube, es ist nicht übertrieben, wenn ich sage, daß es ebenso schwer ist, manierlich mit Messer und Gabel wie mit seinen Händen, nur mit Hilfe von Fladenbrot, zu essen. Und waren die äußeren Unterschiede auch noch so groß, eins war immer das gleiche: die herzliche Art, mit der ich willkommen geheißen wurde.

In allen kleineren Städten Kleinasiens sind jetzt überall nette, saubere Hotels eingerichtet. Einmal kam ich erst zu später Nachtstunde an und mußte mein Zimmer mit einem anderen Gast teilen. Als ich leise den Raum betrat, richtete sich der bereits anwesende Gast, aus dem Schlafe geweckt, leicht auf und sagte noch schlaftrunken die feierliche türkische Begrüßungsformel: „Hoş geldiniz", „Mögen Sie herzlich willkommen sein!", worauf ich ebenso höflich erwiderte: „Hoş buldum!", daß ich mich wohl aufgenommen fühle. Die Höflichkeit ist überhaupt besonders auffallend in der

Türkei, und es war für mich sehr beglückend, wenn sich diese leicht indifferent wirkende Höflichkeit in freundschaftliche Anteilnahme wandelte, wenn man in Erfahrung brachte, daß ich Deutscher war, und zwar ein Deutscher, der soeben erst aus Deutschland gekommen war. Als ich in Ankara einen Polizisten auf der Straße nach dem Wege fragte, genügte es diesem nicht, mir den komplizierten Weg zu beschreiben, sondern er brachte mich selbst zu meinem Ziel. Alle Beweise einer freundschaftlichen Gesinnung hat aber jener Straßenbahnführer in Istanbul übertroffen, der die Bahn extra für mich an einer Straßenkreuzung anhielt, damit ich nicht von der noch ziemlich weit entfernten Haltestelle zurücklaufen mußte.

Hoffentlich erlauben es die Zeitumstände, daß auch die deutsche Forschung wieder vermehrten Anteil an der historischen Erforschung Kleinasiens nehmen kann, die nicht nur eine Angelegenheit der Wissenschaft ist, sondern eine Aufgabe unserer gesamten abendländischen Kulturwelt.

1949 *Friedrich Karl Dörner*

VOM REISEN IN ANATOLIEN

Der Reiseprospekt empfiehlt verschiedene Möglichkeiten, um die Türkei, „das ideale Reiseland der Zukunft", kennenzulernen: das Flugzeug, die Eisenbahn, den Omnibus, den Dampfer und den Dolmuş. Den Ochsenwagen mit den quietschenden Scheibenrädern, den Planwagen, auf dem man die Fahrt auf Matratzen liegend verbrachte und den noch vor 20 Jahren überall flinke Pferdchen über die holprigen Wege zogen, nennt er nicht mehr.

Dafür ist der Dolmuş eine großartige Erfindung. Es ist eine Taxe, in die sich laut Polizeivorschrift fünf, in Wirklichkeit meist acht Personen teilen. Man kann sie für größere Strecken bestellen oder an bestimmten Standorten in Istanbul und Ankara mit Sicherheit antreffen. Der einzelne Fahrgast bezahlt darin nicht viel mehr als im Omnibus. Man hat das Gefühl, privat zu fahren und kann sich die schöne Geste des Heranwinkens leisten.

Erlebnisreich ist jede Fahrt in der Türkei, gleichviel in welchem Fahrzeug man sie antritt. Im Flugzeug genießt man die Landschaft am kürzesten, das mitfahrende Publikum am flüchtigsten. Ein stolzes Verkehrsmittel ist der moderne Dieselzug zwischen Istanbul und Ankara. Die einzige Schwierigkeit bestand für mich darin, den winzigen Laden unter dem belebten Brückenbogen zu finden, in dem man schon tagelang vorher seine Fahrkarte bestellen muß; denn jedesmal ist der Zug ausverkauft. Schon das Äußere der Wagen ist ansprechend, und alle zwei Stunden während der Fahrt erscheint ein Mann mit einem Besen, der Nußschalen, Zigarettenstummel, Papierfetzen und Staub unter den Sitzen hervorfegt. Draußen fliegt die Landschaft vorbei, zuerst der blauglitzernde Golf von Izmir, dann das tief eingeschnittene Tal des Sakarya-Flusses. Endlich ersteigt die Bahnlinie die gewaltige anatolische Hochfläche mit den kahlen, grandiosen Berglinien, den würfelförmigen Lehmhäusern der kleinen Dörfer, mit den Schafherden über den staubigen Grasweiden. Alles flimmert in der Hitze.

Das Publikum ist städtisch. Der Zug kostet doppelt soviel wie der Autobus. Die Kinder sind bemerkenswert artig während der langen Stunden. Bald knüpfen sich zwanglose Gespräche zwischen den Reisenden an. Der Fremde hat den Eindruck, als kennten sich alle diese „oberen Zehntausend". Die junge türkische Dame mir gegenüber spricht nur englisch und sucht einem jungen Landsmann durch die Aufzählung aller europäischen Städte, die sie besucht hat, zu imponieren. Sie trägt ein tief ausgeschnittenes rosa Sommerkleid, auffallenden Schmuck und lächelt unter hochtoupiertem blonden Haar. Mit ihrem eleganten Lederkoffer steigt sie nicht etwa in Ankara aus, sondern in einem winzigen kleinen Nest, einer Handvoll Häuser in der unendlichen Steppe. Ein Schwarm von Schwestern und Freundinnen, Großmutter, Mutter und Tanten nehmen sie mit Freudengeschrei in ihre Arme. Unter der streng ländlich gekleideten Schar – alle tragen Kopftücher und Mäntel – verschwindet der bunte kleine Papagei meinen Blicken.

Lauter und volkstümlicher geht es auf dem riesigen Autobusbahnhof in Ankara zu, aus dem ein vollbeladener Autobus nach dem anderen in die Steppe hinausrollt. Ein unbeschreibliches Gewühl herrscht besonders am Morgen zu den Hauptabfahrtszeiten. Vor allem sind es zigarettenrauchende Männer, die das Bild beherrschen. An der Wand eines Schuppens hocken vier Bäuerinnen mit einer ganzen Kinderschar. Die Kleinen sind schon jetzt todmüde und schlafen an den Schoß der Mutter gelehnt, die den Säugling an sich drückt und ihm von Zeit zu Zeit die Brust reicht. Im Gegensatz zu den Stadtfrauen, die den schwarzen Überwurf bevorzugen, tragen diese Frauen möglichst bunte Kleider und Schürzen, dazu turbanartige Tücher um den Kopf gewickelt.

Unser Autobus setzt sich unter furchtbarem Hupen in Bewegung. Er ist voll besetzt. Kinder brauchen anscheinend nichts zu zahlen und dürfen daher auch keinen Extraplatz beanspruchen. Sie sitzen auf dem Schoß der Eltern oder stehen gedrängt zwischen ihnen. Vielen von ihnen wird während der Fahrt übel. Zur Belustigung der Menge ertönt während der ganzen Reise in höchster Lautstärke türkische Radiomusik. Der Fahrer steuert mit bewundernswerter Ruhe und Geschicklichkeit das schwere Fahrzeug teils auf Asphalt, teils durch Schlaglöcher. Den ersten Aufenthalt gibt es, als das auf dem Dach hoch aufgetürmte Gepäck zu schwanken beginnt. Vier Männer helfen mit, es wieder festzuschnüren. Später tankt der Fahrer, und die Fahrgäste können die Toilette benutzen. Da mein Mann nicht mit mir fährt, bietet mir eine ältere Mitreisende die unbedingt schickliche Begleitung an. Im Zug gab es einen Speisewagen. Es wurde ein ausgezeichnetes türkisches Menü geboten. Der Omnibus hält statt dessen für eine Stunde, damit alle Reisenden ein Mittagessen einnehmen können. Überall in den Restaurants ist das Essen abwechslungsreich, schmackhaft und nicht teuer. Hat man es bestellt, so steht es im Umsehen vor einem auf dem Tisch.

Und in welches Fahrzeug möchte ich nun am liebsten einsteigen? Bestimmt in den kleinen Bosporusdampfer, der an den alten Holzhäusern und den steinernen Villen, an blühendem Oleander und dunklen Zypressen vorübergleitet, der das blaue Band des Bosporus durchfurcht, die schönste Verbindungsstraße zwischen dem Schwarzen Meer und dem Marmarameer, die Asien und Europa voneinander trennt. An den Haltestellen drängen sich Soldaten und Schüler, Bauern und junge Mädchen mit Badezeug, alte Frauen und zigarettenrauchende dicke Kaufleute. Geruhsam sitzt man auf den langen Bänken und bestellt Tee oder Kaffee. Seit der Kaffee in der Türkei als Importware hoch bezahlt werden muß, ist man mehr und mehr zum Tee übergegangen, der in winzigen Gläsern, die Portion nicht teurer als 10 Pfennig, auf einem Messingtablett serviert wird. Auch der wenig Begüterte kann daher einen kleinen belebenden heißen Trank behaglich schlürfen und dazu noch Freunde zu einem Gläschen einladen. Das Fahrgeld und das Teetrinken ist nicht teuer auf dem Dampfer, und also möchte ich wohl viele Male im Jahr für 15 Pfennig von Europa nach Kleinasien fahren!

Wenn sich eine anständige türkische Frau in angemessener Begleitung auf eine Reise in das Innere von Anatolien begibt, so tut sie das, um ihre Verwandtschaft zu besuchen. Sie ist dort sozusagen zu Hause, und es wird ihr nicht im Traum einfallen, ein Hotel oder ein Restaurant zu betreten. Das trifft natürlich nicht auf die großen Städte zu; man findet in Istanbul, Ankara oder Izmir völlig moderne elegante Hotels mit einem europäischen Lebensstil.

Betritt man den riesigen Park, der das Hilton Hotel in Istanbul wie ein blühender Teppich umgibt, so glaubt man – trotz der Aussicht auf den Bosporus – nicht mehr, in der Türkei zu sein, so amerikanisiert ist die Ausstattung und das Mobiliar. Genauso wie in Athen, Tel Aviv, Berlin oder London gleiten die Fahrstühle in die hochgelegenen Appartements.

Schwindelerregend hoch erhebt sich der Hotelneubau des Büyük Ankara Hotels in der Hauptverkehrsstraße der Hauptstadt Ankara; jedes Zimmer hat sein Bad, was mir noch immer wie ein Wunder in dieser wasserarmen Hochsteppe erscheint.

Den Preis aber unter den Luxushotels der Türkei würde ich dem Büyük Efes in Izmir erteilen. Seine Vorderfront ist dem blaubewegten Meer mit dem lebhaften Schiffsverkehr zugewandt, eine nicht weniger interessante Aussicht bietet sich von der Rückfront auf die Altstadt, wie sie mit tausend Häusern und Häuschen sich bis zur Burg hinauf erstreckt. Besonders am Abend ist der mit Lichtern bestickte Berghang ein zauberhafter Anblick. Ein grüner südlicher Garten mit einem herrlichen Schwimmbecken schützt das Hotel gegen jeden Straßenlärm und Staub, die Ausstattung weicht von dem üblichen Schema ab. Im Lande hergestellte moderne helle Teppiche und Vorhänge verwenden uralte Schmuckmotive. Eine Nachbildung der großen Diana von Ephesos begrüßt die Ankommenden in der Halle. Gläserne

Tischplatten ruhen auf nachgeformten antiken Säulenkapitellen, Springbrunnen plätschern, junge Mädchen in alttürkischer Tracht bieten den türkischen Kaffee auf runden Messingtabletts zur Begrüßung an.

An den weiten Sandstränden entlang der türkischen Küste wird ein modernes großes Touristenhotel nach dem anderen erbaut, bunte Prospekte laden die Badelustigen aus Europa und Amerika zu einem Ferienaufenthalt ein. Sie finden allerdings in diesen neuen Erholungszentren und großen Betonbauten kaum noch die typische, türkische Atmosphäre. Die Zimmereinrichtung und die Speisekarte haben sich weitgehend dem Geschmack der ausländischen Gäste angepaßt.

Doch gibt es immer noch stille Buchten und einsame Strände, an denen die Umgebung unverfremdet erscheint. Ganz besonders denke ich dabei an unseren Freund Kumbaba (deutsch: den Sandvater), einen weitgereisten und welterfahrenen türkischen Journalisten. Zum Erstaunen aller Freunde kaufte er am Schwarzen Meer bei Şile einen menschenleeren Dünenstreifen, der durch einen kleinen Fluß vom Festland getrennt ist. Nur sein Vater durchschaute sofort die Gunst des Geländes und sagte anerkennend zu ihm: „Seit du ein Kater geworden bist, ist das die erste Maus, die du gefangen hast".

Will man das romantische Hoteldorf in den Dünen besuchen, so stellt man das Auto vor dem still dahinströmenden Fluß auf den bewachten Campingplatz und kann mit der kleinen Fähre zur Düne übersetzen. Dort stehen schon die „Kamele vom Dienst" bereit, die sich geduldig mit den Koffern beladen lassen und sie langsam schaukelnd zu den im Gelände verstreuten Bungalows tragen. Jedes Häuschen hat einen Vorplatz, durch eine Pergola vor der Sonne geschützt, und im Innern einen großen, schlicht eingerichteten Schlafraum. Der Hausherr trägt die Gäste nicht nur in seine Listen ein, er freut sich auf eine abendliche Unterhaltung mit ihnen und führt sie durchs Gelände, wobei er auf die antiken Steine, Reliefs und Inschriften weist, die er am Wegrand aufstellen ließ und die er in den umliegenden Dörfern sammelte. Die Hotelküche wirkt allerdings nicht rein orientalisch, da die Hausfrau, die alles mit Umsicht dirigiert, eine Tirolerin ist. Daß diese Kombination den Gästen gut gefällt, zeigt der ständig wachsende Kreis der Freunde des Kumbaba-Sandstrandes.

Abseits der großen Straßen aber gehört das öffentliche Leben nur den Männern. In den Restaurants, in den Teestuben sitzen sie zusammen und werden auch nur von Männern bedient. Die Hausväter kaufen auf dem Markt ein, und hinter jedem Ladentisch steht selbstverständlich nur ein männlicher Verkäufer.

So ist das Wohnen in einem anatolischen Hotel für eine europäische Frau immer noch etwas Ungewöhnliches, und man kann auf manche Überraschung gefaßt sein. Will man nicht gegen jede Sitte und Anstand verstoßen, so zeigt man sich nur in Begleitung seines Mannes, der auch vor der Toilettentür diskret Wachposten bezieht. Eine Empfangsdame, Sekretärin oder auch nur eine Putzfrau ist in einer solchen Männer-Karawanserei nicht sichtbar. Natürlich wird man sehr freundlich empfangen, und es bedarf auch jetzt keiner besonderen Formalitäten mehr. In mittleren Städten wurde uns ein Anmeldeformular zum Ausfüllen vorgelegt. Als ich den Text zunächst durchlas und überlegte, wandte sich ein junger Mann zu mir und fragte: „Parlez-vous français?" Als ich es bejahte, zeigte er auf die erste fettgedruckte Zeile: Familienname und Vorname, und übersetzte sie mir stolz mit dem einzigen Satz, den er noch weiterhin beherrschte: „Comment allez-vous?" Damit waren seine Sprachkenntnisse zu Ende. Dies ereignete sich in einem Hotel in Kastamonu, das sich vor allen anderen durch eine pompöse Besuchsordnung für die verehrten Gäste auszeichnete. In Punkt 1 wurde angeordnet, daß in einem Bett nur jeweils eine Person schlafen dürfe. So streng scheint man aber nur in Kastamonu zu sein.

Auch das kleinste Hotel trägt die hochtrabende Bezeichnung Palas. Im Çinar-Palas unweit des Istanbuler Flughafens findet man allen nur erdenklichen Komfort, obwohl der Name Ahorn-Palast gar nicht übermäßig anspruchsvoll klingt. Erwartet man aber in einem Lüks-Palas (Luxus-Palast) in Anatolien Ähnliches, so wird man schwer enttäuscht sein. Die Zimmer sind von spartanischer Einfachheit, oft stehen drei Betten in ihnen aufgebaut, so daß für ein anderes Möbelstück kein Platz bleibt, bestenfalls für einen kleinen wackeligen Tisch mit einer Decke aus Zeitungspapier und für einen brüchigen Holzstuhl. Die Kleider kann man an ein paar Nägeln über dem Kopfende des Bettes aufhängen.

Wasser tröpfelt für alle, die im Hause nächtigen, in dem Vorraum der Toilette. Aber auch zu diesem einzigen Quell der Sauberkeit sich durchzukämpfen, ist nicht immer einfach, da an den Tagen, an denen sich so bedeutende Ereignisse wie etwa der Wochenmarkt abspielen, die Gäste nicht nur alle Zimmer belegt haben, sondern auch noch in Betten oder auf Matratzen im Flur und Vorraum untergebracht werden. In Eskipazar bewunderten wir die Einrichtung von erhöhten Schlafkojen im Vorraum. Direkt an der Treppe schlief der Hotelbesitzer, der oft noch in der Nacht von ankommenden Reisenden herausgeklopft wurde. Das einzige Bild des Hauses lächelte in seine Kombüse hinein: Atatürk, der sich aus seinem Abteilfenster lehnt.

In einem aufschlußreichen Reiseführer aus dem Jahre 1861, der umständlich die Strapazen einer Landreise nach Konstantinopel beschreibt, findet sich folgender Satz über die türkischen Hotels: „Die Reinlichkeit von Bett und Gemach ist immer etwas fraglich." Wenn uns der Wirt auch noch so eifrig versichert, daß die Bettwäsche „sauber" sei, so ist das keinesfalls identisch mit frisch oder ungebraucht. Als ein Freund von uns eines Abends entrüstet im Hotel erklärte: „Aber in dieser Bettwäsche hat doch bestimmt schon jemand geschlafen", antwortete der Wirt beleidigt: „Nur der französische Konsul!"

1962 *Eleonore Dörner*

EINIGES ÜBER DIE ANATOLISCHE FAUNA UND FLORA

Herkömmlicherweise stellt man sich Anatolien als einförmiges Steppengebiet, als Halbwüste mit nackten Steinbergen vor. Doch dieses Bild ist falsch und wahrscheinlich dadurch entstanden, daß die meisten Reisenden den Süden und die zentralen Teile des Landes im Sommer besuchen.

In Wirklichkeit zeigt Kleinasien als Subkontinent eine große Vielfalt und bildet weder in seiner Landschaft noch in biologischer Hinsicht eine Einheit. Es zerfällt in eine Reihe von Zonen, die alle ihre eigene, aus sehr charakteristischen Arten zusammengesetzte Tier- und Pflanzenwelt besitzen. Beginnt man im Norden mit dem Pontischen Gebirge, so finden wir hier eine ausgesprochen feuchtigkeitsliebende Fauna und Flora. Ausgedehnte Tannen-, Fichten- und Buchenwälder mit Moosen, meterhohen Farnen, einer Vielfalt von bärtigen Flechten sowie verschiedene Sträucher und Stauden und sattgrüne Matten geben der Landschaft ein Gepräge, das sehr an die österreichischen Alpen erinnert (*Abies bornmülleriana* im Westen, *Abies nordmanniana* im Osten, *Picea orientalis* im Osten, in mittleren bis höheren Lagen diverse Rhododendren, *Laurus nobilis* lokal im Abantgebirge, *Arnica caucasica, Doronicum* und so weiter). In tieferen Lagen des Pontischen Gebirges werden Haselnußstrauch und Walnußbaum in ausgedehnten Anlagen kultiviert. Abweichend von unserer heimischen Gebirgsflora sind hier nur die zahlreichen Liliaceen, wie Milchstern in vielen Arten, Wildtulpen, Zyklamen, die zur Zeit der Schneeschmelze blühen, und die Verbascumarten, die Königskerzen. Die Großsäuger sind durch typische Waldformen vertreten, wie etwa Maral, der kleinasiatische Hirsch, Luchs, Braunbär, Wildkatze und so weiter. In den Bergwäldern finden wir viele Kleinvögel, die uns von den Alpen her wohlbekannt sind: Buchfink, Tannenmeise, Gimpel. Allerdings bilden sie teilweise etwas abweichende geographische Rassen, Subspezies, aus.

Interessanterweise sind jedoch die niederen Tiere sehr verschieden. Unter den Insekten findet man zwar noch viele Gattungen, die auch in den Alpen und den Gebirgen der Balkanhalbinsel vorkommen, doch in artenmäßiger Hinsicht tendiert die Entomofauna bereits nach Osten gegen den Kaukasus und die iranischen Gebirgsmassive hin. Im übrigen bringen aber die einzelnen Gebirgsmassive der Pontischen Alpen zahlreiche – hauptsächlich ungeflügelte — endemische Arten hervor, die hinsichtlich ihres Verbreitungsareals auf den betreffenden Gebirgsstock beschränkt bleiben. In manchen Gruppen wechselt hier also die artenmäßige Zusammensetzung von Gebirgsstock zu Gebirgsstock sehr stark.

Im Süden schiebt sich die weite Hochsteppenlandschaft des zentralanatolischen Hochplateaus hart an das Pontische Gebirge heran. Der Charakter der Landschaft ändert sich schlagartig. Grassteppen treten an die Stelle der Gebirgswälder, bedingt durch das niederschlagsarme, kontinentale Klima mit seinen großen Temperaturschwankungen (Sommermaxima +42 Grad Celsius, Winterminima in weiten Gebieten unter −25 Grad Celsius), und gehen in exponierten Hanglagen und im Süden des Hochplateaus oft schon in Halbwüsten über. Die durchschnittliche Höhe dieses Plateaus liegt bei etwa 800 Metern. Baumbestände finden sich nur in günstigen Lagen als lichte Schwarzföhrenhaine, *Pinus nigra,* oder entlang der wenigen wasserführenden Flüsse als schmale Galerieauwälder aus Pappeln und Weiden. Die Landschaft erinnert bereits sehr an die großen Grassteppen Innerasiens. Doch nicht immer bietet sie dieses Bild einer dürren Steppe. Zur Zeit der Frühjahrsregen, in den Monaten April bis Juni, ist das ganze Land eine üppig grüne Wiese, von Tausenden bunter Blumen — Cruciferen, Mohn, Liliaceen — übersät. Entsprechend der Flora weist auch die Fauna unzählige typische Steppenformen auf. Die Wirbeltierfauna zeigt charakteristische Nager, wie Ziesel, Hamster, Mäuse, Blindmäuse und Vögel, wie Großtrappen, Lerchen, Ammernarten, Steinschmätzer und Flughühner. Sie dienen wieder vielerlei behaarten und gefiederten Räubern zur Nahrung: Wölfen, Schakalen, Adlern, Steppenbussarden, Weihen und anderen. An den flachen Steppenseen nisten Kraniche, Reiher und Störche.

Auch die Insektenfauna ist durch das Auftreten von Steppenarten gekennzeichnet. Unter den Käfern fallen die bunten, weißgezeichneten Erdböcke der Gattung *Dorcadion* auf, in zahlreichen Arten auf der Grassteppe zu finden, sowie die abwechslungsreich gestalteten Schwarzkäfer und verschiedene Mistkäferarten, *Scarabacidae.* Bemerkenswert ist die Uferfauna am Rande der großen Salzseen — hier treffen wir unter den Käfern eine ganze Reihe von Arten, die an den burgenländischen Zickseen vorkommen, der absoluten Nordwestgrenze ihrer Verbreitung, wie zum Beispiel die Laufkäfer *Dischirius transcaspicus, Pogonus persicus* und so weiter.

Ein völlig anderes Bild als die bisher geschilderten Landschaftstypen bieten die türkischen Mittelmeerküsten. Nicht nur die Überreste griechischer Hochkultur verraten klassischen Boden, auch eine an das südliche Griechenland erinnernde Landschaft mit Zypressen und Feigenhainen, Weingärten und Palmen empfängt den Besucher, und nur die schlanken Minarette der

Moscheen verleihen ihr türkisches Gepräge. Die Tierwelt ist allgemein bereits typisch ostmediterran mit Stachelschwein, Spint, Rötelfalke, Blauracke, Felsenmaus und so weiter und zeigt besonders am Südhang des Taurus das Eindringen von Arten aus dem äthiopischen und arabisch-syrischen Faunenbereich, wie Hyäne, Leopard, afrikanische Wanderheuschrecke auf der einen, Graufischer, Blatthornkäfer, Levanteskorpion auf der anderen Seite. Sehr artenreich sind die Reptilien vertreten; typisch für die Zone sind zum Beispiel Agamen, *Agama stellio,* Landschildkröten, Sumpfschildkröten, vielerlei Eidechsen, Geckos, Zornnattern, der Scheltopusik, kleinäugige Wurmschlangen, *Typhlops vermiculosus,* und die tief im Boden lebenden blinden Erzschleichen, *Planus.* Entlang der Schwarzmeerküste reichen die Ausläufer der mediterranen Zone sehr weit nach Osten bis zu den Abhängen des Kaukasus. In ihrem milden, regenreichen Klima gedeihen immergrüne Laubgehölze, Wein- und Zitruskulturen. In den üppigen Laubwäldern, die die Berghänge bedecken, ranken sich Schlinggewächse – *Smylax* – lianengleich an den Baumstämmen empor. Das Klima der östlichsten Provinzen Rize und Hopa besitzt geradezu subtropischen Charakter, der die Erträge der dort angelegten Teeplantagen so groß macht, daß der Bedarf der gesamten Türkei damit gedeckt wird. Eigenartig ist die Tierwelt dieser Zone, unter der mir der Pardelluchs, das Reh endemischer Rasse und der leider immer seltener vorkommende Jagdfasan, *Phasianus colchicus,* auffielen.

Manche entstehungsgeschichtlich interessanten Schlüsse lassen sich aus einem Vergleich der Hochgebirgsfaunen dieses „Vorhofes Europas" ziehen. Die stellenweise stark bewaldeten Pontischen Alpen mit ihrem Artenreichtum stehen im Gegensatz zur relativ armen Fauna der Taurosberge, die als kahle Felsmassive in den Himmel ragen. Die Waldbewohner machen hier den Steppen- und Felssteppenbewohnern Platz, in tieferen Lagen dominieren unverkennbar die mediterranen, syrisch-arabischen und iranischen Elemente. Nur in den höchsten Zonen findet man noch die Reste einer uralten Schneebodenfauna, die aber nicht mehr den Reichtum der nordanatolischen Hochgipfel zeigt.

Die Fauna der isolierten westanatolischen Gipfel, wie des Uludağ-Gebirges, die zur Gänze im mediterranen Faunenbereich liegen, besteht aus bodenständigen Endemiten, die sich im Laufe der Zeit aus ganz verschiedenen Faunenschüben entwickelten (Paläo- und Neoendemiten). So kann man zum Beispiel unter den endemischen Koleopterenarten der Hochzone des Uludağ-Gebirges zwei große Gruppen unterscheiden, eine von entwicklungsgeschichtlich älteren Arten, deren Entstehung vermutlich bereits in der jüngeren Tertiärzeit erfolgte, und eine wesentlich jüngere, die während einer der interglazialen Steppenphasen hier einwanderte und sich dann ebenfalls zu eigenen Arten differenzierte. Während die tertiäre Reliktfauna unverkennbare Beziehungen zur Fauna der Balkangebirge und Pontischen Alpen besitzt, leben die nächsten Verwandten der interglazialen Steppengruppe im Bereich des zentralanatolischen Hochplateaus und in der mediterranen Zone. Auch in ihren Lebensansprüchen sind diese beiden Gruppen völlig verschieden: die Tertiärrelikte als Schneebodenfauna sind feuchtigkeitsliebende Gebirgsbewohner, während die interglazialen Hochsteppenbewohner ursprünglich sicher trockenheitsliebend waren und sich erst in der Folge an den neuen Lebensraum mit seinen konträren Bedingungen anpaßten, wobei auch ihre Differenzierung in neue Arten erfolgte. Es ist bemerkenswert, daß durch die interglazialen Steppenphasen ein großer Teil der ursprünglichen Bewohner der Uludağ-Hochzone vernichtet wurde; denn heute überwiegen die jungen Einwanderer gegenüber den alten Schneebodenelementen. Die interglazialen Steppenphasen bildeten also für die Gebirgsfauna der westanatolischen Hochgipfel eine Katastrophe, die zu einer Vernichtung eines großen Teiles jener Arten führte, die ehemals in der Region über der Baumgrenze lebten. Ähnliche Beobachtungen wie im Uludağ-Gebirge konnte ich auch in der Hochzone der anderen westanatolischen Gebirgsmassive – Akdağ, Sultandağ und so weiter – machen. Im Gegensatz dazu wurde die Fauna der Bergwälder durch die Steppenphase weniger stark in Mitleidenschaft gezogen, so daß wir hier noch unzählige tertiäre Reliktarten finden konnten.

1966 *Harald Schweiger*

TÜRKISCHE VOLKSTÄNZE

Unsere Welt schreitet mit Riesenschritten einer internationalen Integrierung entgegen, einer Welt, in der alles standardisiert, typisiert und normiert wird, einer Welt, wo Völker und Städte fast wie ein Ei dem anderen ähneln, wo ein Massengeschmack und ein Massenlebensstil sich überall einbürgern. Durch diesen Uniformitätsprozeß wird alles Lokale, Pittoreske, Volkstümliche nach und nach verdrängt. In dieser langweiligen Einheitswelt sind die folkloristischen Künste fast die einzigsten Zufluchtsinseln. Daraus erklärt sich die geradezu modische Popularität und Aktualität der Volkstanzfestivals und Volkskunstausstellungen in allen zivilisierten Ländern.

Die Länder, die einen gewissen Reichtum an folkloristischen Künsten besitzen, haben gewissermaßen die Aufgabe, neue Geschmackslandschaften und Genußhorizonte für die Gelangweilten der Welt zu erschließen. Die Türkei ist eines dieser glücklichen Länder.

Mein Geschichtslehrer sagte bei jeder Gelegenheit, daß die Türkei der bevorzugteste Stammtisch der Geschichte sei. Seit Jahrtausenden haben um diesen Stammtisch unzählige Genießer, Plauderer, Gestalter, Denker, Kämpfer, Dichter, Sänger und Tänzer von Hethitern, Phrygern, Joniern, Hellenen, Römern, Persern, Byzantinern, Seldschuken, Osmanen, und wie sie alle heißen mögen, gesessen. In diesem weitläufigen und buntscheckigen Wirrwarr der Geschichte steht eines fest, daß wir, die wir heute auf diesem „Türkei" benannten Stück Erde leben, die glücklichen Erben aller Kulturgüter sind, die unsere alten Landsleute so großzügig hinterlassen haben. Ich möchte durch die Schatzkammer der Volkstänze dieses geschichtlichen Wunderlandes einen flüchtigen Streifzug unternehmen.

Wir wissen, daß der Mensch tanzte, bevor er sprach. Der Tanz als Urform

Ereğli – Herakleia Pontike am Schwarzen Meer
Abb. 5: Blick auf die Altstadt von den Uferhöhen – s.S. 48
Abb. 6: Kupferschmied Mesut Nalcı in seiner Werkstatt – s.S. 51
Abb. 7: Beim nächtlichen Fischfang in der Bucht von Ereğli – s.S. 51
(Fotos F.K. Dörner)

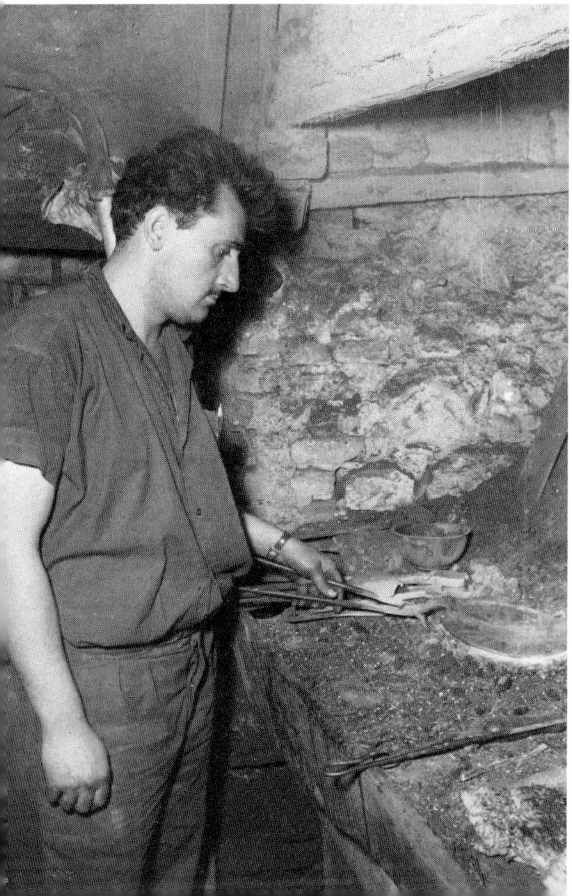

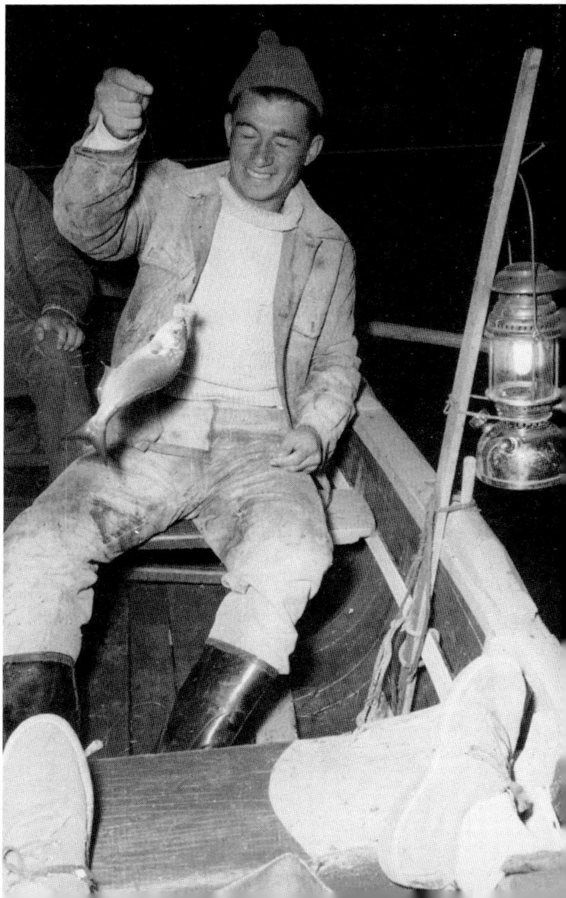

des Ausdrucks ist ebenso alt wie die Menschheit selbst. Wo das Geschichtsgeschehen so schillernd und im Überfluß ist wie in der Türkei, erklärt sich auch die reiche Skala der Volkstänze und Volksweisen von selbst.

Zu den vermutlichen Ursprüngen der anatolischen Tänze möchte ich auf Folgendes hinweisen. Auf den althethitischen Reliefs sieht man ein Musikinstrument, welches heute noch in Anatolien sehr volkstümlich und verbreitet ist und – in seinen verschiedenen Größen – *Saz, Cura, Çövür, Bağlama, Bozuk, Meydan Sazı* genannt wird. Die spitzen Mützen, die man auf den hethitischen Skulpturen sieht, bilden einen Teil der heutigen Volkstrachten mancher Gegenden. Auf den Reliefs finden sich auch tanzende Mädchenfiguren mit denselben Arm- und Handhaltungen, wie wir sie in manchen heute noch gepflegten Tänzen finden. Diese typischen Merkmale von Instrument, Tracht und Bewegung lassen vermuten, daß die hethitische Tradition sich bis heute, d.h. über Jahrtausende hinaus, lebendig erhalten hat.

Auch die uralaltaischen Einflüsse sind höchstwahrscheinlich sehr stark gewesen. Das heutige türkische Wort „*oyun*" z.B., das auf Deutsch Spiel und zugleich Tanz heißt, bedeutete im altschamanistischen Kult „der um die bösen Geister zu vertreiben gemachte rituelle Tanz" mit dazugehörigem mimischem, dramatischem und musikalischem Beiwerk.

Der mystisch magische Zaubertanz der Alttürken hieß „*büge*", was ohne Zweifel mit dem heutigen türkischen Wort „*büyü*", d.h. Verzauberung, Magie, etymologisch zusammenhängt.

Der Einfluß der islamischen Orthodoxie auf das Gesellschaftsleben der Türken war in bezug auf die Volkstänze nicht allzu günstig. Die fanatische Trennung der Geschlechter hat einerseits die Entstehung mancher geheimen freigesinnten Sekten, die gemeinsame Tänze der Männer und Frauen zuließen, verursacht, andererseits aber auch eine strenge Auseinanderhaltung der Geschlechter auch beim Tanz nach sich gezogen.

Ein eigenes Erlebnis kann den Einfluß dieses blinden Fanatismus gut erhellen: In einem Dorf, berühmt durch seine Männertänze, hatte uns der Dorflehrer verraten, daß dort auch die Mädchen sehr schön tanzen. Daraufhin bestanden wir für unser Festspiel auch auf eine Mädchengruppe, die

Ereğli – Herakleia Pontike am Schwarzen Meer
Abb. 8: Schüler beim Erlernen des Koran vor der Mihrap (Gebetsnische) aus antiken Spolien – s.S. 54
Abb. 9: Türkisches Holzhaus mit Außenmauern eines öffentlichen Gebäudes aus hellenistischer Zeit - s.S. 54 (Fotos F.K. Dörner)

uns fest zugesagt wurde, auf die wir aber bis zur letzten Minute vergeblich warteten. Der Dorfgeistliche hatte den Mädchen zugeflüstert, daß sie auf Grund dieser Frivolität nach ihrer Rückkehr wohl nie einen Mann bekämen. Der künftige Ehemann war also verlockender als unser Festspiel. Dies geschah vor 25 Jahren. Inzwischen wächst die Zahl der Frauengruppen oder der gemischten Gruppen, die an unseren Festspielen teilnehmen, von Jahr zu Jahr; ein Beweis dafür, daß der Bauer angefangen hat, diese innere und soziale Hemmung zu überwinden.

Die große geographische Ausdehnung des osmanischen Reiches hat ebenfalls zur Bereicherung des Volkstanzschatzes beigetragen.

Wie wir sehen, haben zahlreiche zeitliche, räumlich, kultische und ethnische Komponenten die große Vielfalt der Tänze Anatoliens verursacht, so daß Kenner der Folkloristik behaupten, obgleich viel verloren und vergessen ist, daß über 1000 Arten von Tänzen mit 1000 verschiedenen Namen noch existieren.

Die hauptsächlichsten Tanztypen in der Türkei sind: *Zeybek, Halay, Horon, Bar, Kaşık oyunları* (d.h. Löffeltänze), Nomadentänze, *Davul oyunları* (d.h. Trommeltänze) und Kriegstänze.

Die Zeybeks sind die charakteristischen Tänze der ägäischen Türkei. Vereinzelt trifft man sie auch innerhalb Anatoliens an, so z.B. den *Angara-Zeybek, Eskişehir-Zeybek.* Zeybek-Tänze sind hauptsächlich Männer-Solotänze. Es gibt aber auch Abarten, die von zwei oder mehr Personen getanzt werden. Die Zeybek-Kostüme sind typisch mit ihren kniefreien Hosen, ärmellosen bestickten Westen und breiten bunten Gürteln, von einem langstieligen Dolch oder einer Pistole durchstochen. Meistens sind die Tänzer mächtige breite Burschen mit kohlschwarzem massivem Schnurrbart. Es gibt sehr schwerfällige, langsame, aber auch flinke bewegliche Zeybek-Tänze. In jeder Abart aber symbolisieren sie einerseits den Wunsch des Emporsteigens wie bei einem Adlerflug, indem die Tänzer majestätisch ihre Arme in die Höhe strecken und ausbreiten und mit den Fingern schnipsen, und andererseits die Schwere der Erdgebundenheit mit einem plötzlich herabsinkenden und den Boden berührenden Knie. Der Zeybek ist ein Heldentanz von stoisch erhabenem Charakter. Begleitet wird er von Trommel (*Davul*) und *Zurna,* einem Blasinstrument, oder *Saz,* einem lautenähnlichen Saiteninstrument.

Eine Abart des Zeybeks, *Bengi* genannt und meistens in der Gegend von Balıkesir getanzt, ist ein sehr lebhafter, erregender Gruppentanz, der mit Jubelschrei die Siegesfreude der Krieger darstellen soll.

Die sogenannten Halay-Tänze sind mit verschiedenen Figuren, Rhythmen und Namen sehr verbreitet in Mittel-, Ost- und Südanatolien. In dieser breiten Region hat fast jedes Dorf seinen eigenen *Halay. Halay* ist ein Gruppentanz, wo Männer oder Frauen, zusammen auf einer geraden Linie oder auch im Halbkreis stehend, entweder sich an den Händen oder Schultern haltend, ihre Körper, Beine und Füße bewegen in einer disziplinierten Folge von abwechslungsreichen Rhythmen, vom Langsamen zum Schnellen übergehend. Jeder Halay-Tanz ist eine Suite, aus mehreren Figuren zusammengesetzt. Die Musik wird gewöhnlich vom klarinettenartigen Blasinstrument (*Zurna*) und einer Trommel (*Davul*) ausgeführt.

Ein typischer schöner Halay-Tanz von Sivas heißt *Köy Halayı,* also Dorf-Halay, mit altschamanistischem Charakter, in dem die Tänzer, mindestens 6 an der Zahl, einen langsamen Rundgang tanzen, wobei sie ihren Rücken dem Publikum zukehren, die Arme dem Himmel entgegenstrecken, den Körper nach hinten zurückbeugen, mit den Händen die Brust streicheln und wieder die Arme über den Kopf heben und in die Hände klatschen, um dem Sonnengott Dank zu sagen. Dann vollführen sie, auf den Knien sitzend, rhythmische Imitationsbewegungen des täglichen Lebens, wie Mehl sieben, Teig kneten, Brot backen. Dann erheben sie sich, um den ersten Rundgang der Danksagung zu wiederholen, knien abermals nieder, um Wolle zu kämmen, zu spinnen und zu weben, in sehr graziösen und witzigen Formen. Nachdem sie wieder, wie in einem Kehrreim, den Danksagungsrundgang wiederholen, knien sie abermals nieder, um dieses Mal den Kopf zu waschen, das Haar zu kämmen und sich im Spiegel zu bewundern. Zuletzt folgt ein Sprungtanz, *Hoplama,* um die Lebensfreude und Lebensbejahung zu versinnbildlichen.

In manchen Halays singen die Tanzenden. Besonders Frauen-Halays sind meistens von Gesang und tamburinartigen Teffs begleitet. Die Gesänge sind größtenteils sehr witzig. Da die Frauen-Halays auf Hochzeiten vorgeführt werden, so verulkt man böse Schwiegermütter, faule schwächliche Bräutigame und die knochendünne Braut des Nachbarn.

Es gibt auch Halay-Tänze der Frauen, die bestimmte Phasen eines Arbeitsvorganges in Wort, Gesang und Bewegung darstellen. Der Madimak-Tanz von Sivas z.B. versinnbildlicht die harte Arbeit des kollektiven Sammelns der *Madimak* genannten Pflanze, die wild in der Steppe wächst und als Gemüse gegessen wird. Bei der Gelegenheit werden auch die Verdrängungen der ausgebeuteten anatolischen Frau in der Einsamkeit der Steppe laut und frei zum Ausdruck gebracht. So z.B.:

Madimak kocht auf dem Herd,
auch mein Topf läuft über,
die Schläge, die ich vom Mann erhielt,
stiegen von eins zu fünf über.

In einer anderen Art des Halays von Yozgat wird die harte Erntearbeit bei einer *Burçak* genannten Getreidesorte geschildert:

> Meine Hand stieß auf Dornen,
> Ich verfluche den Säer,
> dabei vergesse ich nicht meine Schwiegermutter.

Die Horon-Tänze sind die typischen Tänze der Schwarzmeerküste. Ihre Eigentümlichkeit besteht in einem anhaltenden Beben aller Glieder von Kopf bis Fuß mit brüskem Absinken und Aufspringen, die zweifelsohne von arhythmischen Bewegungen der Wellen und den Zuckungen der in den Netzen verfangenen Fische inspiriert sind. Es ist ein Gruppentanz, entweder von Männern oder Frauen getanzt. Es gibt auch Horons, die *Hancer* oder *Bıçak horon* heißen, d.h. Dolch- oder Messer-Horon, und die von zwei Gegnern getanzt werden. Die Horon-Tänze werden immer von schlanken, feurigen, nervösen Burschen getanzt, die durch ihr Temperament das Publikum faszinieren und mitreißen. Die Frauen-Horon-Tänze sind nicht minder stürmisch und lebhaft. Das Begleitinstrument ist ein *Kemençe* genanntes Streichinstrument. Der Spieler singt zugleich zweideutige lustige Lieder, die zur Erheiterung und Anfeuerung der Tänzer und des Publikums beitragen.

Die Bar-Tänze finden sich in Erzurum und Umgebung. Es wurden dort über hundert Arten festgestellt; 40 davon sind die berühmten Tänze von Erzurum. Bars sind Gruppentänze, von Männern oder Frauen getanzt. Frauen-Bars sind gewöhnlich von schwermütigen Liedern begleitet. Die Instrumente sind *Zurna* und *Davul.* Die Männerkostüme bestehen aus schwarzen Westen, langen, eng anliegenden Hosen und schneeweißen Hemden. Die Frauentrachten bestehen aus reich mit Gold bestickten dreiteiligen Mänteln, genannt *Üç etek,* aus kornblumenblauem, lila oder purpurrotem Samt und altrosa oder türkisfarbenen Atlaspumphosen. Auf dem Kopf werden mit Goldmünzen behangene Feze getragen, die mit Pailletten bestickten Schleiern umhüllt sind. Die Blusen sind mit bunten Spitzen verziert, und Goldgehänge schmücken Hals und Brust. Charakteristisch für die Bar-Tänze sind die eigenartig flinken und komplizierten Schritte. Im Tanz steckt eine große verhaltene Spannung.

Die typischen Tänze Anatoliens sind die *Kaşık oyunları,* d.h. Löffeltänze. Vor allem in Konya, aber auch in Bolu, Mudurnu, sogar in Silifke, also einer Küstenstadt am südanatolischen Mittelmeer, werden sehr originelle Löffeltänze gepflegt. Sie werden solo-, paar- oder gruppenweise getanzt. Die Tänzer halten je zwei bunt bemalte Holzlöffel zwischen den Fingern und feuern mit ihrem kastagnettenartigen Schlag den Rhythmus des

Tanzes an. Die Instrumente sind *Saz*, Violine und *Dümbelek*, eine kleine mit den Fingern bediente Trommel. Die Löffeltänze von Konya wurden herkömmlich an den *Oturak alemi* genannten Herrenabenden von nackten Frauen in kultischer Andacht getanzt. In öffentlichen Veranstaltungen aber tanzen anstatt der Frauen Männer, wobei die Nachahmungen der weiblichen Bauchbewegungen sehr groteske, karikaturhafte Effekte hervorrufen.

In Silifke wird ein besonderer Löffeltanz gepflegt, der Rebhuhn-Tanz, *Keklik oyunu*, bei dem das Flattern der Flügel mit Löffelschlägen imitiert wird.

Die Nomadentänze sind die typisch kultischen Tänze, die gewöhnlich von Frauen und Männern zusammen getanzt werden. Die Tanzenden stehen sich paarweise gegenüber und drehen sich im Rundgang andachtsvoll mit erhobenen Händen und rhythmisch wogenden Armen und Körpern. Die Samach-Tänze, so heißen diese Yörük-Tänze, sind Überbleibsel des Sonnenkults der alttürkischen Stämme. Vom Osten bis zur Westküste der Türkei, überall wo noch Nomaden leben, ist diese Überlieferung noch erhalten. Die Nomadentrachten sind malerisch bunt und pittoresk aus giftgrünen und zyklamenroten Tüchern und Stoffen.

Auch die *Davul oyunları*, d.h. Trommeltänze, sind wohl eine Überlieferung des schamanistischen Kultes. Wer den Solotänzer *Kara Yılan*, übersetzt „Schwarze Schlange", den virtuosen Trommeltänzer von Kastamonu, gesehen hat, wird verstehen, daß dieser eigenartige trommelnde Ringer im rasenden Tempo, in Ekstase geratener Steigerung mit spasmenhaften Schlägen und Pauken zur Austreibung der bösen Geister viel beitragen mußte. Die Trommler von Bolu wirken mit ihren parallelen und symmetrischen Bewegungen wie Hodler-Gemälde und sind sehr eindrucksvoll mit ihren eigenartigen Pauken und Schlägen.

Die Kriegstänze sind in verschiedenen Gebieten von Anatolien heute noch lebendig. Der berühmte Säbel- und Schildtanz *Kiliç kalkan oyunu* von Bursa ist sicherlich der schönste und effektvollste. Es ist eine „dance pure", also ein Tanz ohne Musik. Große, mächtige Kriegergestalten, mindestens 8 an der Zahl, in der einen Hand lange blitzende Krummsäbel, in der anderen kupferne ziselierte Schilde tragend, betreten mit Angst einflößenden Schleichbewegungen die Bühne, markieren im Rhythmus des Tanzes mit durch das Hin- und Herwetzen der Säbel an den Schilden hervorgerufenen metallischen Tönen den Kampf, um dann plötzlich, zum Kampf übergehend, Säbel und Schilde in steigendem Takt aufeinander funkelnd zu schlagen. Dies zu sehen ist wahrlich ein Erlebnis. Es gibt auch in Bergama, Urfa, Muş, Muğla und verschiedenen anderen Orten Anatoliens Kriegstänze, die mit Musikbegleitung, mit Dolchen, Messern und Säbeln spielend, getanzt werden. In Giresun gibt es einen sehr beliebten pantomimischen Tanz mit Flinten, den *Çandarlı tüfek*.

Außer diesen großen Tanz-Kategorien gibt es noch zahlreiche andere Tänze, so z.B. Tiertänze, Sittentänze, Kars-Tänze und thrakische Tänze.

Unter den vielen Tiertänzen sind z.B. der Kameltanz, der Bärentanz, der Rehtanz und der Hühnertanz sehr beliebt. Der Kameltanz wird von 2 maskentragenden Tänzern, beide unter einer Decke versteckt, getanzt. Die Kopfmaske wird mit blauen Glasperlen, bunten Troddeln und Spiegelplättchen geschmückt, natürlich fehlen Buckel und Schwanz des Kamels nicht. Das so hergestellte geschmückte Kamel kommt mit dem Kopf und dem Schwanz wackelnd herein, böse auf die es neckenden Zuschauer, jagt es sie unter stürmischer Erregung, bis es sich dann erschöpft breit und lang niederlegt. Seine Erzfeinde, der Löwe und die Hyäne, maskiert als harmlose Schafe, nähern sich schleichend. Das Kamel wittert seine Feinde und erhebt sich ruckartig. Es beginnt der Urkampf des Guten mit dem Bösen. Dieses amüsante Spiel wird von *Zurna* und *Davul* begleitet.

Als Beispiel für die Sittentänze möchte ich den Tanz *Çayda çira* von Elâzığ anführen, einen typischen festlichen Hochzeitstanz. Er wird von mehreren Paaren getanzt, die in beiden Händen Teller mit brennenden Kerzen tragen. Sie beginnen mit einem Rundgang mit wogenden Körper- und Armbewegungen, so daß Licht- und Schattenspiele feenhaft wirken. Dann stellen die Tänzer die Kerzenteller im Kreise auf den Boden nieder, um den zweiten Rundgang des Tanzes zu vollführen. Die von unten beleuchteten Gesichter und Gestalten, Samt und Seide, Gold und Silber erhöhen den Zauber des Tanzes. Beim dritten Rundgang nehmen sie die Teller anmutig wieder hoch, um paarweise im Dunkeln zu entschwinden.

Ein weiterer eigenartiger Sittentanz ist der sogenannte Heyamol-Tanz von der Küste des Schwarzen Meeres. Er ist ein Schiffertanz aus der Segelklipperzeit, wo die Männer monatelang auf See blieben und bei Abfahrt und Ankunft jedes Mal diesen fast kultischen doppelstöckigen akrobatischen Tanz mit Gesang vorführten.

Die Kars-Tänze sind auch eine Welt für sich. Es sind rhythmisch sehr bewegte Gruppentänze, bei denen Frauen und Männer in kontrapunktischer Form von Frage und Antwort, bejahend und verneinend, verlangend und absagend, sich bewegen. Selbst die Männertänze sind sehr graziös und flink, zugleich aber auch männlich und imposant. Irrtümlicherweise werden die Kars-Tänze für russisch gehalten. Sie gehören aber mehr zu den kaukasischen Tanzarten, da sowohl ihre Weisen als auch ihre Worte typisch azeritürkisch sind.

Die Tänze der europäischen Türkei gehören meistens zur Gruppe der

Balkantänze. Während der langen Herrschaftsperiode der Türken in den Balkanländern haben gegenseitige Beeinflussungen stattgefunden, so daß heute viele jugoslawische, bulgarische und griechische Tänze und Musikinstrumente türkische Namen tragen, so z.B. *Eşkiya, Kasap, Zurna, Davul.* Wiederum sind viele thrakische Tänze typisch balkanisch wie *Hora* und *Zirto*.

Zum Schluß möchte ich mein Bedauern über die fortschreitende Degenerierung aller folkloristischen Traditionen und Werte, besonders der Tänze und Trachten aussprechen. Das Ursprüngliche, Echte und Bodenständige wird nach und nach verdrängt, man erfindet neue Figuren und Formen. Nur durch ein bewußtes Eingreifen des Staates könnte man dieser Kalamität einigermaßen entgehen, indem man authentische Schritte und Figuren aller Tänze festsetzt und die Volkstrachten mit ihren verschiedenen, regionalen Varianten in (ethnographischen) Museen sammelt.

1975 *Vedat Nedim Tör*

VOM SCHWARZEN MEER ZUM MITTELMEER

LANDUNG UND ERSTE EINDRÜCKE IN TRAPEZUNT

„Trabzon'da!" rief es im Morgengrau des zehnten August vom Verdeck der prachtvollen Stambol. Ich entsprang dem Lager, eilte hinauf und sah sie endlich vor mir, die langersehnte Komnenenstadt mit ihrem Namen voll Schmelz und Melodie. Der Flug des Kieles, das ungewisse Tageslicht, das anscheinend verworren und planlos über Klippen und Schluchten ausgegossene Häusermeer mit seinen aus Baumdickicht hie und da herausblickenden grauen Zinnen gaben noch kein klares Bild; es lag vielmehr beim ersten Anblick etwas Geisterhaftes und melancholisch Unheimliches über dem halb im Morgenschlaf begrabenen, schweigsamen Trapezunt. Wir bogen um einen hohen felsigen Ufervorsprung, der uns die Stadt, ihre Bäume und ihre Gärten neuerdings verbarg, und ließen auf dem alten, zur Zeit des Kaisertums und des genuesischen Handels *Daphnus* genannten, aber den Namen eines Hafens nicht verdienenden Landungsplatz um vier Uhr morgens die Anker.

Weil es noch früh war und ich es für besser hielt, erst dann auf das Land zu gehen, wenn der ganze Troß kolchischer, armenischer und persischer Wanderer das Fahrzeug verlassen hätte, blieb ich mir selbst überlassen und in der heftigsten Gemütsunruhe bis acht Uhr auf dem Verdeck. War ich denn nicht ohne Begleiter, ja selbst ohne Diener ganz allein mit meinem Reiseapparat, meinen Sorgen und meinen Erinnerungen 600 deutsche Meilen von der Heimat an der Küste des waldigen, unbekannten und von ungastlichen Lasen und Turkmanen bewohnten Kolchis im Angesichte einer Stadt, wo niemand meine Sprache redet und die Leute nicht einmal den Namen des Landes kennen, aus dem ich gekommen bin? Während der Fahrzeit genießt man freilich die nicht wohlfeilen Ehren und Zuvorkommenheiten eines Kajütenpassagiers. Allein, kaum sind die Anker gesunken und die Rechnungen abgetan, so ist auch das Band schon zerrissen, und man wird sich plötzlich wieder fremd, bevor man neue Verbindungen angeknüpft und das Los auf unbekanntem Boden gesichert hat. Die qualvollen Gefühle einer solchen Zwischenperiode kennt man auf Reisen im glücklichen Europa nicht, wo Sitte und Disziplin bei mäßigem Reichtum alle Wege ebnen und den Übergang in die fremdartigsten Lagen so fließend und zwanglos machen.

Der Anblick der ärmlichen Hütten des von der Stadt durch steile Ufer und einen steinigen Höhenzug gesonderten Hafenviertels vermehrte noch die Niedergeschlagenheit. Die Schloßruine auf der rechten und die hohe plateauförmige Bergkuppe auf der linken Seite der Reede mit einer aus dem Gebüsche hervorschauenden byzantinischen Kirchenkuppel im kleinsten Maßstabe konnten mich auch nicht trösten, obgleich sich stellenweise die üppigste Vegetation mit dichtbelaubten und ganz von Weinranken umschlungenen Bäumen zeigte. Ein Anstrich von Wildheit und Ruin schien über dieses abgeschlossene Segment des Kolchisstrandes ausgegossen, und ich sagte unwillkürlich zu mir selbst: „Das wären also die von Clavigo, von Eugenicus, von Bessarion so malerisch gepriesenen Herrlichkeiten von Trapezunt!" In der Beklommenheit fiel mir kaum ein, daß es auf der Höhe und hinter dem Strandfelsen vielleicht prachtvolleren und großartigeren Anschein gewähre; das Vorgefühl, als wären getäuschte Hoffnungen und leere Tabletten am Ende die ganze Frucht des langen Weges und des nicht unbedeutenden Aufwandes, preßte die Brust zusammen. Wer wird mir in der turkomanischen und fanatisch unduldsamen Muhammedanerstadt *Trabzon* Nachrichten aus der christlichen Komnenenzeit zu geben wissen?

*

Marim Oglu's Haus war neu; er hatte es erst vor elf Jahren, und zwar ganz im Geschmacke des Landes, erbaut. Vielleicht wäre auch mancher Leser neugierig zu erfahren, welche Form ein wohlhabender Mann im Kolchischen Lande seiner Wohnung gibt und wie es denn beim gewerbsamen Marim Oglu im Hofe innerhalb der Straßenmauer eigentlich ausgesehen habe. Man denke sich den eingefriedeten Raum als ein regelmäßiges, ebenes Viereck, von dem sich die Südseite mit dem schmalen Tor in der Mitte gegen die Straßenmauer kehrt, die Nordseite sich gegen das Schwarze Meer hinwendet, die linke und rechte aber ebenfalls mauerhaft vom anstoßenden Nachbarn abgeschlossen sind. Die nördliche gegen das Meer gekehrte Hälfte des Vierecks ist Garten, die südliche derart mit Bauwerk besetzt, daß an der Wand links vom Eingang das neue Wohnhaus mit einem obern Stock, an der Wand rechts ein bloßes Erdgeschoß, im gepflasterten offenen Raum zwischen beiden aber ein marmoreingefaßter Ziehbrunnen mit zwei Feigenbäumen und einem Granatbaum steht. Ein hölzernes Gitter mit zwei Eingängen schloß den Hofraum vom Baumgarten ab. Das leerstehende Erdgeschoß rechts ward mir als Wohnung überlassen; zwei kleine Zimmer mit zerlöcherten Papierfenstern und ohne Einrichtung, aber gegen die kühlenden Seelüfte und die Gartenschattenseite hingewendet, daneben ein für Trapezunt bequem eingerichteter räumlicher Saal, der vier große Fenster mit Glasscheiben und mit weißen und roten Vorhängen, dann einen italienischen Kamin, einen 18–20 Fuß langen roten Divan, neue Strohsessel, einen großen, mit grünem Tuch behängten Tisch und einen Boden von roten Ziegeln nach italienischer Sitte hatte. Der lange Divan, auf den man abends noch eine abgenähte Decke mit Leintuch und Kopfkissen legte, diente nach Landesbrauch zu nächtlicher Ruhe. Von den Fenstern gingen zwei gegen die Südseite und die hohe Straßenmauer, von der sie ein drei Schritte breiter und mit zwölf Fuß hohen Maisstengeln bepflanzter Zwischenraum sonderte; die beiden andern mit der Türe öffneten sich gegen den Hof und das Hauptgebäude hin. Eine Hausfront in gerader Linie wird man in Trapezunt nicht leicht finden; gewöhnlich springt das Drittel der Front zugleich mit der ganzen Dachlinie rechtwinklig weit über die Linie hervor, wodurch eine breite, meistens estrichgepflasterte und durch den auf dünnen Holzsäulen ruhenden Dachvorsprung sonnengeschützte, luftige Halle vor den Zimmerfenstern entsteht. Hat das Gebäude auch noch ein oberes Gelaß, wie Marim Oglu's Wohnhaus, so wiederholt sich diese Lauben-, Hallen- und Säulenökonomie in unverbrüchlichem Ebenmaß auf einer oder auf mehreren Seiten, und wo möglich rund um den ganzen Bau, was des Helldunkels und der Kühle wegen den mit bunten Teppichen belegten Zimmern des oberen Stockes einen besonderen Reiz gewährt. Die Augustsonne glüht abendlich von dem dunkelwaldigen Kap Joros herüber, die Bäume im Garten werfen lange Schatten, und im breiten Feigenlaub vor dem Fenster fächeln die Pontuslüfte. Daß aber in Trapezunt weniger der Geschmack und die Kunst als die Natur Gärtner ist, denkt sich der Leser ohnehin. Die Zierblume, der Strauch, die Schlingpflanze, der hochstämmige Baum wohnen hier neben dem Maisstengel, der Gurke und dem vier Fuß langen eßbaren Kürbis ohne Neid in nachbarlicher Eintracht beisammen. Doch bemerkte ich in Marim Oglu's kleinem Garten unter den Bäumen vorzugsweise die Feige, die Quitte, den Pfirsich, die Kirsche, die Orange, die Granate, die Limone, die Maulbeere, die Pflaume, die Olive und die Ulme, die in Kolchis besonders häufig und prachtvoll wächst und bei den Eingeborenen auf türkisch *karaağaç* (Ulme), auf griechisch aber Mavrodendron, d.i. Schwarzbaum in beiden Sprachen, heißt. An des Dichters Vers:

Fraxinus in silvis pulcherrima, pinus in hortis,

hält man sich, wie Sie sehen, in Trapezunt nicht ganz genau. Dagegen fehlt die Myrte, der Lorbeer, die Hagebutte, der Rosenstrauch, besonders aber die Haselstaude; die Weinranke und der Epheu mit einer in Europa unbekannten Fülle und Üppigkeit auf Bäumen und Gemäuer natürlich nicht. Doch ist die Traube erst anfangs September süß, während man sie von Zypern schon anfangs Juli, zwei bis drei Pfund im Gewicht, nach Ägypten bringt. Mensch und Traube sind in Kolchis straffer und herber als am Strande des verweichlichten Paphos.

August 1840 *Jacob Ph. Fallmerayer*

HERAKLEIA PONTIKE – EREĞLI
Eingangspforte in das Reich des Hades

Wo lag nach den Vorstellungen der Griechen und Römer der Eingang in das Totenreich, in dem nach antikem Glauben Hades über die abgeschiedenen Seelen herrschte? Durch das Los war Hades dieser Herrschaftsbereich zugefallen, als Kronos den Kosmos unter seine drei Söhne teilte, während Zeus der König des Himmels und der Erde wurde, Poseidon aber die Herrschaft über alle Weltmeere erhielt.

Ohne genaue geographische Festlegung berichten die alten Sagen und Mythen von diesem schauerlichen Ort. Gewiß muß es eine Stelle gewesen sein, die auf die Umwohner einen geheimnisvollen Eindruck machte, eine Stelle, an der die Erde sich zu öffnen schien und man in unergründliche Tiefen hinabzusehen glaubte. So gibt es für eine Suche nach einem so bedeutenden Platz als Anhaltspunkt einmal eine besondere Landschaftsbildung oder Gesteinsformation, andererseits kann man sich auf alte überlieferte Ortsnamen verlassen, die mit dem Sagenkreis um die Unterwelt in ursächlichem Zusammenhang stehen.

Wir wissen, daß Orpheus sich seine Gemahlin von dem Herrscher der Unterwelt zurückerbitten durfte; mit seinem Gesang erzwang er den Eingang zum Hades. Odysseus vermochte es, am Eingang zur Unterwelt die Seelen der abgeschiedenen Freunde zu beschwören. Vor allem aber stieg Herakles in das Totenreich hinab. Unter seinen zwölf berühmten, in der Antike viel besungenen Taten war dies seine gewaltigste Leistung. Eigentlich sollte er selbst ein König sein. Aber der Eifersucht der Göttermutter Hera gelang es, ihn seinem neidischen Vetter Eurystheus untertan zu machen. Dieser verlangte von Herakles Taten, die jedem anderen den sicheren Untergang gebracht hätten.

Die letzte und schwerste Aufgabe war es, in die Unterwelt hinabzusteigen und den vielköpfigen Höllenhund Kerberos (Cerberus), der den Eingang bewachte, lebendig vor ihn, den König Eurystheus, zu bringen. Nach einem mit Hades glücklich bestandenen Kampf durfte Herakles den Höllenhund mitnehmen, jedoch machte es der Herrscher über das Reich der abgeschiedenen Seelen zur Bedingung, daß Herakles den Kerberos ohne Waffen überwältige.

Daß diese Tat in dem bereits in der Antike aufgestellten Kanon im allgemeinen an letzter Stelle stand, hat nach meiner Meinung einen tiefen, religiösen Sinn. Es ist der leuchtende Höhepunkt im Leben eines Menschen, dem es gelungen war, den „Tod“ zu besiegen, siegreich aus dem „Rachen des Todes“ wieder an das Licht der Sonne zurückzukehren. So wurde für die Griechen Herakles das Ideal eines Menschen, der durch eigene Tüchtigkeit, Unbeirrbarkeit und Charakterstärke, die er bei der Ausführung aller Taten, aber auch im Ertragen aller ihm auferlegten Leiden bewies, sich selbst seine Unsterblichkeit erwarb, als er Hades bei seiner letzten Arbeit in dessen eigenem Reich überwand.

Schon im Altertum stritten sich mehrere Plätze um den Ruhm, die Örtlichkeit zu sein, von der es bei Euripides heißt:

Und zur letzten Arbeit stieg ins Reich der Tränen
Herakles zum Hades nieder.

Aber Herakleia am Schwarzen Meer hatte allen anderen etwas voraus: Trug doch diese Stadt den Namen ihres mythischen Gründers, lag sie doch in einem Gebiet, das bekannt war durch seine Giftpflanzen, die dort wuchsen. Diese waren nach antikem Glauben durch den Geifer des Höllenhundes entstanden, der auf die Erde herabgefallen war, als Herakles den Kerberos auf seinen Armen ans Licht getragen hatte.

Leider ist die einst reiche antike lokale Mythographie und Geschichtsschreibung über die Stadt Herakleia an der Südküste des Schwarzen Meeres, deren Name noch heute in dem jetzigen Stadtnamen Ereğli fortlebt, nur sehr trümmerhaft überliefert. Aber wir können daraus noch erkennen, wie berühmt dieser einzige Naturhafen an der Südküste in der Antike war. So beschreibt ihn Xenophon in seiner bekannten „Anabasis“, dem Bericht über den unter seiner Führung erfolgreichen Rückzug der 10 000 Griechen. Nachdem die Soldaten in Trapezunt am Schwarzen Meer Schiffe zur Rückkehr erhielten, landeten sie in Herakleia. Hier wurden sie von den Einwohnern mit Proviant unterstützt, und Xenophon charakterisiert dabei kurz die Örtlichkeit.

Ein Jahrhundert vor Xenophon war Herakleia durch eine Begebenheit berühmt geworden, die in der gesamten antiken Welt großes Aufsehen erregt hatte. In der Nähe von Herakleia existierte nämlich ein bekanntes Toten-

Ereğli – Herakleia Pontike am Schwarzen Meer
Abb. 10: Formation der Unterweltslandschaft mit Stätte des antiken Totenorakels – s.S. 52
Abb. 11: Der Eingang zur Unterwelt – s.S. 52 (Fotos F.K. Dörner)

orakel, das heißt eine Stätte, wo es mit Hilfe der amtierenden Priester möglich war, die Seelen Verstorbener aus dem Hades emporzurufen und mit ihnen in direkte Verbindung zu treten.

Dieser Möglichkeit wollte sich auch der spartanische Heerführer Pausanias bedienen, als er, der gefeierte Sieger der Entscheidungsschlacht zwischen Griechen und Persern im Jahre 479 v.Chr. bei Plataiai, schwere Blutschuld auf sich geladen hatte. Nach Beendigung der Kämpfe in Griechenland war ihm nämlich das Oberkommando über die griechischen Einheiten anvertraut worden, die den Kampf gegen die Perser im östlichen Mittelmeer fortsetzen sollten.

Wie die Quellen berichten, ging in Pausanias alsbald eine merkwürdige Veränderung vor. Er, dem es bei Plataiai gelungen war, die strategisch bereits verlorene Schlacht durch eine grandiose Kehrtwendung mit seinem spartanischen Kontingent taktisch doch noch zu gewinnen, verfiel in eine Perser-Manie. So soll er sich in seiner Kleidung und in seinem Gebaren wie ein Perser aufgeführt und den Schutz seiner Person einer persischen Leibwache anvertraut haben.

Das dramatische Geschehen setzte ein, als er in den Gassen von Byzantion der schönen Griechin Kleonike begegnete. Nach Art eines orientalischen Despoten habe er – so wird berichtet – sie am Abend zu sich befohlen. Die Empörung über dieses Verhalten des Pausanias war allgemein, nur Kleonike sei gelassen geblieben und habe am Abend sich jede Begleitung verbeten, als sie sich bereitmachte, dem Befehl des Pausanias Folge zu leisten.

Als Kleonike die Wohnung des Pausanias erreichte, ließen sie die Wachen passieren, und sie fand Pausanias schlafend auf seinem Lager. Das Gemach war nur durch das Licht eines Kandelabers erhellt, der aber durch eine ungeschickte Bewegung von Kleonike umstürzte. Erschreckt und noch schlaftrunken sprang Pausanias auf; er glaubte sich bedroht, zog seinen Dolch und stach auf den vermeintlichen Mörder ein.

Als die durch die Geräusche aufgeschreckte Wache mit Licht herbeieilte, sah Pausanias das Unheil, das er angerichtet hatte. Kleonike war tödlich verletzt und konnte nicht mehr gerettet werden. Pausanias aber fand nach die-

Üskübü (Konuralp) – Prusias ad Hypium
Abb. 12: Hirtenmädchen – s.S. 63
Abb. 13: Junge mit selbstgebasteltem Bogen – s.S. 63
Abb. 14: Der vollerhaltene oberste Rang des Theaters, erbaut im 1./2. Jahrhundert n.Chr. – s.S. 63 (Fotos F.K. Dörner)

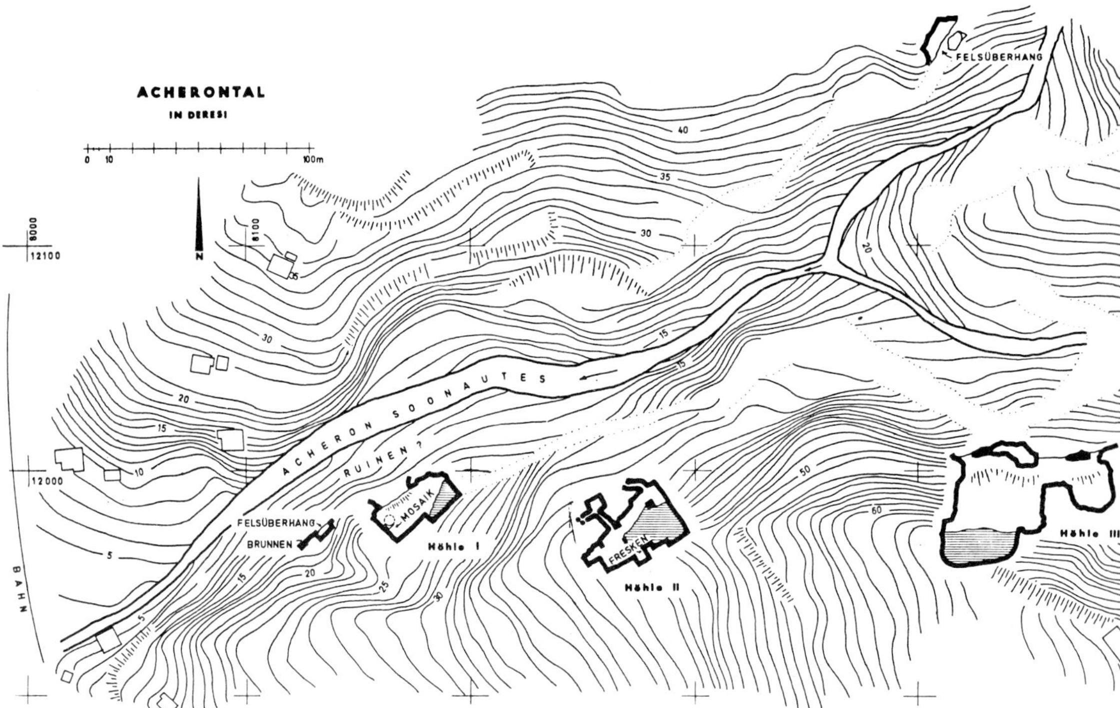

2 Das Acherontal bei Herakleia

sem Geschehen keine Ruhe mehr. Seine Tat beraubte ihn des Schlafes bei Tag und bei Nacht, überallhin verfolgte ihn das Bild der von ihm getöteten Kleonike.

So machte er sich von Byzantion auf den Weg in das benachbarte Herakleia in der Hoffnung, daß ihm die Priester in seiner Not helfen könnten. In der Tat – so wird berichtet – hätten sie die Seele der ermordeten Kleonike aus dem Hades gerufen. Auf die Frage des Pausanias an Kleonike, warum sie ihn des Schlafes beraube und warum sie den Gott des Schlafes von seinem Lager fernhalte, habe sie ihm versichert, daß er schon bald wieder Ruhe finden werde. Damit habe sie Pausanias sein bevorstehendes Ende anzeigen wollen. Denn er wurde in Sparta bald danach wegen verräterischer Umtriebe vor Gericht gestellt, entzog sich aber dem zu erwartenden Todesurteil durch seine Flucht in den Tempel der Athena Chalkioikos. Hier war er zwar durch das Asylrecht des Tempels vor einer Verhaftung sicher, aber dem Hungertode ausgeliefert, als die Eingangspforte vermauert und das Dach des Tempels abgedeckt wurde.

Bei meinen Vorbereitungen für eine Forschungsreise im Gebiet der südlichen Küste des Schwarzen Meeres erhielt ich einen ersten Hinweis für die Stätte des Totenorakels. Als sich nämlich der preußische Generalstabsoffizier Walther von Diest bei seinen von Heinrich Kiepert für die Türkeikarte veranlaßten Routenaufnahmen zwischen dem Weißen und dem Schwarzen Meer in Ereğli aufhielt und sich für das Gebiet nördlich von Ereğli interessierte, da hielten ihn die Einwohner von dem Besuch dieses Tales ab. Man erfand alle möglichen Ausflüchte, warnte „vor dem sumpfigen Grunde und den gefährlichen Wasserschlangen", wodurch sich von Diest auch tatsächlich von einer Erforschung dieses Bereiches abbringen ließ.

Als ich nun gemeinsam mit Wolfram Hoepfner im Stadtgebiet von Ereğli nach antiken Denkmälern Umschau hielt, wurde uns auch mitgeteilt, daß auf militärischem Gelände einige vollständig erhaltene, beschriftete Sarkophage aufgestellt worden seien. Der Kommandeur Kâmil Deliormanlı war ebenso wie seine Offiziere fasziniert, als ich ihnen von meinem Forschungsziel berichtete, den Eingang in das „Reich des Hades" zu entdecken und nach Möglichkeit in die unterirdischen Regionen vorzudringen.

So wurde umgehend ein Erkundungsritt in die nähere und weitere Umgebung von Ereğli organisiert, an dem sich neben dem Kommandeur auch mehrere Offiziere beteiligten. Es wurde für Hoepfner und mich zu einem unvergeßlichen Erlebnis, als wir, anstatt wie meist auf Maultieren mit anatolischen Holzsätteln, jetzt mit den militärisch gesattelten und aufgezäumten Pferden des Stabes in aller Frühe zu unserer Suche nach dem Eingang in die Unterwelt aufbrachen. Auf den Landkarten hatten wir schon gemeinsam mit den Offizieren die bestehenden Möglichkeiten für unseren Erkundungsritt erörtert. Am ehesten schien das Gebiet nördlich von Ereğli in Frage zu kommen. Hier hatte sich ein kleiner Fluß sein Bett durch das anstehende Gestein gegraben. Sollte das – so fragten wir uns – vielleicht der nach der griechischen Sage die Unterwelt umströmende Acheron sein?

In flottem Ritt bewegte sich unsere kleine Kavalkade in der Morgenfrühe vom Stabsquartier im Stadtgebiet hinaus in die freie Landschaft. Die Sonne war soeben erst aufgegangen, ein zauberhafter Morgen mit einer leichten Brise vom Meere her begünstigte unsere Unternehmung. Wir umritten das

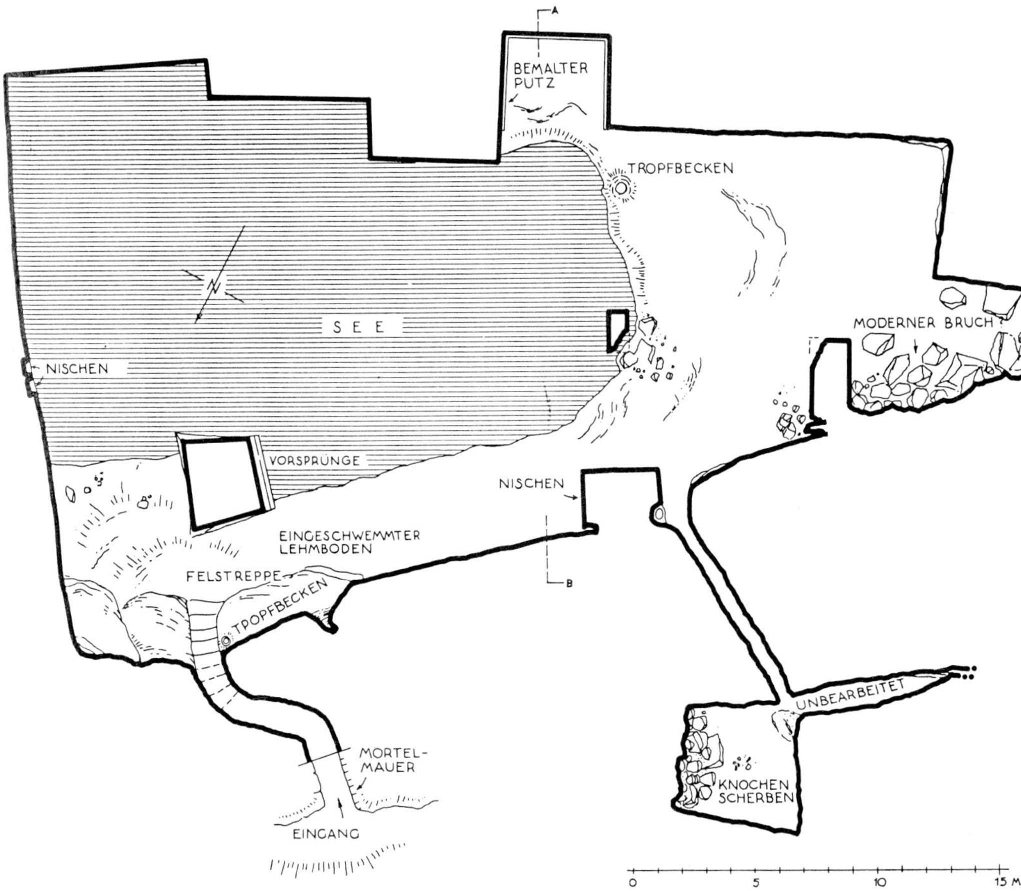

3 Höhle II im Acherontal

Gelände, das unterweltsverdächtig war. Hellhörig wurden wir, als wir von auf dem Felde arbeitenden Bauern bei unseren Befragungen hörten, daß ein Taleinschnitt Giaurman Dere, das heißt Tal der Ungläubigen, oder einfach nur In Dere, das heißt Höhlental, genannt werde.

Wir überließen die Pferde den Reitburschen und machten uns zu Fuß auf den Weg. Sogleich am Südrande des Tales stießen wir auf zwei große Felsüberhänge, später von uns Höhle I und III benannt, zwischen denen sich der unterirdische Komplex der Höhle II erstreckte.

Die Anlage von Höhle II erfüllte alle Voraussetzungen, die man an einen Eingang in die Unterwelt stellen kann. Der Zugang wurde erst vor wenigen

Jahren, so erzählten die Einwohner, wieder aufgefunden. Eine Reihe von Treppenstufen führte in leichtem Neigungswinkel in die Tiefe. Schon ein erster Blick lehrte, daß die im Felsen durch die Natur vorgebildeten Hohlräume von Menschenhand erweitert und bearbeitet worden waren. Stehengebliebene Felspfeiler unterteilten den nahezu 50 m breiten Raum, dessen Tiefe im Licht unserer Taschenlampen zunächst nicht auszumachen war, da Wasser unser weiteres Vordringen verhinderte.

Kameradschaftlich unterstützte die türkische Wehrmacht die genaue Erforschung von Höhle II. Wir wurden mit den notwendigen Lichtquellen ausgestattet, so daß wir eine genaue Vermessung vornehmen und unsere photographischen Aufnahmen machen konnten.

Ich bin der Meinung, daß wir im „Höhlental" die Örtlichkeit vor uns haben, von der man im Altertum glaubte, sie bilde den Eingang zum Hades. Es wäre sicherlich sehr lohnend, hier den Spaten anzusetzen, um die vielen Fragen zu klären, die sich uns aufdrängen. War dies auch die Stätte des Totenorakels, wo die Befragung der Seelen der Verstorbenen durchgeführt wurde? Architekturreste im Höhlental zeigen an, daß hier Bauten existierten, die zu einem Kultbereich gehörten, der offensichtlich reich ausgestattet war. Dieses Tal bildete eine Stätte frommer Verehrung der unterirdischen Gewalten, sicher auch eine Weihestätte für den Stadtheros Herakles, der siegreich die Schrecken des Todes überwunden hatte.

Die Idee von der Überwindung der Macht des Todes war wahrscheinlich in christlicher Zeit der Anknüpfungspunkt, um das Tal zu einem neuen Mittelpunkt der Verehrung des auferstandenen Christus zu gestalten. In der offenen Höhle I sahen wir nämlich noch Reste eines Fußbodenmosaiks, dessen Ornamentformen in die christliche Zeit gehören. Wahrscheinlich findet auch die Benennung „Tal der Ungläubigen" ihre Erklärung darin, daß die Ausübung des christlichen Kultes hier bis in unser Jahrhundert, bis zu der Umsiedlung der Griechen im Jahre 1922 stattgefunden haben könnte. Wie in vielen Städten an der südlichen Schwarzmeerküste waren die Griechen innerhalb des türkischen Staatsverbandes ihrem Volkstum und ihrem christlichen Glauben treugeblieben. Die jetzigen Bewohner wissen freilich nichts mehr darüber, da die meisten von ihnen erst 1922 bei dem türkisch-griechischen Bevölkerungsaustausch in Ereğli angesiedelt wurden.

Ein weiteres antikes Monument wurde für uns zum Sinnbild des ewigen Entstehens und Vergehens, das allerdings durch weitere eingehende Studien erhellt werden müßte. Uns fiel nämlich ein Marmorbecken auf, das heute in der oberhalb des „Höhlentales" gelegenen Ortschaft Kestaneci Köyü steht. Wir erfuhren, daß es aus dem „Höhlental" hierher gebracht worden sei, aber über die genaueren Fundumstände wußte niemand mehr Bescheid.

Und wie staunten die Bewohner, als wir ihnen einiges über den Ursprung ihres Wasserbeckens erzählen konnten. Es war nämlich ursprünglich als Teil eines großen Architraves aus Marmor hergestellt, dessen sorgfältig eingehauene griechische Bauinschrift verkündete, daß er für den Schmuck einer stattlichen Halle (Exedra) im 2. Jahrhundert n.Chr. (im Jahre 137 oder 167) gearbeitet worden war. Ob diese Halle ursprünglich im „Höhlental" oder in der Stadt stand, könnten erst weitere Untersuchungen klären. Nach der Zerstörung des Gebäudes wurde aus dem Architrav ein Sarkophag angefertigt, in dem ein gewisser Nikolaos bestattet wurde, der sich in apostolischer Bescheidenheit in einer zweiten Inschrift als „Sklave Gottes" rühmt. Jetzt aber gehen Tag für Tag die Frauen und Mädchen des Dorfes zu dem Becken, um Wasser daraus zu schöpfen, ein Bild, das für sich selbst spricht und dessen symbolischen Gehalt wir niemals vergessen werden.

1961 *Friedrich Karl Dörner*

HEIMAT DER GIFTPFLANZEN – DAS SCHWARZE MEER

Wie es im Märchen zwei ungleiche Schwestern gibt, eine häßliche und eine schöne, so finden wir in unserem historisch-geographischen Bewußtsein zwei ungleiche verschwisterte Meere: das Schwarze und das Weiße Meer, wie die Türken das Mittelmeer nennen. „Die Küsten des Lichtes" sagen wir mit einem bildhaften Ausdruck von Peter Bamm, wenn wir an die buchtenreichen, einladenden Landschaften des Mittelmeeres denken, wo die Wiege unserer Kultur stand, wo lange vor Christi Geburt die Griechen blühende Stadtwesen errichteten.

Aber auch zum Schwarzen Meer lenkten die Griechen ihre Schiffe, das heute von einer modernen türkischen Straße entlang seiner Südküste uns ebenso blau und verlockend erscheint wie das weit mehr gepriesene Mittelmeer. Doch seit Jahrhunderten ist die große Wasserfläche, die urplötzlich im Frühjahr und Herbst von den einfallenden Nordwinden zu turmhohen Wellen aufgewühlt werden kann, von den Schiffern gefürchtet. Bietet doch die steil ansteigende, bewaldete Südküste kaum eine geschützte, ruhige Hafenbucht, ist doch kein einziger von den Flüssen, welche das Küstengebirge durchbrechen, schiffbar. Um die ungastlichen Sturmgottheiten zu besänftigen, nannten die Griechen dieses Meer mit Augenzwinkern „das Gastliche", Pontos Euxeinos.

Mit den mutigsten Helden ist in der griechischen Sage das Schiff ausgerüstet, das die Argonauten über das Schwarze Meer trug. Gefährliche Abenteuer galt es längs der Küste zu bestehen, und nur mit Listen und Ränken vermochte Jason die ersehnte Beute, das Goldene Vlies, zu erlangen. Ihm stand die Königstochter Medeia zur Seite, die zwar schön und verführerisch, aber eine Giftmischerin war. Hier in dieser Sage taucht also die Kenntnis der Giftpflanzen am Schwarzen Meer auf.

Medeia ist im Besitz einer Salbe, die man Prometheus-Öl nannte. Wer, nachdem er die Göttin der Unterwelt angefleht hatte, seinen Leib damit salbte, konnte an jenem Tag von keinem Schwertstreich, von keinem Feuer versehrt werden, ja, er war den ganzen Tag an Kräften jedem Gegner überlegen. Die Salbe war aus dem schwarzen Saft einer Wurzel bereitet, welche aus dem Blute emporkeimte, das von der zerfressenen Leber des Titanensohnes Prometheus auf die Erde des Kaukasus geträufelt war. Medeia selbst hatte in einer Muschel den Saft dieser Pflanze als kostbares Heilmittel aufgefangen.

Später wandte sie noch gefährlichere Zaubermittel an. Im Altertum tat man solche Künste durchaus nicht als Aberglauben ab. Der Philosoph Lucretius starb, angeblich durch einen Liebestrank wahnsinnig geworden, von eigener Hand im Jahre 55 v.Chr. Auch der Cäsarenwahnsinn des Caligula soll nach der Einnahme eines Liebestrankes ausgebrochen sein.

Nicht nur eine sagenhafte Königin, auch eine historisch bekannte Herrscherin, die Mutter des Königs Mithradates Eupator, der im Jahre 111 v.Chr. den Thron seines hellenistischen Königreiches an den Ufern des Schwarzen Meeres bestieg, galt in den Künsten der Giftmischerei als wohlerfahren. Der Sohn fürchtete die Nachstellungen der ehrgeizigen Regentin, die ihren eigenen Gemahl den Mördern überliefert hatte, derart, daß er seinen Körper durch das regelmäßige Einnehmen kleinster Giftmengen von verschiedenen Pflanzenarten an Gift gewöhnte. Es handelte sich wohl um solche Pflanzen, in denen Atropin vorhanden war, ein giftiges Alkaloid, das in verschiedenen Nachtschattengewächsen enthalten ist, z.B. in der Tollkirsche oder im Stechapfel.

Als der junge König seine Herrschaft angetreten hatte und die verbrecherische Königinmutter im Kerker verstorben war, drohte ihm wenige Jahre später noch einmal der Giftmord durch die Hand der eigenen Gemahlin. Eine Sklavin warnte ihn, und Mithradates verurteilte die Königin und ihre Mitschuldigen zum Tode. Tragisch war das Ende des greisen Königs, der sein ganzes Leben lang versucht hatte, sein Reich gegen die Römer zu behaupten. Schließlich erlag er ihrem Heer und der Meuterei des eigenen Sohnes. Aber die äußerste Schmach, die Auslieferung an die Feinde, versuchte er noch abzuwenden. Er öffnete den reichgeschmückten Knauf seines Säbels, um daraus ein tödliches Gift zu entnehmen, das er stets bei sich führte. Seine beiden Töchter, Mithradatis und Nysa, die ihm bis zuletzt die Treue hielten, verlangten, den Giftbecher mit ihm zu teilen. Schon nach dem ersten Schluck sanken sie entseelt zu Boden, aber vergeblich leerte der König den Becher. Durch die tägliche Einnahme von Gegengiften war sein Körper auch gegen diese starke Dosis immun geworden. Es blieb ihm nichts anderes übrig, als einen treuen Leibwächter zu bitten, ihm mit dem Schwert den Gnadenstoß zu versetzen. Als die feindlichen Soldaten in das Gemach eindrangen, fanden sie nur noch den Leichnam des Mithradates.

Die geheimen Archive des Mithradates fielen im Jahre 65 v.Chr. in die Hände des Pompeius. Unter den dort aufgefundenen Schriftstücken fand sich auch eine Sammlung ärztlicher Vorschriften und pharmazeutischer Rezepte, darunter insbesondere die Formel des berühmten königlichen Gegengiftes, die von Mithradates eigenhändig niedergeschrieben und erläutert war.

Die griechische Sage erzählt uns auch, warum gerade am Schwarzen Meer die Giftpflanzen entstanden. Herakles, Sohn des Zeus und einer sterblichen Königstochter, erhielt als Sühne für eine Bluttat zwölf schwere Taten auferlegt, die er heldenhaft vollbrachte. Die letzte ging über alles menschliche Vermögen hinaus: er sollte den Höllenhund Kerberos lebend in seinen Armen auf die Erdoberfläche bringen. Die wütende Bestie wehrte sich mit allen Kräften, und aus dem Maul troff ihr der giftige Geifer herab, dem die Giftpflanzen entsprossen, und zwar wuchsen sie zuerst um Herakleia, der nach Herakles benannten Stadt am Schwarzen Meer. Denn hier, glaubte man, befände sich der Eingang zur Unterwelt.

Historisch angreifbar schien lange der Bericht des Xenophon zu sein, der 10 000 Griechen nach der unglücklichen Schlacht von Kunaxa im Jahre 401 v.Chr. aus Mesopotamien in die Heimat zurückführte. Die Griechen quartierten sich südlich von Trapezunt in vielen und mit Lebensmitteln reichlich versehenen Dörfern ein. Vor allem gab es eine Menge Bienenstöcke, und alle Soldaten, die von den Honigwaben aßen, verloren die Besinnung, bekamen Erbrechen und Durchfall, und keiner konnte mehr aufrecht stehen. Die nur wenig davon genossen hatten, schwankten wie Betrunkene, die, die viel gegessen hatten, tobten wie die Wahnsinnigen, ja, einige starben sogar. Es lagen schließlich so viele krank am Boden, als hätte eine Niederlage stattgefunden, und es breitete sich eine allgemeine Mutlosigkeit aus. Am folgenden Tag starb dann keiner mehr, das Bewußtsein kehrte wieder, und am dritten oder vierten Tag waren die Vergiftungserscheinungen vorüber.

Eine ähnliche Geschichte berichtet Strabon aus den Kriegen des Mithradates mit den Römern. Die Tzaner sammelten einen Honig, der keinen Rausch, vielmehr einen gefährlichen Wahnsinn hervorbrachte, mit dessen Hilfe sie die Kohorten des Pompeius berauschten und niedermetzelten.

Die Meinungen der Schriftsteller des Altertums waren geteilt; Xenophon läßt sich nicht näher aus, Strabon erblickte als Ursache des giftigen Honigs eine Art Gummi, der aus Bäumen gewonnen wurde; Plinius erkennt schon die richtige Pflanze, den Rhododendron, als Ursache. Neuere Reisende verwarfen zum Teil den Bericht als Märchen, zum Teil fanden sie die antiken Berichte bestätigt. So hatte ebenfalls mein Mann im Jahre 1961 ein Erlebnis, das den antiken Schriftstellern recht gab. Er hatte mit einem türkischen Begleiter zu Pferde weit entlegene Dörfer in den bewaldeten Regionen des Pontos-Gebirges aufgesucht, in denen sich antike Schriftdenkmäler, in Stein gemeißelt, befanden. Kurz nach dem Abschied von einem türkischen

Bauern, der die beiden Reisenden bewirtet hatte, krümmte sich der türkische Begleiter vor Schmerzen und konnte kaum noch die heimatliche Stadt Herakleia erreichen. „Der Honig war schlecht, der Honig war schlecht", brachte er stöhnend hervor. Schwindel und Übelkeit gingen erst nach zwei Tagen vorüber.

Nachforschungen ergaben, daß die Bienenvölker in den Wald fliegen, wenn die Blüte im schmalen Küstenstreifen verregnet. Die höhergelegenen Rhododendron-Büsche verlocken mit ihren leuchtenden Blüten die Honigsucherinnen, aber das *Rhododendron ponticum* enthält wie verschiedene andere Rhododendron-Arten auch das giftige Andrometoxin. Neben Andrometoxin kommen Ericolin, Rhododendrin, Zitronensäure, Wachs und Rhodotannsäure vor. Blüten und Blätter des *Rhododendron ponticum* wirken narkotisch.

Ähnlich steht es mit dem immergrünen Oleander oder Rosenlorbeer (*Nerium oelander-Apocynadeen*). Vom Mai bis zum Herbst erfreuen die einfachen oder gefüllten endständigen Blüten, die in den Farbtönen Weiß, Gelb, Rosa oder Dunkelrot erscheinen. Sowohl auf kretischen Wandgemälden aus dem 14. Jh. v.Chr. als auch in Pompeji hat man Darstellungen des Oleanders gefunden. In der Nähe von Nizza verwendet man gepulverte Oleanderrinde als Rattenvertreibungsmittel. Auch die Blätter enthalten Giftstoff und sollten daher z.B. nicht zum Garnieren von Speisen benutzt werden.

Eine christliche Legende, die im neugriechischen Sprachraum aufgezeichnet wurde, erzählt uns, warum Lupine und Oleander giftig sind:

Als Christus in Golgatha am Kreuze hing, machte sich die Allerheiligste, seine Mutter, wehklagend auf, um hinzugehen und ihn zu sehen. Unterwegs hob sie ihre heiligen Arme und schlug sich gegen die Augen. Sie raufte sich ihre Haare, und die Tränen strömten über ihre Wangen.

Und zu allem Unglück verstrickten sich ihre Kleider, als sie durch die Gärten schritt, in Lupinen, zwischen die sie geraten war, und zerrissen. Da sagte sie zur Lupine: „Das Bittere, das du mir zugefügt hast, soll auf dich zurückfallen, und so bitter, wie jetzt meine Lippen sind, so bitter sollen deine Früchte werden".

Als diese Worte der Gärtner hörte, begriff er, was für ein Unheil auf ihn wartete, und er sprach zur Allerheiligsten: „Ein großes Unheil hast du dem Gärtner auferlegt, meine Herrin und Allerheiligste." „Es ist nicht unabänderlich", gab ihm die Mutter des Herrn zur Antwort. „Lege die Lupinen drei Tage in Wasser, dann werden sie so milde wie vorher."

Als nun die Allerheiligste weiterging, verstrickten sich ihre Kleider im Oleandergebüsch. „Auch du", sagte sie, „Oleander, sollst meine Bitterkeit annehmen, und so bitter, wie meine Lippen sind, soll dein Saft sein! Und so rot, wie mein Gesicht ist vor Schmerz und Trauer, sollen deine Blüten werden!" Von da an wurde der Saft des Oleanders bitter, aber seine Blüten sind rosenrot und schön wie die Wangen der Allerheiligsten.

Doch nicht die Giftpflanzen geben der heutigen Landschaft am Schwarzen Meer ihr Gepräge, ihre Fruchtbarkeit wird schon im Altertum von Strabon gerühmt. In der Ebene am Meer gibt es üppige Obstgärten; der Kirschbaum verlieh der Stadt Kerasos ihren Namen, und von hier brachten die Soldaten des Lucullus seine Frucht nach Rom. In den Wäldern wachsen Eßkastanien und Nußbäume, aber den Hauptgewinn ziehen die heutigen Bewohner der Südküste aus den Haselsträuchern, die die Hügel hinter ihren Dörfern bedecken. Im Herbst wandert die ganze Familie zur Nußernte in ihre Gärten, schläft und kocht dort unter freiem Himmel. Der Vater biegt die Zweige herab, schüttelt sie, die Kinder lesen die Nüsse auf, entblättern sie und schichten sie zu großen Haufen. In den Fabrikanlagen werden die Nüsse sortiert und in Säcke für den Export gefüllt. Die Haselnußerzeugung der Türkei umfaßt mehr als die Hälfte der Weltproduktion. Ein hübscher Brauch, der an das alttestamentliche Ährenlesen erinnert, erlaubt den Armen, Nachlese zu halten, wenn der Besitzer mit seiner Familie wieder in das Dorf zurückgekehrt ist.

Erst seit wenigen Jahrzehnten wird in einer klimatisch begünstigten Zone im östlichen Schwarzmeergebiet um Rize, Trabzon und Giresun Tee angebaut. Die Ernte deckt gegenwärtig fast den gesamten Bedarf der türkischen Bevölkerung, die vom sprichwörtlichen türkischen Kaffee, der teure Devisen kostet, zum heimischen Tee übergewechselt ist.

Mais, Tabak und Sonnenblumen vervollständigen den freundlichen Eindruck eines klimabegünstigten Küstenstreifens. Wie schon im Altertum auf den Münzen von Trapezunt ein mit Trauben beladener Tisch erschien, so häufen sich noch jetzt im Herbst auf den Markttischen und in den geflochtenen Körben des modernen Trabzon die dunkelblauen, süßen Trauben.

1961 *Eleonore Dörner*

KÜSTENFAHRT AM SCHWARZEN MEER

In der Frühe des vierten Tages aßen wir noch mit Herrn Konstantides das Morgenbrot, grüßten den gastlichen Mann, beschenkten die beiden Knaben mit ihrem Gehilfen und stiegen in Begleitung der ganzen männlichen Hausgenossenschaft, überfließend von gegenseitiger Achtung und Zufriedenheit, die Steintreppe zur kleinen Felsenbucht unterhalb der Wohnung hinab, wo das Fahrzeug mit aufgestelltem Mast und luftigem Wimpel schon lange unser harrte. Gewitter hatten die Luft gekühlt, und um acht Uhr morgens trieb uns eine frische Strömung reißend um den Citadellenkegel dicht am Lorbeer-Eiland vorüber in der Richtung gegen Tripoli (Tirebolu). Die Landschaft bot eine eigentümliche Szene, und das Jahr hatte indessen sichtbar einen Schritt gegen den Spätherbst getan. Hinter den amphitheatralisch vom Meer aufsteigenden Waldgürteln ragten die langgezogenen Hochalpen der Tzanen mit frisch gefallenem Schnee herüber; unterhalb der weißen Decke sah man das melancholische, kahle, baumlose Schmutziggelb der tzanischen Gebirge; unter diesem das kalte düstere Grün der Nadelwaldungen; noch tiefer das heitere Laubholz in hellen, dichten Waldungen; dann die immergrüne Busch-Zone und in unterster Linie des Landschaftgemäldes die bläuliche Pontus-Flut, ein anziehendes Farbenspiel, in welches die Sonne herbstlich blitzte. Der Kahn strich lustig über die Bogensehne des Golfes zum Kap Zephyrium, wo die Osmanli wegen eingetretenen Gegenwindes zum Ruder griffen, bis wir endlich um drei Uhr nachmittags nicht ohne Mühe die Bucht von Tripoli erreichten.

Um in den kleinen Hafen einzulaufen, schifft man, von Kerasunt (Giresun) kommend, um ein scharf in das Meer hinausgestrecktes Promontorium, vor dessen äußerster Spitze zwei hohe Felsenklippen insularisch aus der Tiefe steigen, aber bei glattem Wasserspiegel für kleine Fahrzeuge noch hinlänglich weite Durchfahrt offen lassen. Das Meer war rund umher soviel als unbewegt; nur an den Klippen – wir sahen es von weitem – warf es hohe Wellen in die Enge hinein. Und doch waren die der langen Arbeit müden Schiffer und wir selbst zu träge, den Kahn in sicherem Bogen außerhalb der Brandung herumzuführen. Wir wählten mechanisch den kürzeren Weg, weil es die Welle in regelmäßigem Takte hob und niederschnellte und wir dem

Schlag durch Geschwindigkeit zu entrinnen hofften. Ganz gelang es indessen nicht. Die Wendung hatten wir zwar gemacht, aber die Welle lief uns nach; ich blickte um und sah, wie sich der haushohe schmutziggelbe Gischt eilend gegen die Barke wälzte; die Türken schrien, die Leute am Ufer standen still und sahen wie versteinert dem Schauspiel zu; der Kahn verschwand, aber tauchte wieder auf, weil ihn nur der Saum der Welle und nicht die volle Wucht getroffen hatte. „Allah", sagte der Oberfährman halb zürnend, halb erschrocken, „ich habe Auftrag, diesen Mann gesund nach Trabosan zurückzubringen. Warum sind wir nicht außerhalb herumgerudert!" Doch kamen wir mit dem Schrecken davon und stiegen, durchnäßt und von der unerwarteten Gefahr etwas überrascht, wenige Minuten später unversehrt ans Land, gingen aber nicht mehr, wie auf der Hinfahrt, in die zerlumpte Kaffeehütte des fanatisch blickenden Osmanli; ein viel schöneres, höher am Steilabhang neu erbautes Einkehrhaus mit hohen, luftigen Räumen und zum Teil mit Fensterscheiben schien eine bessere Wahl.

August 1840 *Jacob Ph. Fallmerayer*

WENN STEINE REDEN!

Meine Freunde hatten nur ein mitleidiges Lächeln für mich übrig, als ich im Anfang des Jahres 1948 daran ging, die erste wissenschaftliche Forschungsreise nach dem Kriege in den Norden der Türkei vorzubereiten. Und in der Tat schienen alle äußeren Umstände gegen die Verwirklichung eines solchen Planes zu sprechen. Schon als ich mich um die Sicherstellung der benötigten Devisen, um die türkische Einreise- und die deutsche Ausreiseerlaubnis bemühte, stand ich vor ungeahnten Schwierigkeiten. Und am Ende, als alle Vorbedingungen erfüllt waren, drohte die Währungsreform wenige Wochen vor dem geplanten Ausreisetermin meine sorgfältigen Vorbereitungen zum Scheitern zu bringen.

Und doch ist es mir den düsteren Prophezeiungen zum Trotz möglich gewesen, sämtliche Hindernisse zu überwinden und meine Forschungspläne zu verwirklichen. Meine Reise diente dem Zweck, die schon vor dem Kriege begonnene Erforschung der historischen Landschaft Bithynien im Norden Kleinasiens fortzuführen und vor allem die Inschriften aus der griechisch-römischen Kulturperiode des Landes zu sammeln. Diese Arbeit ist ein Teil der großen Sammlung, die in internationaler Zusammenarbeit von der Akademie der Wissenschaften in Wien betreut wird und die Auswertung aller inschriftlichen Denkmäler des Landes zum Ziele hat. Forscher aus aller Welt bemühen sich, die vielen Probleme zu lösen, die uns noch die historische und kulturelle Entwicklung Kleinasiens aufgibt. Es ist ein gemeinsames Anliegen; denn hier an der reichen und fruchtbaren Westküste des Landes wurde einst aus der Berührung griechischer und orientalischer Geistesart die besondere Ausprägung unserer abendländischen Kultur geboren[1].

Kreuz und quer bin ich zu Pferd oder in dem landesüblichen Reisewagen, in dem man halb liegend, halb sitzend durcheinandergeschüttelt wird, durch den Norden Kleinasiens gezogen. Dieser Teil ist noch sehr wenig erforscht, und eine Ausgrabung hat hier überhaupt noch nicht stattgefunden. Auch fließen die literarischen historischen Quellen für dieses Gebiet nur spärlich, und daher sind die Inschriften, „die redenden Steine", als zeitgenössische Urkunden eine doppelt willkommene Hilfe für den Wissenschaftler.

Besonders ergiebig waren meine neuen Entdeckungen in einer kleinen idyllischen Ebene nicht weit von der Mündung des Sakarya in das Schwarze Meer. Hier hat einmal eine reiche, blühende Stadt gelegen, von deren Wohlhabenheit noch heute die Reste eines großen Theaters ein beredtes Zeugnis abgeben. In den Ruinen der antiken Stadt befindet sich jetzt der kleine türkische Ort Üskübü, der aber nur einen Teil des einstigen Stadtgebietes bedeckt.

Gern nahm ich die Einladung des Bürgermeisters von Üskübü an, während der Dauer meines Aufenthaltes bei ihm zu wohnen. Er hat sich nämlich unmittelbar auf dem erhalten gebliebenen obersten Rang des Theaters ein stattliches Wohnhaus errichtet; von dem Fenster meines Zimmers hatte ich einen herrlichen Rundblick über die weite Ebene, und besonders die Zeiten des Sonnenaufgangs und Sonnenuntergangs waren unvergleichlich schön. In den Tagen meines Aufenthaltes, der bereits in die zweite Oktoberhälfte fiel, machte ich eine interessante Beobachtung, die es mir erklärte, warum man gerade in diesem Teil der Ebene die antike Stadt gegründet hatte. Denn eigenartigerweise blieb allein der kleine Zipfel mit der Hügelgruppe, auf der Üskübü liegt, von dem dichten Nebel, der Morgen für Morgen bis weit in die Tagesstunden hinein die Ebene bedeckte, völlig frei. Die Einwohner sagten mir, daß dieses keine Ausnahme, sondern eine regelmäßige Erscheinung sei.

Mit Windeseile hatte sich natürlich die Nachricht von meiner Anwesenheit verbreitet, und von überallher kamen die Leute, um mir mitzuteilen, wo noch antike Denkmäler und Inschriften zu finden seien. Das meiste erfuhr ich abends im Kaffeehaus. Hier fand sich nämlich stets die ganze männliche Bevölkerung ein, um die Neuigkeiten auszutauschen, das beliebte Tavla oder Domino zu spielen und ein Täßchen Tee zu trinken, dessen Preis so niedrig bemessen ist, daß sich auch der Ärmste diesen Genuß leisten kann. Ich konnte manche schöne Entdeckung in meinem Skizzenbuch festhalten, aber am größten war doch meine Freude, als mich eines Tages ein Bauer in sein abseits gelegenes Haus führte. Vor der Haustür hatte er als besondere Zierde des Eingangs einen großen, antiken Quader mit einer lateinischen Inschrift liegen, schon eine Seltenheit in diesem Gebiet, in dem das Griechische immer die Umgangssprache gewesen ist. Undeutlich zeichnete sich die Schrift unter den grauen Fadenflechten ab, die sich in den Buchstaben festgesetzt hatten. Aber nach einer raschen gründlichen Reinigung lag die aufschlußreiche Inschrift klar und lesbar vor mir (vgl. Abbildung 16):

D. M. ❦ Adgredere, viator,
obiter stas et repausas perlege titu<l>um,
cuius fata et manes vitam peregerunt in
civitatem Prusiada. Val. Titianus b. b. decanus

num. scut. natione Dalmata vixit annos XXXXV, militavit annos XXII. Fecit memoria<m> Ursus ex numero ipso pro fraternitate.

Die Inschrift beginnt mit der feierlichen Aufforderung: „Tritt heran, Wanderer, bleibe stehen im Vorübergehen, ruhe dich aus und lies diese Inschrift". Dann wird berichtet, daß dieses Denkmal einem gewissen Valerius Titianus aus Dalmatien, den ein unergründliches Schicksal nach der Stadt Prusias verschlagen hatte und der hier nach 22 Dienstjahren im Alter von 45 Jahren verstorben war, von seinen Waffengefährten errichtet wurde. Vor allem war es der Name der antiken Stadt – Prusias –, der mich in freudige Aufregung versetzte. Fand sich doch nun zum ersten Mal urkundlich in dieser fast 2000 Jahre alten Grabinschrift der Name der Stadt belegt, in deren Mauern ich zu Gast war. Man hatte also richtig nach topographischen Gesichtspunkten das heutige Üskübü mit der Stadt Prusias ad Hypium identifiziert, benannt nach dem bithynischen König Prusias I. (235–183 v.Chr.)[2].

Außer dieser wichtigen Inschrift kamen noch etwa 50 weitere Inschriftenfunde zu Tage, unter denen eine Gruppe von Ehreninschriften besonders aufschlußreich war, durch die solche Bürger geehrt wurden, die ein öffentliches Amt mit Erfolg bekleidet und sich um das Wohl der Stadt verdient gemacht hatten. Aus ihnen lernen wir die städtischen Einrichtungen kennen; sie berichten von Glück und Unglück der Einwohnerschaft und lassen im Zusammenhang mit den von Privatleuten errichteten inschriftlichen Denkmälern ein lebensvolles Bild dieser griechischen Stadt im Norden Kleinasiens erstehen. Von ihrem Wohlstand zeugen auch noch die überall umherliegenden Architekturfragmente, Reliefs und Skulpturen, die alle von mir untersucht und aufgenommen wurden. So reden die Steine eine deutliche Sprache, und der resignierende Satz von Karl Mannert in seiner am Anfang des vorigen Jahrhunderts erschienenen Geographie: „Prusias ist ganz unbekannt geblieben, keine Landstraße führt zu dieser Stadt, und keine Merkwürdigkeit ist von ihr auf die Nachwelt gekommen" ist nun überholt!

Üskübü (Konuralp) – Prusias ad Hypium
Abb. 15: Das Haus des ehemaligen Bürgermeisters auf dem obersten Rang des Theaters – s.S. 63
Abb. 16: Kalksteinplatte zur Erinnerung an den nach 22jähriger Dienstzeit im Alter von 45 Jahren in Prusias verstorbenen römischen Soldaten Valerius Titianus aus Dalmatien – s.S. 63 f. (Fotos F.K. Dörner)

OBITER STAS ET REPAUSAS
CIVITATEM PRUSIADA
NATIONE DALMATA VIXIT ANNOS
MILITAVIT ANNOS XXII FECIT MEMORIA
PRO FRATERNITATE

Dabei sind wir noch längst nicht am Ende unserer Erkenntnis. Denn der Boden birgt noch viele weitere historisch und kulturell wichtige Denkmäler, die darauf warten, gehoben zu werden. Wundervolle Mosaiken liegen unter den Feldern, auf denen sich heute große Tabakkulturen ausdehnen. Geht man nach einem Regen über den Ackerboden, so kann man selbst alte Münzen oder herrliche antike Gemmen auflesen, diese kleinen zierlichen Halbedelsteine, die man im Altertum zum Siegeln benutzte sowie als Amulett oder als Schmuck getragen hat. Ein Bauer brachte mir eines Tages einen ganz besonders hübschen. Er wollte ihn mir gern verkaufen, aber meine schmale Reisekasse erlaubte es mir nicht, den geforderten hohen Preis zu bezahlen. Als ich die kleine Kostbarkeit kopfschüttelnd dem Mann wieder zurückgab, fragte er mich: „Was würdet Ihr denn mit dem Stein anfangen, wenn er Euch gehörte?" Nachdenklich schaute er mich an, als ich antwortete: „Ich hätte meiner Frau davon einen hübschen Ring zum Andenken an meine Arbeit in Üskübü machen lassen." „Ja, wenn Ihr ihn dafür haben wollt, dann schenke ich ihn Euch," war die wahrhaft großzügige Antwort, und dabei blieb es, doch er erlaubte mir, mich mit einem Gegengeschenk zu revanchieren.

Wichtige Aufschlüsse über die Stadt, ihre Gründung und ihre ersten Bewohner könnten uns auch noch die großen Nekropolen geben, die an verschiedenen Stellen am Rande des Stadtgebietes in der Ebene anzutreffen sind. Die größte Nekropole, die mit einer gewissen Berechtigung den Namen *bin bir tepe,* d.h. tausendundein Hügel führt, liegt südöstlich der Stadt. Aber es wird höchste Zeit, mit ihrer Erforschung zu beginnen, weil die in der Nähe wohnenden Tscherkessen planlos in den Grabhügeln herumwühlen, um sie auszugraben, wobei sie einen Teil bereits zerstört haben. Eine Aufdekkung würde mit geringen Kosten verbunden sein, da keinerlei technische Schwierigkeiten im Wege stehen.

Durch die politischen Ereignisse ist die kleine Ebene heute ein völkerkundliches Kuriosum geworden. Wie gelegentlich frühere Reisende berichtet

Üskübü (Konuralp)
Abb. 17: Basis mit einer Ehreninschrift für die Verdienste des Bürgers Papienos um seine Vaterstadt Prusias. Die Basis wurde später, als beim Einfall der Goten schnell für den Schutz der Stadt gesorgt werden mußte, als Material für den Bau einer Stadtmauer verwendet – s.S. 64
Abb. 18: Der „Fieberstein" – s.S. 94
Abb. 19: Girlandensarkophag, gefunden in Prusias – s.S. 64
(Fotos F.K. Dörner)

haben, war sie bis zur Mitte des vorigen Jahrhunderts kaum besiedelt. Nach der großen Blüte im Altertum versank die antike Stadt in einen Dornröschenschlaf; der Wald drang von allen Seiten siegreich vor und bedeckte weite Teile der Ebene. Wenn sich heute hier Dorf an Dorf reiht, so sind das die Reste der großen Auswanderungsflut, die nach der Niederzwingung der kaukasischen Bergvölker durch Rußland am Ende der fünfziger Jahre des vorigen Jahrhunderts einsetzte. Rußland selbst begünstigte diese Auswanderung, um die unruhigen Elemente loszuwerden, die dann auch für die Türkei trotz der Gleichheit ihrer religiösen Anschauungen infolge der ganz anders gearteten völkischen Eigenheiten eine große Belastung bildeten.

In der Ebene von Prusias hat sich das kaukasische Volkstum verhältnismäßig gut erhalten. Da sich die Bewohner der vor allem von Tscherkessen, Abchasen, Lasen und Lesgiern besiedelten Dörfer, wozu noch am Südrande der Ebene eine kurdische Siedlung kommt, streng gesondert halten, weiterhin die Sprache ihrer Väter sprechen und am ererbten Brauchtum festhalten, so wäre dieser kleine Fleck ein ideales Forschungsgebiet für die vergleichende Völkerkunde. Mit einer Aufnahme dieser Arbeit darf aber nicht mehr lange gezögert werden; denn schon hat der große Einschmelzungsprozeß in das türkische Volkstum begonnen, der durch die allgemeine Dienstpflicht in der türkischen Armee und den systematischen Ausbau der allgemeinen Schulpflicht schnell voranschreitet.

Die Bedeutung der Ebene liegt heute in ihrem Tabakbau, den die geschützte Lage und das milde Klima begünstigen. Beamte der türkischen Tabakmonopolverwaltung versicherten mir, daß die Ebene jährlich 6–8 Millionen Kilogramm produziere; davon entfallen allein auf Üskübü und die benachbarten Dörfer 400–800 000 Kilogramm. Der Tabakanbau hat ganz die Weinberge und Getreidekulturen verdrängt, die im Altertum die Grundlage des Wohlstandes dieser Gegend gebildet haben.

Es scheint, als ob sich auch für diesen einsamen Teil Kleinasiens die Periode der Abgeschiedenheit ihrem Ende nähert. Wohl ziehen noch, wie wir es in der Bibel lesen, die Ochsen den Dreschschlitten Stunde um Stunde auf der Tenne, bis am Abend die Männer mit der Wurfschaufel kommen und die Spreu vom Weizen sondern. Einsam leben noch die Hirten mit ihren Herden auf den Hochflächen, und der Ton ihrer Flöte schwebt klagend und unendlich fremd für unser Ohr über dem weiten Land. Aber schon machen sich die ersten Anzeichen beginnender Industrialisierung bemerkbar, und seit kurzem läuft die neue Autostraße, die erste des Landes, die Istanbul und Ankara verbindet, durch die Ebene. Nun wird es nicht mehr lange dauern, bis die Herrschaft des Motors auch diesen stillen Winkel mit dem lärmenden Getriebe unserer Zeit erfüllen wird.

[1] Diese Dokumentation, deren Bearbeitung durch Gelehrte aus zahlreichen Nationen trotz Kriege und Nachkriegsschwierigkeiten stetig fortgesetzt werden konnte, erscheint unter dem Titel: TITULI ASIAE MINORIS. In Band IV werden von mir die griechischen und lateinischen Inschriften von Bithynien publiziert; erschienen ist 1978 der erste Teil mit den auf der bithynischen Halbinsel und in Nikomedeia, dem heutigen Izmit, gefundenen epigraphischen Denkmälern. In Bearbeitung sind die übrigen Regionen des ehemaligen Königreichs, der späteren römischen Provinz Bithynien.
[2] Veröffentlicht: „Bericht über eine Reise in Bithynien, ausgeführt im Jahre 1948 im Auftrage der Österreichischen Akademie der Wissenschaften", phil.-hist. Klasse, Denkschriften 75, 1952 (1. Abhandlung), 21 f. Nr. 20.

1948 *Friedrich Karl Dörner*

Der Punkt war in der Tat der höchste, den wir erreichten; er lag aber trotzdem nur 520 Meter über dem Meere. Das Rätsel des Argonthonios Oros erschloß sich uns. Bei der großen Zahl der zur Küste hinabsteigenden Bergnasen und Rebenäste muß er dem von ferne Beschauenden den Eindruck der Undurchdringlichkeit und Unüberschreitbarkeit machen. Folgt man den Tälern, so scheitert man; denn im Mittellaufe, wo die Bäche am tiefsten eingeschnitten sind, verwandeln jene sich zu engen und völlig verwachsenen Schluchten. Dornige Schlinggewächse sperren, von Baumästen herabhängend, den Weg, und es ist ohne große Mühe und Arbeit nicht möglich, hier vorzudringen. Wer aber, wie wir, gut geführt, beizeiten noch außerhalb des Waldes einen Sporn des Gebirges ersteigt und dann der Karte folgt, kommt ohne Schwierigkeit durch.

Wunderbar war die Einsamkeit hier oben. Kein Mensch war uns begegnet, seit wir die Bäder verlassen; kein Wild hatte sich sehen lassen. Nur selten huschte ein Vogel durch den stillen Wald. Sogar die Kohlenbrenner fehlten, deren Meiler man sonst über allen Waldgebirgen im Orient rauchen sieht. Der Argonthonios ist noch von keiner Industrie entweiht worden, es sei denn, daß man den primitiven Betrieb von Eisgruben als eine solche bezeichnen will; denn deren soll er in seinen höheren Teilen eine Anzahl besitzen. Ich sah sie auf dem Aşdağ bei Saloniki in einer Höhe von etwa 1000 Metern. In Schluchten, Kesseln oder ausgegrabenen Vertiefungen, die von einem Bergwasser durchrieselt werden, legen die Bauern flache Teiche an, welche dann im Winter bis auf den Grund gefrieren und die sie sorgfältig mit Stroh oder dürrem Laub bedecken. Auf möglichst dichten Schatten ist zudem bei der Anlage Bedacht genommen. So hält sich dann das Eis den Sommer hindurch und bildet einen recht einträglichen Handelsartikel für die größeren Städte, namentlich für Stambul. Erst in neuester Zeit haben die künstlichen Eisfabriken denselben stark entwertet.

*

Ein sanfter Anstieg brachte uns jenseits wieder zur Plateauhöhe hinauf; zu unserer Rechten eilte ein kleiner Bach mit rauschendem Wasserfall hin, dann wurde der Wald lichter, und unser Pfad führte zwischen freieren Berglehnen zur Linken und einem bald sichtbaren tief eingeschnittenen Tale zur Rechten hin, das sich zum Golfe von Gemlik öffnete. Die Wasserscheide lag hinter uns; schon befanden wir uns am Südhange des Argonthonios. Da die Uhr erst 2 Uhr 40 Minuten türkisch zeigte[1], so hatte ein Ritt von noch nicht ganz vier Stunden, die Rast am Nacarlıdere eingerechnet, uns über den so gefürchteten Bergkamm geführt.

Zehn Minuten darauf genossen wir den Lohn für unser Bemühen – einen herrlichen Blick über den Golf hinweg auf den Olymp, der sich hier in seiner ganzen Majestät zeigte. Die Länge seines mächtigen Rückens uns zugekehrt, von leuchtenden Schneefeldern bedeckt, ragte er über blaue Ketten und die im Vordergrunde vorgeschobenen grünen Berge hinweg. Freilich hat er die schlichte Form eines hohen Daches, das im Westen von zwei leicht erhobenen Spitzen überragt wird und sich allmählich gen Osten senkt. Aber die Abhanglinien sind sehr zart geschwungen, und der Rücken selbst ist nicht einförmig, sondern von einer großen Zahl deutlich erkennbarer Schluchten zerlegt. Er ist typisch für alle Ausblicke von Istanbul gegen Süden hin, da er bei klarem Wetter stets als der Hintergrund im Panorama erscheint.

[1] etwa 10 Uhr 10 Minuten fränkisch.

Frühjahr 1893 *Colmar Freiherr von der Goltz*

PRUSA – YEŞIL BURSA
Die Königs- und Sultansstadt am bithynischen Olymp

Wir fuhren gegen Mittag (von Mudanya) weg. Unser Wagen war der letzte; er war geteilt in einen geschlossenen Raum und in eine geräumige, offene Plattform. Still setzten sich die Türken im Wageninnern; in ihrer stolzen Höflichkeit überließen sie es nun der großen sich erschließenden Landschaft, uns würdig zu empfangen. Hinter Hügelzügen verschwand das Meer; fruchtbare Felder zogen zwischen den Gebirgen, die ein freundliches Tal umsäumten, durch das wir langsam hinanstiegen. Mit den Abendstunden frischte es auf, immer üppiger wurde das Land, Pappeln mit weißen Stämmen standen an hellen Teichen, durch welche klare und rasche Bäche zogen. Wein und Oliven und breitgeschnittene Maulbeerbäume drängten in den Mulden, streichende Luft lag auf den Mohnfeldern. Wenn die Büffelherden an den Gebüschen vorüberstampften, dann stoben saphirblaue Vögel mit rabenschwarzen Schnäbeln schreiend auf, sie stürzten wie die Blitze eines blauen Stahlhiebes durch das Licht und fielen ins nächste Dickicht ein, wo sie verschwanden. Ledige Pferde, zwei Falben und ein kleiner etwa zweijähriger Schimmel, stemmten die Vorderfüße breit in den Weidegrund, streckten die Hälse vor, witterten gegen den Zug mit gespitzten Ohren, dann stieg der Schimmel, warf sich herum und feuerte dreimal im Fortgaloppieren aus, die beiden Falben bockten in ungeschickten Kapriolen, dann streckten sie den Lauf zum Rennen etwa dreihundert Meter weit, hielten an und begannen wieder, friedlich zu grasen. Reiter, die im Schritt uns entgegenkamen, zügelten ihre erschreckten Tiere und fielen dann gleich in die große Ruhe des ziehenden Nomaden zurück. Plötzlich sodann nach einer Wendung um einen kleinen Wald von Steineichen, in dessen Schatten die wüst hingeworfenen Grabsteine lagen, tat sich ein neues großes Tor vor dem erstaunten Blicke auf. Von einem starken Strom durchflossen, in leuchtenden Terrassen dem Lichte des Westens voll dargeboten, umfaßte es mit unendlicher Kühle, frischem Grüne buschiger Gärten, das am Hang hinanleuchtende Bursa, das von unzähligen Gewässern durchrauscht ist, welche dem Olymp entstürzen.

Wir kennen die Grenze, wo die Schönheit schwer erträglich wird; wenn sie nämlich im Übermaß vorhanden ist, ohne den herben Sinn, der sie zum Gleichnis erhebt, der sie flüchtig werden läßt, sie wieder ergreift, bei ihr verweilt und sie sodann verliert. Schönheit in ihrer ganzen Macht und klaren Vollendung wendet sich im Strahlenkranz ihres kristallenen Daseins leise und unaufhaltsam um sich selbst. Nun war mir die Unruhe der beginnenden Arbeit plötzlich nahe, die sich schließenden Zusammenhänge, die Gesichter der zum Vorgang dieser nächsten Wochen Berufenen, eins nach dem andern vor mich hintretend und erscheinend noch vor der Sammlung des Gemütes. In diesem seltsamen Zustande zur Hälfte schon aufbrechend und halb mir völlig noch angehörend, betrat ich diese Stadt.

*

In der Reinheit und seligen Gelassenheit der seit den Kinderjahren tief im Innern bewahrten Landschaftsbilder ist mir über alle Grenzen besänftigend und erhebend und darum vor allem scheu bewahrt jener Blick von einem Hügel der Heimat über grüne Buchten, wandernde Seen, den Zug der Insel, hinein in die Tiefe der fernen Ebene, aus welcher wie zögernde Wolken der Umriß jener Berge steigt, die einst aus dem Grunde der Erde Feuer gespien, und die heute, von innen erkaltet, vom Lichte des Tages aber sanft erwärmt, rauschende Bäume tragen, schwer von Früchten, Trümmer der Wohnungen und Burgen längst vergangener Geschlechter, und Kinder der heutigen und der kommenden Tage, die immer wieder im Herbstwind spielen, im wehenden Gras, das die uralten Flanken dieser einsam aus der Ebene steigenden Gebirge bedeckt.

Eine solche Landschaft, verwandt dieser einen und auch einmalig und unvergleichlich wie ein Gestirn vor dem andern, eine solche Landschaft war an diesem Abend in Bursa ausgebreitet vor den Terrassen, auf denen ich an der steinernen Brüstung lehnte, über der Stadt, über dem Strom, dem Tal und den in ihrem goldenen Saum in der Weite dahindunkelnden Uferbergen. Wir aber waren im vollen Lichte des Abends, von unzähligen Brunnen umrauscht, leichte Winde waren in den Bäumen, vor uns die aufgetane Welt, hinter uns stumme Wacht marmorner Paläste: die Bäder, in denen seit Menschengedenken für so viele niedergegangene und neue Völker schon immer dieselben eiskalten und die heißen, heilkräftigen Quellen sprangen; und über den Bädern die Grabgewölbe der Eroberer mit Zypressen und goldgezierten Minaretten, wie Lanzen, die ein gigantisches Reitervolk im Vorüberziehen an die Denkmäler seiner Siege und die Stätten seiner großen Toten gepflanzt hatte. Noch höher, über den Gräbern, die silbernen Moscheen – und kein Glockenklang – die Klage nur der die Stundengebete singenden Hodschas von den leuchtenden Zinnen herab; zuletzt dann am allerhöchsten, jenes fast unerhörbare Getöse anderer Ordnung, das die große, freie Natur im Umkreise menschlicher Siedelung hat, das Donnern der Gießbäche und fernes Steinestürzen des zum Himmel und dem emporgleitenden Mond gewaltig ansteigenden Berges, der der Götter Wohnung ist.

Auf den weiten Terrassen der Stadt aber, wo man still versunken verweilt, das leise Kommen und Gehen der würdevollen Genießenden; sie grüßen sich, betreten die Heiligtümer, die Badehäuser, rauchen auf weichen Teppichen unter den Platanen; Knaben bringen Getränke, rasch ziehen verhüllte Frauen vorbei, und sehnige Burschen halten die ungeduldig wartenden Pferde der Herren. Diese Herren sind alle Türken, nur die Diener bisweilen Albaner und Bosniaken. Nichts haben diese Eroberer gebaut, jede Form übernahmen sie von Griechen, Persern und Arabern, und immer wieder wollte man ihnen alles entreißen, und immer wieder erhoben sie sich aus ihrer Ruhe, und mit dem Schwert wahrten sie den Besitz. Zuletzt waren sie stets Sieger, und sie setzten sich wieder hin auf ihre Teppiche, mit dem verschleierten Blick der Alten und des Wissenden, der durch sein Dasein und Herrschen ein Gesetz erfüllt, das er kennt und aus dem ihn keiner vertreibt.

Fünfzehn Geschlechter nun der Griechen und Armenier stehen seit sechshundert Jahren unter der Herrschaft des Eroberers; eine kurze, kaum nennenswerte Zeit für den Orient. Früher lebten sie wie rechtlose, aber gutgehaltene Brüder mit dem Türken; sie bestellten ihm dienstbar das Haus, sie trieben dabei ihren einträglichen Handel, sie waren reich, wurden schwierig, begannen auf die Wünsche der Großmächte zu hören: das war ihr Verderben. – Des Türken Waffenbruder ist der Kurde, ein Feudalherr und Nomade; der Gebieter im Lande braucht ihn stets dort, wo das Kühnste und Verwegenste zu vollbringen ist. Die andern Völker kommen und gehen; die edelsten der Gäste, die Tscherkessen, ehren die Heiligtümer Mohammeds und auch die Gräber seiner tapfersten Verfechter noch heute, wo das letzte Geschehen in dieser zermürbten Weltgegend nur wenige Tscherkessen erhielt; ja wenn diese Pferdediebe, Roßtäuscher, Räuber und Messerstecher in ihrer herrlichen straffen Tracht, selbst schlank wie die Klinge ihrer Dolche, an den Sultansgräbern vorüberreiten, so neigen sie sich vor dem Geweihten. Nach Cemil's Fall sind aus dem russischen Kaukasus mehr als eine Million beiderlei Geschlechts ausgewandert; sie waren Brüder und Schwestern der Sultaninnen, der Schönsten, welche die Frauenhäuser der Großen des Reiches bevölkerten. Als solche zogen sie ein aus der Schneeluft ihres Gebirges in die brennende Ebene, an Sümpfe und auf die graue, blendende Steppe; bald aber bewältigte Gewöhnung der Angesessenen ihre edle Haltung als Gäste. Das Land, das sie selbstherrlich sich angeeignet hatten, wurde ihnen wieder entrissen, geschlechterweise starben sie in Sumpfgebieten, im Krieg wurden sie vielfach zu Verrätern der Türken; sie ertrugen es nicht, beherrscht zu sein; dann traf sie die Rache mit den andern gemeinsam. Heute sieht man entlang den Bahnen die armseligen Lager der Vertriebenen und Umherirrenden, Greise, Kinder und finstere Frauen, alle gekennzeichnet durch dasselbe Ebenmaß ihrer edlen Gestalt. Muhadschir (*Muhacir*) nennt man diese aus fernen Gegenden des Glaubens wegen herangewanderten Stämme.

„Muhadschir" sagt mir der Priester, der mich zur Stadt führt, und er zeigt mir Bosniaken, die Esel treiben, deren Körbe mit eingesponnenen Seidenraupen bis zum Rande gefüllt sind. Er führt mich zum Bazar und zu dem Markte, der von den Wandelhallen des Bazars umschlossen ist. Dort ist noch Seidenmarkt; zu Hunderten sitzen die Bauern vor ihren Körben; schweres Abendlicht schwankt in dem großen Hofe an den Erdmauern flüssig auf und nieder, liegt auf den Körben, den weißen, den ockerbraunen, den zitronengelben Raupengespinsten, auf den schreienden Händlern, die unter farbigen Tüchern kauern, weiße Zähne zeigen aus den Gesichtern, die wie beschienene Ackerschollen sind; ihre Hände aber, wie sie sich mit der Ware entgegenstrecken, scheinen schwarz, die Nägel sind hoch gewölbt und bläulich, sie blinken auf in dem späten Schein, bisweilen blitzt auch ein Stein an der Hand eines Großhändlers, ein roter oder ein grüner. In dem Hof ist es warm, ein Brodem und tanzender Staubglanz hebt sich und sinkt über dem uralten, reinlichen Handel mit den geheimnisvoll lebendigen Gespinsten. Und so gelangen wir in die Gänge des Bazars, hier zieht frische, duftgetränkte Luft spürbar über den Häuptern der feilschenden, langsam vorwärtsdrängenden Menge; auch hier ist noch spätes Licht aus Luken des Gewölbes und offenen Bogenfenstern einfallend, und fast alle Ware ist Seide; aus den Ständen über die Auslegetische fließt sie, meterweise, breit, im eigenen satten Glanze und dem Glanz der späten Stunde, weiß, gelb und braunrot wie die lebende Seide in den Körben, in Wellen, als ströme sie unablässig geheimnisvoll verwandelt aus den Tiefen der Gewölbe, in denen der Kaufherr kauert, und sie fließt in die Hände der eiligen Käufer, der Frauen, die auf flachen Sohlen sich scheu herbeidrängen: der braune Arm des Händlers greift mit der blanken, langen Schere in den satten Fluß, die Klingen blitzen auf, dringen ein, die seidene Last fällt und wird von den jungen Armen der Verhüllten aufgefangen, weggetragen, und wieder rauscht es aus dem Gewölbe über die Tische unerschöpflich den neuen Käufern entgegen. Auch Lampen sind schon entzündet, schwanken an eisernen Stäben, und nun beginnen im Zwielicht die Riesenschatten über die verwitterten Wände und die reine, herandrängende Ware zitternd, verhalten und plötzlich hinzulaufen. Dann kommt die Stunde, um vor der Weiterreise noch die Moscheen der Stadt zu sehen.

Mehmet Medschnun (*Mecnun*) hat die Grüne Moschee erbaut aus hellgrünem und rötlichweißem Marmor mit Bändern und Füllungen in dunkelgrünblauer Keramik. „Mehmet der Wahnsinnige", sein Werk ist das Werk eines Träumenden. Nichts ist da von der stets dem Menschenleben entnommenen, fast immer leidenschaftlich der Natur entgegengehaltenen Sprache großer europäischer Architektur, nichts von dem heroisch Freien, das unsere edlen Bauwerke dem Wesen hoher Geschicke zum kühnen Zeichen setzt, nichts von der lieblichen Zier heiterer, kleiner Paläste, in welchen die dem freud- und leidvoll bewegten Herzen entstiegenen Rhythmen und Harmonien unserer Musik tragend und getragen wirken und im Triebe nach entfaltetem Aufstieg, schon angeweht von leichtem Zweifel, sich begnügen. Vor allem aber spüre ich, wie niemals, die Ferne der Gotik. Hier ist kein Ansatz zu Verwandlung nach dem Geheiß eines einzigen beherrschenden Gefühls; alles ist in sich geschlossen wie in einem Zauberwürfel; unendlich fern ist diese Ergriffenheit unseres Mittelalters, die sich emporwarf, Formen schaffend in der letzten Grenze ihrer stofflichen Möglichkeit, als wären sie die einzige und letzte Wahrheit. Nicht dem Menschen entnommen und seinem schmerzlichen Drange, nein, das Menschliche und die ganze Natur gleichermaßen gebannt in eine kostbare Formel, geometrisch gebunden, knospenhaft, so ist diese Baukunst, geträumt, so als zeichne einer auf der Rast in der mondhellen Nacht nachdenklich mit dem Stabe in den Sand.

Die Front der Grünen Moschee bei der an dem Seidenglanz ihres erlesenen Gesteins ansteigenden, blauen Nacht ist schön, wie ein Geschmeide schön ist, das eine Frau vom Halse nimmt und weglegt. Wir aber wenden uns ab von dem Kleinod und sinnen der Gebärde nach, der freien Gebärde des täglichen Lebens, der Selbstverständlichkeit antiker Plastik, die unmittelbar und mündig vor dem Göttlichen dieselbe Haltung bewahrt, die jeder edle Grundriß unserer Bauten sowie jedes human geführte Leben sein eigen nennt. Wir treten durch die Öffnung der Fassade wie durch einen Teppich. Im Innern ist es schon dunkel, man hört nur das Klingen des Springbrunnens. Der Hodscha, mit dem ich nicht reden kann, führt mich auf den beiden Längsseiten des Baus zu den beiden kleinen Säulen, die er mich berühren läßt; sie drehen sich ohne Zapfen zwischen Kapitell und Basis und zeigen an, wenn das Gebäude sich im geringsten senkt; denn dann ist ihre Bewegung gesperrt. Wir setzen uns auf dem Boden nieder. Der Priester sinnt vor sich hin; es ist ganz still; dann kommen Diener und entzünden Lichter, geschützt und ruhig brennend in hängenden Ampeln aus Glas; der überfließende Marmorbrunnen und der leise Strahl, der seiner Krönung entsteigt, sind nun beleuchtet. So sitzen wir lange; die nach Mekka gerichteten Teppiche ziehen wie mitsichreißende, magische Straßen dahin ins Dunkel. Weniger Weihe ist als in unseren Domen, aber etwas anderes, viel irdischer, alles versammelt um den Sinn der Quelle, der Kühle, das Ziel der Sehnsucht durch heiße Wüsten und Steppen Ziehender. Erfrischung aus silbernen Schalen in Marmorbecken fließend, etwas vom gütigen Wesen der Tiefe, nicht von ihren feurigen Mächten, die der christlichen Hölle Bezirk sind, nein, das milde Segen- und Kraftspendende, das Gleichnis, daß auch das uns tragende Gestirn, wie alles Gewaltige, tief im Innern von milden Kräften erfüllt ist. In einer der dunkel blinkenden Gebetsnischen, zu der man breite Stufen hinansteigt, sitzt noch einer im Scheine der grünblauen Keramik, die ihn umgibt, und schreibt bei einem Lichte mit der schönen zur Mitte durch das Herz strebenden Schrift, der Schrift, welche uns, die wir von unsern Herzen weg, hinaus in den Raum schreiben, von Anfang an mit stummer Gewalt entgegenläuft.

Spät in der Nacht erst betraten wir die Hauptmoschee von Bursa, erst nachdem der Schreiber sein Buch geschlossen hatte und die Lampen in dem grünen Dome gelöscht worden waren. Immer mit einem stummen Begleiter war ich durch die dunklen Gärten gegangen, in dem mächtigen Raume des Gotteshauses waren wir sodann mit einem nun völlig allein und weit über den Tag und seine mannigfachen Gesichter hinausgehoben; denn die Kuppel des Domes ist offen, und in dem Brunnen seiner Mitte spiegeln sich die Gestirne. Ihre lautlosen Bahnen kreuzen sich zwischen den Marmorrändern des Beckens. Wega zittert nahe dem Zenit, die Spitze der Deichsel des tiefstehenden Wagens weist über den hellen Arktur auf Jungfrau und Saturn, manchmal fährt ein falscher Schein über den regungslosen dunklen Wasserspiegel; dann ist ein Stern gefallen über das Gewölbe, an den steinernen Rändern unseres Ausblickes vorbei in den Weltraum, und diese steinernen Ränder der aufgetanen Kuppel über dem ruhenden Brunnen stehen unbewegt, als stünden wir festgewurzelt in ewiger Ruhe, und das Spiel der Welt in stiller Harmonie der Sphären zöge über uns dahin. Das Erhabene geht um und ist nahe; aber dieweil ich hinaufschaue in den ehernen Zwang der in vorgeschriebener Bahn durch die Räume ziehenden Welten, schaut der Priester unablässig nach der Spiegelung im klaren Element und zieht im Geist die Linien zwischen den Bildern des Himmels, als webe er einen der sinnvollen Teppiche, in denen die lebendigen Gesetze zu demütiger Sprache verbunden scheinen.

1923 *Carl J. Burckhardt*

AUF FORSCHUNGSREISEN IN BITHYNIEN

Es muß für den letzten bithynischen König Nikomedes ein außerordentlich schwerer Entschluß gewesen sein, als er in seinem Testament sein Reich, das den Norden Kleinasiens umfaßte, dem römischen Volk vermachte. Die geschichtliche Situation im 1. Jahrhundert v.Chr. war so, daß er keinen anderen Ausweg sah, um den Zusammenhang seines Reiches zu wahren. Wenn uns auch die historischen Quellen nur diese nackte Tatsache überliefern, so ahnt man doch etwas von den innen- und außenpolitischen öffentlichen Kämpfen und geheimen Intrigen, die den König zu diesem Entschluß bestimmt haben müssen. Ging doch mit seinem Testament der Traum von einem Reich zu Ende, auf das Hannibal, der größte Widersacher Roms, noch ein Jahrhundert vorher die Hoffnung gesetzt hatte, hier würde er noch einmal Schutz vor den Häschern Roms finden, ja vielleicht von hier aus einen letzten entscheidenden Kampf gegen Rom organisieren können.

Die Geschichte dieser historischen Landschaft Bithynien beschäftigt mich schon seit vielen Jahren, und es war das Ziel meiner Forschungsreisen, die nur spärlich erhalten gebliebenen historischen Quellen durch weitere zeitgenössische Zeugnisse, vor allem Inschriften aus der griechischen und römischen Kulturperiode des Landes, zu bereichern. Die Inschriften waren für die Menschen in der Antike etwa dasselbe, was für uns heute die Zeitung ist. Auf den inschriftlichen Monumenten wurde alles veröffentlicht, was den Kreislauf des menschlichen Lebens umfaßt, Hohes und Niederes, wie es das Leben mit sich bringt, Gesetze der Regierung und Beschlüsse des Volkes ebenso wie Weihungen an die allmächtigen Götter oder Willenskundgebungen des einzelnen.

Wie es möglich ist, ohne größere Ausgrabungen solche historischen Inschriften aufzufinden, kann nicht so leicht beantwortet werden. Es müssen die verschiedensten Umstände zusammenwirken, wenn einem Forscher dieses Finderglück beschieden sein soll. Ununterbrochen kommen aus der bewahrenden Erde antike Schätze ans Tageslicht. Das kann ganz zufällig geschehen, zum Beispiel bei neuen Bauten oder der Anlage von Straßen, wie sie zur Zeit in Kleinasien in großem Ausmaß systematisch durchgeführt werden. Vielfach dienen aber antike Siedlungen auch seit vielen Jahrhunderten als willkommener Steinbruch, aus denen man fast mühelos das sehr be-

Hirte mit Herde an den Dardanellen ▷
(Foto F. K. Dörner)

Haselnußernte am Schwarzen Meer ▷▷
(Foto F. K. Dörner)

Beim Dreschen am Ufer des Euphrat ▷▷
(Foto F. K. Dörner)

Eine große Bereicherung erfährt auch unsere Kenntnis der Entwicklung und Ausbreitung des Urchristentums. Die neuen aufgefundenen Inschriften sind die ältesten bisher bekanntgewordenen Zeugnisse und gehören unmittelbar der Zeit des Übergangs zwischen Heidentum und Christentum an. Hoffentlich erlauben es die finanziellen Verhältnisse, in absehbarer Zeit auch einige der frühen christlichen Kirchen freizulegen, deren Lage ich örtlich festlegen konnte. – Von der Wirksamkeit der Behörden und Beamten in den auch in der Zeit des römischen Imperiums selbständigen Griechenstädten an den Küsten des Meeres und im Innern Bithyniens zeugen neue Urkunden, teils Beschlüsse von Rat und Volk in den Städten, teils Ehreninschriften, von Staats wegen für verdiente Bürger errichtet. Selbstverständlich fehlen auch nicht die offiziellen Ehrungen der Provinzialen für die Tätigkeit der römischen Kaiser, die sich besondere Verdienste um die wirtschaftliche Erschließung des Landes durch die Anlage von großen durchgehenden Straßenanlagen erwarben, von deren Führung die Neufunde einiger Meilensteine willkommene Kunde geben. Grabdenkmäler aller Art erlauben interessante Rückschlüsse auf das Leben der Bewohner Bithyniens und sind ein wichtiges Hilfsmittel für die Beurteilung der Bevölkerungsverhältnisse, da die Inschriften vielfache Mitteilungen über Leben und Werdegang der Verstorbenen überliefern.

1948 *Friedrich Karl Dörner*

DER PORTRÄTKOPF DES KAISERS DIOKLETIAN
aus seiner Residenzstadt Nikomedeia

Zu den schönsten und unvergeßlichsten Eindrücken einer Eisenbahnfahrt durch Anatolien wird von allen Reisenden der Beginn der Fahrt gezählt. Schon bald, nachdem der Zug den Bahnhof Haydarpaşa, die Eisenbahnstation auf dem asiatischen Ufer gegenüber der Stadt Istanbul, verlassen hat, öffnet sich der freie Blick über das blaue Marmarameer. Zum Greifen nahe gleiten die Prinzeninseln vorüber, und es dauert nicht lange, so treten die Hügel, welche die bithynische Halbinsel nach Süden abschließen, eng an das Ufer heran, während auf der gegenüberliegenden Seite die Gebirgsformationen schnell erkennen lassen, daß die Fahrt schon entlang dem Golf von Izmit, dem astakenischen Meerbusen der Alten, führt. Und man kann den Blick nicht mehr von der bezaubernden Aussicht wenden, die sich einem bei dieser Fahrt bietet. Oft weiß kaum das dem Schienenweg vorauseilende Auge zu erkennen, wo sich noch zwischen den Hügeln und den Wellen, die den Fuß des Randgebirges bespülen, der Zug hindurchzuzwängen vermag. Aber mit großem Geschick haben die Erbauer der Bagdadbahn, die erst seit der Eröffnung der direkten Schienenverbindung zwischen Istanbul und Bagdad vor einigen Monaten ihren Namen zu Recht trägt, diesen historischen Weg dem modernen Verkehr erschlossen.

Lebhaft fühlen wir uns, als wir an Pendik vorbeifahren, in dessen Namen das antike Panteichion fortlebt, an den Feldherrn Belisar erinnert, der hier verbittert auf seinen Besitzungen seine letzten Lebensjahre verbrachte. Sinnend lassen wir bald darauf hinter Gebze den kleinen Flecken Erde vorüberfliegen, wo einst Hannibal seine letzte Zuflucht fand, bevor ihn endlich hier die weitreichende Rache Roms zwang, den Giftbecher zu trinken. Doch während für diese beiden Zufluchtsplätze der Aufenthalt der großen Feldherrn nur eine vorübergehende Episode ohne eingreifende Veränderungen bedeutete, wandelte ein Dritter und Größerer entscheidend das Bild der Stadt, der sich am Ausgang des Golfes der Zug jetzt nähert.

Das Stadtbild von Izmit, dessen moderner Name aus der allmählichen Zusammenziehung von εἰς Νικομήδειαν, das heißt: nach Nikomedeia, entstanden ist, wird von der hochragenden Akropolis beherrscht. In steilem Anstieg klettern die Straßen und malerischen Gassen den Burgberg hinauf, der dicht besiedelt ist. Und überall bemerkt unser Blick die Zeugen der historischen Vergangenheit. Hier ein alter Mauerzug, dort einige als Türschwellen verbaute Marmorplatten. Auch Fragmente von Säulen und Kapitellen sind keine Seltenheit. Voll Interesse betrachten wir auf halber Höhe des Berges bei einem alten türkischen Bad einen Sarkophag, der als Ausflußbecken in eine Nische eingelassen ist. In der kunstfertig angearbeiteten Inschrifttafel erkennen wir eine vertraute Inschrift wieder, von der bereits die ersten Besucher der Stadt vor über hundert Jahren uns Kunde gegeben hatten. Unsere Suche nach weiteren inschriftlichen Denkmälern wird dann auf der Höhe der Akropolis belohnt, wo eine ganze Reihe bisher unbekannter antiker Zeugnisse vor einiger Zeit ausgegraben wurde, als man Baumaterial für die Umfassungsmauer eines neuangelegten Friedhofes suchte.

Die stetige Besiedlung der Akropolis hat naturgemäß bewirkt, daß die antiken Bauten stark in Mitleidenschaft gezogen wurden. Anders dagegen verhält es sich mit dem westlich der Stadt liegenden Gebiet, das nicht mehr zum Weichbild der modernen Stadt gehört. Unter den tiefen Schuttmassen verborgen, die jeder anatolische Regen von den angrenzenden Höhen herabspülte, kamen hier beim Bau einer Papierfabrik gewaltige Ruinen von Lagerhäusern und anderen Nutzbauten sowie von Teilen einer Agora zum Vorschein. Über diese Entdeckungen habe ich im Archäologischen Anzeiger 1939, S. 156 ff. berichtet.

Von besonderer Bedeutung ist aber der überlebensgroße Marmorkopf eines römischen Kaisers; er hat eine Gesamthöhe von 0,39 m, während die Höhe von der Unterlippe bis zum Stirnhaar 0,185 m und die Breite vom linken bis zum rechten äußeren Augenwinkel 0,195 m beträgt. Argen Schaden hat der Kranz erlitten, auch die Nase zeigt leichte Beschädigungen, und der Brauenwulst über dem rechten Auge ist stark abgerieben, jedoch kann man aus der Erhaltung der linken Augenbraue gut die gestrichelte Art erkennen, in der auch die rechte dargestellt war. In die tiefe, fast übernatürlich lange, horizontale Furche der plastisch herausgearbeiteten und muskulös durchgebildeten Stirn münden zwei stark ausgeprägte, von der Nasenwurzel ausgehende vertikale Falten. Es sind die Zeichen des Alters, das hier, wie auch in den Falten, die von der Nase zu den Mundwinkeln laufen, seine tiefen Spuren eingezeichnet hat. Am meisten aber fesselt den Betrachter der Blick der Augen, deren Blickpunkt er nicht einfangen kann, sondern die in

Abb. 20: Porträtkopf des Kaisers Diokletian. Museum in Istanbul — s.S. 81 (Foto F.K. Dörner)

einer fast schwermütigen Weise über ihn hinwegsehen und sich in unendlicher Ferne zu verlieren scheinen. Das obere Augenlid ist gegen das untere nicht allzu stark ausgebildet, doch scheint die gebohrte Pupille verhältnismäßig hoch angesetzt, so daß das Lid bis zum oberen Rand der Pupille die Iris bedeckt, während das Auge selbst, durch die Bildung eines starken Tränensackes betont, gegen den übrigen Teil des Gesichtes abgesetzt ist. Das Haar auf dem Kopfe ist kaum bearbeitet und nur schematisch angedeutet, die Haarflächen in tiefen Furchen aufgerauht. Dagegen ist hinter den Ohren bis zum Ansatz des Kranzes hin das Haar in summarisch gebildete Wellen gelegt, die zu den unteren Kranzenden hin verlaufen. Im Nacken reicht das Haar nicht unter der Kranzschleife hervor, deren Enden an beiden Seiten abgebrochen sind. Eine gute Durcharbeitung haben die unter dem Kranz hervorquellenden, in die Stirn hängenden Haare erfahren. Gegen das Stirnhaar ist das Haar an den Seiten scharf abgesetzt, und die Länge des Haares an beiden Seiten nimmt von der Stirn abwärts stetig zu. Der Bart ist in fast ornamental einander zugeordnete Löckchen zerlegt, während die Enden des nur schwach modellierten Schnurrbartes sich auf dem stark hervortretenden Kinn verlieren. Von irgendwelchen Spuren, die auf eine Bemalung des Kopfes hinweisen würden, war nichts zu entdecken. Ich fand den Kopf auf, als er noch von einer schützenden Erdhülle umgeben war, ein unvergeßlicher Augenblick, als nach einer ersten vorsichtigen Reinigung der unversehrt erhalten gebliebene Porträtkopf zum Vorschein kam!

Durch den Kranz mit dem großen ungefaßten Stein in der Mitte weist sich der Marmorkopf von vornherein als das Bildnis eines Kaisers aus. Der breite Kranz ist aus zwei Reihen von nebeneinander liegenden Blättern gebildet. Nach der Form der Blätter zu schließen, bei denen allein die Hauptrippen plastisch herausgearbeitet sind, ist es ein Eichenkranz. In den Zwischenraum, der entsteht, wenn die Blattspitzen sich mit den Blattenden des nächsten Blattes verbinden, scheint jedes Mal eine Eichel eingearbeitet gewesen zu sein. Es ist die *corona civilis.*

Ich habe bereits bei der ersten Veröffentlichung des Kopfes im Archäologischen Anzeiger diesen Neufund aus Nikomedeia aus stilistischen Gründen der Zeit um die Wende des dritten zum vierten Jahrhundert nach Christus zugewiesen und vermutet, daß wir in ihm ein Bildnis des Kaisers Diokletian sehen dürfen. Diese Deutung gewann durch eine fast gleichzeitig erschienene

Abb. 21: Mehrzweckwagen und Gespann von Wasserbüffeln.
Abb. 22: Freilegung einer beschrifteten Säule — s.S. 64 (Fotos F.K. Dörner)

4 Zeichnung des Malers De Sanctis von einer jetzt verschollenen Doppelherme mit dem Porträt des Kaisers Diokletian, ehemals in der Sammlung des Bildhauers J.A. Jerichau

Arbeit von H. Fuhrmann (Römische Mitteilungen 1938, S. 35 ff.) ganz unerwartet an Wahrscheinlichkeit. H. Fuhrmann führt nämlich den Nachweis, daß wir in einem jetzt verschollenen Kopf, der sich ehemals in der Sammlung des dänischen Bildhauers J.A. Jerichau befand und nur durch eine Zeichnung des römischen Malers De Sanctis bekannt geworden ist, ein Portrait des Kaisers Diokletian zu sehen haben. Außerdem zeigte er, daß der Kopf der Doppelherme Jerichau und der Kopf des Togatus in der Villa Doria Pamfili, den H.P. L'Orange schon (in den Römischen Mitteilungen 1929, S. 181 ff.) als Kopf des Kaisers Diokletian zu erweisen versucht hatte, Repliken desselben Originals seien, obwohl uns der eine unbärtig, der andere

5 Porträtkopf des Kaisers Diokletian (vgl. Illustration 4)

aber bärtig überliefert ist. Daß nun auch der Kaiserkopf aus Nikomedeia dieselbe Persönlichkeit darstellt, bedarf bei der Gegenüberstellung der Abbildungen keines Beweises. Beiden Köpfen ist „das bewegte Liniensystem der . . . äußerst lebendig gestalteten Gesichtszüge" gemeinsam, die sich „in einer geradezu starren Einheit" fest zusammenschließen, „deren Mittelpunkt die wie in weite Ferne blickenden, großen, starren Augen sind" (Fuhrmann). Auffallend ist auch die Übereinstimmung in der Darstellung der Barttracht, wodurch sich der Kopf der Doppelherme Jerichau so weitgehend von dem überarbeiteten Porträt in der Villa Doria Pamfili unterscheidet, während der einzige größere Unterschied in der Haartracht besteht.

Aber setzt sich nicht das neu erschlossene Porträt des Kaisers zu der Vorstellung in Widerspruch, die man sich gemeinhin von einem Bilde des Diokletian aufgrund der Münzdarstellungen gemacht hatte? Denn in der gewöhnlichen Vorstellung lebt er immer noch so fort, wie ihn einst J.J. Bernoulli schilderte: „Eigentlich charakteristisch ist . . . nur . . . die in der Bildung von Hals und Kinnbacken hervortretende Korpulenz. Ihr Grad ist auf den Münzen sehr verschieden. Indes scheinen die auf Fettigkeit hinweisenden Symptome doch zu häufig wiederzukehren, als daß sie ganz aus der Luft gegriffen sein könnten". Außerdem ist Diokletian der wilde Soldatenkaiser, der die Christen seines Reiches verfolgen ließ und sich gefiel, „die Tracht der Sasaniden, die Art ihres Hofes und die Anbetung des Herrschers . . . in sein römisches Soldatenhauptquartier" zu übertragen. Diese Anschauung, die teilweise auf historische Quellen zurückgeht, ist in einem Umbruch begriffen und in einer Reihe von Untersuchungen der letzten Jahre einer eingehenden Kritik unterzogen worden. Als vorläufiger Schlußstein darf wohl die Arbeit von A. Alföldi über die Ausgestaltung des monarchischen Zeremoniells gelten, in der er in überzeugender Weise den Beweis zu erbringen vermochte, daß es „eine feststehende Topik" der Biographen war, „die Regenten der Tetrarchie zu Wüterichen in der Art des Perserkönigs zu verzerren".

Was den Porträtkopf aus Nikomedeia so wertvoll macht, ist die Tatsache, daß aus ihm nicht ein Typus, sondern eine Persönlichkeit zu uns spricht, die so stark auf uns wirkt, daß man behaupten möchte, der Künstler muß den Kaiser erlebt haben, um sein Bild in dieser Lebendigkeit zu gestalten. Vielleicht ist das Porträt in Nikomedeia selbst entstanden, wie man aus einem Urteil folgern möchte, das H.P. L'Orange mir brieflich mitzuteilen die Güte hatte; er glaubt, daß der Porträtkopf aus Nikomedeia der tetrarchischen Kunst auf griechisch beeinflußtem Gebiet angehöre.

Halten wir an dem Gedanken vom orientalischen Despotismus, wie er teilweise aus der Überlieferung entnommen werden kann, fest, so würde sich mit der Vorstellung dieses Herrschers allerdings schlecht ein Bildnis wie das aus Nikomedeia vertragen. Aber die vor sich gehende Wandlung in der Beurteilung der geschichtlichen Persönlichkeit des Kaisers Diokletian zeigt ihn uns als einen Herrscher, der sich berufen fühlt, altrömische Zucht wiederherzustellen, Ordnung in das vom Bürgerkrieg zerrissene Land zu bringen sowie Recht und Gesetz im Reich zu pflegen, der mit allen Mitteln eine Besserung der Zustände herbeiführen will, die das feste Gefüge des Reiches auflockerten und seinen Bestand ernstlich gefährdeten. Freilich waren die bestehenden Verhältnisse oft stärker als er; mehr als eines der Ziele, die er sich gesetzt hatte, mußte er wieder aufgeben trotz der guten Absichten, die ihn dazu bestimmt hatten. Sein Leben war von diesem Kampf erfüllt.

Daß ihn die Erfolglosigkeit seines Mühens resignieren ließ, wer könnte sich darüber wundern? Und stellt das Bildnis aus Nikomedeia Diokletian dar, dann allerdings können wir es nur jener Epoche zuweisen, da der Kaiser des ewigen Kämpfens müde geworden war, jener Epoche, da er sich schon mit dem Gedanken getragen hat, freiwillig dem Thron zu entsagen. Und der melancholische und resignierende Blick, der den Beschauer beider Bildnisse so besonders fesselt, möchte uns zu der Deutung veranlassen, daß dieser Herrscher bald vor seine Soldaten treten wird, um ihnen zu sagen (*Lact. de mort. persec.* 19,3): *se invalidum esse, requiem post labores petere, imperium validioribus tradere* (. . . daß seine Kräfte erschöpft seien, daß er nach einem arbeitsreichen Leben sich nach Ruhe sehne und das Reich Stärkeren übergebe).

Mit dem Fund aus Nikomedeia erfüllt sich eine Hoffnung, der einst vor vierzig Jahren Bernoulli Ausdruck gab, als er schrieb, daß Marmorbildnisse des Kaisers Diokletian am ehesten mit der Hilfe eines bezeichnenden Fundortes nachzuweisen wären. Unter diesen bezeichnenden Fundorten nimmt aber Nikomedeia den ersten Platz ein. Denn in der Nähe dieser Stadt hatten die Soldaten ihren bewährten Kommandeur im Jahre 284 zum neuen Kaiser ausgerufen. Nikomedeia hatte Diokletian zu seiner Residenz erwählt und sie mit prachtvollen Bauten geschmückt, so daß sie unter die ersten Städte des Reiches aufrückte und der Redner Libanios sie schon eine Generation später die schönste Stadt der Welt nennen konnte. In ihr nahm der Kaiser im Jahre 305 seinen Abschied vom Purpur, um in Salona den Rest seiner Lebenstage zu verbringen.

1940 *Friedrich Karl Dörner*

RITT VON IZMIT NACH IZNIK – VON NIKOMEDEIA NACH NIKAIA (NICAEA)

Hier raste ich nun im Schatten einer großen Platane, lasse mein Rößlein, das mich noch bis zu den Quellen des Euphrat und Tigris tragen soll, auf blumiger Wiese grasen und schaue nach den Ruinen des alten Nicaea hinüber. Wie eine Krone aus rostigem Metall schließt sich der Gürtel zerbrochener, orangefarbener Mauern um dieses verlorene Paradies, schlanke Pappeln, zierliche Minarette, hohe Cypressen überragen die gartenartige Stadt, und silbern blinkt die bis zu unabsehbarer Ferne nach Westen ziehende Fläche des bergumschlossenen Sees Ascanius. Die das Wasserbecken begleitenden Höhenzüge verschwinden in blauer Ferne und hüllen sich gegen Nordwest in graue Regenschauer, während nach Süd die von der Sonne bestrahlten Rücken durch ihr verbranntes rostfleckiges Kleid die Täuschung wachrufen könnten, als ob hier schon der Herbst seinen Einzug gehalten hätte. Aber Saatfelder und blumengeschmückte, mit Gelb und Rot durchsprenkelte Wiesen haben genug vom Frühling zu erzählen. Reiher und Pelikane baden im See, Störche gehen gravitätisch am Wasser spazieren, und nahebei weidet eine große Rinderherde. Ich wünschte wohl, ich könnte Ihnen diese schönen Bilder malen; doch an Stelle des Pinsels muß ich mich eines spitzen, spröden Gegenstandes bedienen, und anstatt der Farben habe ich nichts als eine schwarze, schwarze Flüssigkeit.

Es wird Zeit, dem blendenden Bilde Nicaeas gegenüber die Augen zu schließen. Möchte ich Sie doch zurück in die Senke von Nikomedien geleiten und den von einer Kette lachender Landschaftsbilder durchschlungenen Weg beschreiben, auf welchem wir hierher gelangt sind. An die mit taufrischen Auen und einem blinkenden See geschmückte nikomedische Mulde schließt sich eine hell von der Sonne bestrahlte, mit nur vereinzelten Bäumen – Platanen und Nußbäumen – bestandene öde Ebene: die Akova. Auf unserm vereinsamten Pfade war nichts zu sehen als hier und da eine Schildkröte, die ihr Panzerhaus durch das verdorrte Land schleppte. Dann kam uns der Sakarya entgegen, ein breiter, sandiger, trüber und seichter Fluß. Zwischen hellgelben, niederen Steilrändern schlich er langsam seines Weges. So wild und ungestüm er sich gebärden mag, wenn seine Fluten schwellen, so müde und zahm zog er an uns vorüber.

Nun hielt sich der Pfad an das Ufer des Stromes, die Vegetation wurde dichter; immer näher traten die Bergrücken heran, die Ebene schnürte sich eng zusammen, und endlich standen wir vor der Schlucht von Balaban. Mächtige Felswände starrten zur Linken, waldige Hänge begleiteten die rauschenden Wässer, und kulissenartig schoben sich die Bergjoche talaufwärts ineinander. Das moderne Balaban ist ein Barackendorf, aber der Name hat das Alter des türkischen Reiches; er erinnert an eine jener Heldengestalten, die hoch im Kampfe ragten, wenn Osman seine tapferen Scharen gegen die Byzantiner führte. Aus noch älterer Zeit stammen die auf der Höhe gelegenen Reste eines Sperrforts. Man sollte meinen, die toten griechischen Soldaten, welche dort oben schlafen, müßten erwachen; so gewaltig dröhnen die Hammerschläge im Tale. Und wenn die Toten hören und sehen könnten, sie müßten gestehen, daß sie Zeugen eines Schauspiels, wie es sich jetzt zu Balaban entwickelt, noch nie gewesen, daß die Montierung einer eisernen Brücke nichts anderes bedeuten kann als den Anbruch einer neuen Zeit.

Die Schlucht, welche wir durch das Tor von Balaban betreten, ist reich an landschaftlichen Schönheiten. In der Tiefe rauschen die schäumenden Wässer; Wald aus Buchen, Eichen, Eschen und Ahorn zieht an den steilen Hängen zur Höhe. Kastanien-, Feigen- und Nußbäume stehen im Talgrunde; Wiesen, Felder, Dörfer, Gehöfte und Mühlen gleiten vorüber. Eine wechselreiche Staffage bilden die Bahnbaracken, deren Einwohnerschaft von einer Art babylonischer Sprachverwirrung befallen zu sein scheint und alle Trachten der Levante trägt. Anderthalb Stunden etwa reitet man bis Geyve. Vor dieser Station tritt die Bahn wieder an das linke Ufer des Sakarya. Bei Geyve tut sich das Tal auf, die Hänge treten weit auseinander, und der Fluß folgt von Mekece her in breiter Längsmulde einer nordöstlichen Richtung.

*

Der Tag war regnerisch; die Bergregionen hüllten sich in Wolkenschleier. Als wir aber am Ausgange der circa 10 Kilometer langen Talmulde angelangt waren, wo sich dieselbe zusammenschnürt, die Straße einer immer steiler werdenden Böschung folgt und die Terrassen zu beiden Seiten immer höher ansteigen, glänzte die Sonne auf dem See von Nicaea. In unmittelbarer Nähe des Wassers lag die alte, berühmte Stadt, früher einmal eine unbezwingbare Feste, jetzt ein Trümmerhaufen. In der Ebene angelangt, ritten wir durch Weingärten und Maulbeerplantagen, an der justinianischen Wasserleitung hin und hielten durch das noch gut erhaltene Lefke-Tor unseren Einzug in die Stadt. Ein altes Relief am Eingange war von roher Hand zerkratzt und zerschunden. Solche beklagenswerten Verstümmelungen alter Kunstwerke sind häufig dem mohammedanischen Fanatismus, welcher Nachbildungen des menschlichen Körpers nicht sehen kann, zuzuschreiben. Sie erinnern indirekt an den Bilderdienst, an den Gegensatz zwischen Islam und Christentum, die Bilderstürme und die Kaiserin Irene, welche hier in Nicaea dem vielgeschmähten Kultus zu neuen Ehren verhalf. Mohammed erklärte Nachbildungen lebender Wesen für so verabscheuungswürdig wie Wein, Spiel und Loswerfen. Er ging weit genug, sie als Werke des Satans zu brandmarken. Übrigens wurzelte die Abneigung gegen Plastik und Malerei schon bei den Israeliten.

Pappeln, Cypressengruppen, Weiden, Akazien, Eichen, Buchen, Kastanien und Nußbäume erheben sich aus den Gärten und Ruinenfeldern, schirmen die Plätze und zieren die Stadt. An der Hauptstraße liegen Gräber islamischer Heiliger. Die vergitterten Fenster sind mit Kleiderfetzen, Amuletten und Haarbüscheln behangen. Abergläubische Türken setzen so viel Vertrauen in die wundertätige Kraft der Heiligen, daß sie sich einbilden, durch ihre Opfer, welche mich übrigens lebhaft an Japan erinnerten, von Krankheit, Sorge oder Not befreit zu werden.

*

Jetzt heißt es Abschied nehmen: die Pferde stehen gesattelt, das Gepäck ist schon längst vorüber und klettert eben den im Süden des Iznikgöl, des großen Sees, sich hoch erhebenden Rücken hinauf. Es braucht viel, wenn wir noch heute über diese Berge weg in das Becken von Yenişehir hinein wollen, um dem Olymp ein Stücklein näher zu kommen. Salem aleikum!

1890 *Edmund Naumann*

ABSEITS DER GROSSEN STRASSEN IN BITHYNIEN

Während einer Forschungsreise lernte ich eines Tages im Herbst 1948 durch türkische Freunde einen alten Großgrundbesitzer kennen, dessen Ländereien abseits von den Verkehrsstraßen hoch oben im Gebirge auf der Hochfläche von Dört Divan liegen. Er lud mich ein, ihn in seiner weltabgeschiedenen Einsamkeit zu besuchen. Ich kam dieser Einladung um so lieber nach, weil er mir behilflich sein wollte, nach Denkmälern aus der griechisch-römischen Kulturperiode zu forschen, die ich dort zu finden hoffte.

Mit besonderer Freude denke ich an diese Tage zurück. Bei dem fast 1000 m hoch gelegenen See von Reşadiye hatte ich die neuangelegte, erste innerkleinasiatische Autostraße Istanbul-Ankara verlassen und einen der praktischen, landesüblichen Reisewagen bestiegen, in denen man halb sitzend, halb liegend die Fahrt zurücklegt. Während mein Kutscher ununterbrochen die kleinen, zähen Pferde anfeuerte, ihr Tempo zu beschleunigen, hatte ich Zeit, das Land zu betrachten. Langsam, aber stetig ging es auf steinigen, engen Gebirgspfaden vorwärts, die immer wieder den Blick auf die unter uns liegende Hochfläche freigaben. Plötzlich öffnete sich eine neue, kleine, auf allen Seiten von Bergen umgebene Ebene, in der mein Gastgeber als ungekrönter König herrschte. Ausgedörrt lag sie in der glühenden Mittagshitze da. Kein Baum spendete Schatten.

Umso wohltuender empfand ich die Kühle des stattlichen, aus Lehm erbauten, mehrgeschossigen Hauses. Es war noch ganz in alttürkischer Weise eingerichtet. Die hohen Zimmer wirkten nur durch ihre wohlausgewogenen Proportionen. Kein einziges Möbelstück stand in dem Empfangsraum, aber dafür bedeckten schöne, geknüpfte Teppiche den Boden. An den Wänden hingen gewebte Stoffe, und unter der weiten Front verhangener Fenster zog sich eine niedrige Sitzbank entlang, auf der ich mich niederließ. In zeremonieller Weise wurde ich empfangen; sogleich erschien der älteste Sohn des Hauses, selbst schon verheiratet, mit dem Begrüßungskaffee, den mir dann der Hausherr selbst darreichte. Mein Gastgeber, eine würdevolle, stattliche Erscheinung, hielt noch an den alten Sitten und Gebräuchen fest und hatte mit Ausnahme der Kleidung der neuen Zeit noch keine großen Zugeständnisse gemacht. Ich fühlte mich gleich heimisch und außerordentlich wohl in diesem patriarchalischen Lebensstil, wie mich überhaupt immer die „alte" Türkei noch viel mehr angezogen hat als die „neue". Diese Vorliebe konnten meine jüngeren türkischen Freunde schlecht begreifen; denn die heutige Generation legt großen Wert darauf, auch in der Gestaltung der äußeren Lebensgewohnheiten den Anschluß der Türkei an den Westen zu betonen. So schüttelte man in der Stadt, in der die westliche Zivilisation und Technik viel rascher um sich gegriffen haben als auf dem Land, nur den Kopf, wenn ich begeistert erzählte, was ich in Anatolien neben den historischen Denkmälern noch an alten Sitten und Gebräuchen entdeckt hatte. Nun, für solche Beobachtungen war ich hier am rechten Platz.

Als mich mein Gastgeber fragte, ob ich ihn zur Gebetsstunde in die Moschee begleiten wollte, war ich über dieses ungewöhnliche Anerbieten zwar sehr erstaunt, aber natürlich sofort bereit mitzugehen. Ich hatte schon bei der Einfahrt in das Dorf gesehen, daß die Moschee größtenteils aus dem Material eines antiken Gebäudes errichtet worden war und sich in einem besonders gepflegten Zustand befand. Nach alter Vätersitte folgte man hier noch fünfmal am Tage dem Ruf des Muezzin zum Gebet. Natürlich erschienen zum Nachmittagsgebet vor allem die Vertreter der älteren Generation, in deren Kreis mein Gastgeber mich sogleich einführte. Darunter waren geradezu prachtvolle Charakterköpfe, die ich dann später auch, als sie Vertrauen zu mir gefaßt hatten, mit meiner Leica festhalten konnte. Gleich als sie erfuhren, was mich in ihre Gegend geführt hatte, erhielt ich wertvolle Hinweise auf antike Monumente. Man zeigte mir auch bald einen alten „Pilzstein", der auf einem Gebetsplatz bei der Moschee aufgestellt war. Hier pflegten an Feiertagen, wenn die kleine Moschee nicht alle Gläubigen fassen konnte, die übrigen ihre Andacht zu verrichten. Der „Pilzstein" war natürlich ein antiker Phallos, ein altes Symbol der Fruchtbarkeit. Ich hörte auch von einer geheimnisvollen, verlassenen Siedlung im dichten Hochwald, weit von jeder menschlichen Behausung entfernt, bei der es sich nach den Beschreibungen um eine alte christliche Kirche zu handeln schien.

Während die Alten im Hauptraum der Moschee ihr Gebet verrichteten, schlenderte ich durch das Dorf, in respektvollem Abstand von der Jugend begleitet. Man merkte es an dem Aussehen des Dorfes, daß der Wald weit entfernt war; denn überall klebte der Mist, zu runden Kuchen geformt, an Türen und Wänden, um später, wenn er in trockenem Zustand von selbst abfallen würde, als Heizmaterial verwendet zu werden. Erschreckt flohen alle weiblichen Wesen vor mir oder verhüllten ihr Gesicht mit dem weißen Kopftuch, wenn sie unbedingt an mir vorbei mußten. Sie waren es nicht gewohnt, Fremde in ihrer Abgeschiedenheit zu sehen.

Unwillig schüttelte mein Gastgeber den Kopf, als ich ihm etwas später erklärte, daß ich noch die einige Kilometer entfernt liegende Gendarmeriestation aufsuchen müsse, um meinen Besuch in seinem Hause in meinen türkischen Aufenthaltspaß eintragen zu lassen. Empört erwiderte er, ich sei sein Gast! Aber ich wußte aus Erfahrung, daß alte patriarchalische Rechte auf die moderne türkische Polizei wenig Eindruck machten. War es doch gesetzlich geregelt, daß jeder Ausländer im Besitz eines solchen Dokumentes sein mußte. Man beantragte es bei der Polizei. Bei Abwesenheit von dem amtlich genehmigten Wohnort erhielt man zunächst das Reiseziel in den Paß eingetragen. Nach Ankunft hatte man sich umgehend bei der zuständigen Polizeistation zu melden, ein Formular auszufüllen und zwei Photos abzugeben. Dann wurde vollzogene Meldung im Paß eingetragen. Der gleiche Vorgang wiederholte sich bei der Abmeldung. Weisungsgemäß meldete dann die Polizeistation diese An- und Abmeldung an die für den genehmigten Wohnort zuständige Dienststelle. Es läßt sich leicht vorstellen, daß dieser Vorgang bei längeren Reisen erhebliche Komplikationen mit sich bringen konnte, zumal mit harten Strafen, gegebenenfalls mit Ausweisung jedes Versäumnis geahndet wurde[1].

Meine Erläuterungen nahm mein Gastgeber nur kopfschüttelnd zur Kenntnis. Als ich mich jedoch, um spätere Unannehmlichkeiten zu vermeiden, auf den Weg zur Polizeistation machte, gab er mir einen seiner Enkel, einen aufgeweckten zwölfjährigen Buben, als Begleitung mit, dem er bedeutungsvoll einen kleinen Krummstab aushändigte. Es war mir schon aufgefallen, daß er, wo er auch ging und stand, diesen Stab bei sich zu tragen pflegte. Der kleine Enkel sprang lustig neben mir her, erzählte von dem Reichtum seines Großvaters, von seinen Herden und Häusern und sagte immer wieder, wie stolz er sei, daß er ihm diesen Stab anvertraut habe. „Jeder Mensch", so erklärte er mir, „kennt diesen Stab, und du wirst staunen, was die Gendarmen dazu sagen!"

In der Tat war ich sehr gespannt darauf. Hatte ich hier doch zum erstenmal den alten Brauch vor mir, daß durch das Attribut des Stabes die Würde des Trägers ausgedrückt wird, eine Sitte, die uns vielfach aus dem Altertum überliefert ist. So zeigt zum Beispiel in Ägypten das hieroglyphische Schriftzeichen für „Vornehmer" einen Mann mit einem Stab, der zu ihm gehört wie die Krone zum König. Krummstab und Szepter als Symbole der geistlichen und weltlichen Macht sind uns allen wohl noch geläufig, aber niemand wird sich mehr des Vorrechts bewußt sein, das er mit dem Tragen eines Spazierstockes bekundet.

Und der Eindruck auf die Gendarmen? Leider war ihnen mein Reisepapier mit den zahlreichen Eintragungen meiner wochenlangen Fahrten durch Kleinasien viel interessanter! Sie beachteten den kleinen „Stabträger" überhaupt nicht, dem die Enttäuschung darüber vom Gesicht abzulesen war. Aber er hätte nicht der Enkel seines Großvaters sein müssen; denn nach einer Weile stellte er sich kurz entschlossen vor den einen der Gendarmen hin und sagte, indem er seinen Stab hochhielt, mit kindlichem Ernst: „Weißt du, was das ist?" Erstaunt sah ihn der Gendarm an: „Ein Stock natürlich." Der kleine Ali antwortete: „Ja, aber der Stock meines Großvaters!" Uns allen kam der ernsthafte, kleine Mann sehr drollig vor, und scherzend sagte der Gendarm, der offenbar noch nicht lange hier oben Dienst tat: „Ach, was geht mich dein Großvater an! Gib mir den Stock her; ich werde ihn zerbrechen und fortwerfen." Aber da reckte sich Ali mit blitzenden Augen, so hoch er konnte, und sagte fast feierlich: „Das wirst du nicht tun!" Wer weiß, wozu es noch gekommen wäre, wenn nicht die übrigen Gendarmen mit einigen erklärenden Worten ihren neuen Kameraden in das „Stockgeheimnis" eingeweiht hätten, das auch tatsächlich von ihm sofort respektiert wurde. Auch ich selbst konnte mich dem Zauber des Stabes nicht entziehen und trug ihn mit Würde, als ihn mir mein Gastgeber einige Tage später als Zeichen seines Vertrauens und Schutzes übergab, da er mich nicht selbst begleiten konnte.

Nach alter, jetzt aber auch kaum in wohlhabenden Familien noch anzutreffender Sitte, hatte mein Gastgeber für seine Freunde ein Gästehaus getrennt von dem eigentlichen Wohnhaus erbaut. Es bestand aus zwei Zimmern und einem breiten Korridor mit einer Waschgelegenheit. Das große Zimmer war mit Teppichen ausgelegt und enthielt als einziges Möbel- und Prunkstück ein Bett, das vielleicht erst für mich besorgt worden war. Aber leider fehlte dieser Liegestatt das Charakteristikum eines Bettes in unserem Sinne, nämlich die Matratze. Sie wurde hier durch eine Lage Bretter ersetzt. Trotzdem schlief ich ganz ausgezeichnet darin; denn in Anatolien darf ein Reisender nicht verwöhnt sein, sonst hat er keinen Genuß von seiner Fahrt. Zu meiner Belustigung entdeckte ich in meinem Zimmer ein Fenster, das auf den Flur hinausging und daher den Dienstboten erlaubte, sich jederzeit von meinem Wohlbefinden zu überzeugen.

Am Abend erschien der Gastgeber in meinem Zimmer. Von den Dienstboten wurden die Speisen im Korridor abgestellt, und der Sohn trug mir und seinem Vater auf. Als ich die reiche Speisenfolge sah, mußte ich an die Bemerkung eines französischen Reisenden denken, der vor vielen Jahrzehnten einmal hier oben durchgezogen war. Er hatte geschrieben, daß diese Hochebene der einzige Flecken auf seiner Reise in Kleinasien gewesen sei, wo man ihm kein Brot verkauft und das Wasser verweigert habe. Wieviel freundlicher wurde ich nun bewirtet! Die Speisen wurden auf einem runden Tablett hereingetragen, das, mit einem Fuß versehen, vor uns auf den Boden gestellt, gleichzeitig als Tisch diente. Es gab junge Hühnchen, erst drei Monate alt, wie mir mein Wirt versicherte, von denen er mir mit rührender Aufmerksamkeit die besten Bissen vorlegte. Dann folgte Reis, ausgezeichnet zubereitet, Bohnengemüse und Melonen. Man aß mit den natürlichen Eßwerkzeugen. Ich hatte als Gast Messer, Gabel und Löffel hingelegt bekommen, aber natürlich schloß ich mich nicht von der Sitte des Hauses aus und nahm ebenfalls die Finger zu Hilfe. Das ist gar nicht so einfach, wie man zunächst denkt, und ich habe oft beobachtet, daß man sich dabei ganz genau so ungeschickt anstellt wie jemand, der zum erstenmal mit Messer und Gabel essen muß.

Als unser Mahl durch einen türkischen Mokka abgeschlossen wurde, stellten sich allmählich zwanglos die Dorfbewohner ein, um sich an unserem Gespräch zu beteiligen. Während mein Wirt und ich mit untergeschlagenen Beinen auf der Bank unter dem Fenster Platz genommen hatten, saßen die Besucher im Halbkreis um uns herum auf dem Boden. Man liebt im Orient das Gespräch; es ersetzt die Lektüre von Büchern und Zeitungen. Auch das Radio ist noch ziemlich selten in den Dörfern anzutreffen. Ich bewunderte immer wieder die zwanglose Art, in der man sich im Orient über alle Dinge auf dieser Welt zu unterhalten weiß. An diesem Abend war ich natürlich ein willkommener neuer Gesprächspartner. Die allgemeine politische Lage und das Schicksal Deutschlands, das man mit der größten Anteilnahme verfolgt hatte, waren unerschöpfliche Themen. Dazu wollte man nun meine persönliche Meinung hören. Ferner stellte man mir — was mir allerdings sonst niemals im Gespräch begegnet ist — direkt die Frage, was ich vom Islam hielte, und dann, welche Religion besser sei, der Islam oder das Christentum. Ich höre im Geist noch das Beifallsgemurmel, das ich von allen erhielt, als ich etwa so antwortete: „Es ist nicht höflich von Euch, mir eine solche Frage zu stellen. Ihr seid Mohammedaner, ich bin Christ, und jeder lebt in der Religion, in der er aufgewachsen ist. Beide, Christen und Mohammedaner, glauben an einen einzigen Gott, der uns nicht fragen wird: ‚Welchen Namen habt ihr mir gegeben‘, sondern: ‚Wie habt ihr gelebt?‘“

Danach aber brachte ich das Gespräch vor allem auf die Dinge, die mir am Herzen lagen, auf alte Gebräuche, selten gewordene Sitten und Gewohnheiten und auf die Siedlungsplätze früherer Kulturperioden. Schließlich verabredete ich mit meinem Gastgeber, diese Orte am nächsten Tage gemeinsam aufzusuchen.

Mein Glück war groß, als ich bei meinen Streifzügen über die Hochebene von Dört Divan immer wieder Spuren der Besiedlung in antiker Zeit und interessante Dokumente auf Schriftträgern verschiedener Art entdeckte[2]. Ein eigenartiges Schicksal hat eine antike Basis erlebt. Man hatte mir erzählt, daß abseits des bewohnten Gebietes ein heiliger Fieberstein stehe. Ich war erstaunt, an der bezeichneten Stelle eine im 2. Jahrhundert n.Chr. gearbeitete Basis zu finden, wie man sie für Weihungen an die Götter oder Ehreninschriften für verdiente Bürger gern benutzte. Aus irgendwelchen Gründen war sie aber nicht beschrieben worden. Es wird sich auch nie mehr klären lassen, wie dieser mächtige, etwa zwei Meter hohe Stein an diese abgelegene Stelle gelangte und in den Geruch der Heiligkeit kam. Nun aber pilgerten die Leute von nah und fern herbei und trugen ihre Krankheiten zu ihm. Man brauchte dabei nicht mehr zu tun, als einen Fetzen seines Gewandes abzureißen und auf den Stein zu legen oder an dem ihn umgebenden Gebüsch aufzuhängen. Die gleiche heilende Wirkung wurde schon erhofft, wenn man ein kleines Steinchen auf die Oberfläche der Basis legte, auf der sich bereits ein stattlicher Steinhaufen angesammelt hatte.

Gnadenorte dieser Art – in türkischer Sprache *ziyaret yerleri* – findet man überall in Anatolien, in Bithynien ebenso wie an der Westküste[3] oder im Osten des Landes. Hier aber erlebte ich eindringlich den Zusammenprall der alten und neuen Zeit; denn gerade als ich mit meinen Begleitern an dem Stein rastete, rückte eine kleine Arbeitergruppe an und machte bei uns halt. Sie hatte die behördliche Anweisung, die ganze Gruppe der mächtigen, alten Bäume, die den Stein umstanden, zu fällen. Man sah es den Männern an, daß es ihnen bei dem Auftrag nicht ganz wohl war, und ich hörte, wie einer von ihnen zu meinen Begleitern sagte, daß sie mit dem Holz nichts zu tun haben wollten, es würde in eine entfernte Gegend verkauft. Dann machten sie sich an die Arbeit, doch gingen sie erst zuletzt und sichtlich zögernd an den Baumriesen heran, der als Hüter den heiligen Stein überragte.

Leider erlaubte es weder meine Zeit noch meine Reisekasse, den Berichten von den geheimnisvollen Stätten höher im Gebirge nachzugehen. Das muß einer späteren Reise vorbehalten bleiben. Bei meiner Rückkehr in bewohntere Gefilde hatte ich noch ein schönes Erlebnis. Ich sah meinen Reisewagen auf allen Seiten von Bauern umringt, die in die nächste Kreisstadt wanderten, wo ein Panajir, eine Art Jahrmarkt, stattfinden sollte. Auf Tieren und Wagen verpackt, brachten die Leute von weither ihre Produkte zum Markt, und die Buben trieben das Vieh, das verkauft werden sollte, vor sich her. Nie hatte ich in Kleinasien so viele Menschen auf einmal gesehen wie in dieser Einöde, in der ich bei meiner Hinfahrt keinem einzigen Menschen begegnet war und die wie ausgestorben dagelegen hatte. Eine Weile gab ich mich mit offenen Augen dem lockenden Traumbild hin, daß ich inmitten einer neuen Völkerwanderung unbekannten Zielen zustrebe. Die ganze bunte Völkerfamilie Asiens schien unterwegs zu sein. Wie einst die stolzen Seldschukenfürsten, so ritten auch jetzt die Vornehmen auf edlen

Pferden talabwärts. Auch mein Gastgeber war unter ihnen, und als er sah, wie mein Blick ihnen verlangend von meinem Wagen aus nachfolgte, winkte er einen blonden, blauäugigen Neffen heran, der mir sofort liebenswürdig seine sechsjährige Schimmelstute anvertraute. Voller Freude stieg ich in den Sattel und fühlte mich so dem großen Wanderzug fast zugehörig. Viel zu schnell waren wir am Ziel, wo ich mich dankbar von meinem väterlichen Gastfreund verabschiedete. Ein letzter Händedruck wurde getauscht mit dem Versprechen, uns bald wiederzusehen: Inschallah – So Allah es will!

[1] Diese jeglichen Reiseverkehr sehr erschwerenden Bedingungen gehören glücklicherweise der Vergangenheit an und sind im Zeitalter des Tourismus natürlich abgeschafft; es genügt zur Zeit sogar im Reiseverkehr zwischen Deutschland und der Türkei der Personalausweis.

[2] Die wissenschaftlichen Ergebnisse dieser im Auftrage der Österreichischen Akademie der Wissenschaften im Jahre 1948 durchgeführten Forschungsreise sind in den Denkschriften der Akademie 1952 erschienen (Band 75).

[3] Der Besuch eines weiteren Gnadenortes ist in dem Artikel Kolophon geschildert; vgl. S. 141 ff.

1948 *Friedrich Karl Dörner*

BÄREN MIT HUMOR

Eine recht alltägliche Erscheinung ist der Braunbär in Anatolien überall dort, wo es Wälder gibt. Ich glaube auch nicht, daß er besonders verfolgt wird; es sei denn, man fängt einige Jungbären, um sie zum Tanzen abzurichten. Der Bärentreiber ist in Anatolien noch eine häufige Erscheinung, die auf keinem Markt fehlen darf. Es sieht aus, als wären die kleinasiatischen Bären recht gemütliche Burschen; denn ich habe oft zehnjährige Knirpse beobachtet, die an einer langen Kette zwei oder drei ausgewachsene Bären hinter sich herzogen. Und die Bären folgten den Kindern friedlich wie gutmütige Hunde.

Auf einer Hochalm im Balabangebirge habe ich einmal gesehen, wie Lasenkinder mit großen Hirtenhunden und einem halbwüchsigen zahmen Bären herumtollten. Holzarbeiter hatten das Bärenkind im Frühling nach einem Unwetter halb verhungert im Wald gefunden. Der kleine Bursche tat ihnen leid, sie nahmen ihn mit und zogen ihn mit Milch groß – als Spielzeug für die Kinder. Auch in den anatolischen Sagen und Märchen spielt der Bär zumeist die Rolle eines gutmütigen, etwas tolpatschigen Gesellen, der sehr genäschig gerne Honig stiehlt.

Im Abantgebirge gibt es – ich muß sagen, Gott sei Dank – noch relativ viele Bären. Dort hatte ich auch ein Erlebnis, das mir zeigte, daß dieser braune Bär anscheinend einen gewissen Sinn für Humor besitzt. Wir waren draußen im Wald gerade mit dem Aufnehmen von Bodenproben beschäftigt, als ich bemerkte, daß eines der Feinsiebe fehlte. Man hatte es in der kleinen Waldhegerhütte, die uns als provisorische Unterkunft diente, irrtümlicherweise liegengelassen. Der Weg dorthin war nicht weit, ich schickte einen meiner Assistenten, es zu holen. Für den Weg hin und zurück hätte er höchstens eine halbe Stunde brauchen dürfen. Aber es verging eine Stunde, und der junge Mann kam nicht. Eine zweite Stunde schlich vorbei – er war immer

Abb. 23: Eine kleine Moschee mit selbstgebautem Minarett – der Stolz der Dorfgemeinde – s.S. 90
Abb. 24: Ohne Wasser kein Leben. Antike Fragmente als Brunnendekoration – s.S. 93 (Fotos F.K. Dörner)

noch nicht da. Nun wurde mir die Sache verdächtig. Hatte er sich verirrt oder war ihm etwas zugestoßen? Mit unserer Arbeit waren wir inzwischen fertig geworden, und ich gab den Befehl zum Rückmarsch. Als wir die kleine Lichtung mit der Hütte erreichten, sahen wir die Bescherung: Mein Assistent wurde in der Hütte regelrecht belagert – von zwei Bären.

Eigentlich war die Situation urkomisch. Der eine der zottigen Gesellen stand gerade auf den Hinterbeinen und spähte durch das vergitterte Fenster in das Innere der Hütte, der andere, etwas kleinere Bär saß im Gras und schleckte eifrig an irgend etwas. Wie sich später herausstellte, war es der Topf mit unserem Frühstückshonig, den der tüchtige Assistent zum Fenster hinausgeworfen hatte, um sich von den beiden „Ungeheuern“ freizukaufen. Als die Bären nun unsere wohlgerüstete Schar erblickten, kapitulierten sie vor der Übermacht und trollten sich langsam in den Wald zurück. Sehr langsam – wahrscheinlich kannten sie meine Schwäche für wilde Tiere und wußten, daß meine Leute nicht schießen durften.

Mein guter Assistent schlotterte vor Angst, als wir ihn befreit hatten und er zu berichten begann, wie die Sache sich zugetragen hatte. Er war gerade mit dem Sieb aus der Tür getreten, als die zwei Bären vor ihm standen und freundlich brummten. Mit einem Sprung war er wieder drinnen und verschloß schnell die Tür hinter sich. Sie werden schon von selbst wieder gehen, dachte er. Aber sie gingen nicht. Sie begannen ihn regelrecht zu belagern. Der eine stellte sich auf die Hinterbeine und spähte zum Fenster herein, der andere kratzte und drückte an die Tür, daß sie bedenklich in den Angeln knarrte. Dem Assistenten wurde angst und bang; denn weiß der Himmel, was die beiden noch vorhatten! In seiner Not kam er auf den Gedanken, den Bären etwas Freßbares vorzuwerfen. Zuerst fiel ihm ein Weißbrotwecken in die Hand. Die Bären nahmen die „Spende“ dankbar an und fraßen sie auf. Doch gleich wieder erschien der Bärenkopf am Fenster, und an der Tür wurde energisch gepocht. Es folgten also weitere Opfergaben: Weißbrot, Käse, meine Dauerwurst, der Honigtopf . . . so wurden, nach Qualität und Güte geordnet, unsere Vorräte buchstäblich zum Fenster hinausgeworfen. Und alles verschwand mit fabelhafter Geschwindigkeit in den hungrigen Mägen der Bären, die sich für jede Gabe, die aus dem Fenster kam, mit freundlichem Brummen bedankten.

Abb. 25: Ein ausgehöhlter und getrockneter Kürbis – der ideale Behälter für kühles Wasser – s.S. 90
Abb. 26: Ein primitiver Steg als willkommene Abkürzung beim Marsch zum Wochenmarkt – s.S. 90 (Fotos F.K. Dörner)

Als wir zur Hütte kamen, mühte sich mein Assistent mit einer großen Konservendose ab. Er wollte sie öffnen, um damit die Bären zu füttern. „Sonst hätten sie mich aufgefressen", stöhnte er und wischte sich den Schweiß von der Stirn. „Allahım! Es war fürchterlich!"

1966 *Harald Schweiger*

DIE WESTKÜSTE

6 Die Stätte der Königsburg Troja

AUF DER SUCHE NACH TROJA

Wenn Du und Wilhelm nicht imstande bist, wochenlang ohne Sattel und ohne Zaum zu Pferde zu sitzen, wenn Ihr Euch nicht wochenlang mit Wasser vom Skamander und mit Brot, welches von den kotigsten aller Hände gebacken, begnügen könnt, und wenn Ihr nicht (um zu vermeiden, bei lebendigem Leibe von den Wanzen verzehrt zu werden) die Nächte auf freiem Felde, in der ungesundesten Gegend, am Rande von Fieber und Tod aushauchenden Sümpfen, zubringen könnt, dann müßt Ihr nie nach Troja kommen. Ich bin nun schon dermaßen ans Ungemach gewöhnt, daß ich nicht mehr das Bedürfnis von Zaum und Sattel fühle; aber zuerst wurde es mir schwer, ohne dies fertig zu werden, zumal auf der Reise von Korinth nach Mykene (der Hauptstadt von Agamemnon) und Argos im Peloponnes. Auch bei Wasser und Brot habe ich noch nie eine Unverdaulichkeit gespürt und, vom Hunger gewürzt, schmeckt mir hier das trockne, schwarze Gerstenbrot besser als alle Braten in Paris; auch bei Mondschein, Sturm und Nebel schlafe ich ausgezeichnet auf freiem Felde. Nachdem ich hier auf der von den Gelehrten vermeinten Stelle des alten Trojas wohl an 30 verschiedenen Orten Ausgrabungen angestellt und weder Topfscherben noch Spuren von Ziegeln entdeckt habe, bin ich jetzt imstande zu beschwören, daß Troja hier nie gestanden hat. Ich bin dagegen — nachdem ich die Topographie des Skamandertales genau kennengelernt habe — zur Überzeugung gekommen, daß es circa 1 deutsche Meile näher dem Meere, um einen Berg herum gelegen haben muß, der mir größtenteils künstlich zu sein scheint und auf dem ich Pergamos (die Burg von Troja) zu finden hoffe. Ich bin entschlossen, diesen Berg im nächsten Frühjahre, soweit er künstlich ist, abtragen zu lassen; jetzt kann ich es nicht, weil die Erde zu fest ist. Dies muß der Ort von Troja sein; denn nirgends in der Iliade finde ich ein Wort davon, daß die Griechen den Skamander überschritten. Auch scheint es mir undenkbar, daß Troja 3 starke Stunden von den Schiffen der Griechen gelegen haben könnte.

1886 *Heinrich Schliemann*

IN ASSOS

Vor Sonnenuntergange landeten wir an der Asiatischen Küste. Wir trafen hier einen griechischen Seemann, der viel in Italien gewesen war und diese Sprache ziemlich fertig sprach. Mit Vergnügen hörten wir den Hellenen von Homer und Herodot reden, die er dem Namen nach wenigstens kannte. Er war in dieser Gegend geboren und erbot sich uns zum Wegweiser. Mit Mühe bestiegen wir den hohen, steilen Felsen, auf dem die alte Stadt erbaut war. Schon haben wir den Gipfel bestiegen, und der öde, entvölkerte Ort, das kalte, weite Grab, steht vor unsern Blicken da. Die bisher unversehrt stehenden Ringmauern geben ganz genau die Form der altertümlichen Stadt an; von ihrem vormaligen Glanze zeugen die Granitquadern, aus denen sie erbaut sind, die Säulen, Inschriften, erhabenen Bildwerke, die ihre Prachtgebäude schmückten und jetzt ordnungslos ihren Raum ausfüllen.

Ein geräumiges Theater nahm zuerst unsere Aufmerksamkeit in Anspruch; seine Form ist die eines Halbkreises, wie das bei allen altertümlichen Theatern der Fall ist. Der Baumeister, der dieses in Assos anlegte, wußte geschickt einen etwas eingebogenen Hügel zu benutzen. Die Sitze für die Zuschauer sind zum Teil in den Felsen selbst, auf dessen Abhang, eingehauen, zum Teil auf demselben von Granitquadern aufgeführt. Zu beiden Seiten, wo der Hügel eine andere Wendung nimmt, stehen zwei hohe Mauern als Stützen der daran stoßenden Stufen. Der erste Blick auf dieses so stark beschädigte Theater läßt dem Zuschauer kaum noch einen Zweifel übrig, daß es ein Erdbeben gewesen, das dieses Gebäude und wohl auch die übrige Stadt zerstörte. Es würde, glaube ich, nicht schwer sein, alle Quadern zusammenzutragen und den Bau wiederherzustellen. Allerdings sind alle Quadern mehr oder weniger aus ihrer Lage gerückt, und viele derselben liegen ganz unten, auf der Stelle, welche man Orchestrum nannte. Dieses einhundertvierzig Fuß breite Theater zählt dreißig Stufen oder Sitzreihen, auf einer Höhe von zweiundzwanzig Fuß. Ein breiter Korridor, von einer sieben Fuß hohen Mauer umgeben, schließt das Ganze ein und gab allein mehr denn tausend Zuschauern Raum. Das ganze Theater konnte deren wenigstens siebentausend fassen. Die Sitze oder Stufen laufen hintereinander fort, ohne jene Absätze, die man in den meisten altertümlichen Theatern findet und die Graf Choiseul Gouffier irrigerweise in seiner mutmaßlichen Ansicht der Stadt Assos vermerkt hat. Die Mauern des Proscenium sind gänzlich zerstört. Die innere Einrichtung der alten römischen und griechischen Bühnen ist so bekannt, daß man in dieser Hinsicht kaum irren kann.

Einige hundert Schritt südwärts vom Theater liegt ein kleines, ziemlich wohlerhaltenes Gebäude, welches mir ein Bad gewesen zu sein scheint. Die schweren, zehn Fuß langen und fünf Fuß starken Quadern, aus welchen es erbaut ist, haben den zerstörenden Erdbeben getrotzt. Der innere Raum ist mit Steinen und Erde verschüttet, deshalb haben wir den Kanal nicht auffinden können, vermittelst dessen, wenn anders meine Mutmaßung hinsichtlich der Bestimmung dieses Gebäudes begründet ist, das nötige Wasser hergeleitet wurde. Unmöglich konnte aber diese gemeinnützige Anstalt in dieser Hinsicht eine vorteilhaftere Lage haben, da wir in einer geringen Entfernung von derselben Spuren einer Wasserleitung fanden.

Links von dieser letzteren bemerkte ich unter mehreren, nahe aneinanderliegenden Trümmerhaufen verstümmelte dorische Säulen, Basen, Inschriften, sämtlich aus schweren Granitblöcken gearbeitet. Das Gebäude, dessen Zierde sie einst gewesen sind, ist aller Wahrscheinlichkeit nach das Rathaus des alten Assos.

Die Ringmauern der Stadt sind vollkommen erhalten und kaum an einigen Stellen beschädigt. Ich weiß es mir nicht zu erklären, wie diese einem Erdbeben haben widerstehen können, das die ganze Stadt zerstört und sogar das auf einem Felsen, ja zum Teil in demselben erbaute Theater beschädigt hat. Den Stadtmauern gleich ist auch ein Tor vollkommen erhalten, dessen Verhältnisse mir aber etwas plump zu sein schienen, einem finstern gotisch gewölbten Gange ähnlich.

September 1814 *Eduard Graf Raczyński*
Aus dem Polnischen übersetzt

PERGAMON (BERGAMA) VOR BEGINN DER AUSGRABUNGEN

Als ich mich der Stadt näherte, lagen rechts am Wege die imposanten königlichen Grabhügel, der eine ganz nahe der Straße, geheimnisvoll verschlossen. In der Stadt, schon ziemlich weit gegen den südlichen Fuß der Burg hin, imponierte ein hochragender roter Ziegelbau mit zwei flankierenden Türmen, allem Anschein nach eine römische Basilika, die man aber unbegreiflicherweise vielfach für den Äskulap-Tempel gehalten hat, was wohl daher rührt, daß Einheimische und Reisende dem Namen nach berühmte Gebäude gern mit den ersten besten besonders augenfälligen Ruinen identifizieren. Zunächst dieser Basilika wird man auf das 192 Meter lange, doppelte Tonnengewölbe aufmerksam, welches den die Stadt durchfließenden Selinos überbrückt. Es scheint die Absicht gewesen zu sein, dadurch einen freien Platz vor der Basilika zu schaffen. Flußaufwärts liegt die ganz aus altem Material, indes ohne Marmor, gebaute Moschee des Sultans Bayazit Yilderim, welche die Griechen gern für eine altchristliche Kirche ausgeben. Malerisch schön und großartig, aber in einem Seitental versteckt, liegt das Amphitheater, zwischen zwei Hügeln eingeklemmt, deren Abhänge teilweise zu den Sitzen benutzt waren. Nahe daneben, auf die Stadt sich öffnend, des Theaters Halbrund, an seinen beiden Flügeln durch mächtige, hohe Tore flankiert, deren östliches indessen seit meinem ersten Besuche zum Bau eines türkischen Hospitals abgerissen worden ist.

Nun ging's zur Burg. Dem flüchtigen Besucher erschien sie als ein einziges großes Schuttfeld, von Rasen und niederem Buschwerk bedeckt, durchsetzt von Mauerzügen, die aus den verschiedensten Zeiten herrühren und deren Zusammenhang auf den ersten Blick nicht klar wird; die oberste Burgkrone schließt eine spätmittelalterliche Mauer ein, welche zuletzt, ehe der Berg seiner jetzigen Verödung verfiel, als Festung gehalten wurde. Auch auf dieser obersten Fläche ragte nach allen Seiten hin massives Fundament, oftmals sich kreuzend, aus dem Boden hervor. Namentlich aber stehen noch, im Osten wie im Westen den Abhang begrenzend, die hohen Stützmauern der Attalidenzeit. Keinen Quaderstein von ihnen haben die Jahrhunderte zu verschieben vermocht.

Oberhalb der westlichen dieser Stützmauern betrat ich den Trümmerhügel, den man den Tempel der Athena Polias hat nennen wollen[1]. Traurig stand ich da und sah die herrlichen, fast manneshohen korinthischen Kapitelle, die reichen Basen und andere Bauglieder, alles um- und überwuchert von Gestrüpp und wilden Feigen; daneben rauchte der Kalkofen, in den jeder Marmorblock, welcher dem schweren Hammer nachgab, zerkleinert wanderte. Einige tiefe frisch gezogene Gräben zeigten, welche Fülle von Trümmern unter der öden Bodenfläche lagerte; je kleiner zersplittert, desto angenehmer waren sie den Arbeitern.

Das also war übrig geblieben von dem stolzen, uneinnehmbaren Herrschersitz der Attaliden! Barg der Boden noch Reste von all den Kunstschätzen, welche diese Mediceer der Diadochenzeit hier zusammengetragen und errichtet hatten? In weiten Zickzacklinien verließ ich, immer über Bauschutt hinabsteigend, die Burg; über tausend Rätseln sinnend gelangte ich mißmutig wieder zum Meere. – Den Kalkbrennern aber war nach vierzehn Tagen ihr Handwerk gelegt.

[1] In Wirklichkeit: das Trajaneum. (F.K.D.)

Winter 1864/65 *Carl Humann*

7 Carl Humann – Bildnis in der Gartenlaube 1880

DIE ENTDECKUNG DES ALTARS VON PERGAMON

Bergama, den 12. September 1878

Glück auf, mein lieber verehrter Herr Professor Conze!

Der Telegraph ist meinem Briefe weit voraus und hat Sie über die Hauptsache schon unterrichtet. Vorgestern abend schrieb ich Ihnen hundemüde, und das Schreiben wird auch wohl demnach konfus ausgefallen sein. Heute abend ist dasselbe der Fall und bitte um Nachsicht. Diesen Brief erhalten Sie mit dem vorgestrigen zusammen, wenn er bis Samstag morgen meiner Frau zugestellt wird.

Also gestern morgen begann die Abräumung des Stückes Mauer, worin die frühern Reliefs gefunden waren, und gleich nach der Fortschaffung der obern Erde und Trümmer zeigte sich eine ganze Reihe 1 bis 2 Meter langer Blöcke, die auf die hohe Kante gestellt, nach innen zu die Mauerfläche bilden. Die Mauer ist 4–5 Meter dick, nach außen zu einige Fuß hoch sichtbar, von innen mit Schutt und Erde bis oben zugefüllt. Um die Reliefs frei zu legen, mußte ich also an der Innenseite einen Graben ziehen, und die Erde ließ ich über die Mauer hinüberschaffen und nach außen werfen.

Ein Stein liegt mit der Bildfläche nach außen und stellt eine Göttin dar, die mit einem Fuße auf einen Schuppenschweif eines Giganten tritt und mit ihrer linken Hand von hinten ihm ins krause Kopfhaar greift; der Gigant umklammert mit seiner Linken das Handgelenk der Göttin, seine Rechte ging ins Freie und ist am Ellenbogen abgebrochen; das Gesicht ist bartlos, häßlich und schmerzdurchzogen mit halboffenem Munde; sein Körper ist nackt und wunderschön modelliert. Die Göttin ist im fliegenden Gewande, der Fuß in einer Sandale; nur ihre linke Hälfte ist auf dieser Platte, Kopf und rechte Hälfte gehören einer anderen Platte an. Gewandung und Formen sind von unvergleichlicher Schönheit – man kann sich nicht satt daran sehen.

Doch die Zeit drängt, und ich darf heute bei den Details nicht weilen. Wir haben also einen unerwartet raschen, glänzenden Erfolg, und nun lassen Sie mich Ihnen und Herrn Geheimrat Schöne von Herzen Glück wünschen. Wir haben nicht ein Dutzend Reliefs, sondern eine ganze Kunstepoche, die begraben und vergessen war, aufgefunden. Bis heute abend waren elf große Reliefs sichtbar, aber da, wo der innere Graben schon tief genug ist, zeigt sich, daß eine andere Reihe ebenfalls auf die hohe Kante gestellter Blöcke unter der obern Reihe steht. Wer weiß, wie tief die Fundamente dieser Mauer gehen, und dann habe ich auch noch nicht ihre halbe Länge in Angriff genommen. Auf 20 bis 30 große Blöcke können wir mit Sicherheit hier rechnen. Nur sind sie in verschwenderisch viel Mörtel verbaut, und dieser ist steinhart, so daß jedes Steinchen der kolossalen Mauer mit Keilen und schweren Hämmern abgehoben werden muß. Die besten Dienste tut mir meine englische Handwinde von 12 Tonnen Hebekraft – sie hebt die dicksten Granitquadern aus ihrer Mörtellage. Pulver werde ich nicht anwenden, sondern nur durch Handarbeit die Mauer soweit abtragen, daß die Bildfläche der Blöcke frei wird. Ein gewaltsames Umreißen der Reliefs könnte sie zu sehr beschädigen. Ich kann die Arbeiter keine Minute allein lassen; denn auch in der Mauer finden sich fortwährend Fragmente und andere Skulpturen, so z.B. gestern eine sehr schöne sitzende Frauengestalt in halber Lebensgröße. Wann soll ich die Aufnahmen und Zeichnungen herstellen? Bitte um Nachsicht!

8 Rekonstruktion des Großen Pergamon-Altars von Richard Bohn

Die Ara habe ich wohl gefunden; denn an der vorgestern beschriebenen Stelle im Trümmerhaufen habe ich einen massiven Unterbau von Quadern entdeckt; seine Ausdehnung ist noch unbekannt. Ringsherum werde ich den Schutt aufräumen müssen, und wäre auch nur ein Relief dort zu erwarten.

Dann brauche ich aber eine Stellvertretung hier; denn der Transport wird mich ganz in Anspruch nehmen, und an ein Schließen der Arbeiten nach Ablauf des ersten Monats ist doch wohl nicht zu denken. Auch muß der Transport vor Eintritt der Regenzeit, Mitte November gewöhnlich, bewerkstelligt sein. All diese Sorgen der Bergung des Gefundenen lassen in mir keine rechte Freude aufkommen und rauben mir den Schlaf. Wollen Sie nicht auch selbst herkommen? Das wäre prächtig!

Mir ist fast zu Mute, als hätten wir für den Anfang zu viel auf einmal gefunden; indes können wir uns auch leicht trösten, wenn wir mal 14 Tage lang gar nichts finden. Den Aesculap-Tempel habe ich noch nicht besuchen können. Das Iradé enthält nichts über den Teilungsmodus; doch ist Gebrauch, daß in solchen Fällen zu gleichen Hälften geteilt wird. Das Gesetz sagt, 1/3 für den Finder, 1/3 dem Staat, 1/3 dem Grundeigentümer. – Wollen Sie nicht die ganze Akropolis kaufen? Das kann Hamdi Pascha allein abmachen. Für ein paar hundert Pfund möchte ich es auf mich nehmen, die Sache zu erledigen.

Da Papier und Kerze noch langen, will ich Ihnen noch eben sagen, daß die Göttinnen mir günstig zu sein scheinen (von den Göttern hoffe ich es auch). Außer dem oben beschriebenen Relief stellen nämlich die zwei an-

Hof, um einen Unterschlupf für die Nacht zu finden, Speise und Schutz vor wilden Tieren. Das große Hoftor stand bis zu dem Augenblick, wo es am Abend zugeriegelt wurde, für die Fremden offen. Ein Hausgehilfe führte sie in den Raum, der eigens für sie bestimmt war. Er zeigte ihnen den Schlafplatz für die Nacht, reichte ihnen von den kleinen Gästebroten, die für die durchreisenden Fremden eigens gebacken wurden, und sagte ihnen, wo sie sich Essen holen könnten. Die Reisenden wuschen sich, ruhten sich auch, wenn sie wollten, aus und setzten sich dann mit den Arbeitern zusammen, indem sie von ihren Mühsalen und Freuden berichteten und dabei eine Zigarette nach der anderen drehten.

Artemis, mit der Unruhe und Neugier, die sie besaß, war immer die erste, die von der Ankunft eines Fremden etwas hörte. Sie betrachtete ihn, fragte ihn aus, achtete auf die Kleider, die er trug, schließlich schaute sie ihm forschend in die Augen und ins Antlitz. Wenn sie so erkundet hatte, welcher Art er sei, kam sie zu uns, den andern Kindern, gerannt und rief: „Regen!“

Dann wußten wir, daß ein Reisender gekommen sei, wie wir ihn wünschten, nämlich mit Geschichten, fremdartigen Kleidern, mit einem Spleen oder mit Trödlerwaren – Erreger unserer Phantasie und unserer Neugier, jungfräuliches Buch vom Schicksal dieser Welt. Dann rannten wir Kinder alle los und suchten den Fremden auf, sorgten für ihn, brachten ihm Milch und Eier und setzten uns, wenn wir ihn so mit Gaben bedacht hatten, um ihn herum und warteten.

Dann wendeten sich des Buches Seiten ganz allmählich um, wendeten sich um, damit wir Kinder lernen sollten, daß jenseits aller äußeren Ähnlichkeiten, jenseits von Freude und Schmerz, ein anderes Element, stark wie die Flamme, alle Menschen eint und ihr Geschick einander ähnlich macht: Die Jagd der Leidenschaft, der Zwang, sich abzumühen.

1934

Ilias Venesis
Aus dem Griechischen übersetzt von
Roland Hampe (1949)

Abb. 27: Ein kleiner Flußlauf als Erfrischung für Wasserbüffel – s.S. 90
Abb. 28: Nach getaner Arbeit ein geruhsames Bad – s.S. 90
(Fotos F.K. Dörner)

P.T.T.

SIEBEN STÄDTE – SIEBEN VERHEISSUNGEN

Smyrna – heute unter dem türkischen Namen Izmir bekannt – ist die einzige von den sieben Städten der biblischen Offenbarung, die ihren Ruf als bedeutende Hafen- und Handelsstadt erhalten hat, da man unter größten Mühen den Fluß Gediz umleitete, der mit seinen Sand- und Geröllmassen die Hafenbucht zuzuschwemmen drohte.

Das letzte Buch der Bibel, die Offenbarung des Johannes, nennt uns sieben frühchristliche Gemeinden, alle nicht weit von der Westküste Kleinasiens gelegen, die wir heute leicht noch aufsuchen können: Ephesos, Smyrna, Pergamon, Thyatira, Sardes, Philadelphia und Laodicea.

Wir sollten zu Schiff in Izmir ankommen. Am frühen Morgen liegt der Glanz der Morgensonne auf den blauen Bergen, die die glitzernde Meeresbucht umsäumen. Der Landwind trägt den Duft aus den Obstgärten herüber, die Fischerkähne kehren heim, aus den Vororten bringen schnelle Motorboote die Menschen zur Arbeit in das Stadtzentrum. So wimmelt es am Hafenkai von Matrosen und Händlern, Passagieren und Kellnern, die entlang der Uferstraße an den Restaurants und Geschäften vorübereilen. Den Mittelpunkt am Hafen bildet ein weiter Platz mit dem Reiterdenkmal Atatürks. Beherrschend erhebt sich hier der moderne Hochbau des Hotels Efes (Ephesos), ein Hotel, das für die große Messestadt, für wohlhabende Geschäftsleute und elegante Touristen aus aller Welt erbaut wurde, eines der schönsten Hotels im Nahen Osten. Wie eine Theaterkulisse erscheint die dahinter aufsteigende Altstadt, in der kleine und kleinste Häuser bis zu dem alten Kastell auf der Bergeshöhe hinaufklettern. Breite Baumalleen führen vom Hotel aus zum Messegelände, in einem großen Pinienpark gelegen, und zu den Hauptstraßen der Stadt mit riesigen Bank- und Geschäftshäusern.

Bis dorthin erscheint alles modern und neu, voll mit südlichem Leben und Treiben. Abseits der Asphaltstraßen finden wir dann das jahrtausendealte Izmir, das Smyrna der Antike. Wir gehen zunächst durch den alten

Abb. 29: Der Ağa (Gutsherr) von Dört Divan mit seinem Herrscherstab – s.S. 92

Abb. 30: Im Garten des Kaffeehauses in Düsze – s.S. 90 (Fotos F.K. Dörner)

Bazar, in dem es keine Hochäuser mehr gibt, sondern kleine Ladenbauten und rebenüberdachte, enge Passagen mit winzigen Teestuben. Dann stehen wir auf der antiken Agora, verlassen und vergessen im heutigen Stadtgetriebe, und wir wandern durch die Kaufgewölbe und Säulengänge, entlang an Grabsteinen und Götterstatuen.

Rasch bringt uns das Auto auf breiter Landstraße nach Ephesos, das der Schreiber der Offenbarung an erster Stelle nennt. Auch hier hätten wir im Altertum mit dem Schiff landen können, aber längst ist die Meeresbucht versandet, aus einer Weltstadt wurde eine Ruinenstadt, und nur die Touristen steigen in dem kleinen Ort Selçuk aus, um die Trümmer der einstigen Herrlichkeit zu bewundern. Rascher als in Smyrna wird man hier in die Vergangenheit versetzt. Die sorgfältig ausgegrabenen Mauerreste der Johanneskirche auf dem Hügel unterhalb des Kastells bringen uns unmittelbar mit dem Schreiber der Offenbarung zusammen. Es war Johannes, Bischof der Gemeinde von Ephesos, nach alter – heute umstrittener – Überlieferung, der Lieblingsjünger des Herrn, der auch das Johannes-Evangelium schrieb. Unter dem Kaiser Domitian wurde er auf die öde kleine Insel Patmos verbannt. Dort erlebte er die gewaltige Vision des Weltunterganges und verband mit diesen Prophezeiungen ein Sendschreiben an sieben Gemeinden in Kleinasien. Er schreibt aus der Verbannung an seine Gemeinden, er spricht in Bildern und Symbolen, die nur seine Freunde verstanden; denn er wollte die Christen nicht gefährden. Deutlich sah er die Zeit der Verfolgung heraufziehen. Er will seine Brüder stärken und trösten für das Jüngste Gericht. Wir wissen nicht, was ihn bewog, gerade diese sieben Gemeinden auszuwählen; denn seit der paulinischen Zeit gab es noch andere blühende christliche Zentren in Kleinasien. Waren sie ihm in seiner Priesterzeit persönlich anvertraut gewesen und waren ihm ihre Nöte besonders bekannt und ans Herz gewachsen? Oder kannte er in der Übersicht praktisch alle Gemeinden und hatte diese sieben ausgewählt, um sinnbildhaft alle Tugenden und Anfechtungen der jungen Christengemeinden für alle anderen Gemeinden aufzuzeigen? Seither haben jahrhundertelang Theologen und Laien über diesem Buch voller Unverständlichkeiten und Geheimnisse gegrübelt. Aber vieles Geheimnisvolle löst sich, wenn wir die Städte selbst aufsuchen und uns ein Bild von ihrer besonderen Situation in der Geschichte ihrer Zeit verschaffen können.

Der kummervolle Blick des Sehers streifte seine Gemeinden: Werden sie fähig sein, die drohenden Prüfungen zu bestehen? Noch ist es Zeit zur Warnung und Verheißung. Viele waren gläubig und treu wie Smyrna und Philadelphia. Es gibt aber auch andere Gemeinden wie Pergamon, Sardes und Thyatira, die zur Nachgiebigkeit und Kompromißbereitschaft neigen.

Und es gibt schließlich sogar solche wie Ephesos und Laodicea, in denen die Kraft, die Wahrheit von der Irrlehre zu unterscheiden, schon fast erloschen ist.

Zuerst also ruft der Schreiber die Gemeinde von *Ephesos* auf. Sie lebt nicht nur in der volkreichsten, sondern auch in der geistig führenden Stadt Kleinasiens. Hier trafen die großen Handelswege aus dem Orient und dem Abendland zusammen; hier erhob sich neben dem in der ganzen Welt berühmten Artemistempel auch das erste Heiligtum des Kaiserkultes, das Augusteum; hat doch Kaiser Augustus Ephesos viermal besucht.

Die Stadt hat den Glanz und die Pracht um den anwesenden irdischen Herrscher mit eigenen Augen erblickt; daher stellt Johannes der Gemeinde den himmlischen Herrscher vor Augen. Seine königlichen Attribute sind die 7 Sterne und die 7 Leuchter, er hält die Sinnbilder der sieben Gemeinden in seiner Hand.

Die Gemeinde wird gerühmt um ihrer Werke, ihrer Arbeit und ihrer Geduld willen; aber ihr wird auch ein Abfall vorgeworfen, von dem der heutige Leser nicht mehr recht weiß, worin er bestand. Sie wird zur Buße aufgerufen, und ihr wird der Lebensbaum im Paradies als Preis verheißen.

Ephesos ist durch die Ausgrabungen der österreichischen Archäologen wiedererstanden. Die Hafenstraße, das Theater, der Artemistempel und die Agora, Bäder, Bibliotheken und Privathäuser lassen uns ein Bild von der Weiträumigkeit und Pracht der antiken Stadt gewinnen. Wir wandern über die alten Straßenplatten der Hafenstraße, die einst zum Meer führte und die sich heute in einer Schwemmlandschaft verliert. Im Sumpf liegen die langgesuchten Fundamente des Artemistempels, der zu den sieben Weltwundern der Antike zählte und an dessen Stufen einst die Wellen rauschten. Mühsam versuchen die österreichischen Archäologen, das Gelände mit Pumpen trokkenzulegen. Sorgfältig wurde aus erhaltenen und zersplitterten Bauteilen wenigstens eine Säule wieder zusammengesetzt. Kaum kann man sich vorstellen, daß der ganze Säulenwald wie vom Erdboden verschwunden ist. Doch muß man nur in die Hagia Sophia nach Konstantinopel reisen, um dort noch so mancher Säule aus dem Artemis-Heiligtum von Ephesos zu begegnen, die der Baumeister des Kaisers Justinian aus dem verlassenen heidnischen Tempel holen ließ. Unvergeßlich ist mir die Stunde unseres Besuches im Herbst 1972, als ein Marmorköpfchen aus dem Schutt im Sumpf ausgegraben wurde, das einst zu dem Amazonenfries des Altars gehörte.

Doch wollen wir die sieben Gemeinden der Reihe nach besuchen, so müssen wir uns wieder nach Norden wenden und noch einmal nach Smyrna zurückkehren, bevor die Reise nach Pergamon weitergeht. Die Wiederbegegnung mit der Stadt, die wir auf dem Landweg erreichen, ist nicht so malerisch wie unsere erste Ankunft mit dem Schiff, aber sie vermittelt doch einen Eindruck von ihrer unvergleichlichen Lage, wenn wir in Kurven von der Hochebene herab zum Hafen fahren. Bis zum Jahre 1922 war sie von griechischer Kultur geprägt. Aber kein Glockenturm überragt die Häuser, das Geläute ist verstummt, seit der Krieg der Griechen gegen das besiegte und scheinbar ausgeblutete osmanische Weltreich zusammenbrach. Keiner hatte es vermutet, daß Kemal Atatürk den Widerstand in Anatolien organisieren und kraftvoll die Angriffe der Griechen zurückschlagen würde, die schon weit in das Innere vorgedrungen waren. Tausende von griechischen Bauern, Frauen und Kindern flüchteten vor den siegreichen türkischen Truppen. Mit den Resten der griechischen Armee flohen sie auf die Schiffe, ein Teil rettete sich nach Griechenland herüber, hinter ihnen ging das griechische Stadtviertel in Flammen auf.

Im 2. Jahrhundert nach Christus erlitt die christliche Gemeinde in Smyrna schwere Prüfungen, aus denen sie aber gestärkt hervorging. Als Johannes sie aus Patmos anschrieb, ahnte er schon die Leiden der alten Stadt und suchte die Gemeinde zu trösten: „Fürchte dich vor keinem, das du leiden wirst . . . Sei getreu bis an den Tod, so will ich dir die Krone des Lebens geben".

Nach dem Kampf mit den Mächten der Hölle wird dem Sieger der Kranz von Christus verliehen werden, so wie ihn der irdische Kampfrichter dem Sieger im sportlichen Wettkampf überreichte, eine Siegerehrung, die den Menschen in der Antike wohl vertraut war. Die Voraussage des Johannes hat sich hier in besonderer Weise erfüllt. Im Jahre 155 nach Christus erlitt der achtzigjährige ehrwürdige Bischof von Smyrna, Polykarp, den Märtyrertod auf dem Scheiterhaufen.

Kürzlich erst fand man in dem alten Stadtgebiet einen großen Marmorsarkophag, den man vor dem Museum im Messegelände aufstellte. Aus der Mitte der Langseite schaut ernst das Doppelbildnis eines römischen Ehepaares; geflügelte Genien tragen ein Kranzgewinde aus Blumen und Früchten, die alte Verheißung ist hier zu Stein geworden: „Sei getreu bis an den Tod, so will ich dir die Krone des Lebens geben".

Der Weg nach Pergamon ist nicht weit, wenn man ihn mit dem Auto zurücklegen kann. Der Fund der Altarplatten von Pergamon, die den Kampf der Götter mit den Giganten darstellen, war eine Sternstunde der Archäologie. Carl Humann erkannte ihre Bedeutung für die Kunst- und Religionsgeschichte der hellenistischen Zeit. In jahrelanger, mühsamer Arbeit wurden sie geborgen, nach Deutschland verschifft und somit der Vernichtung im Kalkofen der Bauern entzogen. Tausende haben ihre Aufstellung im Berliner Museum bewundert. Aber seit es auf bequemen Wegen möglich ist, das alte

Pergamon selbst zu besuchen, reißt der Strom der Touristen nicht ab. Heute ist Bergama eine geschäftige kleine Landstadt, die hauptsächlich von der Bedeutung des antiken Pergamon lebt. Die Reisenden steigen den Burgberg hinan und wieder herab zum Asklepieion; sie besuchen das Museum und lernen in dem kühlen Restaurant die türkische Kochkunst kennen.

Im Altertum stand Pergamon an Bedeutung kaum hinter Ephesos zurück. Im Jahre 133 vor Christus war es von dem letzten König aus dem Haus der Attaliden den Römern vermacht worden; es besaß herrliche Schätze: eine riesige, wertvolle Bibliothek, Paläste, Tempelbauten und ein Theater auf dem hochragenden Burgberg. Da war vor allem das Heiligtum des Gottes Asklepios, in der Ebene gelegen. Man kann es fast mit Lourdes vergleichen, so berühmt waren seine Ärzte und seine Quelle, die Pilger und Kranke aus aller Welt aufsuchten. Auch das Asklepieion wurde wieder ausgegraben, die Quelle wiedergefunden. Hier glaubte man noch an das Wunder der Heilung durch den Beistand des heidnischen Gottes, und daher stieß in Pergamon die junge Kirche besonders scharf mit der hellenistischen Frömmigkeit zusammen.

Mit dem Thron des Satans meint Johannes vielleicht den großen Altar des Zeus, der in Berlin im Pergamon-Museum nach seiner Ausgrabung wieder aufgebaut wurde, oder vielleicht auch den berühmten Kaisertempel. Er bescheinigt der Gemeinde, daß sie an besonders gefährdeter Stätte wohnt. Es wird auch schon ein Märtyrer genannt: „Ich weiß, was du tust und wo du wohnst, da des Satans Stuhl ist; und hältst an meinem Namen und hast meinen Glauben nicht verleugnet auch in den Tagen, in welchen Antipas, mein treuer Diener, bei euch getötet ist".

Johannes schilt die Hinneigung zur Irrlehre und ruft streng zur Buße auf. Besonders bildhaft aber ist seine Verheißung für Pergamon: „Wer überwindet, dem will ich zu essen geben von dem verborgenen Manna und will ihm geben einen weißen Stein und auf dem Stein einen neuen Namen geschrieben, welchen niemand kennt, denn der, der ihn empfängt".

Das Manna, das Himmelsbrot des Alten Testamentes, wird wieder die Speise des Gottesvolkes sein. Das zweite Bild ist aus den antiken Wettkampfspielen genommen, ebenso wie das Bild von der Siegeskrone. Es bestand die Sitte, daß der Kampfrichter den Siegern als Siegerurkunde weiße Marmortäfelchen mit eingezeichnetem Namen aushändigte. Das war ihr Ausweis, auf Grund dessen sie bei ihrer Rückkehr in ihre Heimatstadt dort als Sieger geehrt wurden. Der Herr sagt hier dem Überwinder die himmlische Siegerehrung mit einem ganz neuen Namen zu.

Überwältigend ist der Ausblick von Pergamons Höhe auf die Ebene und die umgebenden Gebirge bis zum Meer. Hier erscheint uns die Versuchungsgeschichte glaubhaft, da der Satan Jesus die Reiche der Welt zu Füßen legte. Ungern trennen wir uns von diesem herrlichen landschaftlichen Rundblick, um herabzusteigen und die Reise nach Thyatira fortzusetzen, zu der Gemeinde, die an vierter Stelle von Johannes genannt wird. Thyatira wird auch im Neuen Testament, in der Apostelgeschichte, erwähnt. Paulus gewinnt die ersten Anhänger seines Evangeliums auf griechischem Boden in der Stadt Philippi im Hause der reichen Kaufmannsfrau Lydia, die aus Thyatira stammt.

Kaum finden wir noch heute in der kleinen, etwas monotonen Stadt, durch die die Landstraße vom Norden kommend nach Smyrna führt, Spuren der Antike. Kürzlich stieß man bei Straßenarbeiten auf einige Säulenreste und Fundamente und umgab sie mit einem Zaun. In dem Garten des Krankenhauses entdeckten wir einen rosenumblühten Marmorsarkophag mit einer griechischen Inschrift, in der eine Familie aus „Thyatira" ausdrücklich ihr Eigentum an diesem Steinsarg bekundet.

Der Bischof Johannes warf der christlichen Gemeinde von Thyatira die Verbindung mit einer Irrlehre vor. Er verheißt ihr aber den Morgenstern Gottes, den Teil an seiner Herrlichkeit, wenn sie Buße tut.

Wiederum großartig ist der Eindruck der Ruinen der antiken Stadt Sardes, die Johannes nach Thyatira aufruft, wenn wir uns von Izmir kommend dem wildgezackten Bergmassiv nähern, auf dem sich einst die Burg der Könige von Lydien erhob. Die historische Gründung liegt lange zurück. Die Sage hat sich der frühen Stadtgeschichte bemächtigt.

So sollte Herakles als Sklave der lydischen Königin Omphale in Sardes in Weiberkleidung spinnen und Magddienste tun. Die Königin verliebte sich heftig in ihn, und er begründete mit ihr die Dynastie der Herakliden.

Der letzte dieses Herrschergeschlechtes war Kandaules, der im 7. Jahrhundert vor Christus durch Gyges ermordet wurde. Auch dieser Thronwechsel ist sagenumwoben. Platon erzählt, Gyges habe einen Ring besessen, der ihn unsichtbar machte. Bei Herodot lesen wir, daß Kandaules den Gyges in seinem Schlafgemach versteckte, damit dieser die sonst eifersüchtig bewachte Schönheit seiner Gemahlin bewundern könne. Die Königin, die arglos ihre Kleidung vor ihrem Gemahl abgelegt hatte, bemerkte aber den Eindringling und war so tief verletzt durch die Eitelkeit und Schamlosigkeit ihres Ehegatten, daß sie Gyges gebot, ihn zu töten. Gyges errang die Hand der Königin und die Königsherrschaft.

Sein Nachkomme Krösus wurde noch berühmter, Herodot erzählt im ersten Buch seiner Historien in vielen Kapiteln seinen Lebensweg. Wir Heutigen nennen noch jetzt einen sehr reichen Menschen einen Krösus.

Krösus, dem König in der Stadt Sardes, gelang es, den ganzen Westen von Kleinasien zu unterwerfen und ungeheure Schätze zu sammeln. Als der berühmte Weise Solon von Athen sein Gast war, wollte Krösus gern hören, welchen er für den glücklichsten Menschen halte, und hoffte, daß sein Name genannt würde. Aber Solon hielt einen einfachen Bürger von Athen für den glücklichsten Menschen, der gute und wohlgeratene Söhne und Enkel heranwachsen sah und auf dem Schlachtfeld den Tod für das Vaterland starb. Danach pries er Kleobis und Biton für die glücklichsten der Menschen. Sie zogen den Festwagen selbst, auf dem ihre Mutter als Priesterin der Hera Platz genommen hatte, da die Ochsen auf dem Feld arbeiten mußten. Die Mutter bat die Götter um den schönsten Lohn für ihre frommen Söhne, und man fand sie am frühen Morgen auf der Schwelle des Tempels tot auf. Noch heute können wir die Doppelstatue der Brüder in Delphi bewundern.

Krösus war tief enttäuscht und hielt Solon für einen Narren, der ihn warnte und sagte, niemand könne vor seinem Tode glücklich gepriesen werden. Bald wendete sich das Glück des Königs. Er verlor seinen Sohn auf der Eberjagd und sein Reich auf einem Feldzug gegen die Perser. Zuletzt verschanzte er sich auf der uneinnehmbar scheinenden Burg in Sardes. Aber es gelang dem Perserkönig Kyros, einen Pfad auf der unwegsamsten Stelle des Steilabhanges zu entdecken. Nachts erstiegen die Perser einzeln hintereinander den schmalen Weg und drangen in die Burg ein. Krösus wurde ergriffen und sollte auf dem Scheiterhaufen verbrannt werden. Da erinnerte er sich der warnenden Worte und rief dreimal verzweifelt Solons Namen. Kyros hörte es und befahl ihm, von dem bereits brennenden Holzstoß herabzusteigen. Als dies nicht gelingen wollte, rief Krösus die Hilfe des Gottes Apoll an, dem er reiche Opfer in Delphi gebracht hatte, und dieser löschte mit einem Gewitterguß das Feuer.

Als er dem Sieger Solons Reden erzählte, war dieser sehr betroffen und ließ den besiegten Krösus neben sich Platz nehmen. Dann konnte er sich nicht enthalten, ihn zu fragen, wie ihm zu Mute sei, da seine Stadt Sardes von den persischen Soldaten zerstört und geplündert werde. Krösus antwortete gleichmütig, es sei ja nicht mehr seine Stadt und es seien nicht mehr seine Schätze; denn Kyros habe ja Sardes erobert. Kyros ließ die Plünderung einstellen und behielt Krösus als seinen Ratgeber. Sardes wurde Hauptstadt einer persischen Satrapie und im Jahre 334 kampflos Alexander dem Großen überlassen.

Berühmte Heiligtümer schmückten die Stadt zu Füßen der Burg, ein Tempel für die große kleinasiatische Göttin Kybele und ein Artemistempel. Obwohl ein starkes Erdbeben die schönen Bauten im Jahre 17 nach Christus stark beschädigte, können wir viele aufrechtstehende Bauteile, Zeugen der großartigen Architektur, noch heute bewundern dank der amerikanischen Ausgrabungen und Restaurationsarbeiten. Zur Zeit ist man dabei, das Gymnasium mit seinen Hallen und Bädern und die daneben liegende Synagoge nach wiedergefundenen Bauteilen neu aufzurichten.

Trotz des schweren Erdbebens blieb die Stadt wohlhabend bis zum Mongolensturm im Jahre 1402. Von da an war Sardes nur noch ein armseliges Dorf. Zur Zeit des frühen Christentums bildete die Stadt einen wichtigen Umschlagplatz für Wollwaren aus Lydien. Vielleicht wählt Johannes darum bewußt das Bild von den weißen Kleidern:

„Aber du hast etliche Namen in Sardes, die nicht ihre Kleider besudelt haben; und sie werden wandeln in weißen Kleidern, denn sie sind's wert. Wer überwindet, soll mit weißen Kleidern angetan werden, und ich werde seinen Namen nicht austilgen aus dem Buch des Lebens, und ich will seinen Namen bekennen vor meinem Vater und vor seinen Engeln."

Auch das Bild von dem Dieb, das Johannes wählt, könnte an die alte Stadtgeschichte von dem nächtlichen Einstieg der Perser anknüpfen: „Willst du aber nicht aufwachen, so werde ich wie ein Dieb kommen."

Philadelphia war unter den sieben Städten wahrscheinlich die jüngste und in den Augen der Menschen die unbedeutendste. Weshalb ihr die größte Zuneigung des Apostels gilt? Er hat ihre Treue und Geduld erfahren. Die Christengemeinde hat noch lange in großem Ansehen gestanden. Aber die Stadt Philadelphia ist so oft von Erdbeben heimgesucht worden, daß wir jetzt vergeblich nach Zeugen aus antiker Zeit suchen. Immer wieder hat sich die Einwohnerschaft an die fruchtbare Erde des Tales geklammert und aus den Trümmern der von Erdbeben zerstörten Häuser und Gebäude eine neue Stadt gebaut. Ihr schöner Name „die Bruderliebende" wurde ihr von ihrem Gründer, Attalos II. von Pergamon, verliehen, der selbst den Namen „Philadelphos – der Bruderliebende" als Beinamen trug.

Nennt man heute den Namen Philadelphia, so denkt man zunächst unwillkürlich an die Millionenstadt in den U.S.A. Sie wurde 1683 von William Penn gegründet, der ihr in genauer Kenntnis der Bibel den Namen Philadelphia in Erinnerung an die frühchristliche Gemeinde in Kleinasien gab und nicht nur der schönen Bedeutung wegen.

Heute zählt das türkische Alaşehir ganz in der Nähe von Philadelphia kaum 20000 Einwohner, das amerikanische Philadelphia aber über 2 Millionen. So hat die amerikanische Stadt ihre Patenstadt hundertfach überholt. Kaum ein Reisender verirrt sich nach Alaşehir. Er würde keinen der Kaisertempel mehr vorfinden, allein noch Teile der byzantinischen Mauer erkennen.

Die Verheißung für Philadelphia ist besonders herrlich: „Dieweil du hast bewahrt das Wort meiner Geduld, will ich auch dich bewahren vor der Stunde der Versuchung, die kommen wird über den ganzen Weltkreis, zu versuchen, die da wohnen auf Erden. Siehe, ich komme bald; halte, was du hast, daß niemand deine Krone nehme! Wer überwindet, den will ich machen zum Pfeiler im Tempel meines Gottes, und er soll nicht mehr hinausgehen; und ich will auf ihn schreiben den Namen meines Gottes und den Namen des neuen Jerusalem, der Stadt meines Gottes, und meinen Namen, den neuen".

Die letzten Sätze knüpfen an eine häufig geübte Sitte in der antiken Welt, daß dem Priester nach Ablauf seiner Amtszeit eine Statue oder eine Ehreninschrift im Bezirk des Tempels aufgestellt wurde, die seinen Namen und seinen Dienst im Heiligtum verewigen sollte. Wieder tritt dem irdischen Brauch die Ehrung des himmlischen Herrschers entgegen, der selbst der Gemeinde in der Ewigkeit eine Gedenksäule errichtet. Auch hier beruht das Bild des Johannes auf der Kenntnis der Stadt Philadelphia, die besonders schöne Tempel besessen haben soll.

Ebenfalls die letzte der sieben Städte ist von den Menschen verlassen und vergessen worden. Sie läßt sich allerdings noch finden, und ihr antiker Name Laodicea lebt in dem Namen des kleinen türkischen Dorfes Ladik fort, das wir über die Stadt Denizli erreichen können.

Im Altertum lag die Stadt am Schnittpunkt großer Handelsstraßen, am Lykos, einem Nebenfluß des Mäander. Sie trug ihren Namen nach der Gemahlin des Antiochos II., nach der Königin Laodike. Nicht weit von ihr können wir die Ruinen der antiken Stadt Kolossai aufsuchen, deren Namen wir aus den Briefen des Apostels Paulus an die Kolosser kennen. Beide Städte wurden im Jahre 60 nach Christus durch ein Erdbeben zerstört. Laodicea, die reichere Stadt, erholte sich rascher davon. Ihren wirtschaftlichen Wohlstand verdankte sie ihrer günstigen Lage. Die Leinen- und Wollwarenindustrie stand in Blüte, und damit waren lebhafte Geldgeschäfte verbunden. Cicero empfiehlt die Banken der Stadt Laodicea. Dazu beherbergte die Stadt eine medizinische Akademie, die durch ihre Medikamente im ganzen römischen Reich bekannt geworden war.

Seit dem 14. Jahrhundert ist die Bedeutung der Stadt ständig gesunken, und ihre Einwohner wanderten in die erst im Mittelalter gegründete Stadt Denizli aus. Denizli ist eine lebhafte Handelsstadt an der Straße Izmir-Eskişehir. Noch 1710 und 1890 wurde sie von schweren Erdbeben heimgesucht, so daß wir vergeblich nach historischen Bauten Umschau halten.

Doch in Ladik können wir wenigstens noch den antiken Stadthügel, Reste eines Stadions, eines Gymnasiums und eines Theaters entdecken.

Allerdings werden die vielen Reisenden, die heute Denizli in nördlicher

Richtung verlassen, kaum auf den Wegweiser achten, der auf die Seitenstraße zu dem Dorf Ladik weist; denn sie haben sich vorgenommen, eines der schönsten Wunderwerke der Natur zu besuchen, das wir in der Türkei finden können: Pamukkale, zu deutsch: das Baumwollschloß. Heiße Quellen haben auf den Felsabhängen Sinterplateaus gebildet, das Wasser hat Kalk ausgeschieden und dadurch herrliche fächer- und blumenartige Steinformationen geschaffen. Beim Herabfließen verliert es an Wärme. Nicht nur für uns moderne Menschen ist das Baden in diesem heilkräftigen, lauen Wasser eine besondere Wohltat, schon im Altertum kannte man die Wirkung dieser Bäder. Steht man auf dem Hügel von Ladik, so hat man einen herrlichen Ausblick auf die weißschimmernden Kalkterrassen von Pamukkale. Sicher war es schon ein vielbesuchter Ausflugsort der Bevölkerung von Laodicea, als Johannes sein Sendschreiben an sie richtete.

Aus dieser Ortskenntnis heraus verstehen wir umso besser die Worte des Johannes, wenn er seine Gemeinde schilt:

„Ich weiß deine Werke, daß du weder kalt noch warm bist. Ach, daß du kalt oder warm wärest! Weil du aber lau bist und weder kalt noch warm, werde ich dich ausspeien aus meinem Munde!"

Jeder von uns, der in Pamukkale gebadet hat, erinnert sich an den widerlichen Geschmack des lauwarmen Wassers, das er unfreiwillig beim Schwimmen geschluckt hat. Ebenso aktuell zu verstehen sind die nächsten Verse, die wie ein Zwiegespräch aufgebaut sind und die in freier Übertragung etwa so lauten:

Die Gemeinde spricht: „Ich bin reich und habe gar satt und bedarf nichts!" Christus antwortet darauf wie ein Kaufmann und Arzt:

„Du weißt nicht, daß du eigentlich elend und bemitleidenswert, arm, blind und nackt bist, denn du hast schlecht eingekauft. Aber bei mir würdest du die echten Werte einkaufen können. Kaufe reines Gold, das im Feuer geläutert ist, kaufe das echte, weiße Gewand der Gerechtigkeit, das deine Ungerechtigkeit verdeckt. Du lebst vom Verkauf der Augensalbe? Diese nützt dir nichts! Kaufe meine Augensalbe, damit dir die Augen über dich selber aufgehen!"

Dies zielt also genau auf die Textil- und Arzneimittelindustrie der Stadt Laodicea. Doch verloren gibt Johannes auch diese Gemeinde nicht; denn der Herr spricht:

„Ich strafe und züchtige alle, die ich lieb habe. So sei nun eifrig und gehe in dich! Siehe, ich stehe vor der Tür und klopfe an. So jemand meine Stimme hören wird und die Tür auftun, zu dem werde ich eingehen und das Abendmahl mit ihm halten und er mit mir".

Unsere Reise zu den sieben Städten ist beendet, eine ernste Reise, die uns den Wandel alles Irdischen vor Augen geführt hat. Doch unser Verständnis für die alten Prophezeiungen hat sich auf dieser Fahrt und durch unser Eindringen in den historischen Hintergrund vertieft, und Städte, die lange nur Namen für uns waren, wurden lebendige Gegenwart.

1973 *Eleonore Dörner*

EPHESOS

Unter den historisch berühmten Städten Kleinasiens, die durch systematische Ausgrabungen wenigstens teilweise aus dem Schutte der Jahrtausende wiederauferstanden sind, ist Ephesos wohl die bekannteste. Jedermann weiß, daß dort im Altertum jener hochheilige Riesentempel der Artemis (Diana) stand, der durch die Fackel des wahnwitzigen Herostratos in Flammen aufging, um dann in neuem Glanze zu erstehen und mit den Werken der ersten Künstler, Skulpturen eines Phidias, Skopas und Praxiteles, Gemälden eines Apelles und vieler anderer geschmückt, als das glänzendste der sieben Weltwunder gefeiert zu werden. Jedermann kennt ferner die in der Apostelgeschichte so lebendig geschilderte Szene, da der Silberschmied Demetrios, der mit Nachbildungen des Dianatempels einen einträglichen Handel trieb, das leicht erregbare Volk gegen die neue Lehre des Apostels Paulus aufrief, bis es mit dem Rufe: „Groß ist die Artemis der Epheser!" stundenlang für seine Göttin demonstrierte.

Dem tiefer Blickenden weckt der Name Ephesos noch andere Erinnerungen. Er gedenkt des glänzenden Kulturaufschwungs, der in den Griechenstädten Joniens die Verfassung der freien Bürgergemeinde und die nach dem Verständnis des Alls ringende Philosophie und die Wissenschaft erstehen ließ. Einer der größten Denker, Heraklit der Dunkle, hat eben von Ephesos aus in orakelhafter Sprache die Lehre von dem ewigen Flusse aller Dinge verkündet. Ergreifend wirkt inmitten der heutigen Öde die Vergegenwärtigung des vielfach gepriesenen, glanzvoll bewegten Lebens, das an dieser Stätte geflutet hat, als in der großen Friedensperiode der römischen Kaiserzeit Ephesos die Hauptstadt der reichen Provinz Asien und nach Alexandreia, Antiocheia am Orontes und Seleukeia am Tigris der volkreichste und wichtigste Stapelplatz des östlichen Mittelmeergebietes geworden war.

Eine besondere Weihe erhält die Stadt aber nicht zuletzt durch die Erinnerungen, die sie mit dem werdenden Christentum verknüpfen; hier bestand eine der wichtigsten Gemeinden der alten Christenheit, hier sind einige der großen Briefe des hl. Paulus verfaßt worden, hier lag der heilige Johannes der (Evangelist? und) Apokalyptiker unter einer herrlichen, von Kaiser Justinian erbauten Kuppelbasilika begraben, hier hat die fromme „Siebenschläfer"-Legende ihre festeste Heimat, hier tagte im Jahre 431 das ökumenische Konzil, in welchem der Kult Marias als Gottesmutter zum Siege gelangte.

Die Stätte von Ephesos war bis vor wenigen Jahrzehnten ein weites, wüstes Trümmerfeld, aus welchem einzelne gewaltige Ruinen als gigantische Zeugen entschwundenen Glanzes emporragten, und niemand wußte noch vor 60 Jahren auch nur die Stelle anzugeben, an welcher der berühmte Tempel der Artemis gestanden hatte. Es ist das bleibende Verdienst des englischen Ingenieurs J.T. Wood, daß er als erster hier den Spaten einsetzte und mit Unterstützung des Britischen Museums nicht nur eine Reihe der hervorragendsten Ruinen untersuchte, sondern daß er nicht ruhte, ehe er nach vieljährigen Bemühungen den Dianatempel wiedergefunden und ausgegraben hatte. Es ist das nicht geringere Verdienst Otto Benndorfs, daß er, von hochherzigen Gönnern unterstützt, die angefangene Arbeit mit wissenschaftlich geschulten Kräften wieder aufnahm, mit dem höheren Ziele, ein möglichst vollständiges Gesamtbild von der mehrtausendjährigen Entwicklung der historisch so bedeutenden Stadt dem Boden abzugewinnen. Von 1898–1913 hat das österreichische archäologische Institut diese Grabungen unter der Leitung R. Heberdeys, dem unter anderen G. Niemann, W. Wilberg, Fr. Knoll, V. Höfert und der Verfasser zur Seite standen, durchgeführt. Auch der Weltkrieg hat der Erforschung von Ephesos kein Ende bereitet.

Wer heute ohne Kenntnis der Stadtgeschichte von einer der nahen Berghöhen, etwa von dem Gipfel des Bülbül Dağ, auf die ephesische Landschaft niederschaut, der erhält von ihrem einstigen Aussehen eine gänzlich falsche Vorstellung. So groß sind die Veränderungen, welche sich in geschichtlicher Zeit, im Laufe von drei Jahrtausenden hier vollzogen haben. Er sieht zu seinen Füßen, von Bergzügen im Norden, Süden und Osten eingefaßt, im Westen im flachen Bogen gegen das Meer sich abgrenzend, die zwei Stunden lange Mündungsebene des Kaystros, durch die der träg gewordene Fluß seine trüben Wässer in ungezählten Schlangenwindungen zum Meere führt. Ein großer, schilfbewachsener Sumpf mit einem schlauchartigen Fortsatz zieht sich längs des Bergfußes am Südrande dieser Ebene hin, ein anderer, viel größerer Sumpf und die hellen Spiegel zweier kleiner Seen liegen an ihrer Nordseite, und aus ihrer Mitte ragt ein langgestreckter Hügel, allseits isoliert, empor. Wie sollte man sofort erkennen, daß diese weite Ebene vor 3000 Jahren noch gar nicht existierte, daß damals eine tiefe Meeresbucht bis an die östlichen Berge einsprang, daß der isolierte Hügel einst eine meerumspülte Insel war und daß die beiden kleinen Seen nur zurückgebliebene Fragmente des großen blauen Meeresspiegels sind, der einst die ganze Bucht bedeckte?

Zwei Faktoren haben die rasche Verlandung der Bucht bewirkt: Die

Herabschwemmung von Sinkstoffen durch den Kaystros und die während der Winterregen sehr wasserreichen Gebirgsbäche im Osten der Ebene und die dünenbildende Tätigkeit des Meeres, welche diese ihm zugeführten Sinkstoffe an dem Ufer wieder absetzt und so zunächst Lagunen erzeugt, die dann allmählich ausgefüllt werden. Im Osten und Südosten der Bucht hat sich diese Ausfüllung und die spätere Aufhöhung des Terrains ungemein rasch vollzogen, da die Randgebirge dort aus leicht verwitterndem Schiefergestein bestehen; am langsamsten schreitet sie an der Nordseite vor, wo harter Kalk das Material der kahlen Berge ist.

Die Geschichte der Stadt Ephesos ist mit der allmählichen Verlandung des Golfes aufs engste verknüpft und teilweise durch sie bedingt. An ihrem Anfange steht ein halbhellenischer Kultort beim Artemision und eine hellenische Küstenstadt an der Koressosbucht (nördlich vom Stadion). Von dem Lyderkönig Krösus zur Kapitulation gezwungen, müssen die Bewohner der letzteren ihren um die Vorhöhen des Panajir Dağ gezogenen Mauerring verlassen und sich südlich und südwestlich vom Artemision in der Ebene ansiedeln. Fast drei Jahrhunderte verbleibt die Stadt an dieser ungeschützten, vom Meere getrennten und durch die Überschwemmungen der Gebirgsbäche bedrohten Stelle. Erst König Lysimachos gibt ihr durch eine Verlegung nach Westen die unmittelbare Verbindung mit dem Meere zurück. An dem neuen Platze, den der geniale Herrscher ihr anwies, erlebt sie die Zeiten ihrer höchsten Blüte und behauptet sich – wenn auch in verringertem Umfange – bis tief ins Mittelalter. Erst als ihre Lebenskraft gebrochen ist, verzichtet sie auf die unmittelbare Verbindung mit der See und zieht sich aus der nunmehr versumpften Niederung wieder in die Nähe des Artemisions zurück, um dort als bescheidene Landstadt noch eine kurze Nachblüte zu erleben.

1915/1930 *Josef Keil*

DIDYMA

Im Süden der Halbinsel von Milet liegt auf einem felsigen Plateau in erhabener und eindrucksvoller Ruhe das gewaltige Apollonheiligtum, das gewaltigst ragende von allen, der Tempel von Didyma!

Kurz nach Aufgang der Sonne, die als glühender Feuerball hinter den Latmischen Bergen aufsteigt, steht man am besten an jener hochragenden Stelle, von welcher der Blick so weit hinschauen kann. Nach Norden schweift er hin zu der hohen Felswand des Mykalegebirges, zwischen dem und Milet einst ein breiter Meerbusen flutete; jetzt aber liegt dort eine weite und öde Ebene, das lagunenreiche Mündungsgebiet des Mäander. Im Osten blauen, bestrahlt von der heißen Sonne des Südens, die Karischen Berge, jenseits deren heutzutage der Latmische Golf liegt. Auch er war einst, ehe der Mäander mit seinen Schlammablagerungen und Sinkstoffen alles so verändert hat, Meer, das sich an den Karischen Bergzug des Latmos mit seinen zerklüfteten Granitwänden anschmiegte. Nach Westen hin schweift unser Blick, geblendet von all der Farbenpracht, über das leuchtende blaue Meer hin zu den Sporaden, den Inseln Kleinasiens, Samos und Ikaria im Nordwesten, zur Johannesinsel Patmos, nach Leros und Kylamnos im Südwesten, und südlich über den Endpunkt der milesischen Halbinsel, über das alte Poseidonion-Vorgebirge (jetzt Kap Monodendri) mit dem Golfe von Iassos bis zur Insel Kos hin, mehr nach Südosten bis zur jetzigen Halbinsel Bodrum mit dem alten dorischen Halikarnassos, wo einst das Wunderwerk des Mausoleums stand, das Grabmal des Maussollos und seiner Gattin und Schwester Artemisia.

Welche Fülle von Kunst und Pracht ist doch hier zerstört worden! Dieses Plateau bedecken die Ruinen jenes ionischen Apollontempels, welchen im Jahre 1446 Cyriacus von Ancona noch aufrecht ragen sah und beschrieben hat. Einst gehörte er als stolzes Besitztum zu Milet, in Luftlinie nur 15 Kilometer von ihm entfernt. Naht sich ihm der Fremde, so grüßen ihn die schon lange sichtbaren Ruinen, auf und neben denen das Griechendorf Jeronda liegt, welches seit Anfang des vorigen Jahrhunderts (um 1800) von Leuten gebaut worden ist, die zur Erntezeit aus Samos herüberkamen und sich dann ansiedelten. Erfolgreiche Ausgrabungen haben die Engländer daselbst schon

9 Über dem Apollon-Tempel (Didymaion) errichtete Windmühle (Zustand 1891)

vor über 200 Jahren ausgeführt: 1673 englische Kaufleute aus Milet, 1765 Mitglieder der „Gesellschaft der Dilettanten" (Chandler und Rewett), endlich im Jahre 1858 und 1859 Newton, welcher zwölf Sitzfiguren von der „heiligen Straße" nach London brachte. Etwas später, im Jahre 1873, begannen auch die Franzosen solche Grabungen, die sie 1895–1896 fortsetzten, besonders am Schutthügel bei den Windmühlen, mit größeren Mitteln, doch mit sie selbst so wenig befriedigendem Erfolge, daß sie die Forschungen aufgaben. Diese wurden endlich in den letzten Jahren von den Deut-

Das Asklepieion von Pergamon
Abb. 31: Das von Carl Humann 1871 entdeckte Asklepieion. Im Hintergrund die Akropolis von Pergamon. Zeichnung von Wilberg (1879) – s.S. 105
Abb. 32: Blick auf die heutigen Ausgrabungen im Asklepieion – s.S. 117 (Foto F.K. Dörner)

rgamon 79
Am Äsculap Tempel

schen übernommen, an deren Spitze einer der bedeutendsten unter unsern trefflichen Archäologen, Theodor Wiegand, steht; er will alle Gebäude des Dorfes Jeronda beseitigen oder verlegen, wie es die Franzosen, um Delphoi auszugraben, in den neunziger Jahren des neunzehnten Jahrhunderts mit dem Dorfe Kastri getan haben, das auch über den Ruinen gebaut war und deshalb verlegt werden mußte. „Es galt", sagt er, „die ‚historische Windmühle' auf den Trümmern des Heiligtums zu beseitigen, die modernen Häuser auf dem Pronaos und rings um den gewaltigen Bau, welche die Willkür griechischer Bewohner des Dorfes Jeronda im Laufe des vergangenen Jahrhunderts unter Duldung der Behörden errichtet hatte, zu expropriieren. Alle diese Hindernisse sind, allerdings nach schweren und die größte Langmut fordernden Verhandlungen, besiegt; über sechzig Bauwerke sind angekauft und dem Erdboden gleichgemacht; damit ist rings um den Tempel eine breite freie Zone geschaffen, welche für die Freilegung unerläßlich ist."

Und so sind bereits in der letzten Zeit schon einige wichtige Architekturstücke und Inschriften gefunden, durch welche die wissenschaftliche Ausbeute der früher von den Franzosen gefundenen Inschriften ergänzt wird. Denn man ist daran, in der nächsten Umgebung des Tempels die erworbenen modernen Gebäude zu beseitigen, ebenso allen Grabungsschutt und byzantinische Reste, um dann dem Tempelbau selbst näherzutreten.

Wie uns Pausanias, der altgriechische Perieget im zweiten christlichen Jahrhundert, der Baedeker des Altertums, berichtet, war schon vor der ionischen Einwanderung in Didyma ein Heiligtum mit Orakel des Apollon (welcher also einer Gottheit der Ureinwohner gleichgesetzt wurde), und alle Schriftsteller, von denen wir nur den unter Augustus lebenden griechischen Geographen Strabon erwähnen, erzählen uns, daß dort, wie in Delphoi, eine Felsspalte mit einer Quelle gewesen sei, und hieraus sei Dunst, der *afflatus divinus* bei Cicero, emporgestiegen, welchen die weissagende Priesterin, die in vollem Ornat auf dem Dreifuß über dem Erdspalt saß, einatmete, um dadurch in Ekstase zu geraten und, nachdem sie Lorbeerblätter gekaut und Gerste gegessen hatte, zu weissagen.

Nun, dieses scheint, wie in Delphoi, eine Machenschaft der Priester gewesen zu sein. Denn die Franzosen haben im delphischen Tempel nachgesucht, ja bis zur gewachsenen Erde (*terra vergine*) gegraben, ohne den „Erd-

Abb. 33: Demeter vom Zwölfgötter-Altar auf der ehemaligen Agora in Smyrna (Izmir) – s.S. 115 (Foto F.K. Dörner)
Abb. 34: Sarkophag, aufgestellt auf dem Messegelände von Izmir – s.S. 116 (Foto E. Dörner)

spalt" zu entdecken; der Erd- oder Felsspalt scheint mit dem Dienste des Apollon unauflöslich verbunden zu sein: die Apollongrotte auf dem Kynthos auf Delos weist ja noch offenbar darauf hin. Wir haben im Sommer 1906 die Ausgrabungen der Franzosen in Delphoi selbst gesehen, aber auch eine Ableitung des Wassers durch einen Kanal, der unten am Tempel bei den Ausschachtungen aufgedeckt ist. Mir scheint nun bisher eine Stelle des Pausanias nicht genug beachtet zu sein, an der es von der oberhalb des delphischen Tempels liegenden Quelle Kassotis heißt: „Das Wasser dieser Kassotis soll unter die Erde rinnen und in dem innersten Heiligtum des Gottes die Weiber prophetisch machen." Ich vermute danach, daß das Wasser dieser Quelle in einen künstlich hergestellten Spalt (und darum konnten ihn die Franzosen im Tempel allerdings nicht finden) geleitet wurde und daß dann durch Erhitzung oder was man sonst damit vornahm, Dunst und Dampf erzeugt wurden, welche die Pythia einatmete – die christlichen Kirchenväter sind es, die den Vorgang im polemischen Sinne uns genau schildern – und dann weissagte; das Wasser aber wurde darauf durch jene Leitung wieder aus dem Tempel entfernt.

Und so geschah es auch vielleicht ähnlich in Didyma. Solange dieses im Besitze der Milesier war, waltete erblich in ihm das Priestergeschlecht der Branchiden, nach denen sogar das Heiligtum öfter genannt wurde. An Geltung wetteiferte es mit Delphoi! Kroisos, der Lyderkönig, befragte es, und der ägyptische Pharao Necho beschenkte es. Doch erreichte es die politische Bedeutung von Delphoi auch nicht im entferntesten. Aber herrlich war sein Aussehen und erregte das Staunen aller. Die letzte Strecke der „heiligen Straße", wenn man bergansteigend sich dem gewaltigen Bau nahte, war mit Sphinxen, liegenden Löwen (der Löwe mit dem Stern ist ja das Sinnbild Apollons), Sarkophagen, bei denen Gräber lagen, und Sitzstatuen umsäumt, von denen sich einige, auch ein Löwe, im lykischen Saale des Britischen Museums in London befinden. Das Heiligtum umgab ein Hain mit reichem Bildschmuck, wie auch der ganze Tempelbezirk auf das prächtigste geschmückt war, und da auch Spiele dort abgehalten wurden, zu denen die Mitwirkenden von weither kamen, von den griechischen Staaten in Kleinasien, von den Inseln und aus Hellas selbst, so müssen wir Unterkunftsräume mit Bädern annehmen, auch ein Gymnasium als Übungsstätte; wenigstens wird eins zu der Zeit erwähnt, als Milet ägyptisch war.

Der Tempel selbst, welcher Asylrecht hatte, war ein großer ionischer Dipteros dekastylos (49,78 x 108,55 m); er lag auf sieben Stufen, die bei dem Hauptzugang im Osten durch eine Balustrade gegliedert waren, auf der Statuen standen. Den Tempel, „im Neubau ein Werk der glänzenden Blütezeit hellenistischer Baukunst" (Kawerau), umstanden doppelte Säulenrei-

10 Rekonstruiertes Schaubild von der Ostseite des Apollon-Tempels (Didymaion)

hen: in der schmaleren Ost- und Westfront 10, an der längeren Nord- und Südseite 21 Säulen, welche 19,4 m hoch waren; es stehen noch zwei fertige mit einem Teile des Gebälks und eine unvollendete. Die äußeren Säulen waren einst mit reicher Skulptur bedeckt, und ihre Kapitelle zeigten Gesichter von Göttern in den Volutenflächen und Stierköpfe an den Stirnseiten. Diese Göttergesichter waren wohl die des Zeus und der Leto, des Apollon und der Artemis, also der ganzen Familie des hier verehrten Apollon, welcher selbst erst an die Stelle des früher hier verehrten Zeus und dieser wieder an die einer uralten einheimischen Gottheit getreten ist.

Innerhalb dieser Säulen öffnete sich der Tempel nach Osten mit einer tieferen Vorhalle. Dann kam man in ein prächtiges Tempelgemach (Oikos), in welchem als in dem Chresmographeion sich die das Orakel Befragenden aufhielten; nach den Baurechnungen ist nur an ihm allein sechs Jahre von den zahlreichen Tempelsklaven gearbeitet worden. Durch eine Tür in einer festen Wand gelangte man dann in die Cella mit dem Kultbilde, dem bronzenen Apollon des sikyonischen Bildhauers Kanachos, über dessen herben Stil sich Cicero ausspricht. Hier soll sich der Erdspalt befunden haben, und nach Art aller uralten Heiligtümer (man denke ans Erechtheion in Athen) war die Cella unter freiem Himmel, also das Dach ausgespart – eine Tatsache, die schon Strabon nicht mehr verstand, da er meinte, das Dach fehle am Tempel wegen dessen Größe. Ringsum aber lief eine doppelte Säulenhalle (5 x 9 Säulen), die mit festen Wänden umschlossen war, nach Westen aber eine Zwischenwand hatte, die durch zwei Säulen hindurch einen schmalen Hinterraum (das Adyton) abschied.

Als Kultlegende hat die neuere Forschung zu erkennen gemeint, daß Didyma der heilige Ort gewesen sei, wo Zeus und Leto ihre Vermählung feierten; das nahm man in Didyma in Anspruch, wie Delos die Geburtsstätte Apollons und Delphoi der Ort sein wollte, wo der Gott seine erste Tat vollbrachte.

Dieses herrliche Heiligtum wurde von den Persern, wahrscheinlich von Xerxes, aus Rache wegen des seine Heeresmacht so sehr schädigenden Verhaltens der Milesier bei der Schlacht an der Mykale, zerstört, das Kultbild aber nach Ekbatana geschleppt und die Branchiden nach Baktrien verbannt, wo sie später Alexander der Große töten ließ, um nach anderthalb Jahrhunderten den Verrat ihrer Vorfahren zu sühnen. Das Heiligtum selbst hat dann von der Perserzerstörung bis zu Alexander dem Großen hin öde gelegen. Mit dem Wiederaufbruche des alten heiligen Quells im Jahre 333 beginnt die neue Geschichte des Orakels. Denn die Milesier haben längst schon, ehe Seleukos I. Nikator das Kultbild (im Jahre 295–294) wieder an Ort und Stelle zurückbringen ließ, begonnen (etwa schon vom Jahre 300 an), ihr Heiligtum wieder aufzubauen. Sie versuchten sogar, den Festen panhellenischen Charakter zu geben. Trotz großartiger Spenden ist das riesige Bauwerk niemals vollendet worden. Als ausführende Künstler nennt der Baumeister Vitruv, der unter Augustus schrieb, den Milesier Daphnis und den Ephesier Paionios. Denn ebenso wie am Olympieion in Athen, das Peisistratos begann, noch der Kaiser Hadrian baute, so baute am Didyma-Heiligtum noch Kaiser Caligula.

Prächtig aber muß der Tempel noch in der Römerzeit gewesen sein, und er gehörte wohl zu den Heiligtümern, welche Verres in Asien ausplünderte. Und Vitruv schildert ihn als den bedeutendsten in Kleinasien nächst dem Artemistempel in Ephesos, den wieder nur der Heratempel in Samos (112 x 56,25 m) an Größe übertraf. Das herrliche Bauwerk ist wahrscheinlich erst durch ein Erdbeben im 15. Jahrhundert zerstört worden und erscheint jetzt als „ein Berg von Bautrümmern, ein Marmorhügel" (Kawerau). Unter

Brücke bei Misis am Fluß Ceyhan ▷
(Foto F.K. Dörner)

Felswohnungen im Tal von Göreme – *s.S. 260* ▷
(Foto F.K. Dörner)

Blick über den See von Achtamar ▷▷
(Foto Stephan Kroll)

DIE BURG DES TANTALOS IM SIPYLOS

Im Jahre 1880 hatte ich bei Magnesia am Sipylos eine Felsburg entdeckt, die mir zweifellos die Stätte zu sein schien, an welche die Alten ihre Sagen von Tantalos knüpften.

Die Fülle der geschichtlichen Erinnerungen, die sich in dieser Gegend zusammendrängen, müßte längst, wie man meinen sollte, zur genauesten Durchforschung und Beschreibung jeder übriggebliebenen Spur menschlicher Tätigkeit geführt haben; und dennoch haben sich die Forschungen lange nur um den Rand des Gebirges bewegt. Das Kybelebild (früher Niobe genannt) bei Magnesia liegt vom Bergesfuß sichtbar nur etwa 100 Meter hoch über der Ebene; auf dem südlichen Abhang des Gebirges am Meere fand Texier Alt-Smyrna, Naulochos und die Nekropolis, an welche er so berühmte Namen knüpfte, daß wohl noch lange das größte Grab der Nekropolis „Tombeau de Tantale“ heißen wird.

Dem Geographen ist es bequem, und in Ermangelung alter Einzelnamen hat es auch eine gewisse Berechtigung, das ganze Gebirge Sipylos zu benennen. Die heutigen Umwohner haben für die drei Gruppen, aus denen der Gebirgszug sich zusammensetzt und die einen ganz verschiedenen Charakter tragen, drei verschiedene Namen.

Der wesentliche Teil, Yamanlar Dağ (offenes, leeres Gebirge oder auch Gespensterberg) genannt, ist in seiner Grundform mit einem aufgeschlagenen Fächer verglichen worden. In der Tat laufen von einer über 3000 Fuß hohen Spitze nach Norden, nach Westen und ans Meer nach Süden strahlenförmige, allmählich sich senkende Ausläufer hernieder, mit rundlichem Rükken, von fern wie ein in seiner Gesamtheit sich hebendes Hügelland erscheinend. An den obersten Berglehnen sieht man von Smyrna aus dunkle Fichtenwälder, sonst sind die Rücken kahl; in den Tälern aber liegen mehrere Dörfer, und ihre Talsohle ist häufig angebaut. Der Gesamtton ist ein braungelber. An dem Südfuße herrscht ein braungrauer Trachyt vor und ein etwas hellerer Trachyttuff; in höheren Lagen bricht der rote Granit hervor, durchsetzt von Sandlagern, und gibt somit der in Smyrna herrschenden Sage, daß der Sand dieses Gebirges Goldkörner führe, eine geologische Begründung. Im Westen decken jüngere Schichten die Ausläufer, und Eisenstein und Kreide geben Farbenabstufungen von Weiß und Dunkelrot. Nach Norden gegen den Hermos zu hat das Gebirge mehr ein felsiges Gepräge, und der Trachyt macht sich wieder geltend.

In der Mitte des Gebirgszuges erhebt sich knotenartig ein anderer Rükken, Sabanca Beli genannt. Einsenkungen trennen ihn vom Yamanlar Dağ und vom dritten Teile, dem Magnesiagebirge. Durch die letztere führt der Weg von Burnabat nach Magnesia. Hier herrscht der blaue Schiefer vor, vielfach durchsetzt mit Marmoradern; reichliche Quellen befördern die Vegetation in den Talschluchten, gewaltige Platanen, Zypressen und viele Obstbäume beschatten den Weg.

Ganz anders und anders als die meisten Gebirge zeigt sich uns der dritte östliche Teil, das schon genannte Magnesiagebirge, von dem wir bestimmt wissen, daß die Alten es Sipylos nannten. In senkrechten Wänden erheben sich die dunkel-blaugrauen Kalksteinmassen, jeder Besteigung von Norden spottend. In der Nähe Magnesias beginnen sie und ziehen in gleichem Charakter bis hin zum Ostende des Gebirges. Fast unmittelbar über Magnesia gehen ihre Zacken an 4000 Fuß hoch; wie eine Riesenmauer erscheinen sie, wenn man die hyrkanische Ebene hinaufreitet; noch weit in der Ebene meint man die zurückströmenden Sonnengluten zu fühlen, und abends und morgens sind die öden dunklen Felsen mit einem wunderbaren roten Licht übergossen, intensiver als irgendein Alpenglühen. Der höchste Rücken des

12 Sogenannter Thron des Tantalos

Gebirges ist nicht so tot; dort weiden die Yürüken ihre Herden trotz Panthern, Wölfen und Schakalen; dort schaufeln Menschen im Winter den Schnee in Felsspalten, decken ihn mit trockenem Laub und Reisig und holen ihn im Sommer mit Eseln herunter in die umliegenden Städte und Dörfer; selten versteigt sich ein Jäger so hoch; wer kein Geschäft dort hat, meidet die unwirtlichen Höhen. Und doch gibt es Leute, die sogar an den steilen Abhängen und in den Felsenspalten Arbeit finden – es sind arme Kalkbrenner, die die unzugänglichsten Stellen nach Unterholz und Wurzeln absuchen, daraus Bündel binden und diese an Wänden hinunter bis an den Fuß der Felsen kollern, bis sie endlich das Quantum für einen Kalkofen zusammen haben.

Außer diesen Hirten, Schneeschauflern und Kalkbrennern lernt fast niemand den Sipylos näher kennen; die große Menge schaut von Magnesia und überhaupt von der Ebene an den himmelhohen Felswänden empor und ahnt oft kaum, daß es oben lebende Wesen gibt, so schroff, so abwehrend erscheint das Ganze. Wer einmal den Sipylos gesehen, der vergißt ihn nicht nur nie wieder, sondern es bleibt auch der ihm anhaftende Charakter als etwas ganz Besonderes bestehen, und man ist nie versucht, den diesem Felsenlabyrinth angehörenden Namen auf runde Erdhügel anzuwenden, die auf fünf bis acht Stunden Entfernung geographisch damit zusammenhängen.

Das Bild der Kybele liegt 6 Kilometer östlich von Magnesia an der Bergwand; unterhalb desselben dehnt sich ein kleiner See aus, der von unzähligen aus dem Bergesfuß dringenden Quellen gespeist wird. Er ist durch eine Mauer eingedämmt, und sein Wasser treibt eine Mühle. Einen halben Kilometer weiter nach Osten finden wir einen ungeheuren Spalt, der mit seinen gegen 500 Fuß hohen, steilen Wänden den Sipylos von oben bis unten durchreißt. Von einem Erdbeben kann dieser Spalt schwerlich herrühren; denn da er stellenweise oben an 100 Meter breit ist, müßte die eine Hälfte des Gebirges um soviel von der anderen abgerückt sein. Sein schauriges Gepräge mahnt allerdings an unheimliche Naturkräfte, und auch die Türken nennen ihn heute Yarık Kaya (den zerrissenen Fels). Über die antike Benennung des Yarık Kaya dürfte sich folgendes vermuten lassen. Wenn man bedenkt, daß die meisten alten Namen kleiner Flüsse sich nur da erhalten haben, wo sie durch die Nähe bedeutender Ortschaften eine gewisse Wichtigkeit erlangten, oder daß vielleicht andere Bergwässer eines Namens entbehrten, und wenn man damit noch den Umstand verbindet, daß aus dem eigentlichen Sipylos keine andere wasserführende Schlucht, die dem Yarık Kaya gleichkäme, herausführt, so geht man schwerlich irre, wenn man dieser Schlucht den einzigen bekannten Namen aus dem Sipylos beilegt, nämlich Acheloos. Dann wäre, sofern Homer richtig berichtet, das Niobebild in den oberen Regionen der Yarık Kaya Schlucht zu suchen. Jäger und Hirten, die daraufhin ausgefragt, wissen nichts darüber, und es ist wahrscheinlich soweit verwittert, daß es nicht mehr kenntlich ist. Im August 1880 hörte ich, daß Kalkbrenner von Ruinen gesprochen hätten, die sie hoch oben gefunden. Ich machte mich sofort auf und war auch so glücklich, in Magnesia einen Kalkbrenner, Nikolas mit Namen, zu finden, der mich zu führen versprach.

Am 16. August früh brachen wir auf und waren bei Sonnenaufgang bereits an dem kleinen See unterhalb des Kybelebildes. Vom Seeufer stiegen wir in direkt östlicher Richtung den Berg hinan, was, da sein Fuß aus Schutt, herabgerolltem kleinen und großen Gestein, mit Humus durchmischt, besteht, keine Schwierigkeiten bietet. Die Ebene liegt 80 Meter über dem Meere; nachdem wir 105 Meter gestiegen, kamen wir an die Felswände, die sich treppenförmig oder besser terrassenartig übereinander emporschieben, oft nur 5, oft 20 bis 30 Fuß hoch. Der Führer wußte stets Rat; an jeder Wand kannte er einen Spalt, einige Löcher, in denen Hände und Füße hafteten, und nur einmal mußten wir, um eine Terrasse höher zu kommen, weit nach Westen zurückgehen. Wie wir auf den vor uns liegenden steilen Grat kommen sollten, war mir noch ein Rätsel. In 230 Meter Seehöhe waren wir am eigentlichen Fuße des Kegels angelangt, und hier bemerkte ich, daß an seinem nördlichen Abhang, der noch der mildeste ist, ein ansteigender, oberhalb wieder sichtbarer, also wahrscheinlich im Zickzack laufender Pfad von fast 1 Meter Breite in die Felswand hineingemeißelt war. Ich drang auf ihm vor, mußte aber bald zurück; denn herabgestürzte Felsen hatten ihn bis auf einige Schrittlängen zerstört, oder vielleicht auch war das fehlende Stück einst ausgemauert gewesen. Es ging also nun wieder die Terrassen hinan bis in die Nähe einer schon von fern sichtbaren hellgelben Höhlung, die, nebenbei gesagt, indes nicht von Menschenhand herzurühren scheint.

„Nun geht's los!" sagte der Führer. Das Barometer zeigte 275 Meter Seehöhe. Eine enge, schmale Spalte ging fast senkrecht empor; ehe wir uns anschickten, in ihr hinaufzuklettern, verschnauften wir erst, und mit Beruhigung gewahrte ich dichtes Lorbeergebüsch, Steineichen und anderes Unterholz aus ihr hervorwuchern. Es ging besser, als ich gedacht; die Wurzeln und Sträucher boten vielfachen Anhalt, ebenso das von ihnen festgehaltene Erdreich, und hin und wieder waren rechts und links in die Felswände kleine Löcher eingehauen, die Händen und Füßen Anhalt boten. Es war dieser Spalt also auch im Altertum benutzt, vielleicht ehe der gemeißelte Pfad fertiggestellt war. Die Schlucht war 30 Meter hoch, und wir traten aus ihr hinaus auf ein kleines Plateau in 305 Meter Seehöhe. Zur Linken nach Norden, etwa 10 Fuß tiefer, lag ein in den Felsen gemeißeltes Doppelhaus, zur Rechten, aufwärts, ein anderes. Bei der starken Steigung des Felsens hatte die ganze Rückwand des Hauses, etwa 8–10 Fuß hoch, in den Fels gearbeitet werden können. Die Seitenwände und die mittlere Scheidewand, etwas über 0,5 Meter dick, waren teilweise und die Nordwand mit der Tür ganz gemauert gewesen, jetzt aber natürlich eingestürzt. Der Schutt bedeckte den Fußboden der Wohnungen, aus ihm hervor ragten vielfach grobe große Dachziegel. In der in den Felsen gehauenen Rückenwand erkannte man noch die Löcher für die Dachbalken – den Bergrücken hinan lag so eine Wohnung über der anderen von 4 bis 10 Meter Länge und 4 bis 6 Meter Tiefe.

Ich ging querüber nach Osten und befand mich nach 30 Schritten am schwindelnden Rand der Schlucht; also nur ein schmaler 25 Meter breiter Grat war es, der sich nach Süden schroff emporhob und auf dem diese Wohnungen errichtet waren, eine auch ohne Mauern wahrlich uneinnehmbare Felsenburg.

Mein Begleiter warf einen Stein in den Abgrund, der unter hundertfachem Echo an der Felswand zerschellte, bis er in grauer Tiefe verschwand. Rauschend schoß ein Dutzend Adler und Geier aus den Felsenspalten hervor; es mochte wohl unerhört sein, daß ein Mensch sie hier störte.

Wir kletterten höher nach Süden aufwärts; ich zählte an 20 Wohnungen und dazwischen 6 oder 7 flaschenförmige Zisternen. Der Grat hatte eine Länge von 150 Meter; endlich oben angelangt, konnte ich auch nach Süden gegen das Muttergebirge hin an einer über 100 Fuß hohen glatten steilen Wand hinabschauen. Ähnlich war es nach Westen. Auf dem höchsten Punkte konstatierte ich 350 Meter oder 1120 Fuß Seehöhe. Es war also, um zu rekapitulieren, eine lange schmale Akropolis von 150 zu 25 Meter, in ihrer eigenen schrägen Oberfläche noch 45 Meter ansteigend.

Der höchste südliche Felsblock trug auch eine Aushöhlung, aber das war kein Haus, auch keine Warte; denn hier oben war keinerlei Zugang zu bewachen. Aus einem Block mit schräger Oberfläche ist ein Prisma herausgemeißelt von 1,55 Meter Länge, 1,30 Meter Tiefe und 1,20 Meter Höhe mit horizontaler Grundfläche, also ein Raum, gerade groß genug, um hier eines Mannes Sessel oder Sitz aufzuschlagen.

Wie hätte ich hier nicht an den Thron des Pelops denken können? Stand ich doch, wie Pausanias sagt, „auf der Spitze des Berges oberhalb des Heiligtums der Göttermutter", von der mich kaum 500 Meter trennten.

Die Sonne war hoch gekommen; triefend von Schweiß setzte ich mich mit meinen zerrissenen Kleidern in diesen höchsten ausgeklüfteten Felsen und sah hinab über die treppenförmig niedersteigenden Wohnungen. War dies die Burg des Tantalos? Dann ist der See, der unten zu meinen Füßen glitzert, Saloë. Jetzt dämmt nach Norden zu eine Mauer ihn ein; durchbräche man sie, würde er sich 10 Minuten weit bis zur Eisenbahn ausdehnen;

denn stetiger Sumpf in dieser Gegend beweist dessen starke Depression. Hundert Quellen, aus des Berges Fuß hervorströmend, nähren den See. Der Kalkbrenner erzählt, daß er nahe am See Kalköfen ausgegraben und eine Menge Ziegel gefunden habe. Dann wäre ja dort die *clarissima urbs, quae Tantalis vocabatur,* teils im See verloren, teils vom Gerölle des Berges verdeckt. Ist das der Ort, den Strabon, Pausanias, Plinius erwähnen? Am 29. Juli 1880 hatten Smyrna und Magnesia das heftigste Erdbeben dieses Jahrhunderts. Mein Begleiter erzählt, daß damals eine gewaltige Felsmasse mit daraufstehenden Bäumen, halbwegs Magnesia zu, sich losgelöst und unter schrecklichem Getöse die Wände hinuntergekollert sei. Auf unserem Wege war ich wiederholt den frischen Spuren heruntergerollter Felsblöcke begegnet. Die Seitenwand eines Hauses, aus der Masse eines großen Felsblockes herausgehauen, hatte ich um einige Fuß von der Rückenwand abgetrennt gefunden, und die frische Spur zeigte, daß das letzte Erdbeben ihn noch um eine Spanne vorgeschoben hatte. Noch ein paar solcher Stöße, und der Block verschwindet donnernd im Abgrunde. Nirgends kann ein Erdbeben verderblicher zerstören als an diesen Wänden, und so erklärt sich auch hier der böse Ruf der Gegend.

Ich ließ die Blicke ins Weite schweifen. Welch eine Aussicht, welch ein Herrschersitz! Brennend stand die Sonne über der Hermosebene, die ich östlich weit über Sardes, nördlich über Thyateira hinaus überblickte.

Ich springe auf wie aus einem Traume, ich schaue über die Rücklehne meines Sitzplatzes hinab in die Schluchten und hinauf an den starren blauen Wänden des Sipylos. Einsam, öde und düster ragt der Fels, auf dem ich stehe, in die Wolken, wie das Geschlecht der Tantaliden dasteht in Sage und Geschichte.

Für mich persönlich war ich in dieser Stunde überzeugt, auf der Stelle zu stehen, welche die alten Schriftsteller die Burg des Tantalos und den Thron des Pelops nennen. Ob diese beiden Gestalten auch nur dem Mythos und nicht der Geschichte angehören, hat damit nichts zu schaffen. Die Wissenschaft schenkt nicht nur geschichtlichen Tatsachen, sondern auch den Phantasiegebilden der Sage, mit denen sich das Altertum trug, ihre Aufmerksamkeit. Und daß die genannten Sagen sich eben an diese Stelle geknüpft, scheint mir auch heute noch sicher. Die Lage der *Tantalis urbs* in der Magnesia ist durch Plinius gesichert.

Das Hinabsteigen von der Höhe ging rascher als das Hinaufsteigen, obschon es etwas gefährlicher ist. Als ich wieder an die Stelle kam, wo der Burgweg in den Felsen gemeißelt ist, konnte ich noch konstatieren, daß derselbe sich nach Westen an der Berglehne fortsetzt und die Richtung zum Bilde der Kybele zu nehmen scheint.

Es würde nicht uninteressant sein, mit einem halben Dutzend Arbeiter für einige Tage hinaufzugehen, um aus einigen Wohnungen den nur 1–2 Fuß hohen Schutt zu entfernen, vielleicht auch die eine oder andere Zisterne zu leeren. Man könnte Scherben alter Tongefäße finden und hätte in jedem Falle die Zeit, über die Technik der Wohnungsanlagen, die doch jedenfalls einer sehr weit zurückliegenden Zeit angehören, nähere Studien zu machen und einen genaueren Plan des Burgfelsens aufzunehmen.

1880 *Carl Humann*

KOLOPHON

Der Sonntagsverkehr aus der heißen Stadt Izmir zu den kühlen Badebuchten am blauen Ägäischen Meer hat am Sonnabend in der Frühe eingesetzt. Omnibusse voll fröhlich winkender Menschen fahren an uns vorbei, offene Lastwagen, geschmückt mit blühenden Oleanderzweigen, transportieren heute Ausflügler, laut hupend überholen sie die schnelleren Personenwagen, in denen ganze Großfamilien Platz gefunden haben. In dem Straßendorf Bulgular stehen die Bauern hinter flachen Brettertischen, auf denen sich Wassermelonen, Pfirsiche und frische Gurken zu Pyramiden häufen. Kaum können sich Fußgänger und Eselchen durch das Gewirr der Fahrzeuge und schreienden Verkäufer drängen.

Am Ortsausgang biegt unser Wagen von der schönen, neuen Asphaltstraße ab, die zu dem beliebten Ausflugsziel, zu der Bucht von Gümüldür führt, zum Sandstrand und zu den modernen Bungalow-Hotels. Wir schlagen die kleine geschotterte Landstraße ein, und schon umfängt uns ländliche Sonntagsstille. Über den Feldern mit Tabakpflanzen, Mais und Weinreben breiten Ölbäume ihr silbriges Laub. In der Morgensonne leuchten die grünen Waldhügel und hinter ihnen die fernen, blauen Höhenzüge. Wir aber suchen Kolophon, die antike Stadt.

Hierher verirren sich kaum Besucher, da sich der Touristenstrom ausschließlich nach Ephesos ergießt, dessen weltberühmte Ruinen nur gut 10 km nordwestlich von Kolophon liegen. Diese Stadt lebt – ohne daß wir uns dessen bewußt werden – ebenfalls im Gedächtnis der Menschheit fort. Trägt doch bis in unsere Gegenwart der durchsichtige, honigfarbene Würfel: „das Kolophonium“ ihren Namen, den die Geiger aller Welt in ihrem Violinkasten bei sich führen und über den die Haare ihres Bogens behutsam gleiten, bevor das Spiel anhebt.

Über den Dächern des Dorfes Deirmendere ragt ein nadelfeines Minarett; nicht weit davon ist die Gendarmeriestation, in deren Hof wir unseren Wagen unterstellen. Auf unsere Frage nach einem ortskundigen Führer wird uns ein junger Dorfbewohner empfohlen. Er ist Student und will uns gern in das Waldgelände begleiten. Wir brechen sogleich auf und steigen den Akropolishügel hinan, da die Sonne noch nicht zu heiß brennt.

Die antike Oberstadt erstreckte sich über kunstvoll erweiterte und befestigte Terrassen. Die schön behauenen Mauersteine aus graublauem Kalk liegen in weitem Umkreis unter den dunkelgrünen Pinien. Die Fundamente von vier halbrunden Türmen sind noch im Verlauf der alten Stadtbefestigung zu erkennen. Durch die Wipfel der schattigen Bäume ergibt sich von der Höhe ein bezaubernder Rundblick in die Ebene. Um uns herrscht Waldfriede. Eine Eidechse huscht über die Steine, ein Vogel fliegt vor uns auf, und die Bienen summen in den Sträuchern. Ein starker Harzduft entströmt den Baumstämmen; denn wie in der Antike ist auch heute überall die Rinde stellenweise gelöst, um den zähflüssigen, klebrigen Terpentinbalsam abzuzapfen, der bei der Destillation das Kolophonium, ein vom Terpentinöl befreites festes Harz, zurückläßt.

Resina Colophonia, das Geigenharz, wie ältere pharmazeutische Handbücher es nennen, war ebenso wie sein Ausgangsprodukt, der Terpentinbalsam oder *Terebinthina,* schon in der Antike häufiger Bestandteil von Arzneizubereitungen. Im sechsten Jahrhundert n.Chr. empfiehlt zum Beispiel Alexander von Tralleis das Harz – zu Pillen oder Pflastern verarbeitet – gegen Husten, während ein Jahrhundert später Paulos von Aegina den Terpentinbalsam mit Butter vermischt bei Pleuritis appliziert. Auch die Kräuterbücher des Mittelalters schreiben Terebinthina eine Wirkung gegen Erkrankungen der Atmungsorgane zu. Die offizielle Medizin späterer Jahrhunderte bis in unsere Zeit hinein verwendet Terpentinbalsam auf Grund des leicht desinfizierenden, sekretlösenden und sekretionsvermindernden Effektes seiner Terpene zur Inhalation bei Bronchitis, sein Destillationsprodukt Kolophonium zur Bereitung hyperämisierender Salben und Pflaster. Das Geigenharz diente darüber hinaus z.B. zur Herstellung von Perückenwachs, Raupenleim, Antikesselsteinkuchen und Bierfaßglasur.

Wir steigen wieder von der Höhe herab in das eigentliche Stadtgebiet, das noch weitgehend auf eine eingehende wissenschaftliche Ausgrabung wartet, nachdem die Archäologen sich bisher nur mit kleineren Untersuchungen begnügen mußten. Unser junger türkischer Begleiter freut sich, mit uns unterwegs zu sein. Wir erzählen ihm, was wir von der antiken Stadt Kolophon wissen, von ihrer angesehenen Pferdezucht und vorzüglichen Kavallerie, von ihrem Reichtum und von der Handelsflotte, die in dem 13 km entfernten Hafenstädtchen Notion eine gute Basis hatte. Unser Führer möchte uns auch etwas von der Tradition der alten Stätte zeigen, führt uns zu einer kleinen Steinsetzung, umgeben von Ginster und Steineichen. Bunte Kleiderfetzen hängen in den Zweigen, für uns ein Zeichen, daß wir hier einen *ziyaret yeri* vor uns haben, einen *Gnadenort,* von dem sich Kranke Genesung erhoffen, indem man die Krankheit, die in den Kleidern nistet, an der Stätte des Gebets der Hilfe des Heiligen überlassen kann. „Es ist das Grab des Sarı Baba, des blonden Vaters", erklärt uns Erol. „Er ist ein wohltätiger Heiliger, und wir glauben, daß er am Abend vor dem Freitag diese Ruhestätte verläßt, um im Geisterflug nach Mekka zu eilen. Am Abend des Freitag kehrt er, mit neuen wundertätigen Kräften begabt, wieder zurück, und der Gebetswunsch, den man vor seinem Grabe gesprochen hat, geht in Erfüllung."

Und schon kniet er auf dem Waldboden. Mit der schönen Gebärde, die bereits den antiken Betern eigen war, hebt er die offenen Handflächen zum leuchtend blauen Himmel. Magie des Ortes – nie sucht das Volk einen Platz auf, der nicht durch uralte, geheimnisvolle Überlieferung geheiligt wäre. Beim Anblick des betenden jungen Menschen vor dem Grabe des „blonden Vaters" fällt mir unwillkürlich ein, daß sich sieben Städte, darunter Kolophon, streiten, der Geburtsort Homers gewesen zu sein. Ob der unsterbliche Dichter in diesem weiten Mauerring mit dem Blick in die Rosse ernährende Ebene aufgewachsen ist, er, der in unvergänglichen Versen die blondgelockten Achäer besang? War vielleicht auch er selbst blondgelockt und lebt im Gedächtnis des Volkes als blonder Heiliger weiter?

Keine Inschrift kündet es, aber der junge Türke errötet vor Stolz, als wir ihm von diesem Ruhm seiner Heimatstadt erzählen. Er selbst kannte diese Überlieferung noch nicht; aber nun wird er sie den Geschwistern und Freunden weitergeben. Offenherzig sagt er uns auch, daß er Sarı Baba gebeten habe, er möge ihm helfen, seine Aufnahmeprüfung für die Universität zu bestehen.

Dann steigen wir tiefer mit ihm in das antike Stadtgebiet herunter. Einst schloß die Mauer einen noch größeren Flächenraum ein, als ihn Pergamon zur Zeit des Königs Eumenes II. innehatte. Aber in Kolophon steht keine Säule mehr aufrecht; kein Giebel ragt über die Bäume. Grillen zirpen auf den verwitterten Steinblöcken, die noch die Fundamente der Tempel und den Verlauf der Geschäftsstraßen verraten. Eine winzige, mit Grünspan überzogene Kupfermünze reicht uns ein alter Bauer, die er in seinem Acker gefunden hat. Das alles blieb von der stolzen Blüte eines antiken Staatswesens, von dem hohen Jahresbeitrag, den Kolophon dem delisch-attischen Seebund zahlte, von den vollen Geldbörsen der reichen Schlemmer: eine Kupfermünze und ein Stück Kolophonium.

1973 *Eleonore Dörner*

DIE KLÖSTER IM LATMOS

Also am vorigen Sonnabend, eine Stunde vor Sonnenaufgang, ritten wir an den See von Herakleia. Die vorher bestellte schwarze Barke nahm uns auf, und nach drei Stunden waren wir im Sommerdorf Kapıkırı am Seeufer, wo uns unser Juruke Omar empfing, der als Führer diente. Wir gingen die ganzen drei Tage zu Fuß. An Reiten war gar nicht zu denken. Zuerst durchquerten wir das alte Herakleia, dann die Felsgräber, die überall verstreut liegen, dann ging's steil empor, ein wildes Rinnsal hinauf, immer über rauhe Granitmassen, und noch vor Mittag standen wir an einer mäßig großen Höhle (der Christushöhle), die das Wasser ausgefressen hatte, 4 zu 6 Meter etwa. Die ganze Wand gegenüber dem Eingang war überdeckt mit der buntesten, lebhaftesten Malerei, die von fanatischen Händen zwar verletzt ist, aber alles Wesentliche doch überliefert. Fünf Bilder standen nebeneinander auf dem Wandputz: Christi Geburt, Ochs und zwei Eselchen sehen niedlich in die Krippe, im Vordergrund baden zwei Ammen das Kind (nach der apokryphen Überlieferung). Dann die Taufe im Jordan, Jesus mitten drin, links Johannes, rechts halten Engel die Handtücher. Dann die Kreuzigung, sehr edle Gewänder des Johannes und der Maria. Endlich die Auferstehung. Christus ist mit dem Kreuz in die Vorhölle gedrungen, zieht Adam und Eva, die als alte Leute in Gewändern dastehen, zu sich empor, indem er gleichzeitig auf den Teufel tritt, der machtlos daliegt als ein panartiger Waldmensch. Am rechten Ende kommt dann noch der Kopf Johannes' des Täufers, unter dem als Halbfiguren David und Salomon mit Diademen gemalt sind. Unter all diesem ist noch eine zweite Reihe, in der die Köpfe von neun Kirchenfürsten, z.B. der des heiligen Athanasios, erscheinen. Und überall sind die Reste von Namen erkennbar. Wie diese Entdeckung uns in Entzücken versetzte, magst Du Dir wohl ausmalen.

Aber es kam noch schöner. Wir stiegen auf den unglaublichsten Pfaden südöstlich herab, da kam wieder eine Felsgrotte (Pantokratorhöhle aus dem

Abb. 35: Beginn der von Carl Humann in Ephesos eingeleiteten Ausgrabungen im Jahre 1894 – s.S. 124

13 Theodor Wiegand – Zeichnung nach einem Porträt von Konrad Böse (1923)

7. Jahrhundert)*; hier war die ganze Decke voller Bildwerk. Überlebensgroß, mit wunderbar sympathischen Zügen, sitzt Christus als Weltlehrer in der von Sprüchen bedeckten Mandorla, die rechte Hand erhoben, links das Evangelium, rote Lippen, braunes langes Lockenhaar. Er sitzt auf einem goldenen Thron voller grüner und roter Edelsteine und großer Perlen. Zu Füßen des Thrones ruhen die Evangelisten, Lukas als Stier, Markus als Löwe, oben entsprechend links als Adler Johannes, rechts als Mensch Matthäus. Alle tragen grüne Evangelien und haben bunte Flügel mit Argusaugen. Aber damit nicht genug: Die Mandorla wird von zwei fliegenden Engeln gehalten. Unter dem

Ephesos – s.S. 124
Abb. 36: Das berühmte Theater in einer Mulde des Panayır-Dağ am Ende der vom Hafen in die Stadt führenden Straße
Abb. 37: Die wiederaufgebaute und im Jahre 1978 festlich eingeweihte Fassade der Celsusbibliothek (Fotos Österr. Arch. Institut)

linken Engel erscheint die Sonne in Gestalt einer Purpurscheibe mit dem Helios-Kopf. Die von der Sonne ausgehenden Strahlen sind purpurn und weiß. Unter dem linken Engel ist der Mond mit Selene als weißem Brustbild mit der Mondsichel auf dem Kopf und der Fackel auf grünem Grund mit hellblauem Rand. Weiße Strahlen gehen davon aus. Das alles ist in der Wölbung gemalt. Da fanatische Hände nicht direkt daran reichen konnten, ist alles viel besser erhalten, und es ist nicht so schlimm, daß einmal irgendein frommer Muslim sich die Mühe gemacht hat, die ganze Bemalung roh zu übertünchen. Die Heiligen leuchten doch sehr schön durch. Die gerade Wand unterhalb enthält aber auch noch Interessantes: in der Mitte die Mutter Gottes im Purpurgewand, das Christkind in goldgelbem Kleid auf dem Schoß, ihm die Brust reichend. Auch Maria sitzt auf einem edelsteingeschmückten Thron auf einem großen weichen Polster in einer Nische. Edelsteine schmükken die Pfosten der Nische über ihr, besonders auch Perlen wieder, der Bogen selbst ist lichtgrün. Links von Maria stehen in Vorderansicht fünf heilige Männer, davon hat einer eine Kaiserkrone in der Hand, ein anderer eine Rolle mit spitzem Deckel. Der Kronenträger ist als Johannes der Theologe bezeichnet. Links von Maria steht die heilige Thekla mit einem Buch, als dritten liest man den heiligen Kyrillos. Das alles lebensgroß. Und an jedem Ende des Ganzen je eine rot gemalte Inschrift, davon die eine leider fast ruiniert. Die andere nennt den Stifter, einen Diakon Georgios. Das Jahr scheint auch erhalten zu sein.

Weiter unterhalb der Höhle fanden wir eine Kirche. Der Eingang ist vermauert, ein Türke hat seine Bienenstöcke darin und will so die Bären fernhalten. Rings herum hingen an den Bäumen große Blechkästen, daneben an einem besonderen Strick alte Hufeisen. Das gab im Wind die nötige Musik, um die Bären fernzuhalten.

Wir gingen nun wieder zum See herunter. Da, wo das Gebirge milder wird, stehen schöne Ölbäume. Endlich fanden wir auch Wasser. Ich kann Dir sagen: so wie an diesem Tag habe ich noch nie gedurstet, und Knackfuß war so, daß wir zuletzt weit fortschicken mußten, um etwas Wasser herbeizuholen.

Abends schliefen wir am See, es gab viele Moskitos, aber wir hatten Netze und Chinin. Unser Wirt war ein alter Fährmann. Wir lagen mitten in einem Wassermelonenfeld. Nachts schlug der Hund wütend an, ein Schuß krachte, und heulend fuhr eine Hyäne davon, die sich an die Melonen gemacht hatte.

*Die Pantokratorhöhle ist wohl erst in das 9. Jahrhundert zu datieren. (F.K.D.)

REGENWOLKEN ÜBER GERGAS

Unser Malerfreund Oswald Kollreider hat uns sein karisches Skizzenbuch nach Ankara mitgebracht: Felsblöcke, kletternde Ziegen, Bauern im Kaffeehaus, ein Bub mit einem schwerbeladenen Eselchen und schließlich ein klotziger, urwelthafter Tempel, auf dem Giebel die riesigen griechischen Buchstaben ΓΕΡΓΑΣ!

„Hast Du das daraufgesetzt?" „Aber nein!" wehrt Kollreider ab. „So kann es jeder wirklich lesen, so sind die Buchstaben in den Stein eingemeißelt. Phantastisch! Ihr müßt das sehen! Aber ob Euer Wagen das schafft? Ist schon eine Strapaze!"

Natürlich lockt uns die Fahrt nach Karien, und als wir im Spätherbst zu einer Reise an die Südwestküste, an die blaue Bucht von Güllük aufbrechen, nehmen wir uns vor, von dort aus das Heiligtum aufzusuchen.

An der Straße von Aydın nach Yatağan passieren wir den großen lebhaften Ort Çine; etwa 3 km südlich davon liegen Eski Çine (Alt-Çine), malerisch in Grün gebettet. Von dort laufen in östlicher Richtung zwei schmale, doch gut befahrbare Kiesstraßen, vielfach gewunden, hinauf ins Gebirge. Leider nehmen wir zunächst die nördlichere; es stellte sich als ein Irrtum heraus, aber er ließ sich wieder gut machen. Wir drehten um und wählten die südlichere von beiden. Langsam im zweiten Gang steigt nun unser Wagen, nach 6 Kilometern erscheint ein Dorf auf einer kleinen, abgeflachten Hochebene. Bald darauf passieren wir einen felsentorartigen Paß und entdecken auf seiner rechten Flanke die Reste eines alten Kastells. Wir klettern herauf und werden durch einen weiten Rundblick belohnt.

Weiter geht es, bis nach etwa 3 Kilometern ein Weiler seine wenigen Häuser an die Straße schiebt. Vor einem Haus sitzen einige Männer im Gespräch beisammen. Das ist für uns eine willkommene Gelegenheit, nach dem Weg zu dem „Tempel mit dem heilen Dach" zu fragen. Zu unserer freudigen Überraschung erbietet sich ein alter, zäher Bauer sofort, uns den Platz zu zeigen, und klettert, ohne viel Federlesens zu machen, in unser Auto. Nach einer halben Stunde Fahrt gebietet er Halt, und wir marschierten vom Parkplatz zu Fuß weiter!

Der Himmel, der uns in Güllük noch so warme Sonne beschert hatte, hat

14 Tempelfront in Gergas. Skizze von Oswald Kollreider

sich inzwischen regenschwer bezogen. Mehmet führt uns über Berghänge, durch Täler und wieder über Kuppen. Mit federnden Schritten ist der alte Bergbewohner uns verwöhnten Städtern voraus und ganz in seinem Element. Wir müssen uns an den Riemen reißen und folgen ihm manchmal stolpernd und pustend. Aber er wartet immer wieder geduldig, bis wir ihn eingeholt haben. Nun entdecken wir die ersten, vielleicht karischen Spuren. Gut 500 Meter von der Stelle, wo unser Auto neben dem Sträßchen noch immer herübergrüßt, durchschreiten wir ein enges Tal, das von einer noch teilweise erhaltenen zyklopischen Mauer abgeschlossen gewesen war. Auch können wir hoch am Hang immer wieder Reste einer mit Steinplatten belegten Straße erkennen.

Aber der Regen läßt nun leider nicht mehr länger auf sich warten und treibt uns unter einen Felsunterschlupf, der Mehmet gut bekannt ist. Bis hierher sind wir etwa 20 Minuten marschiert. Zuerst fühlen wir uns sicher und geborgen, aber dann, so kurz vor unserm Ziel, wird uns die Zeit unter dem schützenden Felsendach doch zu lang. Umdrehen? Auf keinen Fall! Und so rufe ich Mehmet fröhlich zu: „Cesaretli olalım, haydi!", zu deutsch: „Frisch gewagt, ist halb gewonnen; auf geht's!"

Natürlich regnet es weiter, aber wir beschließen, so zu tun, als merkten wir nichts. Mehmet scheint auch wirklich völlig ungerührt; seine dünne Oberbekleidung wird naß und trocknet wieder, und die aus kluger Erfahrung ventilierten Schuhe sind auf steten Wasserdurchlauf eingerichtet, während unsere Kleidung schwammartigere Eigenschaften aufweist. Nun dauert es noch 10 Minuten in südwestlicher Richtung, bis wir hoch auf einem Sattel auf eine Steinplattenpflasterung und teilweise aufrecht stehende Pfeiler stoßen. Sie sind kantig, rechteckig, eine Schmalseite ist gerundet. Wieder geht es etwa 10 Minuten weiter, bis zwei kleine antike Bauten – Brunnenhäuser oder Grabtempel? – unser Ziel ankündigen. Jedes trägt in griechischen Lettern groß den uns aus der Skizze bekannten, geheimnisvollen Namen: Gergas. Links am Pfade ein liegender Fels, auch auf ihm wegweiserhaft geschrieben: Gergas. Schwere Mauern begleiten uns nun, offenbar Reste einer großen Anlage. Und dann stehen wir unmittelbar vor dem krönenden Bauwerk, vor dem Tempel!

Gedrungen, wuchtig, uralt, aus mächtigen Felsplatten gefügt die Wände und das Dach. Nahezu unversehrt hat er den Zeiten getrotzt; Schutz vor dem strömenden Regen bietet uns immer noch sein Dach, das wohl 2400 Jahre alt sein dürfte. Der klotzige Bau verleugnet die klobigen hölzernen Vorfahren nicht. Und dann die große, rätselhafte Inschrift! Ist es der Stadtname oder der Name einer uns noch unbekannten schützenden Gottheit, die die Bürger dieser Stadt ganz gegen sonstige Gewohnheit so auffallend in das Giebelfeld ihrer Heiligtümer setzten?

Vor dem Tempel liegt eine umgestürzte, gut 3 Meter lange Statue, das archaisch tierhaft wirkende Gesicht ist im Boden halb verborgen. Jetzt erst sind wir dem grauen Regenhimmel wirklich gram; denn er läßt uns die Bergeinsamkeit und den Zauber dieser Ruinenstätte doch nicht ungetrübt genießen.

Trotzdem können wir uns noch nicht so rasch wieder trennen. Im Tempel führen wir ernste Männergespräche. Die türkischen Parlamentswahlen stehen bevor. Mehmet Bey setzt uns auseinander, wer zu gewinnen habe und auch gewinnen werde, nämlich die Republikanische Volkspartei. Mehmet hat übrigens, entgegen den meisten Auguren, am Ende recht behalten. Und doch verstummen immer wieder die Gegenwartssorgen vor der Weihe des Ortes. Wäre der Sonnengott uns geneigt, so würde uns Mehmet an eine Stelle geführt haben, wo noch unter hängendem Fels sorgsam geschützt „ein König mit zwei Frauen mit Halsgeschmeide“ dargestellt sei, hier und da könnte man noch rote Farbe an den Gestalten erkennen. Ja, wenn das Wetter besser würde! Aber es regnet und regnet immer weiter. Schließlich müssen wir den Rückweg antreten, und Mehmet wählt einen Abkürzungspfad nach Nordosten; er führt uns aber noch bald nach der Tempelstätte an den Resten eines antiken Bauwerkes mit einigen aufrecht stehenden Pfeilern und an alten Mauerzügen vorbei. Fern auf dem Sträßlein erwartet uns unser Auto.

Es scheint uns ein Bote aus einer anderen Welt. Mehmet und sein Dorf bleiben hinter einem Regenvorhang zurück. Die Straße nach Eski Çine hat einen bedrohlich lehmig-seifigen Charakter angenommen. Sie verlangt unsere ganze Aufmerksamkeit, und doch eine andere Art von Aufmerksamkeit als die, die auf die Vergangenheit gerichtet war. Die Landschaft hat nach dem Regen gedürstet, nach einem langen, trocknen Sommer. Wir bereuen es nicht, die grauen Zeugen der Vorzeit in dem segenspendenden Naß besucht zu haben. Alles Unbehagen vergessen wir in den warmen Quellen von Pamukkale. Anderntags unter der heißen Sonne auf den weißen Sinterterrassen wird unser Ausflug zu den Regengöttern und den geheimnisvollen Tempelbauten zu einem Märchen, von dem wir noch oft sprechen.

November 1973

Heinz Georg Migeot
Helmtraud Migeot

APHRODISIAS IM ALTEN KARIEN

Es war an einem herrlichen Frühlingstag im Mai, als wir uns auf den Weg machten, um Aphrodisias zu entdecken. Man muß schon Frühaufsteher sein, wenn man diese Tagestour sinnvoll einteilen will. Zunächst gelangt man auf der schönen Asphaltstraße von Izmir über Aydın und Nazilli nach Kuyucak, eine Strecke von ca. 180 km, die man bequem in 2 1/2 Stunden fahren kann. Wenige Kilometer hinter dem Städtchen biegt eine recht gute Straße nach Karacasu ab. Diese Straße mit festem Untergrund folgt dem Vandales Çay, wie der Morsynos heute heißt, der in den Mäander, heute Büyük Menderes, fließt. Gleich nach der Überquerung des Mäander hat man zur Linken einige Gehöfte, bei denen die unscheinbaren Reste der alten Stadt Antiocheia liegen. Die Straße führt durch blühende Gärten und reiche Felder vorbei an malerischen Dörfern und wird erst in ihrem letzten Drittel sehr kurvenreich, wenn sie die pinienbewaldeten Hügel und Vorberge überquert, die der Stadt Karacasu vorgelagert sind. Karacasu selbst, sehr hübsch auf der Höhe gelegen, empfängt den Besucher mit einer breiten Hauptstraße, zu deren beiden Seiten die wichtigsten Gebäude und Anlagen stehen: Volksschule, Mittelschule, Landratsamt, Stadtklub, Stadtpark, hübsche Wohnhäuser. In etwa 50 Minuten hatten wir die ca. 30 km lange Strecke hinter uns gebracht; der letzte Teil, nämlich die ca. 13 km einer alten Straße, z.T. mit Kopfsteinpflaster, von Karacasu nach Geyre, nahm allerdings etwa die gleiche Zeit in Anspruch. Diese Etappe ist wirklich pittoresk, und man sollte sich öfter die Zeit nehmen, um anzuhalten und diese einzigartige Landschaft zu genießen.

Mittlerweile ist es 11 Uhr vormittags geworden – wir waren um 6.30 Uhr in Izmir abgefahren – und wir erreichten Geyre. Eigentlich müßte ich sagen: Wir erreichten die beiden Dörfer Geyre, das alte Dorf inmitten der Ruinen und die neue Siedlung einige Kilometer davor, wohin umzuziehen sich doch ein großer Teil der Bevölkerung entschlossen hatte (im Gegensatz zu den beiden Dörfern Eskihisar nahe dem antiken Stratonikeia auf dem Weg nach Muğla, wo die neue Siedlung immer noch leer steht, weil die Bauern ihre alten Häuser nicht verlassen wollen).

Zuerst machten wir einen Rundgang durch das alte Geyre. In vielen

Bauernhäusern waren Ruinenstücke der antiken Stadt verbaut; hier diente ein gut erhaltener Sarkophag als Waschtrog, dort saßen auf Säulenstümpfen Kinder oder Hühner. Seit Jahrhunderten mag es so sein, daß sich die Bauern als Bewohner des Dorfes Geyre auch in den Ruinen von Aphrodisias zu Haus fühlen.

Der archäologisch interessierte Besucher wird sich schwer tun, wenn er vor seinem Ausflug nach Aphrodisias zu seiner Vorbereitung etwas Fachliteratur einsehen möchte. Mir ist keine Monographie in deutsch über diese antike Stätte bekannt. Das mag wohl auch daran liegen, daß planmäßige Grabungen über eine längere Periode hinweg noch nicht stattgefunden haben. Französische Ingenieure haben zu Beginn dieses Jahrhunderts gelegentlich dort Ausgrabungen vorgenommen; in den dreißiger Jahren waren einmal die Italiener am Werk, wobei vor allem die Ruinen des Aphrodite-Heiligtums und das großartige Stadion das Interesse der Fachleute angezogen haben dürften.

Über die Geschichte des Ortes soll folgendes kurz angeführt werden: Aphrodisias spielte vor allem während des römischen Kaiserreiches eine große Rolle; es wurde damals zum Mittelpunkt eines weithin verbreiteten Aphrodite-Kults. Religiöse Feierlichkeiten und Spiele, die im Heiligtum und im Stadion jedes Jahr stattfanden, machten den Namen der Stadt in vielen Teilen des Imperiums bekannt. In der nachfolgenden byzantinischen Ära wurde die Stadt der Aphrodite zur Stadt des Kreuzes – Stavropolis, aus dem Tempel der Göttin der Liebe wurde eine Kirche. Auch wurden die Stadtmauern, die in einer Länge von nahezu drei Kilometern das Gebiet umschlossen, mit Hilfe antiker Bauteile repariert. Später hatte die Stadt ein wechselhaftes Schicksal: Zuerst erobert von den Seldschuken, dann wieder eingenommen von Byzanz, schließlich verwüstet von Timur Lenk, blieb sie seit dem Beginn der Neuzeit ein Ruinenfeld.

Was einem Besucher heutzutage besonders sehenswert erscheinen wird, ist zunächst einmal die Ruine des Aphrodite-Tempels, von dem noch einige Säulen unversehrt in den Himmel ragen. Ein freundlicher Wächter schließt auf Wunsch jenen Teil des Heiligtums auf, in dem sich Reste mit Wandmalereien der später dort errichteten Basilika befinden. Dieser Bekçi öffnet einem auch die Baracke, worin sich ansehnliche Schätze verborgen halten: Säulen, Statuen, Torsi, Friese, fürwahr ein Reichtum, auf den manches Museum in Europa stolz wäre. Sodann wird man sich der Agora zuwenden, von deren Bauten noch einige Säulen stehen; in der Nähe kann man die Ruinen von Thermenanlagen gut erkennen. Was aber dem Liebhaber antiker Stätten am meisten imponieren wird, dürfte das Stadion sein, am Nordrand der Stadt gelegen, das damals etwa 30000 Zuschauer aufnehmen konnte und das sich in einem sehr guten Zustand befindet. Die 22 Reihen der Sitzplätze scheinen kaum vom Zahn der Zeit angenagt zu sein, das jeweilige Halbrund an den Enden ist gut erhalten, der obere Rand der Cavea wird von einer breiten Terrasse eingesäumt. Die Gesamtanlage hat eine Ausdehnung von 270 x 54 m, der eigentliche „Spielplatz" ist 250 m lang und 34 m breit. Diese Maße stammen von Kenan T. Erim und korrigieren die bisher von Reiseführer zu Reiseführer unkontrolliert weitergegebenen falschen Angaben.

In den letzten Jahren haben türkische Archäologen in Zusammenarbeit mit Wissenschaftlern der Universität New York systematische Ausgrabungen durchgeführt, wobei vor allem Restaurierungsarbeiten im Tempelbereich, auf der Akropolis (kaum 20 m hoch) und im Stadion vorgenommen wurden. Bei dieser Gelegenheit wurde auch das hübsche Odeon freigelegt, das mir besser erhalten erscheint als das Odeon von Ephesos.

1964 *Hanns Wildermann*

DIE SÜDKÜSTE

KAMELKARAWANEN IN ANATOLIEN

Ich muß gestehen, daß eine Kamelkarawane auch mein Herz bewegt, daß also vielleicht kein Türke seine Nomadeninstinkte ganz und gar verliert. Sie bezaubern als letztes romantisches Überbleibsel in einer vom Lärm erfüllten, nach Treibstoff stinkenden, kommerzialisierten Welt. Kamele sind zwar zumeist wirklich häßliche Tiere mit ihren schmutzigfarbigen Fellen und gelblichen Zähnen; ich glaube, allein die Wimpern ihrer Augen verleihen ihnen ihre rührende Eigenart. Sie wackeln und grunzen, zerren die ledrigen Lippen böse von den fletschenden Zähnen, aber wen sie mit stolz erhobenen Köpfen melancholisch anschauen, den rühren die kindlichen Wimpern, den trifft der kummervolle Blick ins Herz. Hikmet Bey meinte, das sei alles Phantasterei; sie seien weder lustig noch traurig. Ich aber blieb bei meinem Glauben, und als mir Hikmets Leute ein Kamelfohlen herbeiführten und ich seinen weichen Kopf in meine Hände nahm, da fühlte ich, wie sich mein Herz vor dem geduldigen Blick der samtigen Augen zusammenzog.

Ich verstand die Buben recht gut, die Kameltreiber werden wollten – in anderen Ländern möchten sie Lokomotivführer werden! Denn wer empfände nicht die Romantik der Kamelkarawanen und der langen Reisen von einem Ende des Landes bis an die Grenze des nächsten, über unwirtliche Bergpfade, auf endlosen, jahrhundertalten Wegen, am Fuße des Tauros, vorbei an den Untiefen des Euphrat, durch die schwarzen Felsen von Diyarbakır mühselig ansteigend zu dem gefürchteten Zingana-Paß? Man denkt an Jade und Bernstein, Seide und Gewürze; doch heutzutage sind sie leider nur mehr mit Salz, Baumwollballen oder Feuersteinen beladen. Jeder kann sie mit eigenen Augen sehen, sie bieten wirklich einen unglaublich romantischen Anblick. Aber diese Romantik wird bald verschwunden sein; denn auch die Karawanen gehorchen den kommerziellen Bedürfnissen der Welt.

1958

Irfan Orga
Aus dem Englischen von
Elisabeth Zehden-Boehm

Anatolische Wanderung

Seine schmalen Kinderfüße wandern durch den grauen Staub,
Durch die Steppen Anatoliens, über Disteln, dürres Laub.
Vor ihm zieht die Karawane, schwer bepackt mit bunter Last,
Steht die Sonne hoch am Himmel, lagert sie zu kurzer Rast.
Alle drängen zu der Quelle, hin zum Schatten und zur Ruh.
Mütter stillen ihre Kinder, decken sie mit Tüchern zu.
Und mit dunklen, ernsten Augen sieht der Knabe alles an.
Bild um Bild wird zur Erfahrung, daß er später führen kann.
Stärker werden seine Arme, sicher wird sein leichter Schritt,
Und die zögernden Gefährten reißt sein fester Wille mit.
Weiter zieht die Karawane, eingehüllt in grauen Staub,
Durch die Steppen Anatoliens, über Disteln, dürres Laub.

1963 *Eleonore Dörner*

NOMADEN IM TAUROSGEBIRGE

Noch zu Beginn dieses Jahrhunderts spielten die türkischen Nomadenstämme und ihre Anführer eine gewichtige Rolle in großen Gebieten Südwest-, Zentral- und Südostanatoliens. Das hatten auch die zahlreichen Ansiedlungsversuche der Sultane, welche die für sie oft recht gefährliche militärische Stoßkraft der Stämme vermindern und einen Teil der Raubüberfälle in Anatolien verhindern wollten, nicht grundlegend zu ändern vermocht. Selbst den vermehrten Anstrengungen des 19. Jahrhunderts war trotz großen Kräfteaufwands kein durchschlagender Erfolg beschieden. Erst seitdem mit Errichtung der türkischen Republik der Lebensstandard der bäuerlichen Bevölkerung sich hob und durch bessere ärztliche Betreuung und hygienische Maßnahmen der Geburtenüberschuß so groß wurde, daß das unbebaute, als Weide verwendbare Land außerordentlich schnell an Fläche abnahm, begann eine von Jahr zu Jahr wachsende Zahl der Nomaden sich freiwillig anzusiedeln. Hinzu kommt, daß es nach den neuen Flurteilungen kein herrenloses Land in der Türkei gibt. Für jeden Wald und jede Bergwiese muß an eine Gemeinde oder an den Landkreis eine Pacht bezahlt werden, die umso höher steigt, je weniger Land überhaupt noch zum Beweiden abgegeben wird. Angesichts dieses wirtschaftlichen Druckes entschließt sich eine Nomadenfamilie eher, die freizügige Lebensweise der Väter aufzugeben, als unter dem Druck von staatlichen Zwangssiedlungen, die zunächst nur den allgemein bekannten Trotz der Nomaden hervorzurufen pflegen.

Allerdings sollte man die Schwierigkeiten, die den Nomaden auch heute dabei im Wege stehen, nicht unterschätzen. Wenn man sich in ein Gespräch darüber mit den würdigen Oberhäuptern der Großfamilien vertieft, für das sie meist eine große Aufgeschlossenheit und ein brennendes Interesse zeigen, werden viele Argumente gegen die seßhafte Lebensweise aufgeführt, die oft nur aus der Tradition und Denkweise der Nomaden verständlich sind. Immer noch spürt man die Verachtung, wenn sie von den Bauern reden, die sie in den vergangenen Jahrhunderten nicht selten in Furcht und Schrecken zu halten pflegten. Ein Dorfbewohner, der an die schützende Kampfgemeinschaft gewöhnt ist, gilt ihnen als minderwertig, weil ihm die eigensinnige Kühnheit des Nomaden fehlt. Die Männer erklären ferner übereinstimmend, die Bauern seien „moralisch verkommen", und führen den wenig stichhaltigen Grund an, die Frauen seien im engen Zusammenleben der Dorfgemeinschaft viel mehr Versuchungen ausgesetzt als ihre Frauen, die selten einen Mann zu Gesicht bekämen, der nicht mit ihnen verwandt wäre. Außerdem sei das Leben in einem festen Haus nicht so sauber wie im Zelt, in dem man sogar der sommerlichen Fliegenplage durch häufigeres Wechseln des Lagerplatzes leicht entgehen könne. Als einer der wichtigsten Gründe für eine Fortführung ihrer jetzigen Lebensweise ist aber die ungewohnte Bauernarbeit, die den seßhaft gewordenen Nomaden erwartet, anzuführen. Ein Mann von etwa 37 Jahren aus dem Stamm der Karaevli, der es nicht als übermäßige Belastung empfand, jede Nacht von 18 Uhr abends bis 8 Uhr morgens mit der Herde die steilen und felsigen Berge hinauf- und wieder herabzuwandern und seine Tiere gegen Wölfe und Bären zu verteidigen, weinte schon, nachdem er zwei Stunden Korn geschnitten hatte, weil er es nicht gewohnt war, in der Sonne zu arbeiten, und die Tätigkeit mit der Sichel ihm brennende Schmerzen in Kopf, Armen und Rücken verursachte.

Man kann der türkischen Regierung nicht vorwerfen, daß sie diesen Problemen verständnislos gegenüberstünde. Durch großzügige, zinslose Kredite versucht sie, den zur Umstellung Entschlossenen den schweren Übergang zu erleichtern. In den Jahren 1935 sind sogar freie Landstriche an die Stämme verschenkt worden. Allerdings haben nicht alle diese Vergünstigungen ausgenutzt. Große Teile des Stammes der „Sarıkeçili" zum Beispiel meldeten sich nicht zur Landverteilung aus Angst vor dem aus früheren Zeiten her berüchtigten Militärdienst. Die Leute aus dem Stamm der Hayta, die stets in kleinen Gruppen zusammenzuleben pflegen, brachten meist die zur Landausgabe erforderliche Zahl der Einwohner in dem geplanten Dorf nicht zusammen oder fürchteten, zu einer seßhaften Lebensweise nach Annahme des Landes gezwungen zu werden, oder erkannten die Bedeutsamkeit dieses Geschenkes für die Zukunft überhaupt nicht. Heute sind ihre Söhne gegenüber den Stämmen, die das damals empfangene Land nun wirklich bebauen und ohne Pacht einige Monate beweiden können, so sehr im Nachteil, daß man ihnen nur wünschen kann, eine Nachverteilung von brauchbarem Land wäre möglich, bei der sie die Fehler ihrer Väter korrigieren dürften.

Durch die Zunahme der Dörfer in den letzten Jahrzehnten ist es auf einer Reise durch Anatolien heute nicht mehr ohne weiteres möglich, jederzeit die langen Züge von buntgeschmückten Kamelen der Nomaden zu sehen. Die

Abb. 38 und 39: Kamelkarawane in Anatolien beim Marsch auf die Sommerweiden im Taurosgebirge – s.S. 158 (Fotos F.K. Dörner)

wandernden Gruppen, die im Sommer nach der Ernte mit ihren Herden bergan ziehen und im Spätherbst sich wieder im Tiefland der Küsten einfinden, sind meist nicht richtige Vollnomaden, sondern „yaylacı", also seßhaft gewordene Dorfgemeinschaften, die sich auf einer klimatisch bedingten Almwanderung befinden. In dem Übergangsstatus einer sehr ausgedehnten Almwirtschaft lebt übrigens ein großer Teil der erst seit kurzem in einem Dorf ansässig gewordenen Nomaden. In Westanatolien, in der Gegend von Bergama, Manisa und Aydın soll es nach meinen Erkundungen im Herbst 1957 neuerdings überhaupt keine türkischen Vollnomaden mehr geben, obwohl man nicht selten geschmückte Kamele sieht, die als Lasttiere für unwegsamere Gebiete vermietet oder bei der Almwanderung verwendet werden. Auch im zentralanatolischen Hochland ist die vollnomadische Lebens- und Wirtschaftsform praktisch ausgestorben. Die Nomaden türkischer Nationalität haben sich fast ausschließlich auf den Tauros und Antitauros und die umliegenden Tiefländer zurückgezogen, Gebiete, die mit ihren dichten Wäldern und schwer erreichbaren Hochtälern schon seit alter Zeit ein bevorzugtes Weideland dieser Stämme waren. Durch den Abzug der Armenier aus weiten Landstrichen des Antitauros wurde hier besonders viel Land frei.

Wie hoch die Gesamtzahl derjenigen Bewohner dieser Gebiete ist, die heute noch das runde Jahr kein anderes als das aus schwarzer Ziegenwolle gewebte Dach über dem Kopf haben, ist statistisch noch nicht erfaßt und wohl auch kaum erfaßbar, da sie sich augenblicklich von Monat zu Monat verringert. Ibrahim Yaşa schätzte in seinem Buch „Problems of outlaying rural administration in Turkey" (S. 11) die Anzahl der Zelte auf rund 3000 im Jahre 1956, und ich würde nach meinen persönlichen Erfahrungen diese Zahl vorläufig eher für zu niedrig als zu hoch halten.

Die Lebensgrundlage für diese Menschen bildet die Kleinviehzucht. Mir ist nur eine Gruppe begegnet, die zum Stamm der Honamlı gehört und zur Sommerweide meist in das Gebiet südlich von Ulukışla unterhalb der Gipfel des Bolgardağı zieht, die ausschließlich Kamele hält und diese auch im Sommerhalbjahr zu Transporten vermietet, während eine andere Gruppe desselben Stammes sich vor wenigen Jahren ganz auf die Rinderzucht umgestellt hat. Aber man kann sie als Ausnahme betrachten.

Die Ziegen und Schafe der Nomaden, die ebensowenig wie ihre Besitzer

Abb. 40: Beim Wasserholen – s.S. 136
Abb. 41: Weber bei der Arbeit – s.S. 189
Abb. 42: Hirte im „Kepenek" – dem gewalkten Filzmantel – kühl im Sommer und warm im Winter – s.S. 183 (Fotos F.K. Dörner)

an die Sommerhitze des Tieflands gewöhnt sind, zwingen zu einem sehr frühen Aufbruch in das Gebirge. Die Paarungszeit im Herbst wird von den Herdenbesitzern dahingehend reguliert, daß die Zicklein oder Lämmchen im Februar und März zur Welt kommen. Wenn das Wetter dann Ende März oder Anfang April so warm wird, daß die Tiere, wie man mir sagte, „sich nach den kühlen Wassern der Sommerweide sehnen", und der Nomade in unruhiger Vorfreude auf das geselligere und üppigere Leben auf der „yayla" die Lastsättel der Kamele flickt, sind die kleinen Tiere zum größten Teil in der Lage, die vier- bis fünfstündige Tageswanderung auf ihren eigenen Füßen zurückzulegen. Die Temperaturunterschiede zwischen den in einer Höhe von 1500 bis 3250 m über dem Meeresspiegel gelegenen Sommergebieten und dem Tiefland sind aber normalerweise so extrem, daß auf dem Wege in halber Höhe eine Pause von etwa zwei Wochen eingelegt werden muß. Wenn irgend möglich, versucht man heute, eine solche Pause nicht zu lang werden zu lassen; denn kaum hat sich eine Gruppe von vier bis zehn Zelten an einem Platz niedergelassen, erscheint bereits der Forstaufseher oder der Flurwächter des nächsten Dorfes und verlangt Abzug aus dem Dorfgebiet oder eine Entschädigungssumme, die meist so hoch ist, daß sie als Pacht für nur ein oder zwei Wochen nicht aufgebracht werden kann. Erst auf der Sommerweide, wo er nur selten und auf kurze Strecken den Platz wechselt, kommt der Nomade dazu, die schönste Zeit des Jahres zu genießen. Am Rande der bewaldeten Zone bis zu einer Höhe von 2000 m, in der sich die Ziegenhalter aufzuhalten pflegen, gibt es viel weniger Dörfer als im fruchtbaren Tiefland und darüber, auf den Grasfluren der Hochgebirge, dem Sommergebiet für die hitzeempfindlicheren Schafe, fast gar keine festen Siedlungen, so daß man sich in Gruppen zu 40 oder sogar noch mehr Zelten zusammentun kann, die voneinander nicht weiter als einen Tagesmarsch entfernt liegen. Die Tiere liefern reiche Milcherträge, so daß das Essen üppig wird, und durch den Verkauf der Winterwolle der Schafe, von Käse und neuerdings sogar von Frischmilch ist immer Geld im Hause. Erst wenn im August das Land trocken und die Nächte kühl werden, ist der Herdenbesitzer gezwungen, häufiger seinen Wohnplatz zu wechseln und schließlich wieder bergab auf eine Herbstweide zu ziehen. Im Oktober geht es dann dem Tiefland zu, wo man auf den abgeernteten Baumwollfeldern und den zu dieser Zeit sonst wenig genutzten Bauernländereien in kleinen Zeltgruppen den Winter verbringt. In dieser Jahreszeit ist der Nomade am reichsten, weil er seine „Ernte", Wolle und die verschnittenen, gemästeten Böcke, verkaufen kann.

Welche Art Vieh gezüchtet wird, ist dem Oberhaupt der Familie überlassen. So hatte ein Mann aus dem Stamm der Karaevli nach dem Tode seines Vaters, als er und seine Geschwister nach überkommenem Brauch die

Herde aufteilten und alle Brüder sich selbständig machten, die Ziegen seines Erbteils verkauft und sich auf die rentablere Schafzucht umgestellt. Er mußte nun den größten Teil des Jahres getrennt von seinen Brüdern auf höher liegenden Weiden verbringen. Nach einigen Jahren, in denen er es zu einem beachtlichen Wohlstand gebracht hatte, überwältigte ihn die Sehnsucht nach seinen Brüdern so, daß er die Schafherde verkaufte und sich von dem Erlös wieder Ziegen anschaffte.

Ein Zusammenhalt der Stämme besteht heute nicht mehr. Zwar weiß jeder, zu welchem Stamm er gehört, aber ein Oberhaupt des Stammes, eine turnusmäßige Zusammenkunft der angesehenen Männer oder gemeinsame Weidegebiete gibt es bei den türkischen Nomadenstämmen nicht. Dagegen hat sich die nächstkleinere Einheit, die Horde, noch erhalten. Ein Stamm zerfällt in zwei bis zwölf Horden, denen heute ein oder mehrere „Ağa" vorstehen, meist reichere Familienoberhäupter, die ohne eine offizielle Wahl zu einer gewissen Autorität gelangt sind und die kleinen Streitigkeiten schlichten helfen, den ärmeren Mitgliedern der Horde in Notlagen beistehen oder zu gemeinsamen Beschlüssen die Männer in ihr Zelt berufen.

Innerhalb seiner Horde ist der einzelne noch viel mehr, als es sonst in der Türkei üblich ist, an die festen Ordnungen und Anstandsregeln gebunden, die ihm einen sicheren Schutz und ein festes Heimatgefühl verleihen. Welche Frau geheiratet wird, entscheidet immer noch der Vater eines jungen Mannes mit seinen Brüdern zum besten der Großfamilie. Befindet sich jemand angesichts einer lebenswichtigen Anschaffung wie Vieh oder eine Frau für den erwachsenen Sohn in finanziellen Schwierigkeiten, so ist es eine genauso große Schande, die Bitte um Kredit einem Angehörigen derselben Horde abzuschlagen, wie, diesen nicht bei der ersten Gelegenheit (selbstverständlich zinslos und ohne Quittung) wieder zurückzuzahlen.

Nicht ohne Grund also ruft eine Schilderung des freien Nomadenlebens bei den Städtern ähnliche romantische Vorstellungen hervor wie bei uns ein Bericht aus der „guten alten Zeit". Noch viele andere Züge alttürkischen Lebens haben sich hier bis in die Gegenwart erhalten. Die Männer haben zwar den Fes ablegen müssen und sind von den Bauern äußerlich nicht zu unterscheiden, aber die verheirateten Frauen tragen voll Stolz den oft Jahrhunderte alten silbernen Familienschmuck über kunstvoll um den Fes geschlungenen Seidentüchern. Auch die silbernen Arm- und Fingerringe zeigen Muster in schwarzer Farbe, die dem Geschmack der übrigen Landfrauen nicht mehr entsprechen. Bei einzelnen Horden gehört noch der „üç etekli entari", der lange, gestreifte Mantel, und ein großes silbernes Gürtelschloß zur alltäglichen Tracht der Frauen.

Besonders auffällig zeigen sich die rein türkischen Züge der Kultur in den allein von den stets konservativeren Frauen hergestellten Webereien. Die bunten Decken, die man über die Kamellast breitet, und vor allem die Säcke für Kleider, Gerätschaften und Mehl tragen Muster, die man in ihrer Urform in Mittelasien bis in eine Zeit kurz vor Christi Geburt zurückverfolgen kann. Bei der Herstellung eines neuen Exemplars kopiert die Weberin einen bereits vorhandenen Sack oder Lastüberwurf, den sie am Webstuhl neben sich liegen hat und erst nach Fertigstellung des neuen Stückes mit einem kleinen Geschenk der geschmeichelten Zeltnachbarin zurückgibt. Die Vorliebe für große, klare Muster äußert sich sogar unbewußt bei der Auswahl der Baumwollstoffe für die weiten Hosen und die langen Kleider, die den Mantel häufig ersetzen. Die junge Nomadenfrau ist nur zufrieden, wenn sie Stoffe in leuchtenden Farben mit großen, einprägsamen Blumenmustern von ihrem Mann erhält. Erst die alten Frauen geben sich mit kleiner gemusterten grauen oder blauen Stoffen zufrieden. Jedoch wird nie ein nicht im Stamme vererbtes Ornament auf einer Weberei abgebildet, sondern hierher gehören die angestammten Webmuster genau so, wie auf einen weißen Filzteppich bis vor kurzem auch nur bestimmte sehr altertümliche Motive gehörten.

Uralte Erfahrungen eines Nomadenvolkes äußern sich auch in dem ausgezeichneten medizinischen Wissen, das sich, natürlich gepaart mit der Kenntnis seltsamer Zeremonien, in manchen Familien von der Mutter auf die Tochter weitervererbt, und unglaublich vielen tiermedizinischen Rezepten. So impfen die Nomaden ihre Tiere selbst mit Nadel und Faden im Ohr und wissen sich auch bei Maul- und Klauenseuche zu helfen. Leider leben sie aber heute durch die zunehmende Knappheit an Weideland auch im Sommergebiet so dicht nebeneinander, daß eine strenge Isolierung der Herden, wie sie früher üblich war, nicht mehr durchzuführen ist.

1956 *Ulla Johansen*

AUTOBUSFAHRT NACH ANTALYA

Ich wollte nach Antalya, und zusammen mit Dursun Bey fuhr uns Hikmet Bey nach Konya, wo wir zur Weiterreise den Autobus nehmen wollten. Der Autobus zeigte sich jedoch von Anfang an widerspenstig. Nachdem wir von unseren Freunden Abschied genommen, unser Gepäck schlecht und recht auf den schmalen Netzen verstaut und unsere Plätze eingenommen hatten, kam es zu einem Wortwechsel zwischen dem Fahrer und einem Aufsichtsbeamten, der damit endete, daß der Fahrer beleidigt wegging. Durchs Fenster sahen wir, wie der Aufsichtsbeamte bedauernd beide Hände hob, und mit nachdrücklichem und zustimmendem Kopfnicken ergaben wir uns in die mißliche Situation. Das Leben, sagten wir uns, ist schwierig genug, aber gewiß gäbe es doch noch andere Fahrer? Von Mitleid mit unserem Optimismus bewegt, schrie der Inspektor, er werde sein Bestes tun. Aus einem Kaffeehaus wurde ein anderer Fahrer herbeigeschleppt. Er besah sich die ängstlich an die Fenster gepreßten Gesichter der Fahrgäste, spuckte aus und erklärte, daß er einen solchen Bus unter gar keinen Umständen fahren werde. Dann schloß er sich dem ersten Fahrer an, und nun fühlten sich beide stark und überhäuften uns, den Inspektor und die Verkehrsgesellschaft mit Schimpfworten. Der Inspektor forderte uns auf auszusteigen.

Sofort brach ein Tumult aus. Eine alte Frau mit einem Korb Weintrauben sagte, daß sie zu ihrer Schwiegertochter reise, die Zwillinge geboren habe. Die Geburt sei schwer gewesen, und die Frau fürchtete, die Schwiegertochter könne sterben, wenn sie selber nicht rechtzeitig nach Antalya komme, und dann würde sich kein Mensch um ihren armen Sohn kümmern, der, Gott segne ihn, in seinem ganzen Leben noch nie etwas selber gemacht habe. Wai, wai, wai, jammerte sie und ließ ein paar Krokodilstränen ihre welken Wangen herabrollen.

Ein Mann in Hemdsärmeln schrie, der Teufel möge alle Fahrer und Aufsichtsbeamten holen und alle anderen Leute, die ihn hinderten, an sein Ziel zu kommen. „Ich bin ein armer Mann“, sagte er, „und kann unmöglich bis nach Eskiköy laufen.“ (Eskiköy ist ein Dorf zwischen Konya und Antalya.) Er habe seine letzten Groschen für diesen dreckigen Autobus ausgegeben, und nun sei kein Fahrer da. Wenn er nur fahren könnte, so würde er uns selber nach Antalya bringen, versicherte er und ließ einen herausfordernden Blick in der Runde kreisen. – „Ist denn niemand da, der einen Bus fahren kann?" Wir schwiegen betreten. Er stieß den Aufsichtsbeamten vor die Brust und sagte: „Erschießen sollte man dich! Leute wie du sind schuld, daß wir nicht aus dem Elend herauskommen."

Nachdem er sich halbwegs beruhigt hatte, erfuhren wir den Grund seiner schlechten Laune. Er habe eine schöne Tochter von siebzehn Jahren, erzählte er, so schön, daß Rosen unter ihren Schritten erblühten. Ein reicher Gutsbesitzer, der sein Augenlicht für sie hingeben würde, wolle sie heiraten, aber das eigensinnige Mädel behaupte, daß er zu alt für sie sei, für ihn könne ihr Herz nie glühen. „Allah!" sagte der Mann, „mein Herz könnte schon für sein Geld allein glühen!" Er und seine Frau hätten der undankbaren Tochter nicht den Willen gelassen, sondern einfach die Verlobung für den übernächsten Tag vorbereitet und alle Nachbarn eingeladen. So eine gute Partie sei noch nie dagewesen, aber das dumme Mädel heule sich die Augen aus und rühre keinen Finger, um der Mutter zu helfen. „Uff, uff, Eltern haben es schon schwer! Allen anderen Leuten gab Gott Kinder, mir aber eine Gurke . . .", und nun reise er nach Eskiköy, wo es einen berühmten Hodscha gebe, der „Herzen bindende" Zaubersprüche kenne. Die ganze Welt kenne seine wirksamen Liebestränke, und natürlich verlange er viel Geld dafür. Drei Monate beinahe habe er sich alles vom Munde abgespart, sei mit einem Bissen Käse abends schlafen gegangen, nur damit seine schöne Tochter den reichen Freier ein bißchen begehrenswert finde.

Allerdings war es höchste Zeit. Er mußte in aller Frühe des morgigen Tages heimkommen, weil der Trank nur helfe, wenn das Mädchen ihn vor Tagesanbruch zu sich nähme. Großer Gott, und wer hatte einen so schändlichen Busverkehr erfunden, der armen Leuten ihr Geld abnahm und sie nachher ohne Fahrer ließ . . . .

Ein ansehnlicher Rechtsanwalt aus Ankara hörte uns zu, sehr von oben herab, machte tschk-tschk, während der Mann vom Lande redete, zog sich schließlich ganz aus unserem Kreise zurück und suchte die passende Gesellschaft einer hübschen jungen Frau mit zwei kleinen Kindern, die zum Ferienaufenthalt nach Antalya reiste. Unwiderstehlich charmant, zweifellos die schwärzeste Absicht hegend, tätschelte der Anwalt eines der beiden Kleinen unter dem Kinn.

Mehrere Bauersfrauen, die ebenfalls in dem Bus gesessen hatten, standen herum, ihre schwarzen Tücher fest um den Kopf geschlungen, so daß die Gesichter fast verdeckt waren. Zu ihren Füßen standen Körbe mit lebenden Hühnern, die von Zeit zu Zeit gackerten, während sich die Besitzerinnen wie zu einer Hexenverschwörung zusammendrängten.

Der Aufsichtsbeamte kehrte mit einem neuen Fahrer zurück, und wir wurden alle wieder in den Bus getrieben. Die Bäuerinnen schimpften verärgert untereinander, weil sich der Rechtsanwalt diesmal den besten Platz gesichert hatte, auf dem zuvor die Hühnerkörbe verstaut gewesen waren. Auch die Hühner beschwerten sich über ihre beleidigende Versetzung ins Gepäcknetz; als ich meinen Koffer neben ihnen verstaute, biß mich eine rote Rhodeländerhenne ganz schön in den Finger. Ihr war gelungen, sich halb durch die Latten der Steige zu zwängen, die Dursun Bey jeden Augenblick auf den Kopf fallen konnte.

Der Motor brauchte seine Zeit, um anzulaufen, und währenddessen kamen die beiden ersten Fahrer vorbei und beschimpften den dritten.

„Ihr werdet alle umkommen", schrie uns der eine zu und schlug mit der Faust so derb gegen die Scheibe, daß ich glaubte, sie würde zerspringen. „Der Bus da ist lebensgefährlich. Er hätte schon vor Monaten aus dem Verkehr gezogen werden müssen. Nach Antalya kommt ihr damit nie!"

Wir lachten gezwungen und hofften, daß an diesem Gerede nichts Wahres sei. Der Motor sprang plötzlich an, und wir rasten in einem höllischen Tempo davon, vertrieben Hunde, waghalsige Kinder und die anderen Fahrer, die hinter uns mit den Fäusten drohten. Unser Tempo war jedoch von kurzer Dauer; noch ehe wir den Stadtrand erreicht hatten, krochen wir langsam dahin und blieben dann stehen. Der Fahrer stieg aus, öffnete die Haube und bastelte ein paar Minuten lang am Motor herum. Dann fuhren wir wieder los, der Chauffeur beugte sich gespannt wie ein Rennfahrer übers Lenkrad, und von der Anstrengung, überhaupt etwas Tempo herauszuholen, hatte er ein ganz verbissenes Gesicht. „Mir wird das zu langweilig. Ich werde schlafen", sagte ich.

„Das ist halt so eine Sache, weißt du", antwortete Dursun Bey, der sich wegen des Autobusses schämte, „wir machen uns zu gern vor, daß wir up to date seien."

„Vor mir brauchst du das nicht zu entschuldigen. Ich bin kein Ausländer."

Ungeachtet unserer Furcht blieb der Bus heil. Ab und zu krachte er in allen Fugen, was man hinten im Wagen am meisten spürte, und als er einmal eine Kurve zu schneidig nahm, fiel mit Getöse eine Hühnersteige aus dem Gepäcknetz. Morsches Holz krachte, und die Hennen gackerten empört. Der Rechtsanwalt, der inzwischen mit der hübschen Dame recht gut bekannt geworden war, zückte einen Eau-de-Colognestift und rieb damit liebevoll ihre Stirn ein. Mehrere Hühner, von ihrer Freiheit verblendet, flatterten gackernd wie irr im Bus herum, überall Federn verlierend, und unter Schwierigkeiten wurden sie nicht ganz unbeschädigt eingefangen. Mir hatten sie noch einen Finger halb durchgebissen, und ich war nahe daran, ihnen den Hals umzudrehen.

1958

Irfan Orga
Aus dem Englischen von
Elisabeth Zehden-Boehm

NOCH IMMER WEHT DER FEUERATEM DER CHIMÄRE

Vor langen Zeiten lebte in Lykien ein mörderisches Ungeheuer mit dem Kopf eines Löwen, dem Körper einer Ziege und als Schweif dem Leib einer Schlange; aus seinem Rachen ging Feuer und ein entsetzlicher Gluthauch. Der König Jobates hielt Umschau nach einem Helden, der diese Mißgeburt erschlagen könnte, die unter dem Namen Chimäre im ganzen Land gefürchtet wurde.

An den Hof des Königs kam ein tapferer und edler junger Prinz, Bellerophon, der Sohn des Königs von Korinth. Er brachte einen Brief von dem Schwiegersohn des Königs, Proitos, der ihn darin als einen Helden ohnegleichen rühmte. Aber gleichzeitig forderte das Schreiben, Jobates solle den Überbringer töten; denn Proitos hegte den Verdacht, seine Gemahlin Anteia habe sich in Bellerophon verliebt.

Der König Jobates konnte zwar den Befehl, Bellerophon umzubringen, nicht geben, denn der junge Prinz war sein Gast. Aber er konnte ihn in den Kampf mit der Chimäre schicken. Vielleicht würden dabei beide Gegner den Tod finden.

Bellerophon erklärte sich sofort mit dem schwierigen Auftrag einverstanden. Zunächst suchte er Rat bei dem Seher Polyeidos, der ihm auftrug, eine Nacht in dem Tempel der Athene zu schlafen. Im Traum erschien ihm die Göttin und überbrachte ihm ein goldenes Zaumzeug. Als Bellerophon erwachte, geleitete sie ihn zur Quelle von Pirene, wo das geflügelte Roß der Musen, der Pegasos, seinen Durst löschte. Der Anblick des goldenen Zaumes überzeugte das Götterpferd, daß Bellerophon sein Meister sei. Der Held stieg auf, erhob sich in die Lüfte, fand die Chimäre und tötete sie mit seinen Pfeilen. Der König Jobates gab ihm seine Tochter zur Gemahlin und verkündete, Bellerophon solle sein Nachfolger auf dem Throne werden.

Aber in Lykien hielt sich hartnäckig das Gerücht, daß die Chimäre gar nicht getötet worden sei, sondern daß Bellerophon sie in die Unterwelt gestürzt habe. Dort auf dem Kampfplatz dringe auch heute noch ihr Feueratem aus der Erde.

Der Sommer währt lange an der türkischen Mittelmeerküste. Aber nur wenige Sonnensucher schlendern am Strand von Antalya. Das frühe Morgenlicht erreicht die Gipfel der hohen Randgebirge, flutet an ihren Hängen herab und überglänzt den windstillen Golf von Antalya. „Allah ist groß – Allah ist groß – es gibt keinen Gott außer Allah –". Der Muezzin steigt die Stufen des Minaretts neben der winzigen Moschee am Hafen wieder herab. In einem Winkel der Hafenmauer beenden die Fischer ihr Frühstück, Suppe und Brot, Tee und salzige Oliven. Der Liman, der Hafen, ist nun erwacht, aber die Stadt, aus rötlichem Stein erbaut und mit römischen Mauern umgeben, schläft noch immer.

Alles ist matt in Antalya, das Leben, die Spiele und sogar der Schlaf. In den Gärten kann man Früchte und Gemüse aller Art pflücken oder für einen lächerlich geringen Preis auf dem Markt kaufen. Da es täglich Fische im Meer, Blumen hinter jedem Zaun gibt und jeder den Ausblick auf römische Mauern, seldschukische Moscheen und byzantinische Steine genießt, wundern sich die Leute in Antalya über die Touristen, die sich in anstrengende Abenteuer stürzen. Wenn das Leben so einfach und so billig zu genießen ist, warum soll man auf die Berge steigen, um ein Ungeheuer zu finden?

„Und nicht einmal ein vollständiges Ungeheuer. Du meine Güte!" meint der junge türkische Leiter des Reisebüros und rührt mit dem Silberlöffelchen den Zucker in seinem tulpenförmigen Teeglas: „Das Ungeheuer ist doch unter dem Erdboden!"

„Aber man sieht seinen Feueratem, man riecht die Flamme", bestehe ich auf meinem Wunsch.

Er protestiert: „Es ist weit von hier und der Weg beschwerlich."
Nach einer ganzen Reihe von Argumenten schmilzt sein Widerstand allmählich dahin. „Die Chimäre – – –" lange Pause, „Tamam – abgemacht! Stellen Sie eine Gruppe zusammen, ich werde Sie zur Chimäre führen."

„Na, schließlich sind Sie aber doch der Leiter des Reisebüros", sage ich.

„Aber ich bin gar nicht an diesem Unternehmen interessiert", gibt er zur Antwort.

Buntstifte, buntes Papier, eine Schere aus einem kleinen Schreibwarenladen zaubern in einer Stunde das Bild der Chimäre auf ein auffälliges Plakat, wie man es sich wohl nach der Beschreibung in der antiken Sage zu denken hat.

Nun zog ich, der fremde Reisende, los, um die Mitglieder für diese „Expedition", als solche bezeichnete sie der türkische Reisebüroleiter, zusammenzutrommeln. Er tat inzwischen nichts weiter, als gemütlich hinter seiner Schaufensterscheibe neben meinem Plakatentwurf zu sitzen, seinen Tee zu schlürfen, ab und zu die Nase herauszustecken und zu fragen: „Haben Sie Teilnehmer gefunden?"

Und ich konnte von Zeit zu Zeit antworten: „Ja, einen amerikanischen

Professor mit seiner Frau. Einen Türken, sieht aus wie ein Student, ist aber vielleicht keiner." Oder: ,,Zwei Deutsche, ebenfalls ein Ehepaar, wild begeistert!"

Ein pensionierter Engländer und seine Frau kamen neugierig auf unser Plakat zu und ließen sich eintragen. ,,Genug", entschied der Reisebüroleiter schließlich. „Ich will Ihre – (Expedition, ergänzte ich) führen."

An einem strahlenden Morgen erschien der Reisebüroleiter in aller Glorie seiner Führerstellung mit einem Proviantbeutel unterm Arm am Hafen. In seinem Gefolge waren acht andere türkische Einwohner von Antalya, darunter seine Braut mit ihrer Mutter. Es war 5.30 Uhr in der Frühe. Unser Fahrzeug, die grün-weiße Yeniuğur, war an den Steinen der Hafenmauer festgezurrt. Es befand sich beileibe kein einfacher Seemann an Bord des Schiffes. Statt dessen trafen wir den bejahrten Schiffseigner und zugleich Ersten Kapitän auf Deck, dann den Zweiten Kapitän und dazu den Ersten Offizier, der im Bug saß, von wo aus die Yeniuğur mit einer Ruderpinne gesteuert wurde.

Unser Fahrzeug hatte eine romantische Silhouette. Wenn es vor zwei Jahrhunderten aus dem Nebel aufgetaucht wäre, hätten alle Kauffahrteischiffe des Sultans das Feuer darauf eröffnet. Allein die häßliche Form der vordersten Kabine nahm der Yeniuğur etwas von ihrer Würde eines Korsarenschiffes.

,,Kommen Sie herauf und legen Sie Ihre Lebensmittel hierher!" rief der Eigentümer und zugleich Erste Kapitän uns auf türkisch zu, und der Zweite Kapitän wiederholte seine Aufforderung. Die ahnungslosen Expeditionsteilnehmer aber hatten gar keine Lebensmittel bei sich, und so kauften wir erst noch einmal unseren Reiseproviant ein: Wassermelonen, riesige Brotlaibe, Coca Cola, hartgekochte Eier, Früchte und viele Pfunde von weißem Schafskäse.

Etwas später liefen wir vor dem Wind mit prallgefüllten Segeln. Eine Mitreisende erinnerte uns daran, daß der Apostel Paulus vor 2000 Jahren auf den gleichen Wellen gesegelt war, Paulus und noch viele andere bedeutende Reisende. Die Gemüter waren so heiter wie das blaue Meer unter dem sonnigen Himmel, und die jungen Türken auf dem Vorderdeck begannen zu tanzen, knipsten mit den Fingern und gingen in die hüpfende mittelmeerländische Kniebeuge hinunter.

Ein lauter Schrei ließ die Tanzenden einhalten, und alles stürzte an die Reling. Delphine, viel größer, als man sie sich auf dem Land vorstellt, schwammen neben uns und vor uns her. Sie durchschnitten die Oberfläche des Meeres in einem Sprühregen von Licht und Wasser. Delphine sind Meister der Wasserspiele.

Sie begleiteten uns nur wenige Augenblicke, aber sie schwammen uns voran in ein Land, wo die Sagen geboren waren und immer noch leben. Nach viereinhalbstündiger Segelfahrt warf die Yeniuğur Anker in einer Bucht, die gegen jedes Unwetter durch steilabfallende Berge und alte Seeräubermauern geschützt war. Wir kletterten hinaus und betraten einen Kieselstrand, in dem die Mondsteine schimmerten. Die männlichen Passagiere wateten an Land, die Frauen wurden von den Offizieren getragen. Die lauwarme See umspülte unsere Füße, in dem klaren Wasser sahen wir Schwärme von kleinen Fischen davonflitzen. Zwei oder drei Hütten, mit Laubdächern zum Schutz vor der Sonne oder auch vor dem Regen, klebten am Ufer.

Die Dinge gewannen hier an Bedeutung. Wir waren in Çıralı gelandet, dem einstigen Hafen von Olympos. Ein wenig nur entfernt ergoß ein Bach sein eiskaltes Wasser in das warme Mittelmeer, und die Trümmer einer Brücke lagen wie ein Boot im Flußbett. Wir entdeckten große Felsgräber hoch über uns im Schatten der Uferklippen. Ein antikes Theater verbarg sich unter Büschen und Zweigen wie in einem Dschungel. Einige Häuser ohne Dächer – vielleicht waren sie damals von den Lykiern verlassen worden, die mit ihren Schwertern den Trojanern zu Hilfe geeilt waren, als es galt, die Griechen zu vertreiben.

Aber wir waren ja nicht gekommen, um in Olympos herumzuziehen. Oben in den Bergen hauste die Chimäre. Unter dem Laubdach der Strandhütte nahm eine ländliche Gruppe ihr Frühstück ein. In ihrem Kreis saßen zwei Gendarmen, Angehörige der türkischen Polizeitruppe. Ein Dritter, halb und halb in Uniform, war ein Forstbeamter. Die Gendarmen trugen türkische Armeegewehre, der Förster hatte eine doppelläufige Flinte. Diese Drei und ein barfüßiger Dorfjunge, mit einer Badehose bekleidet, wollten uns zum Yanartaş, zum brennenden Stein geleiten, wie die Türken die Chimäre bezeichnen. Der Junge meinte grinsend, wir brauchten zwei Stunden bis dorthin.

Die trockenen Rinnsale, durch die wir wanderten, mußten sich zur Regenzeit in Gießbäche verwandeln, Baumwollfelder und Getreideäcker lagen vor uns. Über allem standen die pinienbewachsenen Berge. Ein wuchtiger Felsblock erwies sich beim Näherkommen als ein lykischer Sarkophag.

Wir machten an einer Quelle halt, um zu trinken. Einer der Teilnehmer begrüßte ein weidendes Tier mit einem lauten: „Muh!" und triumphierend rief er: „Siehst Du meine Liebe, wie die Kuh sich freut!" Leider war es ein Bullenkalb, das auf ihn zustürmte, und er nahm schleunigst Reißaus.

Wieder machten wir halt, um frisches Wasser zu trinken, und jemand bemerkte eine volle Flasche auf dem Schornstein eines Bauernhauses. Ein Türke aus der Stadt lächelte: „Eine Flasche auf dem Dach, eine heiratsfähige

Tochter im Haus", erklärte er. Zwei Bauernmädchen standen in ihren Kopftüchern und langen bunten Röcken vor der Tür und bestaunten mit meerblauen Augen unsere Expedition. Welche Tochter war mit der Flasche auf dem Dach gemeint? Am Ende gar beide?

Wir liefen über so flaches Land, daß man meinen konnte, in Afrika zu sein, breite schirmartige Baumkronen, ab und zu etwas Vegetation zu unseren Füßen. Weit entfernt vom Mittelmeer, begannen wir jetzt die Hitze zu spüren. „Wie weit ist es noch bis zu der Chimäre?" fragte jemand. „Eine halbe Stunde noch", entgegnete der Förster und wischte den Staub von seiner Flinte. Der Weg, jetzt nur noch ein schmaler Ziegenpfad, wurde immer steiniger, je weiter er in die pinienbestandenen Berge führte.

„Ich hoffe", sagte der Leiter des türkischen Reisebüros, als wir unter ein paar schattigen Büschen weiter emporstiegen, „es gelingt uns, Ihre Chimäre zu finden."

„Aber sicher", antwortete ich. „Sie sind doch schon einmal hier gewesen!" Er sah mich mit kindlich-vorwurfsvollem Blick an. Ich war nicht so grausam, weiter in ihn zu dringen, sondern wandte mich dafür an den Förster: „Sind wir noch weit entfernt von der Chimäre?" „Eine halbe Stunde noch", die gleiche Antwort wie vorhin.

Die Engländerin setzte sich unter einen Baum, sichtlich am Ende mit ihren Kräften, mit ihrem Selbstvertrauen und allen anderen englischen Tugenden. „Ich bin nicht mehr fähig, auch nur einen Schritt weiterzugehen", erklärte sie. Ich war eigentlich nicht überrascht. Sie trug Schuhe, die für einen Einkaufsbummel um die St. Pauls-Kathedrale geeignet gewesen wären. „Gehen Sie ruhig ohne mich weiter! Ich richte mich schon irgendwie ein." So stiegen wir die Berglehne hinan ohne die Engländerin und ohne den Engländer.

Hinter uns tauchte hier und da das Mittelmeer wie ein blauer Farbfleck zwischen den Pinien auf. Wir verloren den Weg, stolperten, um ihn wiederzufinden. Da rief jemand: „Stop!" Wir hielten mit klopfenden Herzen an und gingen dann durch die Bäume auf ein trostloses, verlassenes Gelände zu. Kein Baum, kein Strauch, vergilbtes Gras, eine Rutschbahn von grauem Felsschotter bedeckte die Berglehne. Ein leichter Geruch von brennendem Gas. Ein umgestürzter Altarstein mit verwitterten griechischen Buchstaben.

„Der brennende Stein!" sagte der Dorfjunge. „Die Chimäre!" rief ich. Wir kletterten über den Bergabhang durch den Gifthauch. Als wir an eine Stelle kamen, wo der Boden sich heiß anfühlte, knieten wir nieder. Aus dem Steilhang des Berges schlug eine heiße, orangefarbene Flamme, leuchtete grell unter dem Himmel des Mittelmeeres. Das war die Zunge der Chimäre.

Auf der Yeniuğur saß der alte Mann am Steuer, der Schiffseigner und zugleich der Erste Kapitän. Der Abendstern und der Mond glänzten hinter ihm am nächtlichen Himmel. Ich schaute auf das Meer. Quallen leuchteten phosphoreszierend, wenn sie den Rumpf der Yeniuğur berührten.

In dem schwachen Licht des Öllämpchens, das in der Takellage hing, setzte sich der Leiter des Türkischen Reisebüros neben mich. „Ich fürchtete die ganze Zeit", sagte er mit verlegenem Lächeln, „sie könnte ausgegangen sein. Die Flamme, meine ich. Die Chimäre. Nach so vielen Jahren, seit wir damals auf den Berg geklettert sind, hätte gar nichts mehr da oben sein können – gar nichts mehr."

„Aber sie brannte", sagte ich. „Es war kein Märchen".

1967

Henry Angelo-Castrillon
Aus dem Englischen von
Eleonore Dörner

DIE LYKISCHEN GRABMONUMENTE

Die aus dem Fels herausgearbeiteten Grabmonumente Lykiens gehören mit ihren wohlgelungenen Proportionen, den sorgfältig ausgeführten Details und vor allem mit ihrem einzigartigen Bautypus zu den eindrucksvollsten Kunstdenkmälern Kleinasiens. Das Lykische ist eine indoeuropäische Sprache, die vielfach altkleinasiatische Sprachreste enthält. Die Schrift weist große Ähnlichkeiten mit dem griechischen Alphabet auf. Der Name Lykiens und seines Volkes ist wohl identisch mit dem Namen der in den hethitischen Texten aus Boğazköy erwähnten Luqqa-Länder und Luqqa-Leute sowie mit dem in ägyptischen Texten aus Amarna genannten Volksnamen der „Luku". Nach Aussage der ägyptischen Quellen waren die Lykier zur Zeit von Ramses II. (1297–1230) die Verbündeten der Hethiter. In den hethitischen Texten des 14.–13. Jahrhunderts werden die Luqqa-Leute als kleinasiatisches Küstenvolk bezeichnet. Herodot berichtet, daß die Lykier ursprünglich aus Kreta stammten und sich selbst Termilen nannten. Es mag sein, daß die Lykier ein seit dem 2. Jahrtausend in Lykien ansässiger und die Termilen ein anderer, später aus Kreta eingewanderter Stamm sind, aber ursprünglich ein und demselben Volke angehörten. Das Verhältnis der schriftlichen Quellen zum archäologischen Material liegt bei der lykischen Frage noch ungünstiger als bei der phrygischen; denn die ältesten auf uns gekommenen materiellen Hinterlassenschaften der Lykier stammen erst aus dem 6. Jahrhundert. Die lykische Kunst der vorhergehenden Zeit – einer ungefähr 7 Jahrhunderte langen Periode – ist uns bis heute unbekannt geblieben.

Die Akropolis von Xanthos ist mit ihren guterhaltenen lykischen und griechisch-römischen Bauten eine der schönsten und sehenswertesten antiken Stätten des alten Anatolien überhaupt. Die heroische Landschaft mit ihren Zedernwäldern und die geheimnisvoll wirkenden Felsenfassaden bilden eine faszinierende Märchenwelt. Wer die großartigen Wälder und das reizende Gestade des lykischen Landes aus eigener Anschauung kennt, wird verstehen können, warum die Griechen eine Reihe ihrer Sagen mit Lykien in Verbindung brachten. Sagenhafte Erscheinungen, für die man im eigenen Lande keine Erklärung fand, verlegte man mit Vorliebe in wunderreich erscheinende Nachbarländer. Kein Land war geeigneter dafür als das schwer zugängliche, märchenhaft schöne Reich der Lykier. So entstand zum Beispiel die Überlieferung, daß Tiryns von lykischen Kyklopen erbaut worden sei oder daß die Bellerophonsage ursprünglich lykisch wäre. Schon die Lokalisierung der fabelhaften Gestalt Chimaira in Lykien ist nach dem heutigen Stand der Forschung kaum glaubhaft. Auch die übrigen Sagen sowie die Mythen über den Apollonkult stehen mit dem heutigen Wissen der archäologischen und philologischen Forschung im Widerspruch. Die bei Herodot und Nikolaus von Damaskus erzählte Nachricht, daß das lykische Familienrecht auf dem Grundsatz der „Mutterfolge" beruht habe, ist weder inschriftlich noch durch die figürlichen Darstellungen belegt. Aus den Denkmälern ist jedoch zu ersehen, daß die Frau bei den Lykiern eine gehobene Stellung innehatte, wie dies auch bei den Hethitern der Fall war. Auf zwei Grabmonumenten des 4. Jahrhunderts in Limyra ist je ein Ehepaar dargestellt, und zwar der Mann links und die Frau rechts zu seiten der Grabtür. In ähnlicher Weise gegenübergestellte Darstellungen von Ehepaaren kommen in der lykischen Kunst häufig vor.

Die lykischen Grabmonumente sind der Form eines zumeist aus dem Felsen gehauenen vollen oder verkürzten Hauses nachgebildet. Das Grabhaus steht entweder auf einem hohen Pfeiler oder einer Basis, die manchmal als Erdgeschoß gestaltet ist, hoch über der Erde. Wichtig und charakteristisch lykisch ist, daß sich die Grabstätte nicht unter der Erde oder auf der Erdoberfläche, sondern hoch über der Erde befindet. Dies hängt wohl mit der lykischen Vorstellung zusammen, nach der die Toten offenbar von Vogeldämonen in den Himmel getragen werden. Die Grabhäuser weisen zwei Bautypen auf: 1. Grabhaus mit flachem Dach; 2. Grabhaus mit Satteldach. Der erste Grabtypus steht mit seiner flachen Decke in der einheimisch kleinasiatischen Tradition. Was den zweiten Grabtypus betrifft, so ist schwer zu sagen, ob er auf eine lykische Erfindung zurückgeht oder ob er eine Umbildung des frühgriechischen Haustypus darstellt. Zwar entspricht der Satteldachtypus einer Hausform, die bereits auf dem Diskos von Phaistos erscheint. Jedoch wird er auch in Griechenland spätestens seit dem 7. Jahrhundert verwendet, wie aus dem tönernen Hausmodell von Perachora zu ersehen ist. Die Bauweise mit ihrer Holzkonstruktion ist aber wohl eine lykische Eigenart, die sonst nirgends ihresgleichen hat. Der Charakter der

Boğazköy – Hattuşa – s.S. 220
Abb. 43: Löwe am Tor der Mauer um die Oberstadt (Foto F.K. Dörner)
Abb. 44: Eingang zu den Magazinräumen, von innen beim Tempel I (Foto Archiv Boğazköy-Grabung)

RERVM·GESTARVM·DIVI·AVGVST

Holzkonstruktion kommt vor allem in der Nachahmung der Holzbalken und Rundhölzer sowie der übrigen Einzelheiten eines Holzbaues zum Ausdruck.

Der Brauch, den Toten in einem ausgesprochen hausförmigen Grabe zu bestatten, das sichtbar auf der Erdoberfläche liegt, ist lykisch. Vom Standpunkt der Architektur aus gesehen, sind die lykischen Grabdenkmäler des 6. und des frühen 5. Jahrhunderts noch ganz lykisch und weisen keinen griechischen Einfluß auf. Im Laufe des 5. Jahrhunderts scheint aber die charaktervolle Baukunst der Lykier allmählich griechische Zierelemente aufzunehmen. Bei vielen Monumenten tritt der Zahnschnitt an die Stelle des rundhölzerförmigen Ornaments.

Schöne lykische Felsgräber in griechischer Architekturordnung sind in Telmessos erhalten. Die schönsten Grabdenkmäler finden wir in Myra, wo in die Felswände zahlreiche Grabfassaden von zaubervoller Wirkung hineingearbeitet sind. Mehrere Generationen haben ihre Grabhäuser in dieselben Felsen über- und nebeneinander gehauen und sie als denkwürdige Monumente der Nachkommenschaft hinterlassen. Die einzigartigen Architekturformen und die in reizenden Farbtönen patinierten Fassaden der Grabdenkmäler wirken wie das magische Bild einer geheimnisvollen Märchenwelt. Die Hellenisierung geht im 4. Jahrhundert jedoch so weit, daß die ursprünglich in voller Hausform aus dem Felsen gehauenen Gräber nun zu einer einfachen Felsfassade geworden sind, einer Form, die in Phrygien bereits im 6. Jahrhundert nachzuweisen ist. Zwei Felsgräber aus Limyra, die vom Ende des 4. Jahrhunderts stammen, stellen solche stelenförmigen Beispiele der lykischen Gräber dar, die sogar mit Reliefs, ganz in griechischer Weise, geschmückt sind. Die Blüteperiode der lykischen Grabdenkmäler umfaßt die Zeit vom 6. Jahrhundert bis zum Hellenismus.

Die auf uns gekommenen plastischen Kunstwerke der Lykier beschränken sich auf die Reliefs und den Skulpturenschmuck, welche die Grabmonumente zieren. Die ältesten lykischen Reliefs stammen aus dem xanthischen Löwengrab. Es handelt sich um Darstellungen der Heldentaten des im Grabe beigesetzten lykischen Fürsten. Die nächstältesten lykischen Reliefs rühren von einem Pfeilergrab aus Isinda-Belenkli her. Bei den französischen

Ankara s.S. 235

Abb. 45: Beginn der lateinischen Fassung des Monumentum Ancyranum (Foto F.K. Dörner)

Abb. 46: Die griechische Fassung des Monumentum Ancyranum auf der Außenseite des Tempels (Nach Krencker-Schede)

Ausgrabungen, die seit 1950 erfolgreich durchgeführt werden, wurden neue Skulpturen der archaischen Zeit zutage gefördert, die im Stil und Thema den Reliefs aus Isinda sehr nahestehen, ihnen aber qualitativ überlegen sind. Die Reliefs des Harpyienmonuments zählen zu den schönsten lykischen Schöpfungen dieser Art und sind, vom Standpunkt der Grabmalkunst aus gesehen, von höchster Wichtigkeit. Hier erscheinen, zum ersten Male in der Grabmalkunst, die Köpfe der adorierenden Figuren in gleicher Höhe mit den Köpfen der thronenden, heroisierten Toten. Dies ist der erste wichtige Schritt im Prozeß der Entwicklung vom Heroenrelief zur Darstellung eines menschlichen Zusammenseins im Sinne der attischen Grabreliefs aus dem Ende des 5. Jahrhunderts. Die Reihe der lykischen Grabmonumente setzt sich im letzten Viertel des 5. Jahrhunderts mit drei großartigen Werken fort, und zwar mit dem „Nereidenmonument", dem Heroon von Trysa (Gölbaşı) und dem mit Recht lykisch genannten Sarkophag aus Sidon. Die lykische Bildkunst lebte während des ganzen 4. Jahrhunderts fort. Aber bedeutende Leistungen kommen nicht mehr vor.

Die Reliefs von zwei Gräbern aus Limyra zeigen, daß sie unter der Einwirkung der attischen Grabstelen des 4. Jahrhunderts entstanden sind. Die Mehrzahl der Figuren, der Gewandstil und die langgestreckten Körper deuten darauf hin, daß das lykische Relief von attischen Vorbildern, die am Ende des 4. Jahrhunderts Mode waren, inspiriert wurde. Die lykische Bildkunst scheint, ebenso wie die Monumentalkunst, gegen Ende des 4. Jahrhunderts beim Aufkommen der hellenistischen Periode abzusterben. Die nächsten Reliefs aus Lykien wurden erst aus der römischen Kaiserzeit bekannt.

1961 *Ekrem Akurgal*

SIDE

Die Stadt befindet sich auf einer etwa 1 km langen und durchschnittlich 350–400 m breiten Halbinsel, die sich gegen Südwesten vorstreckt und die Einförmigkeit des von Dünen umgebenen flachen Strandes östlich vom Eurymedon unterbricht. Side ist von Antalya in Luftlinie etwa 60 km, vom Flusse Melas etwa 7 km entfernt. Der untere Teil der Halbinsel besteht aus einer harten, dunkelfarbigen Brecciaschicht, deren zackige, vom Meere tief durchwühlte Ränder am Gestade überall zum Vorschein kommen. Darüber liegt eine ziemlich dünne, an manchen Stellen stark sandhaltige Erdschicht.

Die frühesten Zeiten von Side liegen noch völlig im Dunkeln. Die Stadt wird vom Geographen Strabon (XIV 667) als eine Kolonie von Kyme in der Aeolis (Westküste Kleinasiens) bezeichnet. Das Gründungsjahr der Kolonie steht nicht fest; man wird aber wohl das 7. oder 6. Jh. v.Chr. annehmen müssen. Sicher ist jedoch, daß an dieser Stelle eine ansehnliche vorgriechische Siedlung gelegen hat. In der Chronik des Eusebios (4. Jh. n.Chr.) wird als Gründungsdatum der Stadt das Jahr 1405 v.Chr. angegeben. Wenn wir auch dieser zu genauen Angabe kein großes Vertrauen schenken dürfen, so können wir immerhin annehmen, daß Side eine der ältesten Städte des klassischen Altertums gewesen ist. Folgende Beweise können hierfür angeführt werden: Der Name ‚Side', der nach dem Lexikon des Hesychius ‚Granatapfel' bedeuten soll, ist weder griechisch noch phönizisch, wie manchmal behauptet wird, sondern gehört der vorgriechischen kleinasiatischen Sprachfamilie an. Side als Stadtname ist sonst auch in Anatolien, so z.B. im Pontosgebiet und in der Troas zu belegen. Auch der Kern Sid- kommt in Kleinasien an verschiedenen Orten vor, so z.B. in Form von Sidene in Jonien, von Sidene, Siderus oder Sidyma in Lykien. Der Alexanderhistoriker Arrian (Anabasis I 26,4) erzählt, die Griechen hätten nach ihrer Niederlassung in Side sofort ihre Muttersprache verlernt und angefangen, eine barbarische Sprache zu sprechen, die aber von keinem der benachbarten einheimischen Einwohner verstanden worden sei. Diese etwas sonderbar klingende Erzählung deutet vielleicht darauf, daß die ersten Kolonisationsversuche scheiterten oder daß das einheimische Element in Side so stark war, daß die ersten Ankömmlinge die lokale Sprache lernen mußten und daß später die Hellenisierung dieser Gegend sehr langsam vor sich gegangen ist.

Daß in Side bis in die hellenistische Zeit hinein eine einheimische, vom pamphylischen Dialekt (einem Gemisch von kyprischem und arkadischem Sprachgut mit sporadischen Elementen anatolischer Ursprachen) abweichende, höchstwahrscheinlich auf die anatolische Ursprache Pamphyliens zurückgehende Sprache gesprochen und mit einer eigentümlichen Schrift geschrieben wurde, zeigen außer Münzlegenden, die bis in die archaische Zeit hinaufreichen, zwei Bilinguen-Inschriften (sidetisch und griechisch), die in Side gefunden wurden und in das 3.–2. Jh. v.Chr. zu datieren sind. Ferner sind die Hauptgottheiten der Stadt, Athena und Apollon, für diese Frage heranzuziehen. Daß in den Inschriften Athena immer im Vordergrund steht und daß andererseits diese beiden Gottheiten eng miteinander verbunden sind, zeigt m.E. deutlich, daß dahinter uralte einheimische Gottheiten stehen. Daß hier Athena mit dem Granatapfel, dem Fruchtbarkeitssymbol, auftritt, läßt sich aus der griechischen Mythologie nicht erklären. Der Granatapfel ist aber ein Symbol der uralten kleinasiatischen Naturgöttin, die als Anna, Nana oder Mâ bezeichnet und von den Griechen mit Kybele oder Artemis gleichgesetzt wird. Daß die Göttin in Side der Athena angeglichen worden ist, beruht vielleicht darauf, daß hier seit den ältesten Zeiten eine bewaffnete Göttin verehrt wurde, wie etwa die Göttin Mâ der Städte Komana in Pontos und Kappadokien.

*

Ein dichtes, an vielen Stellen undurchdringliches Gestrüpp von Myrten, Lorbeerbäumen und Schlingpflanzen bedeckte mit der Zeit die Ruinenstätte. Die südlichen und südöstlichen Teile der Stadt wurden von Dünen, die durch den von den stürmischen Südwinden hierher gejagten Staubsand entstehen und andauernd landeinwärts getrieben werden, gleichsam mit einer „weißen Todesdecke, die sich über grünendes Leben“ legt, zugeschüttet. Der französische Reisende L.A.O. de Corancez, der in den ersten Jahren des 19. Jahrhunderts Side besuchte, schreibt, daß das Ruinenfeld vollkommen verlassen sei und die Umwohner nicht wagen, es zu betreten, weil sie glaubten, die Ruinenstätte sei von Geistern bewohnt. Dieser für die Erhaltung der Ruinen höchst glückliche Zustand nahm jedoch in der zweiten Hälfte des 19. Jahrhunderts ein Ende; schreibt doch Petersen, der Archäologe der Expedition Lanckorońskis, daß „die in dem am Meere bequem gelegene, mit Brennmaterial gut versehene, schwunghaft betriebene Kalkbrennerei, von der zahlreiche Kalköfen Zeugnis ablegen, die kleineren Marmorstücke verzehrt, nur die größeren verschont“ habe.

Um 1900 wurde im südlichen Teil der antiken Stadt, im Gebiet zwischen dem Theater und dem Hafen, von muslimischen Auswanderern aus Kreta ein Dorf angelegt, wodurch die Ruinen große Schäden erlitten haben. Dieses Dorf, das den offiziellen Namen ‚Selimiye' führt, zählt heute etwa 100 Häuser mit 600 Einwohnern. Es ist geplant, dieses Dorf in die Umgebung zu verlegen, was der archäologischen Forschung sehr zugute kommen wird.

1963 *Arif Müfid Mansel*

TARSUS
DIE HEIMAT DES APOSTELS PAULUS

Der Zug schaukelte und rüttelte die ganze Nacht über flaches Land. Ich konnte nicht schlafen. Ich schaute in den frühen Morgenstunden aus dem Fenster und sah eine weite, gestaltlose Ebene im Licht der Sterne liegen; ich wollte gern wissen, wo wir waren. – Wegen des ebenen Aussehens des Landes nahm ich an, daß wir uns immer noch mühsam und stetig in nördlicher Richtung durch Syrien hindurcharbeiteten; wären wir der Türkei näher gewesen, hätte das Land wild und bergig sein müssen.

Ein oder zwei Stunden lang fand ich Schlaf und erwachte hier im Dämmerlicht vor Sonnenaufgang. Dabei entdeckte ich, daß der Zug auf dem Bahnhof von Aleppo stand. Dann donnerte in Aleppos Stille eine müde, staubige Wagenkette, von langer Reise verschmutzt und rußig; ich stellte mit Erstaunen fest, daß dieser andere Wanderer in der Dämmerung unser Gegenzug war, der Taurus-Expreß aus Konstantinopel oder, wie wir es heute nennen: Istanbul. So begegneten also diese Züge einander in Aleppo, einer auf dem letzten Wegstück seiner Reise nach dem Süden, der andere auf dem ersten nach dem Norden. Und während wir einige Minuten lang zusammen in Aleppo rasteten, über dessen Minarette und lehmfarbenen Häusern die Sonne aufging, kletterten bemerkenswerte, schokoladenbraun uniformierte Männer, die Schlafwagenschaffner, aus ihren Waggons und wechselten einige Worte miteinander.

Als ich dieses Schauspiel betrachtete, mußte ich denken, daß das Erlebnis, die Türkei durch das Syrische Tor zu betreten, fast all seiner Romantik entkleidet wurde, weil ich diesen Weg in einem Waggon zurücklegte, auf dem Compagnie Internationale des Wagons-Lits geschrieben stand. Ähnliche Waggons liefen nach Berlin, nach Paris, nach Rom, Wien, Budapest und Athen. Männer in schokoladenbraunen Uniformen richteten abends die Betten und weckten den Reisenden in der Frühe. Dann kam mir der Gedanke, daß vielleicht diese internationalen Schlafwagen die einzigen Merkmale modernen Reisens sind, die uns mit dem Kleinasien des Paulus verbinden.

Zu den Zeiten des alten Roms war etwas Ähnliches wie Internationalismus von Britannien im Westen bis zum Kaspischen Meer im Osten verwirklicht, konnte man auf einer römischen Straße von Jerusalem nach Boulogne reisen, auf dem ganzen Wege leistete die griechische oder lateinische Sprache ihren Dienst. Geriet man irgendwo auf dieser langen Reise in Schwierigkeiten, so mußte man sich nur, wie es Paulus schon tat, auf sein römisches Bürgerrecht berufen, um die gleiche polizeiliche Unterstützung in Ephesus zu erhalten wie in Antiochia, in Alexandria oder in Rom selbst. Man überlege sich hingegen, wieviel verschiedenen und teils unsympathischen Autoritäten man heutzutage auf der gleichen Reise begegnet: französischen, schweizerischen, italienischen, jugoslawischen, serbischen, bulgarischen, griechischen, türkischen, syrischen und arabischen. Was einst eine freie Straße war, ist heute eine Reihe von Grenzen mit Zollbeamten und Paßbehörden, die hinter Schranken auf der Lauer liegen und bereit sind, den Reisenden zu behandeln, als sei er ein Spion oder ein Schmuggler.

Nur die internationalen Schlafwagen, deren Betten, Decken und Leinentücher einander in Paris und Istanbul gleichen, in denen in Belgrad wie in Barcelona die Speisen auf den gleichen dicken Tellern serviert werden, stellen in ihrer Einförmigkeit etwas Ähnliches dar wie die großartige Einheit der römischen Straßen.

Einige Stunden später kletterte der Zug aus Syrien heraus in die Berge der Amanuskette. Wir hatten das Flachland, die Palmen, die Lehmdörfer und Kamelkarawanen hinter uns gelassen und stiegen in ein karges Land von hochaufragenden Berggipfeln, Tannen- und Föhrenwäldern und dunklen Tälern voll rauschender Wasser empor. Die Berge, welche die Heimat des Apostels vom Lande Christi trennen, erinnerten mich bald an die Schweiz, bald an Schottland. Während dieses langen Anstiegs in das Innere Anatoliens gab es Augenblicke, in denen ich hätte glauben können, wir näherten uns St. Moritz, und andere, in denen ich mir hätte einbilden können, der Zug werde bald nach Fort William einlaufen.

Auf seinen vielen Reisen von Antiochia nach Kleinasien muß Paulus dieses Land so gesehen haben, wie ich es in der Morgensonne sah. Es ist ein Land ungeheurer, eintöniger Ebenen, meilenweit ohne Behausungen und nur von Schafherden in der Obhut von Hirten in breitschultrigen Mänteln durchzogen. Diese Filzmäntel, *kepenek* geheißen, sind undurchdringlich für Wind und Wasser. Sie sind so steif, daß ihr Träger aus ihnen heraussteigen und sie aufrecht stehend zurücklassen kann. Sie sind aus dem festen kilikischen Ziegenhaar verfertigt, aus dem heute wie in den Tagen des Apostels Paulus Zelte, Segel und Seile bereitet werden.

Als ich auf die Hirten sah, die in ihrer steifen Rüstung wie Vogelscheuchen dastanden, dachte ich, daß auch Paulus auf seinen langen Reisen sich in einen *kepenek* gehüllt haben muß. Bat er nicht in seinem zweiten Brief an Timotheus, als er zu Rom gefangen war, seinen „innig geliebten Sohn", dieser möge ihm den Mantel bringen, den er in Troas bei Carpus zurückgelassen habe? Sicherlich war der Mantel des Paulus ein kilikischer *kepenek,* der, wie niemand besser wußte als er, die Feuchtigkeit einer römischen Gefängniszelle von ihm abhalten würde.

Der Zug rollte in eine liebliche Talebene hinab. In Adana mußte ich umsteigen, da Tarsus etwa dreißig Kilometer westwärts an einer Seitenlinie liegt.

Als der kleine Zug über die kilikische Ebene fuhr, wechselte ich, in meiner Besorgnis, etwas von der Landschaft zu übersehen, in der Paulus geboren worden war und aufwuchs, von einer Seite des Eisenbahnwagens zur anderen. Ich sah eine ungeheure grüne Ebene, die nur wenig über Meereshöhe liegt, eine halb tropische und meilenweit mit Baumwolle, Weizen und Tabak bebaute Fläche. Ein großer Teil der Ebene besitzt die Bodenfarbe von Devonshire; Ochsen bewegten sich langsam über die kakaofarbenen Furchen und zerrissen die Erde mit einer primitiven Egge. Die kilikische Ebene ist seit jeher wegen ihres Holzes und Ziegenhaares berühmt gewesen, und ich sah mit Freude, daß diese Exportartikel weder durch Herrscher noch Imperien gelitten hatten. Immer noch zogen ungeheure Herden schwarzer Ziegen über das Flachland. Haushohe Holzstöße standen in der Nähe aller kleinen Landbahnhöfe, in die wir mit unserer asthmatisch keuchenden Lokomotive einfuhren.

Ich bemerkte, daß ländliche Karren und gelegentlich wild aussehende Reiter die Ebene auf Straßendämmen durchquerten, und erinnerte mich, irgendwo gelesen zu haben, daß diese Fahrwege ursprünglich ein Werk der Römer gewesen seien und die Ebene nach allen Richtungen durchzögen. Zu römischen Zeiten wie heute verwandeln winterliche Überschwemmungen und schwere Regenfälle die kilikische Ebene in ein Schlammeer, in dem jede Fortbewegung unmöglich ist und hilflose Gazellen mit der Hand gefangen werden können.

Der Blick nach Norden war staunenerregend. Etwa hundert Kilometer von der Eisenbahnstrecke entfernt erhob sich das Taurosgebirge über der Ebene, eine riesenhafte blaue Wand mit schneebedeckten Höhen.

Die Bäume wurden immer zahlreicher, bis wir durch ein Dickicht so üppiger Vegetation, daß es die Stadt vollkommen verbarg, in eine kleine Station einfuhren, über deren Eingang „Tarsus" geschrieben stand.

Die heutige Stadt nimmt nur einen kleinen Teil des Bodens ein, der einst von den Marmortempeln, Kolonnaden, Bädern und öffentlichen Plätzen des römischen Tarsus bedeckt war. Teile der Stadtmauer stehen Kilometer entfernt in Baumwollfeldern wie alte Zähne. Der eisklare Cydnus, der Stolz des alten Tarsus, fließt nicht mehr durch das Stadtinnere. Der Kaiser Justinian hatte einen Abflußkanal zum Osten der Stadt hin bauen lassen, damit dieser im Frühling das überschüssige Wasser aufnehme. In den Tagen des Niedergangs vernachlässigten die Bürger von Tarsus die Reinigung des Flußbettes, mit dem Erfolg, daß nun schon seit vielen Jahrhunderten der Cydnus den Kanallauf des Justinian einnimmt und nicht mehr die Stadt durchquert. Dieselbe furchtbare Ignoranz und Faulheit hat auch den einst prachtvollen Binnensee und Hafen von Rhegma verschlammen lassen. Er ist heute ein Marschland von dreißig Meilen im Durchmesser, ein Nistgehege der Wildenten und ein Brutplatz der Malaria-Stechmücke.

Als Paulus geboren wurde, war Tarsus bereits eine der alten Städte der hellenistischen Welt. Die Stadt verdankte ihre Bedeutung der geographischen Lage sowie dem Unternehmungsgeist und der Energie ihrer Bewohner. Wie die Bürger von Glasgow jahrhundertelang den Clyde ausbaggerten und vertieften und ihn zu einem der bedeutendsten Zentren der Schiffsbauindustrie der Welt machten, so baggerten und vertieften die Bürger von Tarsus den Binnensee von Rhegma, in den sich ihr Fluß ergoß, bevor er sich durch Sanddünen zum Meer schlängelte. Sie hoben einen Kanal für Schiffe aus und vertieften die Lagune. Große Docks, Arsenale und Lagerhäuser wurden erbaut, deren Grundmauern noch heute im Marschland liegen. Solange die Ingenieure auf die Tiefe des Kanals und auf den Wasserzufluß achteten und die Hafenanlagen instand hielten, blieb diese prachtvolle bergende Wasserstrecke einer der großen Häfen und Ankerplätze der Alten Welt.

Die Ingenieure von Tarsus bauten eine Straße durch das Kilikische Tor und schufen so einen der historischen Paßübergänge auf der Hauptstraße vom Euphrat nach Ephesus und Rom. So wurde Tarsus nicht nur zur See und zu Lande berühmt als Hafen und als reiche Karawanenstadt, sondern wurde auch die Verknüpfungsstelle zwischen Ost und West. Es mußte gewissermaßen so sein, daß der Mann, der dazu erkoren war, dem Westen das Christentum zu erklären, aus jener Stadt kam, in welcher mehr als in jeder anderen Stadt der hellenistischen Welt Orient und Okzident vollkommen verschmolzen waren.

Tarsus besitzt auch für die Geschichte der Verwaltungsexperimente einiges Interesse, weil es, wenigstens für eine gewisse Zeit, das platonische Ideal einer Herrschaft der Philosophen verwirklichte. Die Universität von Tarsus war in der ganzen Welt bekannt. Um des Lerneifers ihrer Schüler willen wurde sie von Strabon höher eingeschätzt als die Universitäten von Athen und Alexandria. Die gleiche Energie, welche die Söhne von Tarsus dazu antrieb, im Dienste des Handels die Natur umzugestalten, durchdrang sie auch, wenn sie an Dinge des geistigen Lebens herangingen. Unter den vielen Eigenschaften, die jeder an Paulus hochschätzen muß, sind seine gewaltige Energie, seine Aufrichtigkeit und was wir heute „Schwung" nennen würden. Er war ein echter Sohn jener Stadt, die das Kilikische Tor aus dem Felsen schlug. Die Feststellung ist bedeutsam, daß Paulus nicht in der Mattigkeit einer orientalischen Stadt geboren wurde, sondern in der stolzen und männlichen Atmosphäre geistigen und physischen Fortschritts.

Die Studenten der Universität von Tarsus stammten alle aus Kilikien. Im Gegensatz zu Alexandria und Athen bildete Tarsus für Besucher keinen Anziehungspunkt. Doch die Bürger von Tarsus gaben sich gerne dem Studium hin, um imstande zu sein, zur Vervollkommnung ihrer Erziehung andere Universitäten zu besuchen; nur wenige von diesen kehrten, wie Strabon berichtet, je in ihre Heimat zurück: mit ihrem Eifer und Enthusiasmus fanden sie, wo immer sie ihre Wohnstatt aufschlugen, Berufsstellen. Wenn uns die materiellen Errungenschaften von Tarsus an Glasgow erinnern, so mag die geistige Haltung einen Vergleich mit Aberdeen nahelegen.

In der Zeit unmittelbar vor Paulus war einer der bemerkenswertesten Bürger von Tarsus der stoische Philosoph Athenodoros. Paulus muß so manche Erzählung von ihm gehört haben; denn sein Name und seine Werke lebten nach seinem Tode fort. Als echter Sohn von Tarsus hielt dieser gelehrte Mann in vielen Städten Vorlesungen und wurde der Lehrer des jungen Augustus. Eine der weisen Verhaltensregeln, die er dem jugendlichen Weltherrscher empfahl, war, die Buchstaben des Alphabets aufzusagen, bevor er es sich gestattete, in Zorneshitze zu sprechen. Der Lehrer urteilte über seinen Schüler mit größter Freiheit, und manche von den einnehmenden Eigenschaften des Augustus mögen dem Einfluß des Athenodoros zu verdanken sein. Meister und Schüler waren beisammen, als Julius Cäsars Ermordung Augustus nach Rom gehen hieß, auf daß er den Purpur erringe; und als die Bürgerkriege vorüber waren und der Wille des Augustus in der ganzen Welt keinen Widerspruch kannte, wagte nur der tarsische Stoiker, ihn zurechtzuweisen.

Einmal trug es sich zu, daß eine edle römische Frau den Befehl erhalten hatte, Augustus in seinem Palast aufzusuchen. Athenodoros erreichte zufällig ihr Haus, als vor dessen Tor eine mit diskreten Vorhängen versehene Sänfte hielt. Im Innern des Hauses fand er die ganze Familie in tiefem Schmerz; denn niemand hatte den Mut, dem Imperator zu widerstehen. Athenodoros ließ sich ein Schwert geben und nahm in der Sänfte Platz. Als diese vor Augustus niedergesetzt wurde, teilten sich die Vorhänge, und hervor trat der alte Philosoph mit dem Schwert. „Fürchtest du nicht, daß jemand auf diese Weise eindringen und dich töten könnte?" fragte er Augustus. Dies war offenbar eine Gelegenheit, bei der sich der Imperator an die

Lehren des Athenodoros erinnerte; denn er muß sich wohl die Buchstaben des Alphabets aufgesagt haben, bevor er zur Antwort gab, daß Athenodoros im Recht sei und ihm eine wohlverdiente Lektion erteilt habe.

Der Philosoph war befreundet mit Strabon und Seneca; und Cicero, der viel von ihm hielt, bat ihn bei der Abfassung von *de officiis* um seine Hilfe. Von Seneca erfahren wir das wenige, das von der Philosophie des Athenodoros bekannt ist, einer Philosophie der Befreiung von den Leidenschaften. Sir William Ramsay ist der Ansicht, daß die allgemein bekannte Ähnlichkeit zwischen den Gedanken des Paulus und jenen Senecas durch den Einfluß erklärlich ist, den die Ideen des Athenodoros auf beide ausgeübt haben.

„Wisse", sagte der Philosoph, „daß du von allen Leidenschaften frei bist, wenn du einen Punkt erreicht hast, wo du nichts von Gott erbittest, als worum du offen bitten kannst". Und dies findet einen Widerhall in Senecas Lebensregel: „So lebe mit den Menschen, als sähe es Gott; so sprich mit Gott, als hörten es die Menschen".

Mit der Zustimmung des Augustus kehrte der gute und gelehrte Athenodoros in hohem Alter in seine Geburtsstadt Tarsus zurück, um gegen ein öffentliches Ärgernis anzukämpfen. Tarsus war nämlich in die Hände von Lebemännern gefallen, die von einem Politiker mit Namen Boethus angeführt wurden. Der Kaiser hatte seinem alten Lehrer die höchste Gewalt gegeben, die Verfassung der Stadt zu reformieren; doch bevor Athenodoros seine Autorität offenbarte, versuchte er, die sittliche Verfassung der Stadt auf weniger drastische Weise zu bessern. Er fand schließlich, daß es das einzig Mögliche sei, reinen Tisch zu machen, und schickte die Übeltäter in die Verbannung. Seine städtische Reform schloß eine Maßnahme ein, die uns die Annahme, daß Paulus einer bescheidenen Zeltmacherfamilie in Tarsus entstammte, für unrichtig halten läßt. Athenodoros revidierte die Bürgerrollen der Stadt. Nur reiche und in der Gemeinde geachtete Leute erhielten die Erlaubnis, weiterhin tarsische Bürger zu bleiben. Die anderen wurden aus den Registern gestrichen und waren, als Dion Chrysostomos ein Jahrhundert später Tarsus besuchte, zum Plebejertum herabgesunken; sie wurden mit dem Spottnamen „Leinenarbeiter" bezeichnet. Die Tatsache, daß sich Paulus stolz als „Bürger von Tarsus" bezeichnen konnte, beweist, daß seine Familie wohlhabend gewesen sein muß. Als Paulus Christ wurde, brach er nicht nur freiwillig und freudig mit dem Wohlwollen seiner Familie, sondern auch mit dem bürgerlichen und kommerziellen Erbe, das ihn erwartete. Sicherlich meinte er dies, wenn er in seinem Brief an die Philipper (3, 7 f.) sagt: „Doch Dinge, die mir Gewinn brachten, lernte ich um Christi willen als Verlust ansehen. Ja, ohne Zweifel, ich halte alles für Verlust gegenüber der alles übertreffenden Erkenntnis Christi Jesu, meines Herrn, für den ich den Verlust all dieser Dinge erlitten habe und sie für Kehricht erachte, um Christus zu gewinnen."

Die jüdische Kolonie, der Paulus angehörte, hatte sich wahrscheinlich schon viele Jahrhunderte früher in Tarsus niedergelassen. Es ist eine fesselnde Vorstellung, daß der Vater des Paulus Zeuge jenes berühmten Zusammentreffens zwischen Kleopatra und Mark Anton gewesen sein mag, das nur vierzig Jahre vor der Geburt des Paulus stattgefunden hatte.

Kleopatra segelte von Ägypten nach Tarsus, wo Antonius nach dem triumphalen Zug, der seinem Sieg bei Philippi gefolgt war, sein Hauptquartier aufgeschlagen hatte. Er befahl die Königin Ägyptens zu sich, um sie für die Hilfe, die sie Cassius gewährt hatte, zu bestrafen. Kleopatra wußte, wie hart er seine Feinde verurteilte und strafte; darum entschloß sie sich zu jenem sensationellen Auftritt, den Plutarch und Shakespeare verewigt haben. Als die ägyptische Flotte vom Meer her in den Binnensee von Rhegma einfuhr, stellte Antonius, der auf seinem Thron an dem marmornen Forum von Tarsus saß, fest, daß die Menschenmenge dahingeschmolzen war und ihn verlassen hatte. Man war fortgegangen, das nahende Schauspiel zu beobachten: ein Schiff mit einem vergoldeten Stern, mit breiten purpurnen Segeln und silbernen Rudern, die sich regelmäßig nach den Klängen von Flöten, Pfeifen und Harfen bewegten. Gekleidet wie Aphrodite, die Göttin der Liebe, lag Kleopatra unter einem mit Goldflittern geschmückten Sonnenzelt; als Eroten verkleidete Knaben standen an ihrer Seite, um ihr Kühlung zuzufächeln. Am Steuer und bei der Takelage hielten sich ihre schönsten Sklavinnen auf, als Nereiden und Grazien kostümiert. Die Menschenmenge am Ufer konnte das duftende Räucherwerk riechen, das auf dem Schiff verbrannt wurde. Wie oft muß Paulus diese Erzählung aus dem Mund alter Männer, die Kleopatra gesehen hatten, gehört haben!

Als ich über die kilikische Ebene hinblickte, sah ich in weiter Ferne eine Kamelkette, die sich in nördlicher Richtung bewegte. Am Himmel droben verriet ein Flimmern von Sonnenlicht auf weißen Federn das Vorüberziehen wandernder Störche. Sie waren auf dem Fluge von Syrien nach Kleinasien, um dort ihre Nester zu bauen.

Dies war ein Anblick, den Paulus jedesmal genossen haben muß, wenn der Frühling die kilikische Ebene erreichte. Er mag die staubigen Karawanen auf ihrem nach Norden führenden Zuge beobachtet haben, die dann plötzlich in der Dunkelheit des Bergpasses verschwanden. Er sah wohl auch hoch über ihnen den Flug der Störche. Und wenn er sie dahinziehen sah, muß er sich, wie jeder Knabe es staunend tut, gefragt haben, wo diese Männer und diese schönen weißen Vögel sich bei Einbruch der Nacht zur Ruhe begeben würden; und wo würde sie wohl die aufgehende Sonne am Morgen entdecken, über welche fernen Berge und zu welchen weitab liegenden Städten würden sie wohl ziehen? Ich machte mir klar, daß das Reisen im alten Tarsus geradezu in der Luft gelegen hat. Die Karawanen, die wandernden Störche und die Schiffe, welche im See von Rhegma Anker warfen, sie alle waren Botschafter aus der Welt hinter den Bergen und von jenseits des Meeres, und ich verstand, warum die wandernden Gelehrten aus Tarsus im Altertum weltberühmt waren.

Ich schritt in Tarsus eine Seitenstraße entlang, wo eine große Zahl bescheidener kleiner Werkstätten dem Blicke jedes Vorübergehenden offen stand. In der Dunkelheit dieser Läden verspannen Männer Ziegenhaar zu Fäden und verwoben es zu rauhen Tüchern.

Diese Straße der Weber ist das einzige Verbindungsglied zum Tarsus, in dem Paulus geboren worden ist; denn ich sah mit Erstaunen und Freude, daß diese Männer für die Nomaden des Taurus Zelttuch verfertigten.

Mein Interesse war so offensichtlich, daß die Weber mich einluden einzutreten; hier zeigten sie mir mit einer Höflichkeit und Freundlichkeit und einem Sinn für Humor, der mir das Gefühl vermittelte, ich sei daheim in England, den ganzen Vorgang ihrer Arbeit. Ich erfuhr, daß das Ziegenhaar von den Herden herrühre, die auf den Bergen des Taurus leben, wo der Schnee bis in den Mai liegenbleibe. In dieser kalten Witterung wächst den Tieren ein wunderbares Gewand; seit Jahrhunderten ist das Haar wegen seiner Festigkeit und Dauerhaftigkeit berühmt. Ein Zeltmacher ist im Osten ein Weber fester Stoffe. Im Altertum genoß der Geburtsort des Apostels großen Ruhm wegen seines Zelttuches, des *cilicium,* wie man es nach der Provinz Kilikien nannte; ein interessantes Andenken daran lebt im modernen französischen Wort für Haartuch, *cilice,* fort.

Die Art des Webens und Spinnens ist primitiv. Der Spinner, mit einem Beutel voll Ziegenhaar über seiner Schulter, nähert und entfernt sich von dem Rade, während das Garn zwischen Daumen und Zeigefinger zusammengedreht wird. In einem angrenzenden Laden sitzen die Weber auf dem Boden, mit den Füßen in einer Grube. Ihre Webstühle stehen aufrecht, kettenbeschwerte Webstühle von einer Gattung, die seit der Morgendämmerung der Geschichte in Gebrauch gewesen ist. Die Kettenfäden hängen von der Walze herab. Solche unhandlichen, aber leistungsfähigen und malerischen Konstruktionen waren die einzige Webstuhlgattung, die im alten Griechenland und Rom verwendet wurde; ich erinnerte mich an die Malerei auf einer griechischen Vase im Britischen Museum, die Penelope darstellt, welche neben einem Webstuhl von gleichem Bau sitzt.

Während ich die Weber bei ihrer Arbeit beobachtete, wußte ich, daß ich etwas sah, was auch Paulus angesehen hatte. Kehrte er heutigentags nach

Tarsus zurück, würde er vergeblich nach den Tempeln, Bädern, Statuen suchen, nach dem Marktplatz und sogar nach dem Fluß; in diesen kleinen Werkstätten hingegen würde er das Gewerbe wiedererkennen, das ihm in Thessalonike, Korinth und Ephesus den Lebensunterhalt verschafft hatte.

Wie bemerkenswert ist es doch, daß solch ein bescheidenes Gewerbe Kaiserreiche überdauern kann. Die Erklärung dafür ist, daß es einen allgemeinen menschlichen Bedarf deckt; ungeachtet, welche Rasse von Barbaren die Marmorstatuen niederriß oder die Aquädukte zerstörte, ungeachtet, wie grausam der Krieg, die Belagerung oder das Massaker war, danach kam doch wieder eine Zeit, in der das Leben friedlich wurde und so mancher nach Tarsus kam, um sorglich ein Stück Zelttuch einzukaufen.

Etwa 1935

Henry Vollam Morton
Aus dem Englischen von
Hans Tuppy

Arsameia am Nymphenfluß. Plateau der Eski Kale bei Grabungsbeginn – s.S. 328 ▷
(Foto F.K. Dörner)

Christentum scheint uns alt und weise geworden zu sein; es möchte verwerfen und reinigen, was den kristallklaren Kern verdunkelt hat, es möchte Echtes von Erdachtem trennen. Unbekümmert schmückten die früheren Generationen die alte Überlieferung mit immer neuen Zutaten aus, die doch dem Wesen des Ursprünglichen gemäß waren.

Der Bischof Nikolaus war kein Glaubensstreiter und Märtyrer. Es ist nicht sicher bezeugt, ob er zeitweise unter der Herrschaft des Kaisers Diokletian eingekerkert war. Doch galt er immer als Helfer der Armen, als Retter der Unschuldigen, auf deren inständige Bitten er schon zu seinen Lebzeiten dem Kaiser Konstantin im Traum erschienen war. Einem verarmten Kaufmann legte er drei goldene Beutel nächtlicherweise ins Fenster, damit er seine drei schönen, frommen Töchter ausstatten konnte, die er schon in seiner Verzweiflung in ein Freudenhaus verkaufen wollte.

In den Darstellungen der griechischen Kirche ist der Heilige barhäuptig und hält das aufgeschlagene Evangelium in seinen Händen. In den Bildern des Abendlandes trägt er die goldenen Beutel für die drei Jungfrauen, die später als Äpfel umgedeutet wurden. Noch heute poltern die Äpfel aus dem Sack des Weihnachtsmannes und dazu die Lebkuchen. Die Lebkuchen bezeugen, daß er auch der Patron der Bäcker ist. Er rettete seine Vaterstadt Myra aus bitterer Hungersnot, wie die Legende berichtet. Als alle Bürger in der Stadt darbten, legte ein Schiff, das in Alexandria Korn geladen hatte, im Hafen an. Der Schiffseigner lehnte alles Geld ab, das ihm die Einwohner der Stadt für einen Teil seines Getreides boten. Er mußte die Ladung genau nach ihrem Gewicht in den kaiserlichen Speichern der Stadt Konstantinopel abliefern. Da versicherte ihm der Bischof Nikolaus, er könne beruhigt in Myra so viel verkaufen, wie er wolle, er würde immer mit der vollen Ladung im heimatlichen Hafen landen. Und so geschah es auch.

Vor allem war dem Heiligen Nikolaus die Macht gegeben, den Teufel auszutreiben. Schiffsleuten auf dem Meer gab er ein wundertätiges Wasser, das sie über den aufsteigenden Seeungeheuern und den tosenden Wogen ausgossen, um ihr Leben zu retten. Im 9. Jahrhundert schreibt der byzantinische Kaiser Leo VI.: „Der Feind des Menschengeschlechtes erleidet bei jedem Feste eines Heiligen eine Niederlage. Aber die meiste Angst verursacht ihm das Fest des Heiligen Nikolaus, weil es in der ganzen Welt gefeiert wird."

Ganz besonders wurde er der Beschützer der Kinder. Ein Sohn frommer Eltern – so erzählte man sich zu Myra – wurde von arabischen Seeräubern

Abb. 47: Blick auf Ankara – s.S. 237
Abb. 48: Steppe und Hügellandschaft von Ankara (Fotos F.K. Dörner)

entführt und diente dem Emir von Kreta als Mundschenk. Eines Sonntags beteten seine Eltern weinend in der Messe, die der Heilige Nikolaus hielt, um seine Errettung. Da erhörte sie der Heilige und entrückte den Knaben, so daß er plötzlich vor seinen überglücklichen Eltern stand und ihnen den Becher entgegenhielt, den er Sekunden zuvor seinem Dienstherren kredenzen mußte.

Viele ähnliche Legenden schlossen sich diesem Wunder an. Vor allem wurde in Frankreich erzählt und dargestellt, wie der Heilige drei Schüler aus einem Salzfaß zum Leben erweckte, in dem sie ein mordgieriger Metzger zerstückelt hatte.

Die Verehrung des wundertätigen Heiligen breitete sich zuerst in der Herrenschicht aus. Die Normannenherzöge begünstigten die Kathedrale von Bari und gaben ihren Söhnen den Namen Nikolaus. Wilhelm der Eroberer ist während eines Sturmes unter Anrufung des Heiligen Nikolaus sicher nach England gelangt und weihte ihm aus Dankbarkeit eine Kirche. Die Kreuzfahrer baten ihn um seinen Segen, wenn sie sich von Bari aus in das Heilige Land einschifften. Schon im kaiserlichen Haus war der Heilige Nikolaus heimisch geworden, als Otto II. die byzantinische Prinzessin Theophano zur Gemahlin erwählte, die mit vielbestaunten Kostbarkeiten in ihrem Brautschatz wohl auch Andachtsbilder unseres Heiligen mitführte.

Erst im späten Mittelalter erlangte der Heilige Nikolaus Volkstümlichkeit, da ihn die Klosterschulen zu ihrem Schutzpatron ernannten. Ausgehend von Frankreich können wir Schüleraufführungen an seinem Kalendertag beobachten. Man stellte gern in den Schulen biblische Szenen zu den Festtagen dar. Am 6. Dezember verband man die Freude am Spiel bald mit einem pädagogischen Zweck. Der Heilige Nikolaus trat als Vorbote für das Weihnachtsfest auf und hielt Umschau, ob alle Kinder brav gewesen waren. Als Speculator, als Aufseher, erschien er, und daher heißen auch noch die Weihnachtskuchen im Rheinland „Spekulatius". Um seinen Auftritt dramatisch zu gestalten, führte er den unterworfenen Teufel entweder schwarz vermummt, kettenrasselnd oder einen Besen schwingend mit sich. Der Bischof belohnte, der Teufel strafte.

Rasch verdrängte dieser Dezember-Aufzug das Geschenkfest, das vorher am Tag der Unschuldigen Kinder stattgefunden hatte, und breitete sich von

Parade am Staatsfeiertag der Türkischen Republik in Ankara – *s.S. 237*
Abb. 49: Symbolische Flugformation von T(ürkiye) C(umhuriyeti)
Abb. 50: Galopp der Ehrenformation der türkischen Kavallerie mit Regimentsfahne (1951) (Fotos F.K. Dörner)

Nordfrankreich über die Niederlande in die Rheinlande, nach Mittel- und Ostdeutschland aus und wurde ebenso in der Schweiz und in Österreich heimisch. Von den Schulen aus fand er Eingang in alle Häuser. 1693 hielt Heribert von Salurn eine Predigt, in der er erzählt:

„Und weilen die Kinder zu solchen andächtigen Übungen mit nichts leichter gebracht werden als mit Obst und dergleichen Kinderwerk, so ist ganz löblich der Brauch aufkommen und eingeführt worden, daß man am St. Nikolaus-Tag den Kindern etwas dergleichen einlegt und sie vorher vertröstet, St. Nikolaus werde ihnen dies oder jenes bringen, wenn sie fleißig beten." Doch stand damals der Brauch nicht einmal mehr auf seinem Höhepunkt, sondern er war schon heftig von der Reformation angegriffen worden.

Martin Luther vermerkt in seinem Ausgabenbuch 1535/36 noch ausdrücklich das Geld, das er für Geschenke am St. Nikolaustag ausgegeben habe. Zehn Jahre später erzählt ein Besucher der Familie Luther, der Reformator habe mit seiner kleinen Tochter phantasiert und gespielt und sie gefragt: „Magdalenichen, was wird dir der Heilige Christ bringen?" 1553 sandte die Herzogin Sibylla von Jülich-Cleve-Berg ihrem Gemahl Johann Friedrich dem Großmütigen, Führer des Protestantismus, sechs Granatäpfel, „die der liebe Gott ihr zum Nikolaus beschert habe". In beiden Fällen soll St. Nikolaus als der eigentliche Gabenspender wieder verdrängt werden.

Und trotzdem lautet noch 1689 ein Bremer Wiegenlied:

Eya, eya, lütke Gör,
Sunte Klaes staht vor de Dör.
Swieg still, ick well dir singen,
Well dir Pöpken bringen.

Wie tief die Verehrung des Heiligen im Abendland Fuß gefaßt hat, davon sprechen nicht nur noch heute die ungezählten Nikolaikirchen, sondern davon zeugt auch die Verbreitung seines Namens als Vorname und Familienname in der vollen und abgekürzten Form. Wieder führt zeitlich das nördliche Frankreich. In den Pariser Personennamen am Anfang des 14. Jahrhunderts nimmt Nikolas die fünfte Stelle, vor der Mitte des 15. Jahrhunderts in Süddeutschland, in Rottweil, bereits die zweite Stelle ein. In Hamburg wird der Rufname Klaus 1267 verzeichnet. Von da an finden wir ihn bis 1310 in einem Namensbuch nach Johannes am häufigsten. 1415 heißen in Görlitz 33% aller Männer Nikolaus; in Deutschland gibt es 11 verschiedene Spielformen dieses Namens.

Noch im vorigen Jahrhundert machte sich der Mecklenburger Dichter Fritz Reuter darüber lustig, daß den Leuten kein anderer Name als Klas eingefallen war:

Up Fischland is't en wohren Spass.
Dor heitens alltausammen Klas.
„Klas, segg mal, Klas", so frögt de Ein,
„Klas, hest du minen Klas nich seihn"?
„Ja", antwurt't denn de Anner: „Klas,
Din Klas de gung mit minem Klas
Tausammen nah Klas Klasen sin Klas".

So mag auch noch heute manch einer, der den Namen Nikolaus, Klaus, Colas oder Nickel trägt, dabei wohl an den Heiligen Nikolaus denken, aber nicht mehr wissen, daß der Heilige und damit sein Name zuerst zu uns aus Kleinasien, aus Myra kam. Immer mehr trat die Gestalt des frühchristlichen Bischofs in das Dunkel der Legende zurück, sein Begleiter, ehemals der Teufel, drängte sich in den Vordergrund und wurde zum Knecht Ruprecht, zum Belznickel, zum Krampus. Selbst aus dem Heiligenkalender soll er verschwinden, der Bischof Nikolaus.

Nachdenklich schauen wir in die blauen Wellen der Bucht von Myra. „Ein jegliches hat seine Zeit, Steine sammeln und Steine zerstreuen . . .", sagt der Prediger Salomo. Langsam wuchsen die Geschichten und Legenden zu dem Bild des Heiligen in der Mithra mit dem Bischofsstab und dem Geschenksack, langsam zerfließen sie wieder vor unseren nüchternen Untersuchungen und Zweifeln. Aber die Kinder in aller Welt halten noch einen Zipfel des bischöflichen, glänzenden Gewandes in ihren Händen — „und ihrer ist das Himmelreich", so verheißt es die Bibel.

1973 *Eleonore Dörner*

ANTIOCHEIA AM ORONTES

Antiocheia, die heutige türkische Stadt Antakya am Unterlauf des Orontes, liegt fünfzig Kilometer südlich von Iskenderun (Alexandrette). Seleukos I. Nikator, Feldherr Alexanders des Großen und Erbe eines Teils des Riesenreiches, hat die Stadt im Jahre 300 vor Christi Geburt an der Stelle eines Altars, den Alexander dem Zeus geweiht hatte, gegründet. Zur Zeit der Apostel war Antiocheia die Hauptstadt der römischen Provinz Syria. Damals war sie eine der vier größten Städte des Reiches. In der Geschichte des Christentums hat Antiocheia eine bedeutende Rolle gespielt. Auch in diesem Falle habe ich mich verwundert gefragt, warum die Stadt an einer so merkwürdigen Stelle mitten im Gebirge, zwanzig Kilometer von der Küste entfernt, gegründet worden ist. Sieht man es sich an, bekommt alles sogleich einen Sinn. Aus der fruchtbaren Ebene des Orontes war die Stadt gut zu versorgen. Die Berge waren die Verteidigungswälle gegen Angriffe, die aus der Syrischen Wüste oder von der Küste her kamen. Gleichzeitig hatte Antiocheia durch den Orontes eine gute Verbindung zu seinem Hafen, der an der Mündung des Flusses ins Ägäische Meer lag. Aus den Quellen des Gebirges konnte die Stadt mit Wasser versorgt werden. An diesem wohlgeschützten und gut zu verteidigenden Platz endete die große Karawanenstraße, die über Aleppo vom Euphrat kam.

Antiocheia muß eine eigenartige Stadt gewesen sein. Sie war weder eine griechische noch eine römische Gründung. Sie war eine mazedonische Stadt. Ihre ersten Bewohner waren die harten, kriegsgewohnten Veteranen Alexanders des Großen, Männer, die die Welt erobert hatten. Der König hatte eine wunderschöne Prinzessin geheiratet, deren Wiege am Fuß des Hindukusch gestanden hatte. Das war Roxane, die Tochter eines der hundert von Alexander besiegten Könige, des Königs Oxyartes von Baktrien. Alexanders Veteranen bemühten sich, es ihrem König an gutem Geschmack gleichzutun. Sie freiten die schönen syrischen Mädchen. Damit begann der langdauernde Prozeß, in dem die Asiaten hellenisiert und, da die Asiaten selbst von alter Kultur waren, die Griechen orientalisiert wurden.

Zur Zeit der Apostel war Antiocheia eine prachtvolle Stadt, geschmückt mit herrlichen Tempeln, luxuriösen Bädern und meilenlangen Kolonnaden.

Der Circus von Antiocheia, im Jahrhundert vor Christi Geburt gebaut, war der größte im Römischen Reich. Die gepflasterten Straßen von Antiocheia waren nachts mit Lampen hell erleuchtet. Von keiner anderen antiken Stadt ist das bekannt.

In Antiocheia wurde griechisch, syrisch, phönizisch, persisch, aramäisch und lateinisch gesprochen. Es gab eine große und wohlhabende jüdische Gemeinde. Künstler, Gelehrte, Schiffskapitäne, Kaufleute, Kameltreiber, Kokotten, Matrosen, Soldaten und Sklaven füllten die lebhaften Straßen. Die Antiochier müssen genau das gewesen sein, was wir heute Levantiner nennen.

Juvenal, der römische Schriftsteller, der etwa von 60 bis 140 gelebt hat, bezeichnet die Antiochier als rastlos, begierig, stolz, turbulent und zur Satire geneigt. Das Abenteuererblut der Soldaten ist in dieser Stadt nie ganz zur Ruhe gekommen.

In Antiocheia wurden alle Religionen des Westens und des Ostens gepflegt. Das hat sicher zur religiösen Toleranz beigetragen, aber kaum zur Festigung der Sitten. Laster und Tugenden sind in den verschiedenen Religionen verschieden. Juvenal beklagt, daß ein Strom von Aberglaube und Unmoral aus dem Orontes in den Tiber fließe.

Dem unruhigen Charakter der Bevölkerung entsprach die bewegte Geschichte der Stadt. Häufig haben Erdbeben Antiocheia heimgesucht. 83 vor Christi Geburt wurde die Stadt vom König Tigranes von Armenien erobert, zwanzig Jahre danach von den Römern. Caesar, zu dem die Stadt nach der Schlacht von Pharsalos mit fliegenden Fahnen überging, belohnte ihre Untreue gegen Pompeius mit einem eleganten neuen Theater und einem prächtigen Bad. Außerdem fügte er den berühmten Boulevards von Antiocheia einen neuen hinzu.

Mein türkischer Chauffeur fuhr mich zunächst durch Antakya hindurch, dann eine steile Straße hinauf etwa acht Kilometer ins Gebirge. Ich ließ es geschehen, obgleich ich nicht wußte, wohin er wollte. Nichts auf der Welt lohnt sich so sehr wie gute Trinkgelder. Das hatte sich mein Dragoman wohl auch gesagt, und so kam ich nach Daphni, von dem ich nichts wußte. Ohne die Tüchtigkeit meines türkischen Kilometerfreundes hätte ich es, da ich von dieser Gegend keinen Baedeker besaß, nicht zu sehen bekommen.

Daphni war der Sommeraufenthalt der römischen Beamten und der reichen syrischen Kaufleute. Die Villen und Bäder gruppierten sich um ein einzigartiges Naturphänomen. An einem steilen, vielleicht hundert Meter hohen Berghang, unter Lorbeerbäumen, Zypressen, Eichen und Eukalyptusbäumen entspringen aus dem Felsen zwanzig armdicke Quellen. In einem zarten Silberfiligran vereinigen sich die Quellbäche, trennen sich wieder, bilden kleinere und größere Wasserfälle, um sich schließlich in einem Becken zu sammeln, aus dem ein mächtiger Wasserfall zum Orontes hinabstürzt. Die Sonne scheint durch das Laub der alten Bäume und überschüttet das Bild mit zitternden Lichtreflexen. Hin und wieder bilden sich unter dem Laubdach aus Sonne und Sprühregen kleine Regenbogen.

An dieser Stelle wurde die Nymphe Daphne, als sie, wie es in Unterprima so schön hieß, von dem lüsternen Apollon verfolgt wurde, auf ihr Flehen hin von Zeus in einen Lorbeerbaum verwandelt. Dieser bezaubernde, für Apollo freilich etwas enttäuschende Vorgang hat sich eigentlich in Thessalien abgespielt. Die Mazedonier haben die Sage mitgenommen. Es ist ein Zeichen ihrer kulturellen Kraft, daß sie imstande gewesen sind, den Lorbeerbaum der Sage auf dem eroberten Boden Syriens zum Grünen zu bringen. Die Spanier des 16. Jahrhunderts haben in Mexiko noch Legenden geschaffen. Die Engländer des 18. Jahrhunderts in Nordamerika waren dazu nicht mehr imstande.

Dem von Zeus geprellten Gott zum Trost wurde in Daphni ein großer Apollontempel errichtet. Dieses Heiligtum gewährte den von den Gerichten Verfolgten Asyl. So dürfte es schon im Baedeker der Antike drei Sterne gehabt haben. Man kann sich vorstellen, wie sich unter dem Schutz des Asylrechts die internationalen Hochstapler des Römischen Reiches am Lorbeerbaum der geretteten Unschuld versammelt haben, um bis zur nächsten Amnestie zu jeuen, Gelage abzuhalten und einander zu betrügen. Zu dem schlechten moralischen Ruf, den Antiocheia damals in der Welt hatte, dürfte das Asylrecht des lüsternen Gottes nicht wenig beigetragen haben.

In Daphni hat sich der römische Feldherr Germanicus von den Strapazen seiner Feldzüge gegen unsere kriegerischen Vorfahren erholt. In dieser Umgebung verführerisch heidnischer Schönheit verfaßte Julianus Apostata, der letzte römische Kaiser, der noch einmal den Kampf gegen das Christentum aufnahm, seine berühmte Streitschrift gegen die neue Lehre in einem Winter, in dem er einen Feldzug gegen die Perser vorbereitete. Der letzte große Heide war ein hochgebildeter Mann. Henrik Ibsen hat in seinem Drama „Kaiser und Galiläer" der Tragik dieses Lebens ein großartiges Denkmal gesetzt. Das Stück, das Ibsen selbst für sein bestes Werk gehalten hat, ist bisher noch niemals aufgeführt worden.

Von Daphni fuhr ich nach Antiocheia zurück. Vom halben Hang aus hat man einen weiten Blick auf die von Bergen eingeschlossene Ebene bis zum fernen See von Antakya. Hie und da blitzt in der Sonne eine Schleife des Orontes auf, der sich in zahlreichen Windungen durch die fruchtbare Landschaft schlängelt. Der Umfang der antiken Stadt ist aus dieser Vogelperspektive noch zu erkennen.

Hier, in Antiocheia, hat es die erste von der Synagoge unabhängige christliche Gemeinde gegeben. Hier wurden die Jünger Christi zum erstenmal Christen genannt. Hier ist Petrus gewesen. Die Christen von Antiocheia verehren ihn als den ersten Bischof der Stadt. Auf diese Überlieferung gründete Antiocheia später seinen Anspruch, in der Hierarchie der Stätten der Christenheit seinen Platz unmittelbar nach Rom einzunehmen. In Antiocheia hat das Werk des Apostels Paulus begonnen. Hier hatte der Heilige Geist gesprochen: „Sondert mir aus Barnabas und Saulus zu dem Werk, dazu ich sie berufen habe".

Zwischen der Mitte des 3. und dem Anfang des 6. Jahrhunderts haben in Antiocheia dreißig große kirchliche Versammlungen stattgefunden. Schon 325, auf dem Konzil von Nicaea, wurde Antiocheia Mittelpunkt und Auge des Christentums genannt. Es war ein Platz der christlichen Gelehrsamkeit, führend in historischer und grammatischer Bibelkritik und Exegese, während die Schule von Alexandreia mehr dem Mythos und der Allegorie zugeneigt war. Professor Bultmann wäre damals nicht nach Alexandreia, sondern nach Antiocheia berufen worden.

Wie in Byzanz und in Ephesos errichtete Kaiser Konstantin auch in Antiocheia eine prachtvolle Kirche. Der Glanz des Namens Antiocheia ist so groß, daß der Titel eines „Patriarchen von Antiocheia" noch immer von vier Kirchen vergeben wird. Es gibt einen römischen, einen griechischen, einen maronitischen und einen syrischen Patriarchen von Antiocheia. Keiner von ihnen residiert heute mehr in der Stadt.

Im 5. Jahrhundert begann der Verfall der Stadt. Unter Kaiser Justinian im Jahre 526 gab es ein Erdbeben, bei dem eine Viertelmillion Menschen ums Leben kam. Hundert Jahre später wurde die Stadt von den Arabern erobert. 1098, während des ersten Kreuzzuges, gründete der Normanne Bohemund, Fürst von Tarent, der Sohn Robert Guiscards, das erste lateinische Herzogtum in Syrien. Er nannte sich Fürst von Antiocheia. Dieses Herzogtum sollte hundertundsiebzig Jahre dauern. Um diese Zeit war ein großer Teil der christlichen Kirchen noch vorhanden. Bis zu den Kreuzzügen führten die Araber ein tolerantes Regiment. Von all den alten, kostbaren und herrlichen Dingen sind heute nur noch Trümmer übrig. Auch die Ausgrabung von Antiocheia wird eine Sensation werden.

Ich fuhr hinab in die Stadt. Mein Fahrer hielt vor einem modernen, bemerkenswert schönen Gebäude, vor dessen Eingang zwei antike Plastiken stehen. Der Wackere bedeutete mir hineinzugehen. Zu meiner Verblüffung befand ich mich in einem Museum, erstaunlicher, als ich je eines gesehen. Das Museum beherbergt ein halbes Hundert großer römischer Mosaiken in vortrefflichem Zustand aus dem 1. Jahrhundert nach Christi Geburt. Sie sind in den römischen Villen in Daphni ausgegraben worden. Sie lassen etwas ahnen von dem Luxus und der Pracht der antiken Stadt, die sich rühmen konnte, daß für die Wasserversorgung ihrer Bäder drei römische Kaiser, Caligula, Trajan und Hadrian, Aquaedukte gebaut hatten. Die Mosaiken stellen Szenen aus der griechischen Mythologie dar, das Urteil des Paris, den Wettstreit im Trinken zwischen Herakles und Dionysos, aber auch Jagd- und Trinkszenen aus der Zeit. Manche der Gesichter sind von einer Lebendigkeit, die den Betrachter erschreckt.

Das Museum enthält eine Anzahl der noch immer sehr seltenen hethitischen Plastiken, dazu eine Münzsammlung mit Stücken von großer Schönheit. Die Münzen reichen von der Königin Semiramis bis zum letzten türkischen Sultan.

In demselben Saal, in dem die Münzen die wohlbekannte Geschichte der letzten dreitausend Jahre erzählen, hängt an der Wand ein Kasten, der die unbekannte Geschichte der dreitausend vorhergehenden Jahre erzählt. Er ist nicht größer als die Kästen der Schmetterlingssammler. Die Sammlung, die er enthält, ist schlechthin unvergleichlich. Es handelt sich um nichts weiter als um eine Anzahl kleiner Zylindersiegel. Sie sind nicht größer als ein Daumen. Jedem Siegel ist sein Abdruck in Wachs oder Ton beigefügt. Alle diese Siegel stammen aus dem Açana Höyüğü. Das ist ein kleiner, etwa zwanzig Kilometer nördlich von Antiocheia im Tal des Orontes gelegener Hügel.

Eines Tages erschien im Museum ein Bauer mit dem Stück einer Tonvase. Die Bauern wissen, daß es sonderbare Leute gibt, die Scherben mit Geld bezahlen. Die Scherbe war beim Pflügen auf einem Acker am Hang des Açana Höyüğü zum Vorschein gekommen. Diesen Hügel haben dann mit Unterstützung der türkischen Regierung die Archäologen vom Oriental Museum in Chicago mit einem Graben durchschnitten. Sie fanden vierzehn archäologische Schichten. Die älteste ist auf das Jahr 4500 vor Christi Geburt zu datieren. Das ist älter als die Kultur der Sumerer, die in Ur in Chaldaea ausgegraben worden ist. In jeder dieser vierzehn Schichten sind Siegelzylinder gefunden worden. Die der ältesten Schicht zeigen geometrische Muster. Sie entzücken durch ihre graphische Phantasie. Um 3800 beginnen die figürlichen Darstellungen. Sie sind in den Abdrücken genau zu erkennen. Sie zeigen in Zeichnung und Komposition die Feinheit und Köstlichkeit antiker Gemmen. Von einigen Siegeln kennen die Gelehrten noch nicht die Kultur, zu der sie gehören. Doch ist es nur eine Frage weiterer Grabungen und Forschungen, daß das herausgefunden und geklärt werden wird.

1952/53 *Peter Bamm.*

INNERANATOLIEN

TULIPA TURCARUM
EIN FRÜHLINGSWUNDER DER ANATOLISCHEN STEPPE

Wenn die Kraniche ziehen und sich ihr Flugbild in den himmelblauen Wasserlachen spiegelt, aus denen das Knarren und Quaken Tausender von Fröschen zu ohrenbetäubendem Lärm anschwillt, und die Störche auf den Tempelruinen ihre Nester bauen, erwacht die anatolische Steppe. Das fahle Land verwandelt sich in einen bunten Blumenteppich, der vor den erstaunten Augen fortwährend mit neuen Motiven in leuchtenden Farben entsteht. Von den Höhen aus dem grauen Steingeröll strahlt das Dottergelb des *Crocus Ancyrensis.* Den Hang hinunter liegt ein zartrosa Schleier ausgebreitet von duftenden wilden Mandelsträuchern. Im Grund leuchtet das satte Grün der Saaten, die weiten Ebenen füllend, gemischt mit dem Zyklam der Disteln, den weißen Margeriten, den scheckigen braun-roten Nesseln. Tiefblau hängen die Perlen der zierlichen Hyazinthen, und ein Seidenreiher in schneeigem Gefieder streicht über den Sumpf voll gelber Iris.

In diese berauschende Farbsymphonie bricht ein flammendes Fanal aus der grünen Saat; feuerrot, alles überstrahlend, erhebt die Königin der Frühlingsblumen ihren Kelch: *Tulipa Turcarum!*

Über dem erwachenden Land liegt flimmernd die warme Luft, die die Ufer des riesigen Salzsees, des Tuz Gölü, widerspiegelt. Am Rande dieses Salzsees in Inneranatolien, 900 m hoch gelegen, breitet sich die feuerrote Blütenpracht in den Brachfeldern und grünen Saaten aus, so weit das Auge reicht, manchmal verloren eingestreut, oft in Büscheln zusammenstehend, kräftig im Wuchs, auf hohem Stengel, sich nur neigend vor dem kalten Wind, der ab und an, auch noch zu Maibeginn, von dem 3258 m hohen Bergriesen, dem schneegekrönten Hasan Dağ, von Süden über den See heraufstreicht. Der Kelch dieser Tulipa ist groß wie die Kamelglocken, die, unaufhörlich bimmelnd, die Karawane begleiten, die vom See kommt und gelassen durch die Tulpenpracht zieht, mit schweren Salzsäcken beladen.

In dem ausgetrockneten, rissigen Brachfeld schiebt sich die Wildtulpe mit großer Kraft aus der Tiefe von oft über 50 cm an das Sonnenlicht. Wuchtig muß die Spitzhacke geschlagen werden, um an die tief sitzenden Tulpenzwiebeln zu gelangen. Das Erdreich ist hart wie Stein, wird doch nur die alleroberste Schicht von dem hölzernen Hakenpflug mit der Eisenzwinge umgebrochen. Allein dem immer noch im Gebrauch befindlichen hölzernen Pflug, den der anatolische Bauer nur schwach in den verkrusteten Boden drücken kann, verdankt die Tulpe noch ihr Blühen an diesem Standort. Wenn die moderne Zeit mit ihren tiefschürfenden Schaufelpflugtraktoren gänzlich von dem inneranatolischen Hochland Besitz ergreift, wird es um das Bestehen der Wildtulpen geschehen sein. Dann wird die gewaltige Pflugschar den Boden aufreißen und die Tulpenzwiebel heraufholen. Doch noch müssen sich Tulpenliebhaber in Schweiß arbeiten unter den stechenden Sonnenstrahlen, um ein tiefes Loch zu hauen und daraus die Zwiebel zu gewinnen. Genügt die Tiefe, wird die Zwiebel mit vorsichtiger Hand vom Boden gelöst und voller Stolz als kostbarer botanischer Ausgrabungsfund mit nach Deutschland genommen, um sie in den heimischen Gärten in den Frühlingsreigen ihrer schönen Schwestern einzureihen.

Auf ähnliche Weise ist auch die erste Tulpenzwiebel nach Europa gelangt; denn, so unglaubwürdig es klingt, diese leuchtende Steppenblume war noch vor 400 Jahren im Abendlande unbekannt, während sie im Orient bei den Völkern der asiatischen Steppe, ihrem Verbreitungsgebiet, Triumphe feierte.

Schon vor langer Zeit diente sie hier als leuchtender Schmuck den kühlen Innenhöfen der Paläste, den Haremsgärten, dem Park des Serail. Und sie diente als Schmuckmotiv den Byzantinern, Sasaniden und Seldschuken und später den osmanischen Türken. Noch heute kann der Reisende an der Südküste Kleinasiens bei Korykos ein nahezu 2000 Jahre altes Mosaik bewundern, das eine leuchtendrote Tulpe zeigt, die von einem Storch, einer Ente und einem Schaf umgeben ist.

In Persien, wo schon in sasanidischer Zeit (226–640 n.Chr.) Bronzebekken eines Gartenpalastes mit dem Tulpenmotiv verziert waren, wird die Tulpe von dem bekanntesten klassischen Dichter besungen: Hafis, dem berühmten Mystiker des 14. Jahrhunderts, der im Jahre 1390 in Schiras als Derwisch-Scheich starb und sich die Tulpe als Grabschmuck wünschte, weil ihre flammende Farbe der zurückbleibenden Liebsten von seiner Liebesglut erzählen solle: „Einst aus meinem Grabe werden ungezählte rote Tulpen, rote Tulpenflammen sprießen . . .“ Hafis, ein Fröhlicher unter Fröhlichen, sah auch den Tulpenkelch als Becher an, aus dem ihm immerfort roter Wein fließe: „Sieh die Tulpe an, die rote, nie in ihrem Dasein gibt sie den Pokal aus ihren Händen . . .“

Die Sultane der Seldschuken, des ersten türkischen Stammes, der in Persien und Kleinasien im 11. Jahrhundert ein großes Reich errichtete und bis ins 14. Jahrhundert in Anatolien herrschte, lassen die Tulpe in Stein hauen als verschlungenes Band, das Moscheen, Portale und Medresen ziert. Auch schmückten die Seldschuken und die ihnen nachfolgenden Osmanen die Innenwände der Moscheen und Paläste mit buntbemalten Kacheln, auf denen sich Nelken und Tulpen ineinander schlingen und um Granatäpfel ranken, wie sie in folgenden Moscheen in unvergleichlicher Schönheit zu finden sind: In Istanbul in der Tekkeci Moschee, in den von dem berühmten Baumeister Sinan erbauten Moscheen: Rüstem Pascha (1560), der blauen Moschee Sultan Ahmet (1609–1616) und in Edirne in der auch von Sinan erbauten Selimiye Moschee (1569–1575).

Auch Brunnenhäuser, deren Errichtung mit zu den guten Werken des Islam zählt, sind mit Kacheln im Tulpenmotiv geschmückt, so z.B. ein Brunnen in Bursa. Wandschmuckteller und Gebrauchsgegenstände der Keramik tragen Tulpenmotive noch bis in die heutige Zeit, jedoch ist es nicht möglich, das leuchtende Rot der Tulpen, wie es die alten Kacheln von Iznik und Istanbul aus dem Mittelalter zeigen, wieder herzustellen. Auch der jetzigen Keramikzentrale Kütahya gelingt es nicht mehr trotz aller Bemühungen und fachmännischer Beratung.

Die Tulpe ist auch in die Miniaturmalerei aufgenommen. In persischen und türkischen Miniaturen schmückt die feuerrote Blume Wiesen und Gärten und auch Gewänder. Im berühmten Fatih-Album des Topkapı Saray zeigt ein Bild eine riesengroße Tulpe – wohl als Symbol gedacht – neben der Schlangensäule des Hippodroms von Konstantinopel, umgeben von Würdenträgern, die sie ehrfürchtig bestaunen. Der berühmte Maler des 18. Jahrhunderts am Sultanhof, Levni, schmückt oft seine Signatur mit einer Tulpe, z.B. auf den Bildern „Junge Frau mit Rose", „Mädchen mit Rose und Nelke" und „Bauernmädchen mit Krug". Die Tulpe dient ihm auch zu Rankenwerk und Kleiderschmuck, wie das Tulpenblütenmotiv überhaupt die kostbaren Seiden- und Brokatgewänder der Sultane schmückte.

Dem Blumenteppich der Natur abgeschaut, knüpfen die Steppennomaden das Tulpenmotiv in den Teppich, in Schirwan in Nordpersien als stilisierte Blume, Blüte neben Blüte im Mittelfeld in verschiedenen Farben sitzend, oft eingerahmt auf himmelblauem Grund, – als großer Kelch auf geradem Stengel das Gebetsfeld des Ladik-Teppichs auf beiden Seiten als Bordüre einfassend. Ladik, am Rande der großen Salzsteppe des Tuz Gölü in Mittelanatolien gelegen, hat die Stengeltulpe als typisches Kennzeichen seiner Teppiche aus der umgebenden Natur übernommen.

Hier in Inneranatolien begegnet man auch dem buntbemalten Bauernwagen (türkisch: *araba*), der häufig mit leuchtendroten Tulpenbildern ausgemalt ist.

Bis in die Sultansgärten des Topkapı Saray in Konstantinopel sind die Steppenblumen eingedrungen und heben ihre feuerroten Kelche in den

Frühlingshimmel, der wie ein geschmücktes Sultanszelt sich von dem Goldenen Horn über den Bosporus zum asiatischen Ufer in hohem Bogen wölbt.

Ihre Pracht hat wohl auch den Gesandten Kaiser Ferdinands I., den Herrn Busbeck aus Flandern, in die Saraygärten gelockt, wo er vor den fremden Schönen bewundernd gestanden. Auf seinen weiten Reisen in Kleinasien hat er die Tulpe in der Steppe und ihre wilde Waldschwester mit dem weißen und gelben Grund und streifigen Kelchblättern wiedergefunden und voller Entzücken ihre Zwiebeln gesammelt, um sie nach Wien zu senden. In seinen Reiseberichten *Legationis Turcicae epistolae* von 1556 beschreibt er die Tulpe als Dilbent-Blume. Den Namen leitet er ab von der persischen Bezeichnung für Turban, der muselmanischen Kopfbedeckung, die in ihrer Form dem Tulpenkelche gleicht.

Aus dem wilden Steppenkind wird nun eine prachtliebende Dame der Barockgärten europäischer Schlösser. Tulpenzwiebeln sind so kostbar, daß sie mit Gold aufgewogen werden. Holland, dessen sandiger Polderboden für die Tulpenzucht besonders geeignet ist, wird vom Tulpenfieber erfaßt. Jeder züchtet, Farben und Formen entstehen in nie geahnten Variationen. Vor allem die ersten Jahrzehnte des 17. Jahrhunderts stehen im Zeichen der Tulpe, und in dem dritten Jahrzehnt treiben Spekulationen die Preise in schwindelerregende Höhen, machen Arme steinreich und Reiche bettelarm. Die neu gezüchteten Tulpenformen tragen Namen berühmter Männer und schöner Frauen.

Auch die Künstler sind dieser Farbenpracht verfallen. Noch heute geben die holländischen Museen ein beredtes Bild aus der großen Tulpenzeit. Im Reichsmuseum in Amsterdam schmücken Vasenbilder, Blumensträuße, Blumenstilleben mit der Tulpe in mannigfacher Form die Wände. Ambrosius Bosschaert (1570–1621) mischt die bunten Blumensträuße mit gestreiften Tulpen in zarten Tönen gegen den blaßblauen Himmel und kräftigen Farben gegen einen dunklen Hintergrund. Weiße Tulpen und gelb geflammte mischen sich mit blauer Iris und Kaiserkrone in einem zartbunten Blumenstrauß von Jan Breughel de Oude (1568–1625). Und Balthasar van der Ast (1593–1657) belebt ein Früchtestilleben mit Blumen, darunter sind drei Tulpen. Auch das Frans-Hals-Museum in Haarlem besitzt Blumenbilder von Hans Bollongier (1600–1675), auf denen die Tulpe als Papageientulpe reich gezackt und gestreift dargestellt wurde. Und der berühmteste unter den holländischen Malern kann sich der herrlichen Blume auch nicht verschließen, Rembrandt (1606–1669) gibt Saskia eine Tulpe mit ins Bild.

Nicht nur die Maler begeistert die Tulpe durch ihre Farbvielfalt, ihre oft bizarren Formen reizt die Kupferstecher zu immer neuen Darstellungen.

Königsschlösser, Paläste und die Studierstuben der Naturwissenschaftler schmücken die zart getönten Kupferstiche, vor allem von Redouté.

Aus den Schloßgärten heraus drang die Tulpe in die Vorgärten der Bürger und in die bunte Welt der Bauerngärten. In den sandigen Gebieten der Spree entstehen Tulpenfelder unter den geschickten Händen holländischer Gärtner, und die Tulpenzüchter und Tulpenhändler sind geachtete, wohlhabende Bürger Berlins bis in das vergangene Jahrhundert hinein. Dieses Wunderkind in Farbe und Form zog auch in die Wohnungen ein, wo es im Winter auf dem Blumenbrett den Kelch öffnet.

Und wenn nach den schneereichen, kalten europäischen Wintern der Frühlingshimmel strahlt, strömen Tausende von Tulpenverehrern in das Tulpenreich nach Holland, um die ausgedehnten, farbenprächtigen Tulpenfelder zu schauen und die neuesten Züchtungen zu bestaunen. Aus der Steppenblume mit den lilienartig spitz zulaufenden Kelchblättern und der gewellten Blattform entstehen wie unter Zauberhand Doppelblüten, gefüllte Kelchbecher, Pfauentulpen, Papageientulpen, Riesentulpen, Zwergtulpen, Darwintulpen mit allen Regenbogenfarben, einfarbige Tulpen oder auch geflammte.

„Der Frühling ist erschienen! Hyazinthen und Tulpen und Narzissen steigen lachend aus allen Beeten auf! . . .“ singt Hafis, und unsere Augen freuen sich wie seine schönheitstrunken an der Pracht der Tulpe.

Tulipa turcarum ist das inzwischen ungültig gewordene Synonym für *Tulipa suaveolens*, d.h. die wohlriechende Tulpe. Diese Art hat mit großer Wahrscheinlichkeit Konrad Gessner 1559 als Vorlage bei der ersten zeichnerischen Wiedergabe einer Tulpe in Europa gedient. *Tulipa suaveolens* gilt als die Ausgangssippe unserer heutigen frühblühenden Gartentulpen. (F.K.D.)

1962 *Helga Engelhard*

ÇATAL HÜYÜK
EINE NEOLITHISCHE STADT IN DER TÜRKEI

Ein alter Hügel, der jetzt als Çatal Hüyük bekannt ist, hat Beweise geliefert, daß Gemeinwesen mit hochentwickelter wirtschaftlicher Struktur, Religion und Kunst schon um 7000 v.Chr. und vielleicht sogar noch früher im Vorderen Orient existierten.

Ausgrabungen, die vor ein paar Jahren auf dem anatolischen Hochland der Türkei unternommen wurden, haben eine schon lange diskutierte archäologische Frage über die neolithische Kultur beantwortet. Unter Neolithikum (Jungsteinzeit) verstehen wir die Entwicklungsstufe der Zivilisation, in welcher der Mensch anfing, Getreide anzubauen, Tiere zu domestizieren und als Ergebnis dieser Tätigkeit in dauerhaften Siedlungen zu wohnen. Im Vorderen Orient war dieses Stadium ungefähr zwischen 7000 und 5000 v.Chr. erreicht. Es erhob sich nun die Frage, auf welchem Wege die neolithische Kultur vom Vorderen Orient nach Europa gelangte. Die Archäologen vermuteten schon lange, daß dies auf dem Landwege über das anatolische Hochland geschah. Aber solange noch kein neolithisches Gemeinwesen auf dem Hochland ausgegraben worden war, gab es keinen direkten Beweis für die Richtigkeit dieser Annahme.

Vor einigen Jahren konnte in Hacılar eine spätneolithische Kultur nachgewiesen werden, die bereits voll entwickelt dorthin gekommen war. Auf welche Ursprünge geht nun diese Kultur, für die Hacılar charakteristisch war, zurück? Die große Lücke zwischen ihrem Beginn, wahrscheinlich um 6000 v.Chr., und der Aufgabe einer vorkeramischen Stadt an derselben Stelle, einige 500 Jahre früher, bedurfte einer Untersuchung. Diese Zeitspanne schien der frühneolithischen Periode zu entsprechen. Falls es gelänge, eine frühneolithische Siedlung auf dem Hochland auszugraben, könnte dadurch der Ursprung der Hacılar-Kultur geklärt und damit eine längere Kulturabfolge gewonnen werden.

Gerade solch eine Örtlichkeit war mir bekannt. Ich hatte sie im Jahre 1958 ungefähr 50 Kilometer südöstlich der modernen Stadt Konya entdeckt: Ein alter Hüyük (türkisch = Hügel) mit dem Namen Çatal. Der mit Unkraut und Disteln bedeckte Hügel befand sich inmitten einer großen Ebene. Einst lag er am Ufer eines Flusses, der jetzt, um Überflutungen zu vermeiden, in Kanäle aufgeteilt ist und vom Tauros-Gebirge in die Ebene fließt. Der Hügel stieg langsam aus den Feldern bis zu einer Höhe von etwa 17 m an.

Çatal Hüyük schien von 200 Plätzen, die wir in der Ebene von Konya besucht hatten, der am meisten erfolgversprechende zu sein. Eine vorläufige Untersuchung ergab zu unserer Freude, daß die Siedlung im wesentlichen, wenn nicht sogar völlig, der frühneolithischen Periode angehört. Kleine Topfscherben und zerbrochene Pfeilspitzen aus Obsidian zeigten unmißverständliche Ähnlichkeiten mit solchen, die in den untersten, frühneolithischen Schichten in Mersin an der Südküste der Türkei gefunden worden waren, aber auf dem Çatal Hüyük lagen sie oben auf dem Hügel. Außerdem sah die Keramik primitiver aus als alles, was wir in Hacilar gefunden hatten.

So endete der 8000jährige Schlummer von Çatal Hüyük am 17. Mai 1961, als unsere Gruppe mit den Ausgrabungen begann. Zehn Tage später wurden die ersten neolithischen Zeichnungen, die je auf von Menschen erstellten Mauern gefunden worden sind, freigelegt, und es wurde klar, daß Çatal Hüyük keine gewöhnliche Siedlung war. Darauffolgende Ausgrabungen in den Jahren 1962 und 1963 haben diesen Eindruck bestätigt. Schon jetzt beweist Çatal Hüyük mit seiner Geschichte, die erst teilweise durch die bisherigen Ausgrabungen bekannt geworden ist, daß die Entwicklung von Städten (im Unterschied zu Dörfern) viel weiter ins Altertum zurückreicht, als man gedacht hatte. Çatal Hüyük verdient den Namen einer Stadt. Es war ein Gemeinwesen mit einer ausgedehnten wirtschaftlichen Entwicklung, spezialisiertem Handwerk, einem reichen religiösen Leben, einer überraschenden Kunstfertigkeit und einer eindrucksvollen sozialen Organisation.

Çatal Hüyük erstreckt sich über ca. 13 Hektar und ist daher wohl die größte bekannte neolithische Siedlung; wieviel von dem Raum jedoch in jeder der Perioden bewohnt war, kann nicht mit Sicherheit gesagt werden. Anscheinend wuchs die Siedlung vom Flußufer aus hangaufwärts, und der Hauptteil des Hügels, der sich vom Fluß an ausbreitet, ist daher in die späteren Phasen der Siedlung zu datieren. Unsere Ausgrabungen, die ungefähr einen halben Hektar ausmachen, konzentrierten sich bis jetzt auf die südwestliche Seite des Hügels und damit auf ein Stadtviertel, das anscheinend sakralen und Wohnzwecken diente. Da wir in diesem Teil nur fertige Waren gefunden haben, nehmen wir an, daß das Bazarviertel mit den Werkstätten sich an einer anderen Stelle befindet.

Mit verschiedenen Vierteln für verschiedene Tätigkeiten, einer klaren Spezialisierung des Handwerks und einer sozialen Schichtung, die sich deutlich aus der Größe der Häuser und der Qualität der Grabbeigaben ablesen läßt, war diese Siedlung kein Dorf von reichen Ackerbauern. Es war viel mehr als das; denn die Überreste sind so städtisch wie die jeder anderen Siedlung in der darauffolgenden Bronzezeit, die bis jetzt in der Türkei ausgegraben wurde.

Wir fanden in Çatal Hüyük 12 übereinanderliegende Gebäudeschichten, die wir von der jüngsten bis zur ältesten Schicht von 0 bis VI A und VI B bis X numeriert haben. All diese Schichten gehören einer einzigen Kultur an, die in ihrer Entwicklung nicht unterbrochen wurde und keine Zerstörung durch äußere Gewalten aufweist. Die gesamte bis jetzt entdeckte Kulturabfolge scheint dem 7. Jahrtausend v.Chr. anzugehören. C^{14}-Untersuchungen des Materials von Çatal Hüyük, die jetzt an der Universität von Pennsylvania durchgeführt werden, lassen exaktere Zeiteinteilungen erwarten. Der Kern des Hügels muß noch untersucht werden, und die 10 m mächtigen Ablagerungen könnten den Beginn von Çatal Hüyük bis an das Ende der letzten Festlandseiszeit zurückverlegen.

Die Häuser in Çatal Hüyük waren aus geformten Lehmziegeln in standardisierter Größe gebaut. Steine wären nur von mehrere Kilometer entfernten Plätzen herbeizuschaffen und ihr Transport sehr schwierig gewesen. Deshalb bestehen auch die Fundamente der Häuser aus Lehmziegeln in mehreren Lagen. An diesen Fundamenten erkennen wir die Gebäude, selbst wenn die Fußböden nicht mehr existieren, wie das bei Schicht 0 der Fall ist. Die Häuser waren rechteckig und besaßen gewöhnlich noch einen kleinen Vorratsraum. Die Gebäude waren anscheinend einstöckig, vielleicht hatten sie eine Holzveranda.

Das Innere der Häuser zeigt eine bemerkenswert gleichartige Bauweise. Entlang der Ostwand befanden sich zwei erhöhte Plattformen mit einer höheren Bank am Südende. Diese Einrichtung stellte eine Art „Divan" dar, der zum Sitzen, Arbeiten und Schlafen diente. Die kleinere Plattform in der Ecke gehörte augenscheinlich dem männlichen Besitzer und die größere, zentrale den Frauen und Kindern. Diese hierarchische Sitte erscheint von Schicht X bis Schicht II und existierte wahrscheinlich schon in Schicht I und 0, von denen wenig übriggeblieben ist. Es gibt zahlreiche Variationen der Anordnung dieser Einbauten; die Plattformen befinden sich z.B. auch entlang der Nord- und Westwand. Der Herd stand stets am Südende des Raumes, manchmal zusammen mit einem Ofen, seltener in Verbindung mit einer Darre. Es gab einen Grund für diese Anordnung, nämlich die Art, wie diese Häuser betreten wurden.

Ebenso wie in einigen amerikanischen indianischen Dörfern bildete ein Loch im Dach den Eingang. Darüber befand sich sicherlich eine Art Schutzdach. Die Dachöffnung lag immer auf der Südseite der Häuser; so diente sie zugleich als Rauchabzug und Eingang. Mit einer beweglichen Leiter gelangte man von außen auf das Dach. Vom Dach in die Wohnung führte gewöhnlich eine feste Leiter. Nur einige Gebäude zeigten einen weiteren Eingang durch einen gut verputzten Luftschacht, zu dem man wahrscheinlich über eine bewegliche Leiter kam. Die Verbindung zwischen den Wohnanlagen vollzog sich über die Dächer: Gassen und Durchgänge existierten kaum, und die Höfe, die noch vorhanden sind (oft wahrscheinlich die Ruinen eines Hauses), scheinen nur für Abfälle und Exkremente gebraucht worden zu sein.

Das System der Dacheingänge bewirkte, daß die Außenseite der Siedlung eine feste, glatte Mauer darstellte – ein Schutz gegen Feinde und Überschwemmungen. Dieses Verteidigungssystem hat sich augenscheinlich ausgezeichnet bewährt, da keinerlei Anzeichen von Massakern vorliegen. Hier konnten Angreifer, die nur mit Bogen, Pfeil, Schleuder und Steinwerkzeugen bewaffnet waren, wenig ausrichten. Sie vermochten lediglich, das Vieh zu rauben, das am Ende der Siedlung gehalten wurde, oder die Dächer in Brand zu stecken. Die Verteidiger dagegen hatten den Vorteil der Höhe und waren wahrscheinlich an Zahl überlegen. Infolge dieser ausgezeichneten Verteidigungsmöglichkeiten war Çatal Hüyük nur durch Feuer bedroht. So sind die meisten Gebäude der Schichten VI bis II durch Brände vernichtet. Aber in Anbetracht der zahlreichen Herde und Öfen sowie der hier sehr starken Winde ist mit einer verheerenden Feuersbrunst einmal in jedem Jahrhundert durchaus zu rechnen.

Infolge dieser Großbrände sind verkohlte Überreste von Getreidekörnern und anderen Lebensmitteln in Çatal Hüyük reichlich vorhanden. Außerdem existieren noch zahlreiche Tierknochen. Die Speisereste und Knochen erlauben wichtige Rückschlüsse auf den Bestand der Siedlung an Haustieren.

Auf Grund der bis heute vorliegenden Kenntnisse hat Helbaek die Körnerfunde als „die größten, reichhaltigsten und am besten erhaltenen aus allen bislang entdeckten Getreidelagern früher Zeit“ bezeichnet, welche „einige der bedeutsamsten genetischen und kulturhistorischen“ Daten liefern, die man bisher über die frühe Zivilisation erhalten hat. Während sich die Funde aus anderen nahöstlichen Ursprungsgebieten der Kulturpflanzen nur wenig von ihren wilden Urformen unterscheiden, enthalten die Samen von Çatal Hüyük Hybriden und Mutanten, wie nackte, sechsreihige Gerstenähren und hexaploide, freigedroschene Weizenkörner, wie sie im 6. vorchristlichen Jahrtausend aus Anatolien nach Europa eingeführt wurden. Auf die Nutzung des Getreides weisen die Getreidebehälter hin, die in jedem Haus gefunden wurden, die vielen Mörser zum Entspelzen und die Handmühlen zum Mahlen. Außer Getreide, Erbsen und Linsen baute man zusätzlich bittere Wicken und andere Feldfrüchte an. Die Bewohner sammelten auch Nüsse, Früchte und Beeren.

Die tierischen Überreste sind nicht weniger interessant: Reste domestizierter Schafe sind selbst unter Schicht X vorhanden; Kühe treten bereits in Schicht VII auf. Ziegen und Hunde scheinen ebenfalls schon domestiziert worden zu sein; jedoch weist nichts auf die Haltung domestizierter Schweine hin. Ihr Fehlen mag religiöse Gründe haben. Obgleich die Haustiere dem Gemeinwesen Wolle, Milch, Fleisch und Häute lieferten, verzichtete man keineswegs auf die Jagd. Wildes Hornvieh und Rotwild wurden viel gejagt, ebenso Wildesel, Wildschafe, Wildschweine und Leoparden.

Bei einer so reichhaltigen Kost ist es nicht erstaunlich, daß die Skelette durchweg von der Gesundheit der Bevölkerung Zeugnis geben. Knochenerkrankungen waren selten und die Zähne in gutem Zustand. Diese langköpfigen Menschen waren ziemlich groß: die Männer ungefähr 1,68 bis 1,78 m, die Frauen etwa 1,52 bis 1,73 m. Jedoch erreichten, wie man es für diese frühe Zeit nicht anders erwarten kann, nur wenige Menschen ein mittleres Alter.

Die Toten wurden innerhalb der Häuser unter den Plattformen bestattet. Die meisten der Skelette, die wir gefunden haben, stammen von Frauen und Kindern; vermutlich starben viele Männer auf Jagd- und Raubzügen. Die Toten wurden mit angezogenen Beinen beerdigt; sie lagen gewöhnlich auf der linken Seite, mit den Füßen zur Wand. Einzelgräber sind recht selten; dagegen bergen einige Häuser mehrere Generationen einer Familie mit 30 oder mehr Bestatteten. Es scheint üblich gewesen zu sein, vor der endgültigen Beisetzung das Fleisch der Leichen durch eine vorläufige Beerdigung verwesen zu lassen oder es Geiern, Insekten oder Mikroorganismen im Freien auf einer Plattform auszusetzen. Diese Plattformen waren mit Giebeldächern aus Rohr und Matten versehen. Danach wurden die durch Bänder mehr oder weniger in ihrer Lage gehaltenen Knochen in Tücher gehüllt und endgültig bestattet, wobei sie oft auf Matten aus Stoff, Häuten oder Fellen gelegt wurden.

Die Bestattungen geben uns über Kleidung, Waffen und Schmuck der Leute von Çatal Hüyük Aufschlüsse. Das Gewand der Männer bestand aus einem Lendentuch mit einem Gürtel oder einem Leopardenfell. Der Gürtel wurde mit einem Haken und einer Öse aus Knochen geschlossen. Im Winter scheinen die Männer auch Mäntel getragen zu haben, die man mit Hirschgeweihspitzen schließen konnte. Die Frauen trugen ärmellose Mieder und Jacken aus Leopardenfell, dazu Röcke mit einem Saum aus Fransen oder Schnüren, die in Kupferröhren steckten, um den Rock zu beschweren. Die Frauen gebrauchten als Verschluß Nadeln aus Knochen.

Unter den als Grabbeigaben mitbestatteten Waffen befinden sich Streitkolben, Pfeilspitzen, Wurfspießspitzen und mitunter auch eine Speerspitze aus dunklem Obsidian. Öfter fand man einen schönen Dolch aus Feuerstein mit einem Kreide- oder Knochengriff in einer ledernen Scheide.

Schmuck trugen hauptsächlich Frauen und Kinder: Halsketten, Armringe, Armbänder und Knöchelschmuck aus Perlen und Anhänger aus den verschiedensten Steinarten, Muscheln, Kreide, Lehm, Perlmutter und – bereits in Schicht IX – aus Kupfer und Blei. Häufig scheinen auch Kosmetika benutzt worden zu sein, wie wir aus folgenden Fundgegenständen schließen: Farbbretter und Reiber zur Herstellung von Farben, Körbe und Schalen von Süßwassermuscheln als Behälter und feine Knochennadeln zum Auftragen. Die Schönheitsmittel bestanden wahrscheinlich aus rotem Ocker, blauem Lasurstein, grünem Malachit und vielleicht Bleiglanz. Um sich das Ergebnis ihrer Verschönerungskünste vor Augen zu führen, gebrauchten die Frauen Spiegel aus auf Hochglanz poliertem Obsidian.

Mehrmals fanden wir neben den Toten in Körben oder fein geschnitzten Holzschalen und Kästen Überreste von Lebensmitteln: Beeren, Erbsen, Linsen, Eier oder ein Stück Fleisch.

Diese hölzernen Gefäße sind für die Kultur von Çatal Hüyük charakteristisch. Selbst, als um 6500 v.Chr. Töpferwaren in Massen hergestellt wurden, blieben Holzschalen in Gebrauch und übten auf die Töpferei einen starken Einfluß aus. Die ovalen und bootsähnlichen Formen, die Rauten- und Rechteckmuster, die in Çatal Hüyük in der Töpferei nicht nur von Schicht VI A aufwärts, sondern auch in dem folgenden Spätneolithikum von Hacilar erscheinen, haben ihren Ursprung in den herkömmlichen Holzschnitzereien der Frühzeit von Çatal Hüyük. Ebenso zeigen zahlreiche irdene Gefäße Merkmale, wie z.B. Henkel, die sich von der früheren Korbflechterei herleiten.

Die frühesten irdenen Gegenstände stammen aus den Schichten X und IX, aber augenscheinlich konnte diese nur schwach gebrannte Ware nicht mit den herkömmlichen hölzernen oder gewebten Produkten konkurrieren. Erst gegen Ende von Schicht VI A, als technische Verbesserungen zur Herstellung von ausgezeichneter, fest gebrannter Ware geführt hatten, kamen Töpferwaren allgemein in Gebrauch. Die Tonwaren wurden von Hand geformt und glänzend poliert. Zuerst wurde alles in Braun oder Schwarz gehalten. Die Kochtöpfe blieben auch weiterhin so, aber andere Gefäße wurden in roten, lederfarbenen oder gefleckten Farbtönen herausgebracht. In den oberen Schichten des Hügels finden sich Tierköpfe auf ovalen Bechern; es wird eine rote Politur oder ein Überzug verwendet, doch sind offenbar Töpferwaren niemals bemalt worden. Diese Töpferei entwickelte sich ohne Unterbrechung bis in das Spätneolithikum von Hacılar fort.

Ein anderes Gebiet, auf dem die Bewohner von Çatal Hüyük bemerkenswerte technische Fähigkeiten und Erfindungsgabe zeigten, sind die Textilien. Wir fanden einige verkohlte Stoffreste in Gräbern bis zu Schicht VI hinunter. Es handelt sich anscheinend um Wolle, und man kann mindestens 3 verschiedene Webarten unterscheiden. Dies sind die frühesten Textilien, die man kennt. Helbaek schreibt darüber: „Es wird schwer sein, vollkommener gearbeitete Stücke aus den folgenden Jahrtausenden zu finden".

Es ist seltsam, daß wir trotz dieser vielfachen Erzeugnisse menschlicher Arbeit so wenige Spuren von den Arbeitern selbst gefunden haben. In keinem der 200 Häuser und Kulträume, die wir bis jetzt ausgegraben haben, fanden sich Hinweise, daß im Innern der Häuser außer der Zubereitung von Speisen irgendwelche künstlerischen oder handwerklichen Tätigkeiten ausgeübt worden sind. Wir haben viel feines Wolltuch, aber nur eine oder zwei Spindeln oder Webstuhlgewichte gefunden, und diese stammen aus dem Füllschutt und lagen keineswegs auf dem Fußboden. Wir besitzen Tausende von Werkzeugen aus Obsidian, aber nur zwei kleine Kästen mit abgeschlagenen Stückchen, Tausende von Werkzeugen aus Knochen, aber keinerlei Abfallsplitter. Irgendwo im Hügel müssen die Werkstätten der Weber, Korbmacher, Mattenflechter, der Zimmerleute und der Tischler liegen; die Werkstätten der Männer, von denen die polierten Steinwerkzeuge: Äxte, Breitbeile, Polier- und Schleifsteine, Meißel, Streitkolben und Paletten angefertigt worden sind; die Arbeitsplätze der Perlenmacher, die Löcher in den Steinperlen drillten, durch die keine moderne Stahlnadel dringt, und die Anhänger mit Einlegearbeiten herstellten; die Werkstätten der Männer, die Perlen aus Zahnmaterial, aus Kaurischnecken und fossilen Austern erzeugten, und die Bearbeiter von Feuerstein und Obsidian, die Dolche, Speer-, Lanzen- und Pfeilspitzen, Messer, Sichelschneiden, Kratzer und Bohrer herstellten; die Häuser der Händler mit Häuten, Leder und Fellen und derjenigen, die aus Knochen Ahlen, Locher, Messer, Kratzer, Schöpfkolben, Löffel, Schalen, Kellen, Spachtel, Pfrieme, Gürtelhaken und aus Geweihenden Nadeln und Schminkstäbchen produzierten, sowie der Schnitzer von Holzschalen und Kästen, der Spiegel- und Bogenmacher, der Männer, die Rohkupfer zu Platten hämmerten und es zu Kugeln, Anhängern, Ringen oder anderen Schmuckstücken verarbeiteten; Arbeitsräume der Architekten, Kaufleute und Händler, die das Rohmaterial lieferten, und schließlich der Künstler, der Schnitzer von Statuetten, der Modellierer und der Maler.

Der ungewöhnliche Reichtum der Stadt Çatal Hüyük, der sich durch die Mannigfaltigkeit schöpferischer Kunstfertigkeit offenbart, ist ein Phänomen, das bis jetzt im Neolithikum ohne Parallele ist. Zugrunde lag natürlich die neu entwickelte Fähigkeit, Nahrungsmittel zu produzieren, die man wahrscheinlich von ihrem Ursprungsort in den Bergen in die fruchtbare Alluvialebene übertrug. Obgleich darin der Grund für die zuvor nie erreichte Größe der Stadt liegen kann, bedarf es doch noch einer Erklärung für die fast explosive Entwicklung der Künste und des Handwerks.

Mit Ausnahme von Lehm, Bauholz und Nahrungsmitteln war die Stadt von der Einfuhr von Rohmaterial aus nah und fern abhängig. Man geht deshalb wohl nicht fehl in der Annahme, daß ein gut organisierter Handel die Grundlage des Reichtums der Stadt gewesen sei. Höchstwahrscheinlich kam demjenigen mit Obsidian zentrale Bedeutung zu. Dieses schwarze, vulkanische „Glas", das zuerst in der vorangehenden mittelsteinzeitlichen Periode auftaucht, wurde im Vorderen Orient während des Neolithikum zu dem am weitesten verbreiteten Handelsobjekt. Es fand sich bereits in den „protoneolithischen" und vorkeramischen Perioden in Jericho; desgleichen weit im Süden, und zwar in Beidha bei Petra; im 6. Jahrtausend erreichte es Zypern. Die ursprünglichen Gewinnungsstätten dieses Obsidians, des besten Materials jener Zeit für Schneidwerkzeuge, befanden sich aller Wahrscheinlichkeit nach im mittelanatolischen Raum, und es scheint uns gewiß, daß Çatal Hüyük die Fundplätze beherrschte und den Handel organisierte. Die damals noch tätigen Vulkane wie Hasan Dağ, Kara Dağ, Erciyas Dağ und andere liegen am Rande der Ebene von Konya. Von Çatal Hüyük aus kann man sie alle an einem klaren Tag sehen; der Kara Dağ ist nur 80 km entfernt. Die Obsidian-Fundplätze befanden sich also innerhalb eines Kulturbereiches, dessen unbestrittenen Obsidian-Mittelpunkt Çatal Hüyük bildete.

Diese Vormachtstellung betraf nicht nur die wirtschaftliche Stellung, sie war auch religiös und damit politisch begründet; denn in der antiken Welt konnte keine weltliche Macht bestehen, ohne religiös sanktioniert zu sein. Über das politische System von Çatal Hüyük lassen sich nur Vermutungen anstellen; denn es gibt keinerlei schriftliche Aufzeichnungen über das Gemeinwesen. Wahrscheinlich können jedoch in einer so frühen Periode der Zivilisation nur die Priester Träger der Macht gewesen sein.

Über die Religion kann man auf Grund der Kulträume und der Zeugnisse der religiösen Kunst, die wir in Çatal Hüyük gefunden haben, mehr aussagen. Nach meiner Ansicht liegt hierin der wichtigste Beitrag, den die Stadt für unsere archäologischen Kenntnisse lieferte. Ich möchte behaupten – vielleicht zu Unrecht –, daß die neolithische Religion von Çatal Hüyük und ebenso die von Hacilar von Frauen geschaffen worden ist. Im Gegensatz zu fast allen früheren und späteren „Fruchtbarkeitskulten" im Vorderen Orient fehlten hier bezeichnenderweise die Elemente sexueller Vulgarität und Erotik, die meist mit dem Fruchtbarkeitskult verbunden und wahrscheinlich auf das männliche Geschlecht zurückzuführen sind. Sollte die Religion von Çatal Hüyük eine Schöpfung von Frauen sein, hätte man die seltene Gelegenheit, die Gesinnung der neolithischen Frau zu erforschen, wenn man die Symbole studiert, die sie in dem Bestreben schuf, das Mysterium von Tod und Leben zu verstehen und zu beeinflussen.

Diese Symbole sind in Fülle vorhanden. Außer schematisierten Tonfiguren von Menschen und stärker naturalistisch gehaltenen Tierplastiken gibt es noch eine einzigartige Sammlung feiner Statuetten. Die Fundstücke aus den oberen Schichten sind aus Ton modelliert, die aus den unteren Schichten aus Stein gearbeitet. Außer diesen, die zusammen mit den Bestattungsriten gewöhnlich die einzige Quelle des Archäologen für Rückschlüsse auf die Religion darstellen, sind in Çatal Hüyük nicht weniger als 40 Kulträume bekanntgeworden. Sie befinden sich in jeder Schicht, aber die neun in Schicht VI A, die zwölf in Schicht VI B und die acht in Schicht VII sind besonders reiche Informationsquellen. In den meisten finden wir Wandschmuck: gemalte Darstellungen mit zahlreichen menschlichen Gestalten in Schicht III und IV; modellierte und manchmal bemalte Reliefs in den Schichten von VI A bis X.

Obgleich die Kulträume oft groß und gut ausgestattet sind, unterscheiden sie sich kaum von den Häusern — außer ihrer verschwenderischen Dekoration. Selbst wenn sie nicht ständig bewohnt waren, dienten sie doch als Grabstätten, vermutlich für die Priesterinnen und ihre Familie. Nur in den Kulträumen haben wir Reliefs und Symbole gefunden, die mit Leben und Tod zusammenhängen. Dadurch ist es bis zu einem gewissen Grade möglich, die neolithische Götterwelt zu rekonstruieren.

Die höchste Gottheit war die Große Göttin. Neben ihr werden oft eine Tochter und ein junger Sohn abgebildet. Ein bärtiger Gott, der immer auf einem Stier gezeigt wird, war vielleicht der Mann der Großen Göttin. Andere Gottheiten sind nicht dargestellt. Deshalb bildet diese Gruppe vielleicht eine „heilige Familie". Statuen und Reliefs stellen die weiblichen Gottheiten entweder als zwei Göttinnen oder als Zwillinge dar. Die Vorstellung, die dieser Verdoppelung zugrunde liegt, ist augenscheinlich die von Alter und Fruchtbarkeit; denn das Hauptanliegen dieser Religion war es, die Fortdauer des Lebens in jeder Hinsicht zu sichern: das der wilden Tiere für den Jäger, das der domestizierten Tiere für die Bevölkerung und schließlich das Leben des neolithischen Menschen selbst.

Es ist zweifelhaft, ob sich das neolithische Denken diese Gottheiten als vier gesonderte Wesen — Mutter, Tochter, Sohn und Mann — vorstellte. Viel wahrscheinlicher ist es, anzunehmen, daß die Göttin entweder als Mutter oder als Tochter und Jungfrau dargestellt wurde, und zwar mit dem Gott als Gatten oder als Sohn. Die Rolle der männlichen Gottheit tritt in Çatal Hüyük stärker hervor als in Hacilar, vielleicht weil in Çatal Hüyük Jagd und

Domestikation von wilden Tieren von weit größerer Bedeutung waren; im allgemeinen spielt der Mann aber nur eine untergeordnete Rolle.

Szenen, die sich auf das Leben beziehen, findet man gewöhnlich an der Westseite der Kulträume. Eine typische Darstellung zeigt die Göttin, wie sie einen Stier oder Widder gebiert. Szenen mit Todesmotiv findet man an der Ostwand: In drei Kulträumen zeigen die Malereien an der Ostwand Geier, die menschliche Körper ohne Kopf angreifen. Gewöhnlich jedoch wird das Thema Tod in tiefsinnigerer Weise behandelt. Darstellungen von Frauenbrüsten zum Beispiel, die natürlich Symbole des Lebens sind, zeigen Beigaben wie Geierschädel, Unterkiefer von Wildschweinen und Köpfe von Füchsen – alles Aasfresser und Leichenfledderer.

Dem Symbolismus der Ost- und Westwand entsprechen die Farben Schwarz und Rot: Rot deutet auf Leben, Schwarz auf Tod. Man findet oft Flächen mit roten Händen, und mehrere Grabstätten zeigen Reste eines Überzugs aus rotem Ocker, der anscheinend als Ersatz für Blut dienen und so ein Hilfsmittel sein sollte, um das Leben – wenigstens symbolisch – zurückzurufen. Ein großer, schwarzer Stier überdeckte die Geierdarstellungen; beides waren Symbole des Todes. Das Gegenstück dazu bildete eine andere Malerei mit einem riesigen roten Stier, umgeben von winzigen, jubelnden Menschen.

Außerdem befinden sich noch einige seltsame Figuren in den Kulträumen. Eine Darstellung zeigt eine finsterblickende Göttin und neben ihr einen Vogel ohne Kopf, vermutlich einen Geier. Zahlreiche Figuren, nur roh aus Stalaktiten gearbeitet, weisen noch auf eine Verbindung mit der dunklen Welt der Höhlen hin, der ersten Zufluchts- und Kultstätte des Menschen. Ein eigenartiges Gemälde stellt vielleicht eine Honigwabe mit Eiern dar oder Schmetterlingspuppen auf Zweigen und Bienen oder Schmetterlinge, die vielleicht die Seelen der Toten symbolisieren. Die Malerei ist oben von abwechselnd roten und schwarzen und unten von grauen und rosa Händen eingerahmt. Ein früheres Bild zeigt abwechselnd rote und schwarze Linien, die einem Netz ähneln und ebenfalls von Händen eingerahmt sind. Netzmuster schmücken auch mehrere Kultszenen, zusammen mit Symbolen von Hörnern, Kreuzen und Händen. Kreuze – möglicherweise eine Stilisierung einer Blüte mit vier Kelchblättern – wurden auf kleine Figuren der Göttin gemalt und auf zahlreiche Wände; wir dürfen sie wahrscheinlich als Fruchtbarkeitssymbole deuten. Rosetten und die Doppelaxt (oder Schmetterlinge) gehören zu der gleichen Kategorie.

In mehreren Kulträumen und Häusern dienen stilisierte Stierköpfe als eine Art kultischen Schutzsymbols. Wir haben eigenartige Liegen gefunden, in deren Seiten ein, zwei, drei oder sieben Paare von Hörnern steckten. Ihre

Bedeutung ist noch ungeklärt. Vielleicht spielten sie bei den Bestattungsriten eine Rolle; so ist es denkbar, daß sie als Bahre dienten, während das Grab geschaufelt wurde.

Über die Zeremonien selbst, die in den Kulträumen stattfanden, kann nur wenig ausgesagt werden. Da aber weder Blutgruben noch Tierknochen gefunden wurden, sind sicherlich hier keine Tiere geopfert worden. Es gab aber andere Opfergaben. In einem Kultraum in Schicht II fanden wir Körner, die auf dem mit Mörtel verputzten Altar verbrannt und dann mit einer neuen Mörtelschicht zugedeckt worden waren, vermutlich die erste Opfergabe nach der Ernte. In den früheren Gebäuden, besonders in Schicht VI, gibt es Opfergaben aller Art: Töpfe, die zweifellos Eßwaren und Getränke enthielten; ganze Gruppen von Jagdwaffen; Streitkolben, Äxte und rituelle Dolche aus Feuerstein; Werkzeuge, Behälter aus Obsidian; Perlen und viele andere Gegenstände, alle unbenutzt oder doch in ihrer ursprünglichen Form.

Die Wandmalereien sind meist für religiöse Feiern geschaffen worden. Sie wurden mit weißem Mörtel überzogen, wenn sie ihren Zweck erfüllt hatten. Die Farbe bestand aus Mineralien, vermischt mit Fett; der Maler arbeitete mit einer Bürste auf einem weißen, kremfarbenen oder hellrosa Grund. Die Skala der Farben ist groß. Rot in allen Schattierungen – einschließlich Rosa, Hellviolett und Orange – herrscht vor. Außerdem finden sich Weiß, Zitronengelb, Purpur, Schwarz und sehr selten Blau. Grün haben wir bisher noch nicht festgestellt. Außer den religiösen Bildern gibt es noch mehrere Darstellungen von Textilmustern, die für die Bedeutung der Weberei zeugen. Viele davon zeigen Kelims oder gewebte Teppiche. Für uns ist damit der Beweis erbracht, daß jetzt die Kunst der Teppichweberei bis zum Neolithikum zurückverfolgt werden kann.

Viele Ausgrabungskampagnen liegen in Çatal Hüyük noch vor uns. Es ist deshalb verfrüht, endgültige Aussagen über den Ursprung dieser bemerkenswerten Zivilisation zu machen. Man kann jedoch schon heute sagen, daß die Entdeckung der Kunst von Çatal Hüyük gezeigt hat, daß die altsteinzeitliche Tradition der naturalistischen Malereien, die mit dem Ende der Eiszeit im westlichen Europa ausstarb, in Anatolien nicht nur bestehen blieb, sondern weiterblühte. Es läßt sich daraus folgern, daß wenigstens ein Teil der Bevölkerung von Çatal Hüyük auf die Altsteinzeit zurückzuführen sein dürfte.

Diese Menschen waren vielleicht nicht die ersten, welche die Kunst des Getreideanbaues und der Tierzucht entwickelten; aber sie verbesserten deren Technik in solchem Maße, daß sie ein Mehr an Nahrungsmitteln produzieren konnten und so die Zeit für Muße und Sammlung von Kenntnissen gewannen. Im 7. Jahrtausend waren sie die Schöpfer der ersten mediterranen Zivilisation, von der Çatal Hüyük eindrucksvoll Kunde gibt. Mit der Zeit erreichten Ausläufer dieser Zivilisation die ägäische Küste, und im 6. Jahrtausend legten anatolische Kolonisten den Grundstein zu der endgültigen Entwicklung der Zivilisation in Europa.

1964

James Mellaart
Aus dem Englischen von
Annemarie Benary

BOĞAZKÖY – HATTUŞA

Hugo Winckler hat von Boğazköy den Satz geprägt: „Der Eindruck des für orientalische Verhältnisse gewaltigen Stadtgebietes konnte wohl nur an Ort und Stelle empfunden werden, und nur wer selbst diesen Eindruck empfangen hatte, wurde zu der Folgerung gedrängt, daß man hier nicht einen beliebigen, sondern einen der maßgebenden Mittelpunkte hethitischer Kultur zu suchen hatte." Die Eigenart der ausgedehnten Stadtanlage auch solchen Lesern deutlich zu machen, die nur den Stadtplan und die Landschaftsbilder vor Augen und die Ruinen selbst nicht gesehen haben, ist deshalb schwer, weil hier, wie bei wenigen Denkmälern so früher Zeit, Kunst und Natur aufs engste verbunden sind. Die Stadt stellt keinen Typus dar, sondern ist vollständig und bis ins letzte dem sehr bewegten Gelände mit seinen tief einschneidenden Schluchten, Tälern, flachen Mulden, aufragenden Plateaus und schroffen Felskuppen angepaßt und somit in Gestalt, Umfang und innerer Gliederung ausschließlich für diesen einen Fall gedacht und geschaffen. Ein Blick auf den Stadtplan, mehr noch eine Wanderung durch das Stadtgebiet, lassen es sofort als naheliegend erscheinen, daß das gesamte ummauerte Areal gewiß nicht von Anfang an als Siedlungsland geplant war, vielmehr eine schrittweise Entwicklung aus bescheideneren Anfängen heraus stattgefunden haben muß. Büyükkaya zum Beispiel durch verbindende Mauern, welche die tiefe Schlucht des Büyükkaya-deresi mühsam zu überwinden hatten, mit dem Hauptteil der Stadt zu verknüpfen, kann unmöglich im Plane der ältesten Siedler gelegen haben. Hier liegt sichtlich eine spätere, durch gesteigerte Bedürfnisse bestimmte Erweiterung einer Zeit vor, die, mit verbesserten Mitteln und zahlreicheren Hilfskräften begabt, vor solchen schwierigen Aufgaben nicht zurückzuschrecken brauchte. Aber auch der zwischen Büyükkaya-deresi und Yazır-deresi auf der Berghalbinsel gelegene Hauptteil der Stadt ist mit seinen maximal 2100 m Länge und 1200 m Breite so groß und in sich so stark gegliedert, daß man ihn höchstens dann als einheitliche, einmalige Gründung ansehen dürfte, wenn wir sichere Nachrichten über eine solche, bei altorientalischen Dynasten bekanntlich nicht allzu seltene Planung hätten. Die ältere Geschichte Hattis läßt uns aber, so lückenhaft auch die Überlieferung ist, eine langsame Entwicklung des

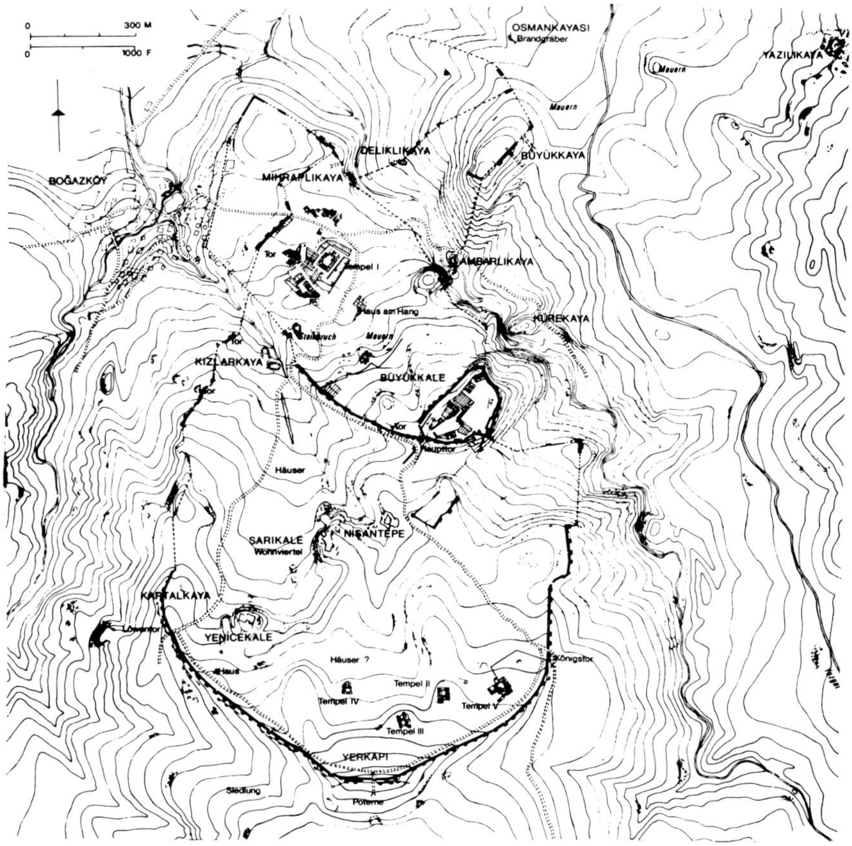

15 Gesamtplan der Ober- und Unterstadt von Hattuşa – Boğazköy und von Yazılıkaya

Reiches aus bescheidenen Anfängen erkennen, was in gleicher Weise gewiß auch für die Stadt zutrifft. Niemand wird ernstlich annehmen wollen, das Hattus der altassyrischen, „kappadokischen“ Texte des 19. Jahrhunderts sei gleichen Umfangs gewesen, habe dieselbe Fläche bedeckt wie die Stadt der Großkönige des 14. und 13. Jahrhunderts.

Die Ausgrabungen haben tatsächlich bewiesen, daß die Stadt aus einer kleineren Siedlung hervorgegangen ist, die sich zunächst nur auf einige Stellen beschränkte und dann in althethitischer Zeit Büyükkale und die sich nordwestlich anschließenden Teile zwischen Büyükkaya-deresi und Kızlarkaya-deresi umfaßte. Der ganze, große südliche Teil aber – von Kızlarkaya-

Löwentor-Yerkapı-Königstor nach Büyükkale – ist erst um 1400, möglicherweise etwas vor oder unter Šuppiluliuma, entstanden.

*

Die Stadt hatte zwei große Zentren: die Burg, Büyükkale, mit dem Sitz der Dynasten und den Tempel I, der nicht nur den bedeutendsten Kultbau darstellt, sondern den auch ein Kranz ausgedehnter Magazine und Depots umgibt, in denen sicher ein Großteil des Staatsschatzes von Hatti niedergelegt war. Nordostwärts schloß sich auf etwas tieferem Niveau ein zusammenhängendes Wohnquartier an, in dem wahrscheinlich Diener des Tempels und des Hofes Unterkunft fanden. Dieser riesige Bezirk einheitlicher Bestimmung war von dem tieferen Wohnquartier am Nordende der Stadt durch eine besondere Quermauer abgetrennt, durch die zwei Tore hindurchführten. Das eine, westliche, diente einer direkten Verbindungsstraße zu den Magazinen und zum Westtor des Tempelbezirks, das andere, das östliche, galt einem Wege, der das Wohnviertel berührte, dann den Tempel im Südosten umging, wo das eigentliche Propylon des Temenos lag, und am Hang in mehreren Windungen – zuerst östlich zu einem Punkte oberhalb von Ambarlıkaya, dann südwestlich und schließlich in einer flachen Mulde südsüdöstlich – nach der Akropolis hinaufführte. In diesem Wege, welcher der Geländeform wegen gar nicht anders geführt haben kann, darf man gewiß eine der hauptsächlichsten Verkehrsadern der Stadt sehen. Nicht nur, daß sie Büyükkale, den Sitz des Königs, mit dem Tempel, dem Sitz des Gottes oder der Götter, und diesen wieder mit den Wohnquartieren verband, sondern in ihrer Verlängerung führte sie unmittelbar auch zum unteren Tor der Stadt, wo der Prozessionsweg nach Yazılıkaya seinen Ausgang nahm. Im ganzen also hatte der Weg weit mehr als nur profane Bedeutung. Links und rechts von seinem Verlauf am Hang unterhalb von Büyükkale werden Bauwerke höherer Ordnung gestanden haben, zum größeren Teil vielleicht bessere Wohnhäuser. Die wenigen oberirdisch erhaltenen Mauerreste sprechen für stattliche Bauwerke. Die querführenden Gassen, die im Westen von den Poternen ausgingen, werden durch einige Treppenaufgänge untereinander verbunden gewesen sein, da der an vielen Stellen steile Hang mit den abgesetzten Vorsprüngen nur eine lockere Bauweise in Terrassen zuließ. Kaum geringere Bedeutung besaß die Straße, welche vom unteren Westtor ausgehend an Kızlarkaya vorbei aufwärts führte. Oberhalb dieses Felskastells gabelte sie sich. Die eine Route verlief entlang der Poternenmauer, deren Durchgänge immer wieder das Eintreten in die Gassen der Altstadt gestatteten, hinauf zum Südwestfuße Büyükkales, wo ein Tor die Verbindung mit der Akropolis vermittelte. Weiter aufwärts führte die Straße zwischen Süd-

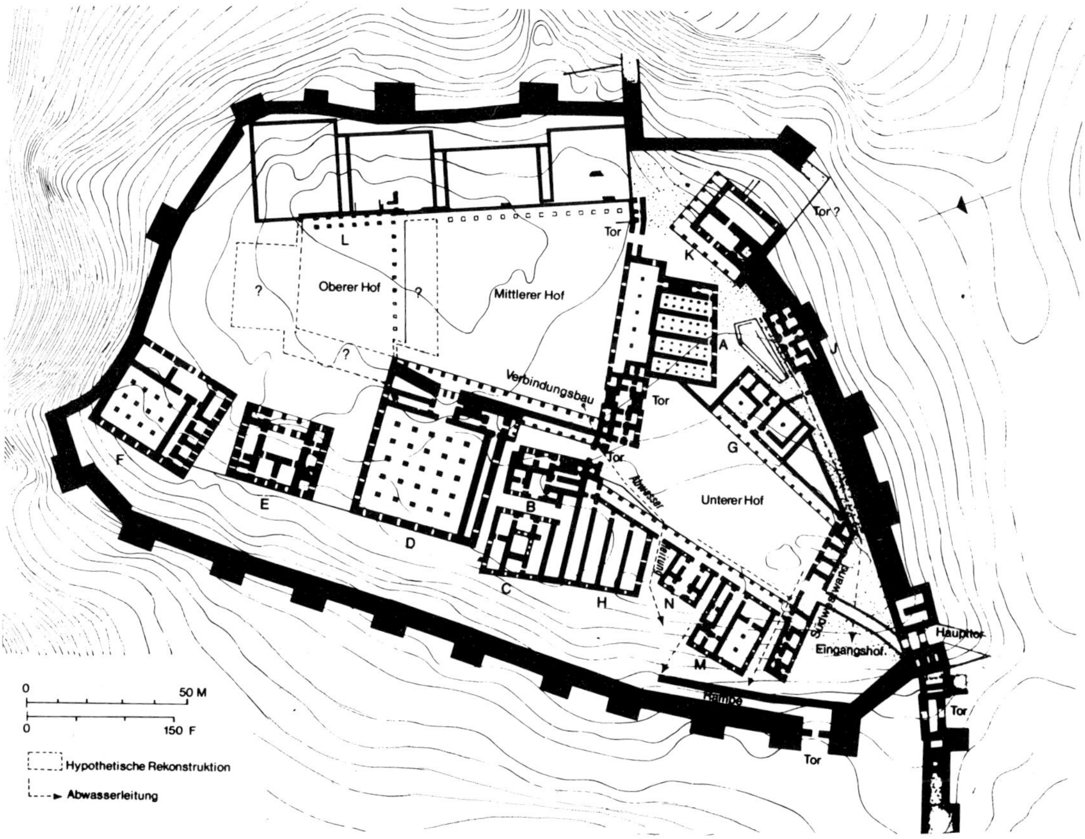

16 Gesamtgrundriß der Königsburg von Hattuşa auf der Büyükkale.
Zustand um die Mitte des 13. Jh. v.Chr.

burg und Nischantepe hindurch, wendete sich dann nach Südosten und erreichte stetig ansteigend am Königstor die Stadtgrenze, zugleich aber auch den Heiligen Bezirk mit den Tempeln II, III und V. Die andere Straße stieg in der Mulde nördlich Sarıkale sanft bergan, bog dann mehr und mehr nach Südwesten, passierte unterhalb von Yenicekale und gewann steiler aufwärts das Löwentor. In der Mulde nordwestlich von Sarıkale zweigte vermutlich ein Weg ab, der in dem flachen Tale zwischen jenem Kastell und Yenicekale am Tempel IV vorbei den südlichsten Punkt der Stadt bei Yerkapı erreichte.

Die Stadt ist in einer großen Katastrophe zugrunde gegangen. Wo immer wir den Spaten ansetzten, auf Büyükkale wie am Tempel I, in den Wohnvierteln wie am fünften Tempel, an den Mauern wie in Yazılıkaya, fanden wir untrügliche Zeugen einer verheerenden Feuersbrunst, die alles Brennbare verzehrt, Lehmziegel zu roter, harter oder schlackiger Masse durchglüht, Kalksteine gesprengt oder zersplittert hat. Manchmal gewann man den Eindruck, das in den Bauten zufällig Vorhandene hätte nicht zur Erzeugung solcher Flammen, solcher Hitze ausreichen können, als wären vielmehr noch brennbare Materialien absichtlich zugefügt worden, um die Gewalt des Feuers zu erhöhen. Einzelne lokale Schadenfeuer können unmöglich die Ursache einer solchen völligen Vernichtung gewesen sein. Hier war zweifellos menschlicher Wahn am Werke, dem nichts, kein Haus, kein Tempel, keine Hütte entging und der dort, wo das Feuer nicht selbst den Weg fand, alles beitrug, um das Werk des Untergangs zu vollenden. Wir Kinder einer unglücklichen Zeit können vielleicht ermessen, welchen Anblick diese große, brennende Stadt geboten haben muß. Aber das Verderben scheint nicht minder auch die Bewohner betroffen zu haben; denn nirgends fand sich die Spur eines auch noch so bescheidenen Wiederaufbauversuches an hethitischen Bauwerken nach der Katastrophe. Die Bewohner sind also teils zugrunde gegangen, teils weggeschleppt worden, so daß über der zerstörten, verlassenen Hauptstadt die Stille des Todes lastete.

Es war ein eigentümliches Empfinden, während der Ausgrabungen dauernd die eindeutigen Auswirkungen einer Katastrophe vor Augen zu haben, von der wir sonst keine unmittelbare Kunde besitzen, für die also der archäologische Befund das einzige, wirklich echte Zeugnis ist.

*

Bei vorsichtiger Schätzung kommen wir für die Zerstörung bis an die Zeit um 1200 heran. Damals oder kurz darauf ist die hethitische Hauptstadt zugrunde gegangen. Mit ihr aber erlosch zugleich die ganze Bedeutung und die überragende Stellung des Gebietes innerhalb des Halysbogens. Zu keiner späteren Epoche lag hier der Mittelpunkt einer größeren kleinasiatischen, ganz abzusehen gar von einer darüber hinausreichenden politischen Einheit. Daraus erhellt nicht zum geringsten, daß diese aus der Residenz kleiner Fürsten hervorgegangene Hauptstadt eines Großreiches, das Gebiet um Gebiet seiner Erwerbungen und Eroberungen dem begrenzten Stammland einverleibt hatte, eine künstliche Schöpfung war und blieb, die den natürlichen Voraussetzungen einer wirklich dauernden Metropole, d.h. den gegebenen Verkehrslinien großer Distanz und den durch Boden und Fruchtbarkeit ausgezeichneten Oasen in der anatolischen Steppe, nicht entsprach. Mit dem

Erlöschen der tragenden Macht sanken daher die Stadt wie auch das umliegende flache Land in ihre alte bescheidene Stellung zurück.

Unsere Arbeiten durften sich nicht mit der großen Zeit, mit den Ruinen des hethitischen Königssitzes allein begnügen, sondern wir hatten in gleicher Weise auch die Reste späterer Zeiten zu beachten, wenn wir die Stadt als das kennenlernen wollten, was sie wirklich ist: ein getreues Abbild der Geschichte dieses Teiles Kleinasiens, wie sie sich in den Besiedlungsschichten ausgedrückt hat.

1952 *Kurt Bittel*

GORDION UND MIDAS-STADT
DIE HAUPTZENTREN DER ALTPHRYGISCHEN KULTUR

„Den Gordischen Knoten durchhauen" sagt man gelegentlich noch heute, wenn es darum geht, ein dem Anschein nach unlösbares Problem mit Gewalt einer Lösung zuzuführen. Die Redensart bezieht sich auf den Makedonenkönig Alexander d.Gr., der während seines Eroberungszuges gegen das Perserreich der Achämenidenkönige den Winter 334/333 v.Chr. in der inneranatolischen Stadt Gordion zubrachte. Dieses Gordion war die Gründung des damals schon halb legendären Phrygerkönigs Gordios, der in seiner Hauptstadt einen geweihten Wagen in einem Tempel aufgestellt hatte. Joch und Deichsel dieses Wagens waren durch einen kunstvollen Knoten miteinander verbunden. An diesen knüpfte sich die Sage, daß derjenige, der ihn zu lösen verstand, zum Herrn der Welt bestimmt sei. Alexander mühte sich vergebens mit dem Knoten ab, bis ihm der Einfall kam, ihn nicht zu lösen, sondern mit dem Schwert zu durchhauen.

Die Sache mit dem „Gordischen Knoten" war nicht die einzige Legende, die das klassische Altertum vom Phrygerkönig Gordios erzählte. So soll Gordios selbst von Hause aus ein einfacher Bauer gewesen sein, der auf wunderbare Weise zur Königsherrschaft gelangte. Die Phryger wären danach einer göttlichen Weisung gefolgt, den ersten Mann zum König zu machen, der ihnen auf dem Weg zum Tempel des Zeus auf einem Ochsenwagen begegnete. Andere Legenden ranken sich um die Gestalt des Sohnes und Nachfolgers des Königs Gordios, des Königs Midas. Er soll den Wald- und Quelldämon Seilenos durch Mischung einer Quelle mit Wein betrunken gemacht, ihn daraufhin gefangengenommen und für seine Freilassung vom Gotte Dionysos die Gabe empfangen haben, alles, was er berühre, in Gold zu verwandeln. Das erwies sich aber sofort als verhängnisvoll, als der König essen und trinken wollte. Um von dem zum Fluch gewordenen Segen wieder befreit zu werden, mußte König Midas im Flusse Paktolos baden, der daraufhin goldhaltig wurde, was später dem Lyderkönig Krösus zu seinem Reichtum verhalf. Nach einer anderen Sage ließ Gott Apollon dem Midas Eselsohren wachsen, die dieser unter einer hohen Mütze verbarg. Auch vom unglückseligen Ende des Midas gibt es eine altgriechische Überlieferung: Hiernach beging der Phrygerkönig beim Einfall der Kimmerier in sein Reich durch Trinken von Stierblut Selbstmord, als er sich gegen die Eindringlinge nicht mehr behaupten konnte.

Solche Überlieferungen zeigen, wie sehr die Phryger und ihre Könige Gordios und Midas noch lange die Phantasie der Griechen des klassischen Altertums beschäftigt haben. Aber es handelt sich nicht um rein legendäre Gestalten, sondern um Herrscher eines Volkstums, das in der Geschichte Altkleinasiens tatsächlich eine bedeutende Rolle gespielt hat. Ihre wichtigsten Kulturzentren sind erhalten geblieben und in hohem Maße eines Besuches wert.

Nach den Angaben des Lyders Xanthos, der um 430 v.Chr. ein Geschichtswerk in griechischer Sprache schrieb, sowie den Berichten seines griechischen Zeitgenossen Herodot sind die historischen Phryger von der Balkanhalbinsel aus über die Meerengen nach Anatolien gelangt. Man darf es getrost als feststehende Tatsache werten, daß die Phryger einen Teil der Scharen jener großen Völkerwanderung gestellt haben, die um 1200 v.Chr. das Griechenland der Mykene-Zeit und das Kleinasien des Hethitergroßreiches überfluteten, und die sogar das Nildelta erreichten. Während sich die Pharaonen des späteren Neuen Reiches mühsam behaupten konnten, ging das mächtige Reich der Hethiter ebenso zugrunde wie die frühen griechischen Staaten, deren Herrscher auf den Burgen von Mykene, Tiryns, Pylos und an weiteren Plätzen saßen. Die Ausgrabungen der wichtigsten hethitischen Städte, nämlich von Chattuscha (Boğazköy), Alaca Hüyük und Kanisch (Kültepe nordöstlich von Kayseri), haben gezeigt, daß diese Städte damals ebenso einer gewaltsamen Zerstörung anheimfielen wie die Herrscherburgen des mykenischen Griechenlands.

Wie in Griechenland auf den Untergang der Kultur von Mykene ein jahrhundertelanger Zeitraum der Kulturarmut folgte, so sank auch Anatolien nach dem Ende des Hethitergroßreiches für längere Zeit in recht primitive Verhältnisse zurück. Im inneranatolischen Steppenhochland, dem alten Kerngebiet der Hethiter, knüpfte sich der Wiederaufstieg der Kultur, der sich um die Wende vom 9. zum 8. Jahrhundert v.Chr. bemerkbar machte, an den Namen der Phryger.

Hierbei zeichnete sich ein Vorgang ab, wie er für Anatolien charakteristisch war und wie er sich in ganz ähnlicher Weise in früheren und späteren Zeiten oft genug abgespielt hat: Die neueingewanderten Gruppen, die die bestehende Kultur und das mit ihr verbundene Staatswesen (in unserem Falle also Staat und Kultur der Hethiter) vernichtet hatten, vermischten sich mit der Vorbevölkerung. Und aus der Vermischung zwischen den Überresten des Vorgefundenen und dem, was die Neuankömmlinge mitbrachten, erwuchs allmählich eine neue Kultur und ein neues Staatswesen. Der von der

Natur vorgezeichnete Charakter der großen Halbinsel Anatolien als Völkerbrücke zwischen Balkanhalbinsel und dem asiatischen Kontinent und gleichzeitig als Schmelztiegel für Völker und Kulturen machte sich beim Aufstieg der Phryger wieder einmal bemerkbar. Er hatte auch schon den Werdegang des Hethitertums in der ersten Hälfte des 2. vorchristlichen Jahrtausends bestimmt und sollte sich beim Aufstieg der mittelalterlich-islamischen Kultur der türkischen Seldschuken abermals zeigen.

Die große Zeit des Phrygerreiches war die zweite Hälfte des 8. Jahrhunderts v.Chr., und aus dieser Periode haben wir auch zeitgenössische geschichtliche Berichte. Und zwar handelt es sich um Keilschrifturkunden des Assyrerkönigs Sargon II., der in den Jahren 721 bis 705 v.Chr. als gewaltiger Kriegsfürst von Nordostmesopotamien aus das assyrische Großreich, die gefürchtetste Militärmacht des Alten Orients, regierte. Er berichtet von einem König Mita der Muski (Moscher), in dem die Wissenschaft seit Hugo Winckler das historische Urbild des von den Griechen oft genannten Phrygerkönigs Midas erkannt hat; der Volksname Muski bzw. Moscher scheint dabei von den Assyrern von einem älteren kleinasiatischen Volkstum auf die Phryger übertragen worden zu sein. Dieser Mita bzw. Midas erscheint in diesen Texten als ernsthafter Rivale des assyrischen Großkönigs bei der Auseinandersetzung um das Gebiet von Kilikien, wo das Tauros-Gebirge die Räume von Inneranatolien und Syrien (im geographischen Sinne des Wortes) voneinander scheidet. Pisiris von Karkemisch, König des am großen Euphratknie gelegenen letzten noch vorhandenen späthethitischen Kleinstaates, suchte im Jahre 717 bei Mita-Midas Rückhalt gegen die assyrische Macht, doch wurde Karkemisch alsbald von den Assyrern erobert und seiner Selbständigkeit beraubt. Auch König Mita-Midas selbst erlitt im Verlaufe der nächsten Jahre mehrere Niederlagen gegen die Assyrer, die ihn schließlich veranlaßten, mit Sargon einen Frieden zu schließen, bei dem der gewinnende Teil eindeutig der Assyrerkönig war (709 v.Chr.).

Gleichwohl war das Phrygerreich zu Anfang des 7. Jahrhunderts v.Chr. immer noch eine Großmacht, aber nur noch für wenige Jahre. Denn bereits im ersten Viertel dieses Jahrhunderts fiel das Phrygerreich dem Ansturm der vom Kaukasus her nach Kleinasien vordringenden Kimmerier, hinter denen die Skythen herdrängten, zum Opfer. Mit diesem Ereignis hängt der von den Griechen überlieferte Untergang des Königs Midas zusammen, mögen die geschilderten Einzelheiten (Selbstmord durch Trinken von Stierblut) nun historisch sein oder nicht.

Zwar haben die modernen Ausgrabungen gezeigt, daß die phrygischen Zentren noch im weiteren Verlauf des 7. Jahrhunderts und selbst noch im 6. Jahrhundert v.Chr. weitergelebt haben; aber eine Größe von historischer

Bedeutung ist das Phrygertum seit dem Kimmeriersturm nicht mehr gewesen. Obwohl die phrygische Sprache, die übrigens zur indogermanischen Sprachfamilie gehört, in abgelegenen Teilen des westlichen Inneranatoliens teilweise noch bis ins 3. Jahrhundert n.Chr. als Volkssprache im Gebrauch war, haben die Phryger doch schon seit der Zeit der Perserherrschaft über Anatolien, also unter den Königen aus dem Hause der Achämeniden (Herrschaft über Kleinasien 546 bis 334/333 v.Chr.), weder politisch noch kulturell irgendeine nennenswerte Rolle gespielt.

Und nun zu den beiden wichtigsten Zentren des Phrygertums: Gordion und Midas-Stadt. Beide sind leicht zu erreichen. Gordion liegt beim Orte Yassıhüyük westlich von Polatlı etwa auf halbem Wege zwischen den Großstädten Eskişehir und Ankara.

Die Überreste von Gordion liegen abseits der heutigen dörflichen Siedlung in einer weiten, offenen Steppenlandschaft. Schon aus großer Entfernung wird das Bild beherrscht durch eine Gruppe mächtiger künstlicher Hügel, von denen einer mehr als 50 Meter hoch ist. Die Szenerie erinnert geradezu überraschend an ein ägyptisches Pyramidenfeld und ist kaum weniger eindrucksvoll. Der Vergleich stimmt übrigens auch der Sache nach; denn hier wie dort handelt es sich um von Menschenhand geschaffene Gebilde, die als Grabmal dienten. In den Grabhügeln von Gordion ruhen die Könige des Phrygerreiches und Angehörige der Oberschicht.

Der größte Grabhügel von Gordion wurde durch einen Stollen geöffnet, wobei neben reichen Grabbeigaben die Gebeine eines im Alter von etwa 65 Jahren verstorbenen Mannes gefunden wurden. Es ist durchaus nicht unwahrscheinlich, daß es sich hier um die sterblichen Überreste des Königs Mita-Midas selbst handelt. Neben den Grabhügeln ist es vor allem das kleine, aber sehr gut eingerichtete Museum, das wirklich Beachtung verdient. Es beherbergt nämlich die Funde, die nicht in die großen Museen zu Istanbul und Ankara gebracht wurden, und dabei handelt es sich durchaus nicht nur um Stücke von zweitrangiger Bedeutung. Und manches davon beeindruckt hier an Ort und Stelle doch noch mehr, als wenn es fern von seinem Herkunftsort in einem noch so schönen Museum einer Großstadt zu sehen wäre. Die mächtigen Grabhügel und das Museum sind es also, dere twegen sich die Fahrt nach Gordion in erster Linie lohnt. Die baulichen Überreste der alten Phrygerhauptstadt selbst sind ebenfalls nicht ohne Interesse, wenn sie auch für sich allein genommen einen Nichtspezialisten vielleicht nicht zur Fahrt nach Gordion veranlassen würden.

In einer ganz anderen Landschaft als Gordion liegt Midas-Stadt. Seine Überreste finden sich in einer gebirgigen Gegend, die sich vor allem durch eine größere Zahl natürlicher Höhlen und eigentümlicher Felsformationen auszeichnet. Hier in Midas-Stadt sind es auch keine Fürstengräber, die das Bild beherrschen, sondern im Dienst der Religion errichtete Bauten, große Kultfassaden, Felstunnel, Felstreppen und dergleichen. Dabei führt das wichtigste Denkmal traditionell den Namen „Grab des Midas", aber gerade dieser Name ist irreführend. Es handelt sich um eine weithin sichtbare, mit Reliefschmuck versehene große Fassade, die kunstvoll aus einer Felswand herausgearbeitet ist. In der Mitte dieser Fassade befindet sich eine Scheintür, und diese hat wohl vor allem den Anlaß zur Fehldeutung der Anlage als „Midas-Grab" gegeben. In Wirklichkeit stand zweifellos vor der Scheintür bzw. Nische ein Götterbild, aller Wahrscheinlichkeit das der „Großen Göttermutter" Kybele, einer Verkörperung der Fruchtbarkeit. Vor der Kultfassade stand einst eine dieser vorgelegte Tempelanlage, von der jedoch nur Spuren erhalten geblieben sind. An der Felsfassade des sogenannten „Midas-Grabes" finden sich übrigens auch Schriftzeichen des etwa um die Mitte des 8. Jahrhunderts v.Chr. von den Griechen übernommenen phrygischen Alphabetes. Nicht weit entfernt von dem „Midas-Grab" findet sich noch eine ähnliche, etwas kleinere Kultfassade, vor allem aber die vielen Felstunnel, Felstreppen und Höhlen, die sicher bei den religiösen Kulten der Phryger eine Rolle spielten. Bei manchem der mitunter bizarr geformten Felsen, die gelegentlich wie ein phantastisches Bildnis, beispielsweise eines Löwen, wirken, liegt eine solche Vermutung ebenfalls nahe. Wir kennen den zur Mystik und zum Orgiasmus neigenden Charakter der phrygischen Religion, sind aber nicht in der Lage, im einzelnen zu deuten, welche Vorstellungen sich an diese Felstreppe oder einen Felstunnel von Midas-Stadt knüpfen und welchem kultischen Zweck diese Anlagen dienten. Vermerken wir nur, daß mancher Zug der phrygischen Vorstellungswelt offensichtlich nicht ohne Einfluß auf griechische Götterkulte geblieben ist und daß die Verehrung der „Großen Göttermutter" Kybele und der mit ihr verbundenen Gestalt des Attis sogar nach Italien vordrang und dort in der Zeit der römischen Kaiser eine nicht unbeträchtliche Rolle spielte. Vermuten läßt sich auch, daß mancher der später in Kleinasien verehrten lokalen christlichen Heiligen auf eine Gestalt der alten phrygischen Religion zurückgeht oder daß ein ehedem mit einer phrygischen Gottheit verknüpfter Ort später zum Schauplatz irgendeiner christlichen Legende umgedeutet wurde. Nach dem Siege der türkischen Seldschuken dürfte dann hier oder da sogar noch eine zweite Umdeutung im Sinne der islamischen Religion erfolgt sein, namentlich im Zusammenhang mit dem gerade in Anatolien so besonders volkstümlichen Derwischtum. Exakte Nachweise für solche Zusammenhänge lassen sich zwar im einzelnen kaum führen, im ganzen gesehen darf man sie aber doch wohl als vorhanden annehmen.

In der weiteren Umgebung von Midas-Stadt ist übrigens noch eine ganze Reihe verwandter phrygischer Felsmonumente vorhanden, doch sind sie ohne ortskundigen Führer nicht immer leicht zu finden. Wer bei seinem Besuch keine speziellen Forschungszwecke verfolgt, wird sich wohl meist mit der leicht erreichbaren Midas-Stadt begnügen.

Die wichtigste archäologische Forschungstätigkeit hat in Midas-Stadt das Institut Français d'Archéologie d'Istanbul, in Gordion die Universität von Pennsylvania durchführen lassen. Doch sollte man auch die eigentlichen Begründer der wissenschaftlichen Ausgrabungstätigkeit im alten Phrygerland nicht unerwähnt lassen: die Begründer Gustav und Alfred Körte, die um die Jahrhundertwende das alte Gordion in den Ruinen bei Yassıhüyük wieder entdeckten.

Schließlich noch einige Worte zur heutigen Bevölkerung von Midas-Stadt, bei der es sich nicht um Türken im eigentlichen Sinne handelt, sondern um Karatschai-Kaukasier, die gegen Ende des 19. Jahrhunderts das heutige Dorf unterhalb der Denkmäler aus der Phrygerzeit erbauten. Bekanntlich ist der Kaukasus die Heimat einer größeren Anzahl von Bergvölkern, die ganz unterschiedliche Sprachen sprechen. Die Sprache unserer früher auch „Bergtataren" genannten Karatschai gehört zur uralaltaischen Gruppe, ist also mit dem Türkischen verwandt. Die alte Heimat der Karatschai ist im Westkaukasus zu suchen, im Quellgebiet des Kuban und der Teberda, am Westfuß des Elbrus. Dort hielten sich die Karatschai, die im 18. Jahrhundert den Islam in der sunnitischen Form annahmen, unabhängig, bis im Verlauf des 19. Jahrhunderts das russische Zarenreich allmählich auch die Hochgebirgsregionen des Kaukasus unterwarf. 1864 war die russische Eroberung des Kaukasus im wesentlichen abgeschlossen, und nun setzte der bis in unser Jahrhundert andauernde Exodus islamischer Kaukasier in das Reich des Sultan-Kalifen aus dem Hause Osman ein. Dabei sind einige tausend Karatschai ins alte Phrygerland gekommen, wo sie außer Midas-Stadt bzw. Yazılıkaya noch einige andere Dörfer im westlichen Inneranatolien anlegten, so das Anfang unseres Jahrhunderts gegründete Dorf Belpınar, 10 km südöstlich von Çifteler, und das Dorf Yakapınar noch weiter östlich.

Man darf diesen Karatschai, einem besonders sympathischen und gastfreundlichen Menschenschlag, hervorragende Leistungen vor allem auf dem Gebiet der Landwirtschaft bescheinigen. Sie haben im inneranatolischen Steppengebiet bereits zu einer Zeit praktische „Entwicklungshilfe" geleistet, als dieses Wort noch nicht erfunden war. Noch heute ragt das Niveau ihrer Dörfer deutlich über den Durchschnitt hinaus.

1967 *Friedrich Karl Kienitz*

IN DER RESIDENZ DES SULTANS SULEIMAN IN AMASYA IM JAHRE 1554

Als wir nach Amasya kamen, führte man uns zur Begrüßung zum Großwesir Ahmet und zu den übrigen Paschas; der Sultan selbst war nicht da. Wir verhandelten über unsere kaiserlichen Aufträge, wobei die Paschas, um nicht von vornherein unserer Sache nicht gewogen zu erscheinen, weiter nichts einwandten und in allem auf den Willen ihres Herrn verwiesen. Als dieser gekommen war, wurden wir bei ihm eingeführt, aber er hat weder unsere Botschaft, noch unsere Gründe, noch die Aufträge mit sonderlich wohlwollender Gesinnung und Stirn aufgenommen. Er saß auf einem ganz niedrigen Thron kaum einen Fuß hoch über der Erde. Darüber waren die kostbarsten Teppiche gebreitet, dazu Kissen mit ausgesuchter Stickerei; daneben lagen Bogen und Pfeile. Seine Stirn war, wie erwähnt, wenig heiter, seine Miene trüb, doch zeigte er Strenge voller Majestät. Jeder von uns wurde gleich beim Eintritt von seinen Kammerdienern ins Geleit genommen; dabei hielten sie unsere Arme. Das ist nämlich Brauch bei ihnen, seit ein Kroate aus Rache für die Tötung seines Herrn, des Serbenfürsten Markus, in einer Audienz den Murat ermordet hat. Als wir dann seine Hand geküßt hatten, führte man uns schrittweise so zu der gegenüberliegenden Wand, daß wir ihm weder den Rücken noch irgendetwas von unserer Hinterseite zukehrten. Dann hörte er meinen Vortrag an; aber da er seiner Erwartung nicht entsprach – denn die Forderungen der Kaiserlichen Majestät waren voller Würde und Freimut und wurden daher von ihm, der sie ablehnen zu sollen glaubte, wenig freundlich aufgenommen – so antwortete er, wie gelangweilt, weiter nichts als: „*Güzel, güzel*", das heißt: Schön, schön. So wurden wir nach Hause entlassen.

Sein Hof war auf das dichteste besetzt, es waren viele hohe Würdenträger anwesend. Es waren dort die ganze reitende Garde, die Sipahi, die Garipigi und Ulufagi [die belehnte und die besoldete Nobelgarde] sowie eine große Zahl von Janitscharen. Aber keiner in der ganzen Versammlung war adlig, außer durch seine Tüchtigkeit und seine Taten. Geburt unterscheidet hier keinen von den andern, Ehre wird jedem nach dem Maße seines Standes und Amtes erwiesen; da gibt es keinen Rangstreit, die Stelle, die man versieht, gibt jedem seinen Rang. Ämter aber und Stellen verteilt der Sultan selbst. Dabei achtet er nicht auf Reichtum, nicht auf den nebelhaften Adel, nicht auf jemandes Ansehen oder auf das Urteil der Menge, sondern die Verdienste zieht er in Betracht; Sitten, Begabung und Eignung sieht er an; nach seiner Tugend wird jeder ausgezeichnet. So kommen die geeigneten Männer zu den führenden Stellen, so hat dort jeder seine Geburt und sein Schicksal in der Hand und mag es selbst gestalten. Die vom Sultan die größte Macht bekommen haben, sind meistens Söhne von Hirten oder Ochsentreibern, und sie sind so weit entfernt, sich dessen zu schämen, daß sie sich sogar damit rühmen; sie gelten sich selbst um so mehr, je weniger sie den Eltern oder dem Glück der Geburt zu verdanken haben. Sie glauben nämlich nicht, daß Tugend mitgeboren und vererbt werde, sondern zum Teil werde sie von Gott verliehen, zum Teil durch gute Erziehung, viele Mühe und Eifer erworben; und wie kein väterliches Können, weder Musik noch Rechenkunst noch Geometrie, so gehe auch Tugend nicht auf den Sohn oder Erben über. Auch werde die Seele nicht aus dem väterlichen Samen erweckt, woher dann der Sohn dem Vater ähnlich zur Welt kommen müßte, sondern vom Himmel, so glauben sie, werde sie dem Körper eingegossen. So sind bei diesem Volk die Würden, Ehren und Ämter Lohn für Tugend und Verdienst; Verruchtheit, Feigheit und Trägheit haben keinerlei Ehre, sie liegen und sind verachtet. Daher blühen sie in geschichtlichen Taten, sie herrschen und breiten täglich die Grenzen ihres Reiches aus. Bei uns lebt man nach anderen Sitten. Der Tugend ist kein Raum gelassen, alles der Geburt zugetraut; nach der Achtung vor der Geburt werden alle Zugänge zur Ehre besetzt.

Aber über diese Dinge vielleicht ein andermal mehr; auch soll das nur für Dich allein gesagt sein. Jetzt komm und schau mit mir zusammen die gewaltige Menge derer an, die einen Turban tragen, gewickelt aus zahlreichen Windungen schimmernden Seidengewebes, gekleidet in allerlei Tracht und Farbe. Alles leuchtet von Gold, Silber, Purpur, Seide und Sammet. Es würde weit führen, das alles zu schildern, und doch nicht möglich sein, das ganze unvergleichliche Schauspiel in Worte zu fassen. Nie habe ich einen so heiteren Anblick erlebt. Dabei war in all dem Aufwand die Einfachheit und Sparsamkeit groß. Alle Kleider desselben Standes hatten eine Form; nichts von Besatz, nichts von Tand wird wie bei uns aufgenäht, was viel kostet und in drei Tagen zerrissen ist. Wunderbare Seidenkleider gab es da, ganz bestickt; so tragen sie sie am meisten, und der Macherlohn beträgt einen Dukaten. Sie nun bestaunten nicht weniger unsere Kleidung als wir die ihre. Ihre Gewänder sind weit und fallen bis zu den Knöcheln; und wie das anständiger ist, so scheint es ihnen auch höheren Wuchs zu verleihen. Dagegen ist unsere Kleidung so knapp und kurz, daß sie die Teile freigibt, die die Natur hat verbergen wollen, und deshalb wenig würdig; dazu kommt, daß sie, ich weiß nicht warum, dem Wuchs etwas zu nehmen und den Menschen klein zu machen scheint.

Vor allem aber deucht mir in der großen Menge das Schweigen und die Bescheidenheit keines geringen Lobes wert. Da hört man keine Stimmen, kein Gemurmel wie sonst in einer bunt zusammengesetzten Menge, kein Hin- und Herlaufen; in vollständiger Ruhe wahrte jeder den Platz seines Standes. Es saßen die obersten Häupter, die sie selber Ağa nennen: Generäle, Obersten, Hauptleute; die übrige Menge stand. Besonders würdig anzublicken waren ein paar tausend Janitscharen, die gesondert von den übrigen in langer Reihe so unbeweglich standen, daß ich mir lange Zeit im unklaren war, ob es Menschen seien oder Standbilder; sie standen nämlich weiter von mir entfernt. Erst als ich sie, der Sitte nach, zu grüßen hatte und sie alle in Erwiderung des Grußes zugleich den Kopf neigten, sah ich, wie es war. Als wir dann von dort weggingen, sahen wir noch mit großer Lust die berittene Garde nach Hause ziehen, auf Pferden nicht nur von größter Schönheit und edelster Art, sondern auch glänzend gepflegt und mit reichem Schmuck behangen.

1554

Ogier Ghiselin von Busbeck
Aus dem Lateinischen von
Wolfram von den Steinen

ANKARA UND DAS MONUMENTUM ANCYRANUM

Angora erreichten wir als neunzehnte Rast von Konstantinopel. Es ist eine Stadt Galatiens, einst Sitz des Gallierstammes der Tektosagen. Plinius und Strabon haben die Stadt wohl gekannt, was freilich jetzt von ihr steht, wird nur ein Teil des alten Angora sein. Die Kirchenschriften nennen es Anquira. Hier sahen wir die schönste Inschrift, eine Wiedergabe der Tafeln, auf denen Augustus seine Taten aufgezeichnet hat. Soweit sie noch zu lesen war, haben wir sie durch unsere Leute abschreiben lassen. Sie ist in die Marmorwände eines Gebäudes gemeißelt, das ehedem vielleicht Praetorium gewesen ist, jetzt zerfallen und ohne Dach. Tritt man ein, so liegt die Hälfte zur Rechten, die Hälfte zur Linken. Die obersten Buchstaben sind fast unversehrt, die mittleren beginnen Lücken aufzuweisen, die untersten aber sind durch Nägel und Beilschläge unleserlich verstümmelt. Das ist für das Schrifttum kein geringer Schade und von den Gelehrten füglich zu beklagen, und das um so mehr, weil diese Stadt bekanntlich von der Gemeinschaft Asiens dem Augustus geweiht worden war.

Hier haben wir auch gesehen, auf welche Art jenes erwähnte Wolltuch aus Ziegenwolle gefärbt wird und durch Wasserdruck seine Wellen empfängt, von denen es sowohl den Namen wie seinen Wert hat. Sie hielten es für am besten und wertvollsten, wenn die Spuren der Wellen möglichst breit und gleichmäßig geworden waren. Wenn irgendwo kleinere und ungleichmäßigere Wellen einliefen, so mochten Farbe und Stoff die gleichen sein, das Tuch wurde gleichwohl des Fehlers wegen um einige Goldstücke niedriger eingeschätzt. Mit diesem Tuche schmückt sich bei den Türken das ehrwürdigere Alter, und Suleiman selbst läßt sich in keinem Kleide so gern sehen wie im Kymatile, und zwar im grünen, eine Farbe, die nach unsern Sitten solchem Alter nicht ansteht. Aber bei den Türken verlangt sie die Religion, und ihr Prophet Mohammed hat sie noch im Greisenalter mit Vorliebe getragen. Schwarz ist bei ihnen eine gemeine und heillose Farbe. Wer bei ihnen im schwarzen Gewand auftritt, erscheint als ein bösartiger oder als Unglücksmensch. So haben einmal die Paschas, als wir im schwarzen Kleide zu ihnen kamen, sich verwundert und ernstlich beklagt. Keiner tritt dort in schwarzer Gewandung in die Öffentlichkeit, außer in Trauer oder wenn ihn besondere

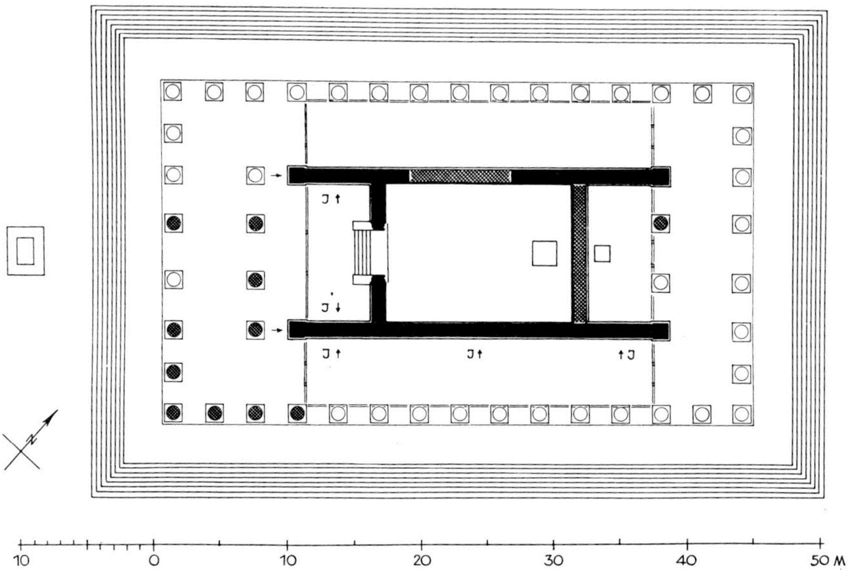

17 Wiederherstellung des Grundrisses vom Tempel in Ankara. Erhaltener (schwarz) und in den Fundamenten oder im Aufbau nachgewiesener Aufbau (schraffiert)

Armut oder ein schweres Unglück niederdrückt. Die Purpurfarbe gilt zwar als edel, doch zur Kriegszeit als Künderin des Todes; von günstigerer Bedeutung ist weiß, safrangelb, hellblau, violett, grau und andere. Die Türken nämlich geben nicht wenig auf Vorzeichen und Bedeutungen. Man weiß, daß einmal die Paschas wegen eines Sturzes vom Pferde ihres Amtes entsetzt wurden, als ob damit ein großes Unheil angezeigt sei, das sich durch Enthebung vom Amt von der Allgemeinheit auf ein einzelnes Haupt abwenden lasse.

1554

Ogier Ghiselin von Busbeck
Aus dem Lateinischen von
Wolfram von den Steinen

Arsameia am Nymphenfluß. Mosaikfußböden der Festräume ▷
aus kommagenischer Zeit – s. S. 331
(Foto F. K. Dörner)

18 Die Burg von Ankara. Zustand im Jahre 1882 – Zeichnung nach Photographien von Carl Humann

Nebenreferate, Lichtbildervorführungen und Informationsabteilungen. Es fehlte auch nicht an einem Erfrischungsraum, in dem der gute Tee nach türkischer Sitte bereitstand. Gelehrte aus allen Kulturnationen berichteten über ihre Forschungsergebnisse, vor allem natürlich im kleinasiatischen Raum, in dem seit der Entdeckung Trojas durch Schliemann Jahr für Jahr gearbeitet wurde, um unsere Kenntnisse über die bedeutungsvolle Vergangenheit zu erweitern, um die Steine zum Sprechen zu bringen, die Zeugnis von der wechselvollen Geschichte des Landes geben.

Neben dem umfangreichen Vortragsprogramm wurden Museumsführungen, Stadtrundfahrten und Ausflüge veranstaltet. Zuerst lernten die Gäste den alten Stadtkern zu Füßen der hochragenden Burg kennen. Die uralte Hauptstadt der Phryger wurde unter den Römern Hauptstadt der kleinasiatischen Provinz Galatien mit einem Tempel der Göttin Roma und des Augustus. Selbstverständlich erwies man dem *Monumentum Ancyranum* seine Reverenz und hörte vielleicht von türkischen Freunden, daß nicht die römische Tempelwand mit den lateinischen und griechischen Inschriften, sondern die daneben liegende kleine Moschee mit dem Storchennest häufig von der Bevölkerung besucht wird, da sich hier die jungen Leute von einem

Heiligen Beistand erhoffen, wenn es gilt, gegen den Wunsch der Eltern eine Neigungsehe durchzusetzen.

Das Museum für Vor- und Frühgeschichte Kleinasiens mit den Funden aus der ältesten Stadtsiedlung Çatal Hüyük, mit den hethitischen Skulpturen und Reliefs, mit den phrygischen Goldfunden ist in einer ehemaligen Karawanserei untergebracht. Es bietet übersichtlich und anschaulich in weiten Gewölben geordnet eine einzigartige Sammlung dar. Unter den großen Prozessions-Reliefsteinen wurden am Abend Tische mit einem kalten Büfett aufgebaut. Die Gäste konnten sich ein antikes Tempelfest vorstellen, auf dem sie bei Kerzenlicht königlich bewirtet wurden.

Einen Eindruck anderer Art gewannen die Kongreßteilnehmer bei dem Besuch des Mausoleums, das für den ersten Präsidenten der jungen Nation, für Atatürk, erbaut wurde. Aus dem Zusammenbruch des osmanischen Weltreiches rettete er das anatolische Kernland und schuf in seiner Mitte die neue Hauptstadt. Absichtlich verlieh er Ankara moderne Züge. Da er einen erbitterten Kampf gegen die islamische Geistlichkeit, gegen ihren Einfluß und ihren Besitz an Gütern und Ländereien geführt hatte, ließ er in den modernen Stadtvierteln keine Moscheen errichten. Darin ist allerdings allmählich ein Wandel eingetreten. Eine neue religiöse Bewegung forderte einen repräsentativen Bau im Beamten- und Diplomatenviertel, der sich nun in der Nachbarschaft des großen Boulevards nach dem Muster der klassischen Moscheen von Istanbul und Edirne erhebt.

Jedenfalls, als Atatürk seinen Tod in dem prunkvollen Palast der letzten Sultane am Bosporus erwartete, verfügte er, daß sein Körper in Ankara, fern von den Kuppeln und Minaretts der alten Hauptstadt ruhen sollte. Und er bestimmte auch im voraus den Platz, einen Hügel, nicht weit von dem Verwaltungszentrum gelegen, der einen beherrschenden Blick auf die Altstadt, die neuen Viertel und die umgebenden Baumanlagen bietet. Vielleicht hat er nicht gewußt, wie groß das Ausmaß dieser Grablegung werden würde, größer und monumentaler als die Türbe eines Sultans, die sich geheimnisvoll zwischen Zypressen verbirgt. Hier in Ankara ist alles offen, klar, sachlich, streng wie auf einem Feldherrnhügel. Von hier aus kann man sehen, wie unglaublich weit sich die Stadt ausgedehnt hat.

Das Wort des Diktators zwang die Beamtenfamilien zur Übersiedlung, zum Kauf eines Grundstückes und Bau eines Hauses. Die Belastung des Vaters wurde längst zum Segen für die Kinder; denn ihr Eigentum stieg mit dem Wachsen und Gedeihen der Stadt immer höher im Preis. Man wird es wahrscheinlich oft bedauern, daß der stille Charakter der Vorstadtviertel allmählich zurücktritt; denn oft verkauften die Erben das zweistöckige, gartenumschlossene Familienhaus, auf dem nun ein riesiges Hochhaus errichtet wurde, das vielen aus Anatolien hinzugezogenen Landesbewohnern und Diplomatenfamilien Platz bietet. Die Neubauten ziehen sich bis zum Sitz des Präsidenten herauf, der anfangs in einsamer Höhe über der Stadt thronte.

Unscheinbarer als die Häuser der Wohlhabenden sind die Hütten der Armen, die sich an den Stadtrand klammern. Nach einem alten Gesetz konnte niemand vertrieben werden, der unter einem eigenen Dach schlief. So errichtete man in Windeseile behelfsmäßige Hütten und verschob den weiteren Ausbau, den Anschluß an die Licht- und Wasserleitung auf eine spätere Zeit. Das bedeutete ein großes Problem für die Stadtverwaltung, da man nie mit einem solchen steilen Anstieg der Bevölkerungszahl gerechnet hatte.

Hierapolis – Pamukkale
Abb. 51: Die weithin sichtbaren mächtigen Sinterterrassen – s.S. 252
Abb. 52: Der Zuschauerraum des Theaters – s.S. 253
(Fotos H. Schricker)

Holz, Kohle und Wasser, das sind die wichtigsten Lebensgrundlagen für die Stadt in der Steppe. Die Hausfrauen klagen oft, daß der elektrische Strom für Stunden ausfällt, daß in dem kalten Winter die Dunstwolken von billiger Braunkohle über der Stadt lagern. Die Sommerhitze darf nicht zu dem Glauben verführen, daß wir hier im sonnigen Süden leben. Ankara liegt 850 Meter hoch über dem Meeresspiegel und ist im Winter den eisigen Steppenwinden ausgesetzt.

„Ankara liegt am Ankara suyu", vermeldet das Lexikon, aber vergeblich wird man einen strömenden Flußlauf in der Stadt suchen. Alle Bäche, alle Rinnsale sind in Staubecken zusammengefaßt, die das kostbare Naß sammeln und verteilen. Von vermehrtem Waldbestand erhofft man reichere Niederschläge. Kaum glaublich ist der Erfolg der Mühe, mit der vier Grüngürtel um die Stadt angelegt und bewässert worden sind. Ein Wunder scheinen die Gartenanlagen um die Burg, um das Museum oder im Volkspark, erfrischend ist der kühle Baumschatten auf dem Mustergut Atatürks in der Nähe der Stadt.

In den großen Hotels, in denen die Kongreßteilnehmer untergebracht waren, schien es an nichts zu fehlen. Das Badewasser rauschte, der Kühlschrank spendete kalte Getränke, das Licht brannte und das Radio lief. Konnte man sich denken, daß es das alles vor einem halben Jahrhundert noch nicht gab, als Atatürk Ankara im Jahre 1923 zur Hauptstadt erklärte?

In dem perfekten Ablauf der Organisation des Kongresses gab es nur eine kleine Panne, die alle wieder in die alten Zeiten versetzte. Ein Ausflug nach Gordion wurde veranstaltet, und es hatten sich weit mehr Interessenten dafür gemeldet, als die Kongreßleitung vorhergesehen hatte. Sechs Omnibusse rollten in der glühenden Sonne durch die schattenlose Hochebene. Es hatte Verspätung bei der Abfahrt gegeben, die Luft im Autobus war drückend heiß. Der freundliche türkische Student tröstete seine Fahrgäste: „Sowie wir in Gordion angekommen sind, gibt es einen Tee." „Inşallah – so Allah will", seufzte ein Türkei-Erfahrener, was ihm einen traurig-strafenden Blick des Dolmetschers eintrug. Die Omnibusse kamen glücklich in Gordion an – es war ein Erlebnis! Staunend drängte man sich

Abb. 53: Unter dem Bogen der Chabinas-Brücke – s. S. 330 (Foto J. Warnke)
Abb. 54: Brücke über den Chabinas – Kâhtaçay, erbaut von der XVI. römischen Legion am Ende des 2. Jahrhunderts n. Chr. Spannweite 34,20 m (Foto F. K. Dörner)

durch die engen Tumulusgänge und durch das kleine Museum, das einen solchen Besucherstrom noch nie erlebt hatte. Dann aber kam's: nach wenigen Minuten, nachdem alle Leitungen fieberhaft aufgedreht worden waren, versagte das Wasser. Es floß kein Tropfen mehr, kein Wasser zum Händewaschen, kein Wasser für die Toilette, kein Wasser zum Teekochen für die durstigen Kehlen. Natürlich gab es mehr Verständnis als Ärger, hilfreich wurden Zitronenbonbons herumgereicht. Allen aber kam die Weisheit der griechischen Philosophen in Erinnerung: „Ὕδωρ *μὲν ἄριστον*", das kostbarste Gut ist das Wasser!

1975 *Eleonore Dörner*

DAS LIED DER ROHRFLÖTE
BESUCH IN DER ALTEN SELDSCHUKENHAUPTSTADT KONYA

Wer in Kleinasien reist, muß, sobald er sich südwärts wendet, das Taurosgebirge bezwingen. Menschenleer, bald mit kühlen, bewaldeten Schluchten, bald mit rissigen, von Erosionen gespaltenen Hochplateaus, läßt es sich jeden Kilometer auf schwindelnder Straße abtrotzen. Vom Anblick zertrümmerter Lastwagen verstört, die gelegentlich wie die Takelage untergegangener Schiffe über die Klippen ragen, fragt der Reisende sich: Welche Opfer hat diese Bergfestung den Heeren Alexanders des Großen, der Armee des Perserkönigs Dareios, den ungenannten römischen Hundertschaften und den Kreuzfahrern unter Gottfried von Bouillon als Preis für den Durchgang durch die kilikische Ebene auferlegt?

Nachdenklich betrachtet man einen kleinen, ummauerten Friedhof mit den verwachsenen Gräbern von vierzehn deutschen Soldaten, die eine schlichte Inschrift vor dem Vergessen gerettet hat: In treuem Andenken die Kameraden der Kraftfahrertruppe Tauros 1916/17.

Langsam an Tiefe gewinnend wie ein Flugzeug vor der Landung, läßt der Reisende sich von der Bürde der Berge entbinden und treibt durch baumlose Salzwüsten, wo die fast geometrischen Überschneidungen der abfallenden Hügel die Wunder der abstrakten Kunst ahnen lassen, auf Konya zu. Am Wege bietet eine seldschukische Karawanserei mit Moschee, Innenhof und Tierställen, die den durchziehenden Händlerkarawanen Zuflucht gewährte, ihre verödeten Ruinen nur noch zu melancholischer Betrachtung an. Lediglich die hoch über dem bröckelnden Gemäuer nistenden Störche erneuern hier alljährlich ihr Logis.

Konya, wo nach der mythologischen Überlieferung Perseus das Haupt der Medusa abgeschlagen und an einer Säule aufgehängt haben soll, war die Hauptstadt des Sultanats von Rum, über die ein arabischer Reisender aus Tunis im zweiten Viertel des vierzehnten Jahrhunderts schrieb: ,,Es ist eine große, schöngebaute Stadt, reich an Wasser, Flüssen, Gärten und Früchten. Die Aprikosen, die hier gedeihen, werden nach Ägypten und Syrien exportiert. Die Straßen sind breit, die Märkte bewunderungswürdig angelegt."

Freilich haben fünfhundert Jahre viel geändert, und weder Kalifen noch Emire wandeln in den Vorhöfen der Moscheen und Medresen. Doch nimmt sich die Stadt, wenn man sie vom niedrigen Zitadellenhügel aus betrachtet, noch immer wie ein Ort der Eingeweihten aus, die ihm ihre kostbarsten Geheimnisse mitgeteilt haben: der Apostel Paulus und sein Gefährte Barnabas, die heilige Thekla, die hier zum Christentum bekehrt wurde und als Märtyrerin der griechisch-orthodoxen Kirche weiterlebt, und schließlich Celâleddin, der mystische Dichter und Philosoph, der an dieser Stelle den Orden der tanzenden Derwische gründete.

Beherrscht wird das mit grünblauen Farben getönte Pastellbild der Stadt von dem nach dem bedeutendsten Seldschukensultan Alaeddin Keykubat benannten Hügel, wo Palast, Grabhaus und Moschee eine geschlossene, stark von arabischen Vorbildern beeinflußte Anlage bilden. Niemand kann sagen, welchem verschollenen Tempelheiligtum auf dem Boden des alten Iconium (was soviel wie Stadt mit dem Bilde heißt) die fünfzig antiken Säulen, die das Dach der Alaeddin-Moschee tragen, entstammen.

Zu gleicher Zeit, als sich die Steinmetzkunst der Hochgotik an unsere Kathedralen verschwendete, erreichten der plastische Steinschmuck und die Fayencekunst des Orients auf dem Wege über die Abstraktion einen Höhepunkt ihrer Entwicklung, der nicht mehr überschritten worden ist. In Konya erblühte der geometrische Reliefdekor zu einer in der Natur vorgebildeten symmetrischen Schönheit, die ihr Thema in harmonischen Wiederholungen abwandelt. Die Studenten in den Medresen, die durch die heute zugemauerten Wandnischen in den Hauptraum traten, ergaben sich an einem unüberdachten Wasserbecken ihren astronomischen Studien, indem sie die mathematische Formel des Alls an Hand des Sternenumlaufs errechneten. Die tiefblauen Kacheln, von denen die Karatey-Medrese durchzogen ist, und die das Rund der Kuppel umschlingenden kufischen Schriftbänder geben noch etwas von der geheimnisvollen Nachtstimmung dieser kosmischen Studien wieder. Sobald man aber vermittels der mit Geburts- und Sterbedaten seldschukischer Dynastien beschrifteten Tafel errechnet, daß bis auf einen, der ein Lebensalter von vierzig Jahren erreichte, alle übrigen als Kinder starben und, was sich ohne weiteres daraus ergibt, einen gewaltsamen Tod erlitten haben, scheint durch den Einbruch menschlicher Willkür das rhythmische Gefälle dieser Formenwelt in ihrer Ausgewogenheit plötzlich gestört.

Wie alle Orte, wo der für Gott entflammte Geist Wohnung nimmt, übt auch das Mevlana-Kloster seit Jahrhunderten seine unveränderte Anziehungskraft auf Menschen aller Glaubensrichtungen aus. In Konya hat der aus Persien zugewanderte Dichter, Philosoph und Mystiker Celâleddin Rumi, der 1273 nach Christus starb, seine Schüler und Anhänger zu leidenschaftlicher Selbstversenkung angehalten. Hatten sie auf diesem Weg alle Stufen des Strebens nach Erkenntnis der Weltseele durchlaufen, konnten sie in quietistischer Innenschau den Enthüllungen des höchsten Wesens entgegenharren.

Unter den Musikinstrumenten, die zusammen mit handgeschriebenen Koranen der Derwische, mit siebenhundert Jahre alten Teppichen, Samtgeweben und kunstvollen Schnitzereien ausgestellt sind, nimmt die Sammlung der Rohrflöten einen besonderen Platz ein. Sie gaben beim Tanz der Derwische jenen unirdischen Ton an, der, wie der Flug der Vögel, in der vollkommenen Schwebe zwischen Himmel und Erde blieb und dem reinen Klang der Sphären am nächsten kam. Zum Lied der Rohrflöten bewegten sich die mit hohen Mützen aus Wollfilz bekleideten Mönche entrückt im Reigen, die linke Handfläche nach unten, der Erde zugewendet, und die rechte über den Kopf nach oben gerichtet, eine auf wenige Schritte zusammengedrängte Umschreibung dafür, daß sie die göttliche Inspiration erwarteten.

Unter der Stalaktitenkuppel ist das Mausoleum eingerichtet, wo der Sarg Celâleddins zusammen mit den Särgen seiner Familie hinter einer silbernen Pforte aufgestellt ist. Eine beruhigende und weltversöhnende Wirkung geht von ihm aus, als ob der Meister noch durch sein Schweigen redete. Einst hat er, dabei dem Neuplatonismus wie dem Christentum verwandt, gelehrt, in liebender Selbstentäußerung mit Gott zu verschmelzen. Die Gegenstände, die in der zum Museum gewordenen Moschee gesammelt sind, wie der hölzerne Rosenkranz aus neunhundertneunundneunzig Perlen, die silbernen Kessel zur Aufnahme des Aprilregens, die Waffen, Gefäße und Leuchter, sind ebenso wie die Bärte berühmter Heiliger in das mystische Halbdunkel der Räume wie in ein Reliquiar eingebettet.

Geht man an den kahlen, der Meditation geweihten Zellen der Derwische vorüber, vertieft man sich in ihre kostbaren kalligraphischen Handschriften und in die Manuskripte Celâleddin Rumis, die als Offenbarungen eines Erleuchteten im gesamten Orient noch in hohem Ansehen stehen, wird man die offizielle Auflösung des Ordens durch den Staatsreformer und Republikgründer Atatürk lediglich als einen äußeren Bruch mit einer geistigen Überlieferung verstehen, deren Wurzeln tief in morgenländischen Traditionen ruhen. Die Derwische tanzen nicht mehr, aber das Lied der Rohrflöte als eine mystische Klage um die Entzweiung des Menschen mit Gott kann nicht verstummen. In einer der alten Medresen von Konya gibt es die Inschrift einer Sure, an der sich ihre uferlose Melodie ewig neu entzündet: „Sind jene, die wissen, gleich jenen, die nicht wissen?"

1968 *Ingeborg Meyer-Sickendiek*

BESUCH BEI DEM GROSSMEISTER DER DERWISCHE IM MEVLANA-KLOSTER

Wir hatten wenig Muße in Konya, der seldschukischen Hauptstadt. Was hier noch an bedeutenden Bauwerken besteht, zeugt wie jene herrlichen Trümmer, die wir in Niğde sahen, von dem älteren Reitervolke, das den Türken voranging und das eindrang in die erhabenen Formen später Gesittung, die es auf dem Wege der Eroberung vorfand. Nicht nur zu übernehmen war ihm gegeben, nein, ihm entsprang aus dieser tiefen Begegnung eine verjüngte, einmalige, seltsame Kunst. Heute stehen ihre Reste da als ein Zeichen für den schicksalhaften Tausch, der einem Volke widerfährt, das seine politische Macht und Kraft hingibt an die Werke des Geistes und seine Verführungen. Der Türke, der dem Seldschuken folgte, war gefeit gegen solchen Zauber. Es gibt heute noch in der verödeten Provinzstadt ein von hohen Mauern umschlossenes, ausgedehntes Gehöft, in welchem nicht nur die Spuren des verrauschten hohen Lebens wohlerhalten erscheinen, nein, wo sogar etwas von der Würde, dem Glanz und dem Nerv ferner, formenreicher Zeitalter lebendig und spürbar wird. Dieses Gehöft umfaßt das Hauptkloster der Derwische, es ist der Sitz des Oberhauptes dieser mächtigsten Kongregation in der mohammedanischen Welt.

Schon als ich auf den Marmorfliesen des Hofes stand, es war fünf Uhr abends, umfing mich alles mit einer nie geahnten, zarten Kostbarkeit. Die Farbe frisch geschälter Fichtenstämme lag auf den hellen Gebäuden, die Wasser in den mit goldenen Rändern eingesäumten Brunnen und in den breiten, flachen Becken spiegelten regungslos eine von draußen völlig getrennte, unbewegt durchsonnte Luft, und die Vögel sanken und stiegen aus den Kronen der Platanen, man hörte nur ihr Gefieder leise rauschen, sonst herrschte große Stille. Ein uralter Mönch erhob sich, er lag auf der schmalen, freien Terrasse, die vor den Zellen lief, er sonnte sich; an den kleinen gewundenen Säulen trat er vorbei, würdig ging er die Stufen hinunter, er neigte sich vor uns, indem er die Arme auf der Brust kreuzte.

Der Mönch bat uns zu warten, er wandte sich zu dem Hauptgebäude, um uns beim Meister zu melden. Bald darauf traten vier Mönche aus der Tür, in welcher der Bote verschwunden war, sie stellten sich auf, eine Gasse bildend, und beugten sich in ihren hohen, spitzen Mützen; grüßend schritten wir hindurch, zwischen Säulen, breite Stufen hinan über die Terrasse und hinein in den großen weinfarbenen Empfangsraum, und hier war der Meister. Er saß gegenüber der hohen Tür, durch die wir traten, aufgerichtet auf den Kissen.

Nie in meinem Erinnern habe ich eine so fürstliche Haltung gesehen. Müde erscheint das, was wir als vornehm zu spüren gewohnt sind, vor solch kühner, geschmeidig kraftvoller Hoheit. Vor diesem noch jungen König der Mönche erschien mir Irfan plötzlich wie etwas Unedles und Angestrengtes. Im engen, schwarzbraunen Seidenkaftan unter der grünen Mütze saß der Nachkomme des Gründers dieses weltgeschichtlichen Ordens, aufgerichtet und beweglich; er war klein, schmal gebaut, seine dunkelbraunen Hände waren von der schönsten Prägung, er war ganz turkmenisch-seldschukisch, sein Kopf rund und zierlich, die Backenknochen zeichneten sich, und die Augen hatten das schwarze Brennen des im Dunkel reißend dahinziehenden Wassers. Jede Gebärde war königlich, unwidersprechlich und von herrlichem Stolz. Ich gedachte der schwarzen Rüstung Karls des Fünften in Wien, aus der das Fürstliche so gebieterisch und lässig zugleich spricht. Ich konnte das Empfinden des schweren, in hohen ausgenommenen Geschlechtern matt gewordenen Ungeschlachten nicht verscheuchen vor dieser Gebärde, die vor mir sich vollzog wie jener Hieb Saladins nach der Flaumfeder.

Der Nachkomme saß aufgerichtet, im Kreuz geschmeidig, wie ein junger Sieger, der zu Pferd inmitten des Heeres steht, sich wendet mit der rechten Hand auf der Kruppe und befiehlt. Die Mönche kauerten beim Eingang am Boden. Wir Gäste saßen zur Rechten und Linken des Ordensmeisters. Während die Gebräuche vorüberzogen, – wir tranken ein honigfarbenes Getränk aus chinesischen Schalen, – war das Gespräch verstummt, das Licht flutete immer noch breit auf den dunklen Teppich des einfarbigen Raumes. Der Großderwisch saß schon im Schatten, Hände und Gesicht wurden blaß, er spielte mit einer goldenen Kette, die ihm am Halse hing. Jetzt befahl er; die Diener liefen, sie kamen zurück mit Truhen und Teppichen. Der Nachkomme stand auf, alle neigten sich, er schritt durch das Zimmer, ließ die Truhen öffnen und die Teppiche breiten. Alles geschah ohne Laut, er stand und schaute über unsern Beifall hinweg. Stirnreife, Dolche, Gürtel und köstliche Gewänder entnahmen die Dienenden den Truhen, sie entrollten Teppiche, geheimnisvollen Irrgang geometrischer Vision, dunkle, warme, tiefe, federleichte und die seidenen, blassen mit dem fliehenden Glanz. Nun beugte sich der Herr über all diese Schätze plötzlich selbst rasch nach dem geöffneten juwelengeschmückten Behälter der Schätze, er griff Geschmeide heraus und streute sie auf die weiche, vielgefärbte Wolle, die, von rötlichen

Fransen umgeben, beim Eingang im vollen Lichte des Abends lag. Hierauf ging er mit weiter Gebärde an all dem vorbei und schritt uns voran durch den Hof an den Weihern vorüber und in den gewölbten Palast, der das Grab seines Ahnen birgt, bei Tag und Nacht von silbernen Ampeln erhellt. Dort schloß sich das Tor hinter ihm.

Uns aber führte ein kleiner, alter Mönch in die Kammer, dem Grabgewölbe angebaut; dort waren auf Schäften und in Laden Pergamente und heilige Bücher aufbewahrt, gebunden in rotes Leder und in fein geschmiedete Netze aus Gold. Wie ein Zauberer, behutsam, ging der Alte damit um, noch mit der ursprünglichen Scheu, dem Grauen vor der magischen Gewalt des Geschriebenen, des unheimlichen Zeichens, das über die Zeiten und die Geschlechter hinweg den Sinn so gewaltig angeht, daß einer, zu tief von solchen Zeichen berührt, in Narrheit und Entsetzen geraten könnte über die Sprache, die ein anderer, ein Ferner, längst Vergangener, das Unheil bemeisternd, mit leichtem Sinn hingeschrieben hat. Bei dem Alten holte uns ein Riese ab, ganz übermäßig in der hohen, braunen Mütze; er führte uns in den leeren, spiegelglatten Raum der Andacht, wo die Derwische ihre schweren Übungen verrichten.

Viele Reisende haben mit Neugier und mit Ernst die heulenden und die tanzenden Derwische gehört, gesehen und auch in mannigfaltiger Weise geschildert. Es steht uns nicht an, diese fremde Versenkung in Gott ergründen zu wollen, jedes Beginnen dieser Art ist Vermessenheit; es gibt heute mehr denn je die strenge Grenze, die wir halten sollen, und uns ist geheißen, unsere Seele zu wahren; denn was kann der Mensch geben, daß er sie wieder löse.

Und nochmals wurden wir zu dem Meister des Ordens gerufen; diesmal in den Grabraum selbst, wo er seine Andacht verrichtet hatte; und nochmals wollte er uns Schätze zeigen, diesmal in dem hohen, schwarz und silbern ausgeschlagenen Raume die geheimsten, die er besaß; plötzlich hatte er es anbefohlen, mit Scheu und Staunen gehorchten die Mönche. Die köstlichen Lampen Harun al Raschids wurden uns gezeigt, Teppiche seltenster Arbeit, unzählige, unvergleichlich schöner als die ersten. Dann aber zuletzt der tausendjährige Teppich, vor tausend Jahren aus Bagdad geschenkt.

Die Macht, die einem Anblick über unser Gemüt gegeben ist, wurde mir bei diesem Gebilde klar. Die unsägliche Schönheit der sanften Farben beugte einen bis zur Rührung, darüber gänzlich erfüllt aber war das Wunder der Bewegung; die ehrfürchtige Gebundenheit orientalischer Zeichen war hier zum ersten Male gelöst, das Gesetz war in seinem enthüllten Wandel ergriffen und hier bewahrt, es zogen die Gestalten der Welt gefiedert schwebend über wiegenden Pflanzen wunderbare Kurven entlang, ein unendliches Wechseln, Ineinandergreifen, Sinken und Steigen war hier vor unseren Blicken, mir war, als müsse es klingen; so nahe war hier die Schönheit, daß man meinte, die Gestalten ihres blendenden Reigens, einzeln, nach geheimer Vorschrift ihre seligen Schritte schreiten zu sehen.

1923 *Carl J. Burckhardt*

TANZ DER DERWISCHE

An jedem Freitag vormittag tanzen die Derwische. Ihr Tanzsaal ist achteckig, von zweistöckigen Galerien umgeben.

Im Hintergrund sitzt auf einem Tierfell der Oberpriester, der Scheich, und vor ihm im Halbkreis die Barriere entlang die Derwische. Alle tragen hohe, braune, zuckerhutförmige Kopfbedeckungen aus Kamelhaar, und über die Schultern fallen ihnen verschiedenfarbige Mäntel.

Nun beginnt oben auf der Galerie die Musik zu ertönen. Ein seltsamer, melancholischer Gesang in unendlichen, langgezogenen Modulationen, von Flöten und Tamtam begleitet. Nun erheben sich die Derwische; in langsamem, gravitätischem Zuge, einer nach dem andern, machen sie vor dem Scheich eine tiefe Verbeugung, auch dieser erhebt sich, und nun beginnt ein Kreisgang mit seltsamen Schritten und feierlichen Reverenzen, die von jedem der Vorbeiziehenden jedesmal wiederholt werden, wenn er den Platz betritt, auf dem der Scheich mit gekreuzten Beinen thront.

Plötzlich gibt dieser mit seiner Hand ein Zeichen, und alle bilden vor ihm einen Halbmond. Von ihren Schultern fallen die Mäntel, die von dienenden Brüdern aufgehoben werden, und nun stehen sie in ihrer schneeweißen Tempeltracht da: ein reich gefälteter Rock, weiße Beinkleider, die über den nackten Füßen am Rist zusammengebunden sind. Einer nach dem andern schreiten sie an ihrem Scheich vorbei und küssen ihm die Hand, worauf er sich hinabbeugt und sie auf die Wange küßt; dann machen sie einige Schritte zur Seite, erheben langsam die Arme, strecken sie waagerecht aus, und rasch mit gesenktem Kopf im Kreise schnurrend, schweben sie über den gebohnerten Boden. Wie eine zur Erde geneigte Riesenblume langsam ihre Kronblätter entfaltet, breiten sie die weißen Gewänder nach allen Seiten um sich aus. Die Musik beschleunigt ihren Takt, immer rascher drehen sich die Derwische, der Kopf sinkt auf die Schulter hinab, die Hand des ausgestreckten rechten Armes ist nach oben geöffnet und die linke der Erde zugewandt. Bleicher und bleicher werden die Wangen, immer blauer die Lippen, aus denen langsam weißer Schaum hervorquillt; aber immer wilder rast der Tanz, immer besinnungsloser.

Wohin flattern nun ihre Gedanken, die Gedanken dieser Greise, Männer und Knaben? Versinken sie selbst, taumelberauscht, immer tiefer in Mohammeds Seligkeitswelt, hören sie schon deren Palmen rauschen? Oder erlischt ihr Bewußtsein schmerzbefreit in einem Schlummer ohne Träume – versinken sie gleich Tropfen in die Gewässer des großen Nichts?

Wenn sie schließlich in ihrem Laufe innehalten und die Riesenblumen sich endlich sacht schließen, dann sinken sie einer nach dem anderen kraftlos, ihrer Sinne beraubt, zu Boden wie ein ausgebrannter Gluthaufen, und während sie gleichsam in Scham, daß ihre Kraft doch nicht mehr als menschlich war, den Boden küssen, werfen die Diener Mäntel über ihre triefenden Schultern, und die Musik verhallt und erstirbt.

Und wir erheben uns von unseren Plätzen und gehen, halb betäubt, halb erstaunt über uns selbst, ein klein wenig verlegen, daß wir uns für einen Augenblick wirklich von der Mystik erschüttern ließen und von jenem unheimlichen und unbekannten Element der wundersamen, in Europa vergessen Kunst, die einmal von den alten Griechen zu den schönen Künsten gezählt wurde.

1908

Birger Moerner
Aus dem Schwedischen von
Marie Franzos

WO DIE RÖMER HEISSE BÄDER NAHMEN

Wenn wir im ovalen Schwimmbecken stehen, das zu unserem Motel gehört, quirlen Kohlensäurebläschen prickelnd von den Fußspitzen aus am Körper hoch. Die Gasblasen, die mit 35° aus der Erde kommen, wärmen das Wasser an, das an heißen Tagen immer noch erfrischend wirkt, am kühleren Abend dagegen dazu verleitet, sich möglichst lange in der lauen Flut zu tummeln.

Aus den Naturgegebenheiten dieses Ortes wußten auch die Römer Nutzen zu ziehen und haben den von Eumenes II. von Pergamon hier errichteten militärischen Stützpunkt zu einer reichen Stadt ausgebaut. Sie erweiterten die einstige griechische Orakel- und Kultstätte an der Hauptquelle – die „Höhle des Charon" – zu einem Nymphäum und nutzten die heißen Quellen für ihre Thermen.

Hierapolis, die „Heilige Stadt", war aber nicht nur Kult- und Badeort, sondern diente auch als Umschlagplatz für die in den Tälern geerntete Baumwolle. In den Quellwassern des heutigen Pamukkale, der „Baumwollfeste", wurde die Wolle gewaschen, und dank der besonderen Zusammensetzung des Wassers konnten auch die eingefärbten Stoffe darin fixiert werden. Auf der „Straße der Könige", die aus dem Vorderen Orient kommend durch Hierapolis führte, wurden Wolle und Stoffe zum Ausfuhrhafen Ephesos verfrachtet.

Vorerst interessieren uns die Römer und ihre Stadt Hierapolis nicht. Schon in der Nähe von Denizli waren uns in den Bergen und Hügeln, die das Mäandertal begrenzen, Dampffontänen aufgefallen. Aus dem vulkanischen rotgelben Erdreich zischen sie unter starkem Druck bis zu mindestens 20 Meter Höhe empor. Wissenschaftler des türkischen Geothermik-Instituts versuchen, das nach dem Niederschlag des Dampfes sich kondensierende Wasser für die Bewässerung der Felder nutzbar zu machen.

Aber bald darauf entdecken wir am nördlichen Hügelrand eines mehrere Kilometer breiten Talkessels die außergewöhnlich weiße Bergflanke in den sonst sandgelben und braunen Farben des Landschaftsbildes: die Kalksinterterrassen von Pamukkale! Hier quellen aus dem Berg kalkgesättigte Wasseradern, die sich über die Steilhänge verteilen, Mulden und Becken füllen, überfließen von Terrasse zu Terrasse, bis sie im Tal versickern. Durch die

Ablagerung des Kalkes schieben sich die Felsterrassen Jahr um Jahr weiter in das Tal vor. Ständig verändert sich das Bild der fächerartig sich ausbreitenden Becken und der versteinerten Kaskaden.

Wir nehmen unsere Schuhe in die Hand und machen uns barfuß zu einem Erkundungsgang zu den Wasserspielen von Pamukkale auf. Hier ist die Natur wie verzaubert! Wie lilienweiße Blütenkränze reihen sich die mit türkisblauem Wasser gefüllten Becken. Durch Stalaktiten sind die übereinandergeschichteten, halbkreisförmigen Wannen miteinander verbunden. In durchsichtigen Schleiern rieselt Wasser über die Ränder der Schalen und prägt, wie im Fließen erstarrt, zarte Wellenmuster in den blaßrosa und lindgrün schimmernden Stein. Einem versteinerten Gnom gleich die versinterte Wurzel eines Strauches, und bizarre Formen nehmen die mit einer dünnen Kalkschicht überzogenen Pflanzen an. Balancierend klettern wir von einer Brunnenschale zur anderen, steigen hinab zu den drei bis vier Meter hohen Orgelchören, die die größeren Becken verbinden, und waten im knietiefen Wasser des wie von· Künstlerhand entworfenen, phantasievollen Naturgebildes, das wohl in der Welt nicht seinesgleichen hat. Wie zur Vollendung des Kunstwerks drängen sich zartgrüne Blattpflanzen aus Ritzen und Spalten. Steinnelken und Oleanderblüten leuchten hellrot zwischen dunkelgrünen Blättern vor weiß glänzendem Hintergrund. Vereinzelt blühende Gräser erinnern in dieser traumhaften Umgebung an japanische Tuschzeichnungen.

Aber heiß ist es hier oben, und weit und breit gibt es keinen Baum, der Schatten spenden könnte. Nur drüben bei den Quellen der römischen Thermen wachsen ein paar Oleandersträucher. In ihren Schatten ziehen wir uns zurück – und sind nun doch wieder bei den „alten Römern" angelangt. Denn hier, wo die warmen Quellen in die Bäder der Thermen geleitet wurden, schimmern unter dem Wasserspiegel Marmorsäulen, die einst den überdachten Umgang des Baues stützten. Hinter den hohen Gewölben einer „Basilika", die noch als Ruinen imposant wirken, waren Frigidarium, Caldarium und Tepidarien eingerichtet, die öffentlichen Kalt-, Warm- und Fußbäder der Römer.

Noch ein wenig weiter auf den Spuren der antiken Stadt wandernd, steigen wir die Hauptstraße hinauf zu den Rängen des Theaters, das noch einen so vollkommenen Eindruck macht und so unberührt von Restaurierungsarbeiten ist, als wäre erst gestern durch einen Erdbebenstoß die Bühnenwand eingestürzt und hätte Reliefs, Statuen in muschelförmigen Nischen, Säulen und Kapitelle mit in die Tiefe gerissen.

Hier ist alles den Regengüssen des Winters und glühender Sommersonne ausgesetzt. Trotzdem ist der Zustand der Fundstücke bemerkenswert gut. Messerscharf sind noch die Kanten eines Mäanderbandes, unversehrt heben sich Akanthusblätter vom blütenweißen Marmor ab. Ein Relief zeigt die Frühlingsgöttin, die lächelnd einem Jüngling entgegeneilt. Laubwerk- und Weinrankenornamente beleben die fünf Türen des Theaters, durch die einst die Schauspieler die Bühne betreten haben.

Entlang der ehemaligen Prachtstraße von Hierapolis finden wir keinen Meter Boden, der nicht von Marmorbruchstücken übersät und keinen Erdhügel, in dem nicht jeder Scherben, der sich aus dem harten Erdreich löst, Teil eines antiken Gefäßes gewesen ist. Unter einem der Stadttore liegt ein Medusenhaupt, die offenen Augen zum Himmel gerichtet, eine Schlange um den Hals zur Schleife gebunden. Hinter dem monumentalen, von zwei Rundtürmen flankierten, dreifachen Tor der westlichen Umfassungsmauer beginnt die etwa zwei Kilometer lang zu beiden Seiten der Straße sich hinziehende Nekropole. Einfache, aber kraftvolle Ornamente schmücken die massiven Steinsarkophage auf hohen Sockeln, deren Deckplatten wie von Geisterhand zur Seite geschoben oder zerbrochen sind. Kreisförmig angelegte Tumuli wechseln mit Grabkammern in der Form von kleinen Kapellen bis zu großen Hypogäen mit Satteldach und Giebel. Etwas weiter oben am Hang wurde ein Oktogon ausgegraben, das einst von einer zentralen Kuppel überwölbt war. Hier soll der Apostel Philipp mit seinen fünf Söhnen und Töchtern, die das Martyrium erlitten, beigesetzt worden sein.

Hier in Hierapolis wird uns ganz besonders die Vergänglichkeit all dessen bewußt, was der Mensch geschaffen hat.

Was in steter Erneuerung aus dem schöpferischen Quell der Natur den Wandel der Zeiten überdauern wird, das sind die weißen Blütenterrassen des heutigen Pamukkale, über denen jetzt die Abendsonne glüht: Golden glänzen die Ränder der Brunnenschalen, das Wasser schillert smaragdgrün. Über den Steilwänden hängen glutrote Farbschleier, und zwischen den Orgelchören der Stalaktiten nisten violette Schatten. Langsam versinkt der Sonnenball hinter den Bergen, und seine Lichtbahn bricht sich purpurn in den Wasserbecken. Wie verzaubert bleiben wir zwischen den steinernen Kaskaden zurück. Von irgendwoher klingt ein wehmütiges Lied, und bald wird sich der volle Mond in den stillen Wassern spiegeln.

1969 *Hedwig Schricker*

AKŞEHIR
DIE STADT NASREDDIN HOCAS

Nasreddin Hoca – welcher Türkeifreund kennt den Namen des Meisters nicht? Wer hätte nicht einige seiner Schnurren und Späße gehört oder gelesen? Gewiß ist Nasreddin Hoca heute noch einer der bekanntesten Männer der alten Türkei, bekannter vielleicht als mancher Sultan und Emir seiner Zeit. Und dennoch, wie wenig ist es, was wir wirklich aus seinem Leben wissen. Wir wissen nicht einmal genau, wann er eigentlich gelebt hat. Nach einer, vielleicht der glaubwürdigsten Tradition, ist unser Nasreddin im Jahre 605 der Hedschra, also 1208/1209 n.Chr. als Sohn des Imam Abdullah im Dorfe Horto bei Sivrihisar nördlich von Akşehir geboren. Zwanzig Jahre später starb sein Vater, und Nasreddin übernahm sein Amt, ging aber dann nach Akşehir. Im Jahre 683 der Hedschra, also 1284/1285 n.Chr. ist Nasreddin Hoca im hohen Alter gestorben. Dieses Datum findet sich in seiner Türbe, seinem Grabdenkmal zu Akşehir, verzeichnet. Wenn wir dieser Tradition folgen, so war Nasreddin Hoca ein Zeitgenosse von Mevlâna Celâleddeni Rumi, des großen Mystikers und liebenswerten Denkers, dessen Andenken heute noch in Anatolien, besonders in Konya, gepflegt wird. Wie dieser wäre er dann ein Untertan der zu Konya residierenden Sultane aus dem Hause der Seldschuken, Bürger des Reiches von Rum, gewesen. Aber ganz sicher ist das alles nicht. Denn es gibt andere Berichte, die davon erzählen, daß Nasreddin ein Zeitgenosse des Mongolen Timur-Lenk gewesen sei. Dann hätte unser Meister also nicht im 13., sondern erst im späteren 14. Jahrhundert gelebt. Wenn diese Tradition auch weniger gut beglaubigt erscheint als die zuerst genannte Lesart, so müssen wir doch wohl zugeben: Genau werden wir es niemals wissen, wann Nasreddin eigentlich gelebt hat. Schon hier stoßen wir auf eines der vielen Rätsel, die uns dieser Mann aufgibt.

Und stammt unser Nasreddin denn wirklich aus Horto? Wieder gibt es eine Tradition, die ihn für das nordanatolische Kastamonu in Anspruch nimmt. Erst später sei er nach Zentralanatolien gekommen. Sollte Nasreddin sogar bis nach Kurdistan und Arabien gekommen sein, wie auch behauptet wird? Vieles wird überliefert, Glaubwürdiges und Unglaubwürdiges, aber selten läßt sich etwas als richtig nachweisen, anderes als falsch widerlegen.

Und weiter! Welche der zahllosen Geschichten, die unter Nasreddins

Namen überliefert sind, gehen denn nun wirklich auf den Meister zurück? Keiner Forschung dürfte es jemals gelingen, genau zu unterscheiden, was Nasreddin wirklich gesagt, getan und erlebt hat und was ihm nur zugeschrieben wird.

Aber irgendwie, so will es scheinen, ist doch in einem tieferen Sinne alles wahr, was von Nasreddin Hoca erzählt wird. Irgendwie hat Nasreddin alles das erlebt, was von ihm berichtet wird. Nasreddin Hoca ist nicht nur eine Figur, deren historisches Urbild irgendwo und irgendwann einmal gelebt hat. Er ist auch heute noch nicht tot, er lebt weiter, solange das Türkenvolk sich von ihm erzählt.

Doch bleiben wir bei dem historischen Nasreddin! Sicher richtig ist, daß die Stadt Konya in seinem Leben eine Rolle gespielt hat. War doch dieses Konya im 13. und auch noch im 14. Jahrhundert geistig und kulturell ein Vorort des Türkentums. Bestimmt hat Konya unseren Nasreddin Hoca mindestens zeitweilig in seinen Mauern gesehen.

Wollen wir jedoch einer Stadt das Prädikat „Stadt Nasreddin Hocas" zuerkennen, so kann das nicht Konya sein. Die Persönlichkeit, die selbst dem heutigen Konya irgendwie noch das Gepräge gibt, ist nicht Nasreddin, sondern sein mutmaßlicher Zeitgenosse Mevlâna Celâleddin-i Rumi. Nasreddins Stadt liegt einige 130 Kilometer von Konya entfernt: Es ist Akşehir, wo sein Grabmal gezeigt wird.

Akşehir ist eine der vielen lebensvollen Kleinstädte Inneranatoliens. Es zählt etwa 16000 Einwohner und liegt an der großen Straße zwischen Afyonkarahisar und Konya, auch ist es Bahnstation der alten Anatolischen Eisenbahn. Nicht mehr weit entfernt sind die Ketten des Taurosgebirges, die Inneranatolien vom Mittelmeer abschließen. Akşehir ist eine alte Stadt, in byzantinischer Zeit führte sie den Namen Philomelion. Bald nach der berühmten Schlacht bei Malazgirt von 1071 wurde Akşehir türkisch und ist es immer geblieben. Besondere Ereignisse aus der Geschichte sind mit dem Namen dieser Stadt nicht verbunden, wenn wir davon absehen, daß der unglückliche Sultan Yildirim Beyazid im Jahre 1403 in Akşehir verstarb, ein Jahr nachdem er bei Ankara in die Gefangenschaft des Mongolen Timur-Lenk geraten war. Auch ist Akşehir niemals ein bemerkenswertes politisches Zentrum gewesen.

Im Hierothesion des Königs Mithradates Kallinikos in Arsameia am Nymphenfluß
Abb. 55: Die geglättete Felswand mit dem Heiligen Gesetz; darunter der getreppte Eingang in den großen Felsgang — s.S. 333 (Foto C. Rahn)
Abb. 56: Der Ausgräber beim Entziffern der Inschrift — s.S. 332

Wohl aber war Akşehir eine der Städte, die in der für Inneranatolien so segensreichen Zeit der Seldschuken von Konya einen beachtlichen kulturellen Aufschwung erfahren haben. Wie in zahlreichen anderen Orten Zentralanatoliens, so zeugen auch hier eine Reihe von Gebäuden von der Blüte, die sich damals in dieser Landschaft entfaltete. Am eindrucksvollsten ist die Ruine der Taş Medrese mit ihrem hochragenden Minarett, etwas außerhalb der eigentlichen Stadt an der Straße nach Afyonkarahisar gelegen. Das Gebäude stammt aus dem Jahre 1216, das heißt aus der Zeit des Sultans Izzedin Keykavus I. von Konya. Von den Moscheen ist die Ulu Cami, die „große Moschee“, mitten in der Stadt am bemerkenswertesten.

Hauptanziehungspunkt von Akşehir ist aber doch der große Friedhof, wo unweit einer kleinen, im osmanischen Stil erbauten Moschee die Türbe Nasreddin Hocas steht. Ein hellgrünes Spitzdach, getragen von 12 Säulen, überdeckt den steinernen Sarkophag. Gewiß, sehr alt wirkt das Bauwerk in seiner heutigen Form nicht. Eine Inschrift verrät auch, daß es im Jahre 1324, also 1906/1907, erneuert wurde.

Ganz ähnlich, wie es auch an einigen anderen Plätzen in verschiedenen Ländern üblich ist, pflegt der Besucher eine kleine Münze ins Innere der Türbe zu werfen und dabei sich etwas zu wünschen. Daß es nicht wenige sind, die Nasreddin Hocas Grabstätte ihren Besuch abstatten, beweist die große Anzahl von 5- und 10-Kurusch-Stücken, die rund um den Sarkophag verstreut sind.

Ob die Türbe zu Akşehir wirklich das Grabmal des historischen Nasreddin Hoca ist? Mir schien es bei meinem Besuch, als ob Nasreddin plötzlich hinter einem Busch auftauchen müßte, als ob er verschmitzt lachen und sich freuen würde, weil so viele Menschen zu einem Platz pilgern, der mit ihm in Wirklichkeit vielleicht gar nichts zu tun hat. Wie gesagt, wir wissen so wenig über Nasreddin Hocas Leben, und wir können auch nicht mit Sicherheit sagen, ob er wirklich gerade hier seine letzte Ruhestätte gefunden hat. Aber sollen wir wirklich mit so viel moderner Skepsis der Türbe unseres guten Freundes gegenübertreten? Bleiben wir dabei, und gönnen wir Akşehir, dieser sympathischen kleinen Stadt in Inneranatolien, ihren Ruhm, die Stadt Nasreddin Hocas zu sein.

1961 *Friedrich Karl Kienitz*

Abb. 57: Das große Dexiosis-Relief von Sockelanlage III (Höhe 3,30 m) mit König Antiochos I. von Kommagene und Herakles – s.S. 335 (Foto F.K. Dörner)

TÜRKISCHE DORFHOCHZEIT

Die Glut, die in dieser öden Wüstenei meine Haut verbrennt, greift langsam auf mein Inneres über, beginnt mein Herz zu versengen. Nicht nur Wasser, Schatten und Grünes entbehre ich; seit dem Tage meiner Ankunft hier habe ich auch nicht ein einziges Wesen zu Gesicht bekommen, das Frau oder Mädchen genannt zu werden verdiente. Dabei habe ich Mehmet Alis Hochzeit miterlebt!

Im zweiten Monat, nachdem wir hier eingetroffen, nahm Mehmet Ali ein Mädchen aus einem Nachbardorfe zur Frau. Obschon dies seine dritte Vermählung, wurden ihm alle Ehrungen eines jungen Bräutigams zuteil.

Ach, wie bedrückend, wie langweilig und wie banal war diese Hochzeit! Gewiß geht es bei einem Leichenbegängnis in Europa fröhlicher zu als dabei. Am trübseligsten erschien mir während dieser drei Tage und drei Nächte andauernden Festlichkeit Mehmet Ali selbst; denn von dem Tage an, wo er einen Bräutigam darstellte, war er gewissermaßen ein völlig unbrauchbares Wesen geworden, – dazu verdammt, in einem Winkel zu hocken und zuzuschauen, wie die anderen kamen und gingen, tanzten, aßen und tranken und sich herrichteten. Das Merkwürdige dabei war, daß die Braut gar nicht zugegen war.

Jeden Tag, sobald es Morgen wird, setze ich mich mit den Greisen und Honoratioren des Dorfes an einer Mauer nieder. Junge Burschen und Mädchen – und darunter solche über vierzig – sind in der Mehrzahl. Und alle zusammen stellen eine kleine, wenig Männer und viel Frauen umfassende Menschengruppe dar. Voneinander getrennte Kreise bildend, führen die Leute, während sie sich dabei gegenüberstehen, Reigen auf und vergnügen sich. Diese Reigen sind einförmige und schwerfällige Tänze, die aus ununterbrochenem Gehüpf und aus nach rechts und links ausgeführten Schreitbewegungen bestehen.

Die disharmonischen Klänge einer Schalmei und einer Pauke, einem Mittelding zwischen Trommel und arabischer Kürbisrassel, zerreißen greulich die Luft.

An meine Mauer gelehnt, trachte ich, ein Lächeln hervorzubringen und vergnügt und interessiert zu scheinen. Dann und wann werfe ich einem

Mann, der mit Stöcken an Stelle von Lanzen und mit einer Anzahl Holzstücke an Stelle von Schilden alte Kriegstänze nachahmt, ein Lirastück zu. Bei jedem Wurf steigt mein Ansehen noch um einen Grad, und unvermittelt überkommt alle Tänzer gleichsam neue Lust.

Da habe ich nun alle Bauernfrauen und -mädchen vor mir, und alle überdies mit neuen und geputzten Hochzeitskleidern angetan. Die zahlreich an diesen aufgereihten goldenen Schmuckmünzen klirren aneinander wie die matt klimpernden Metallblättchen rings um ihre Kopftücher. Obzwar viele von ihnen unförmig, klein, kugelrund oder übermäßig stattlich, gibt es darunter doch auch Figuren, die – ungeachtet der sie dicht verhüllenden Stoffgebirge – einem die Vorstellung von Zierlichkeit, Frische und Schmiegsamkeit vermitteln. Blickt man dann aber auf ihre Hände und Füße, so ist diese angenehme und reizende Vorstellung im Nu dahin.

Die meiste Pein verursachen mir bei dieser Hochzeit die Festmahlzeiten. Werden die Schüsseln, angefüllt mit einer Menge zweifelhafter Speisen, die ich nicht zu bezeichnen vermag, herbeigeschafft und in der Mitte aufgestellt, dann weiß ich nicht, wie ich mich verhalten soll. Eine Frau bringt in ihrem Rocksaum Brote – genauer gesagt: klebrige Teigmasse – herbei. Jedem von uns wirft sie davon einen Klumpen vor, und alle Hände, darunter auch manchmal Mehmet Alis hennagefärbte Bräutigamshände, langen gleichzeitig in die Schüsseln.

Ich sagte mir: „An all das mußt du dich unbedingt gewöhnen!" Doch Mehmet Alis Hochzeitsfeier schien all meine Bemühungen zunichte zu machen.

Endlich betrat die Braut das Haus, leblos und ausdruckslos wie ein Kleiderbündel im Bade.

1939

Yakub Kadri
Aus dem Türkischen von
Max Schultz

WOHNEN IM FELS
DAS TAL VON GÖREME IM HOCHLAND VON ANATOLIEN

In der Türkei, mitten im Hochland von Anatolien, gibt es ein Gebiet, das als das Tal von Göreme bekannt ist. In einer Ausdehnung von etwa 15 Kilometern im Durchmesser erstreckt sich dort eine pittoreske Felslandschaft. Tausende von spitzen Kegeln, Türmen, Pyramiden, Schalen und Wänden stehen einzeln oder in Gruppen, klein bis riesig groß, in dem Tal verteilt. Viele der Felsen haben eine glatte und abgerundete Form, ihre Oberfläche wirkt wie abgeschmirgelt. Andere sind gespalten, zerklüftet, rauh und teilweise zerfallen. Sie bilden Brücken, Kamine und Höhlen in immer neuen Variationen. Manche der Felsformationen erwecken den Eindruck animalischen Ursprungs. Sie stehen hoch aufgerichtet mit Hüten und Köpfen aus Stein auf ihren Spitzen, andere neigen sich mit krummen Rücken zueinander, als hätten sie sich etwas mitzuteilen, oder sie wenden sich vornübergebeugt den Gestalten zu, die rund und glatt wie wohlgenährte, versteinerte Riesen am Boden kauern. Viele der leblosen Figuren haben eine nahezu schneeweiße Oberfläche, andere sind grau, gelb oder rötlich. Der Formenreichtum der Felsen im Tal von Göreme ist im wahrsten Sinne des Wortes phantastisch.

Voraussetzung für das Entstehen dieser großartigen Felslandschaft waren die frühen Ausbrüche eines Vulkans, der sich fast viertausend Meter hoch – jetzt mit ewigem Schnee und Eis bedeckt – am Rande dieses Felstales erhebt. Er schleuderte in mehreren Ausbrüchen Lava und Tuffasche zu Tal, die sich in unterschiedlich festen Schichten ablagerten. Dann begann das rauhe Klima Anatoliens auf diese Schichten einzuwirken. Heiße Sommer, Winter mit Schnee und Eis, heftige Regenfälle, Sandstürme und schroffe Temperaturwechsel zwischen Tag und Nacht ließen das Gestein bersten. Flüsse und Bäche schnitten sich in die weichen Schichten ein. Dort, wo harte Gesteinsformationen oder einzelne Brocken aus Bimsstein den weichen Tuff vor der Verwitterung bewahrten, entstanden die eigentümlich geformten Bergkegel mit den Gesteinsbrocken auf den Gipfeln. Fielen diese schützenden Hüte eines Tages herunter, ging der Verfall schnell voran. Aus den hoch emporragenden Felsen wurden zerklüftete Hügel, die eines Tages dann völlig verschwanden. So bildete sich im Laufe der Jahrtausende dieser einmalige Formenreichtum in dem Tal am Fuße des Vulkans. Wann die ersten Menschen in dieses Tal kamen, um sich in den Felsen Wohnstätten zu schaffen, ist nicht bekannt. Auf jeden Fall fanden die Siedler zum Bau von Höhlenwohnungen ideale Bedingungen vor. Das Tuffgestein ist selbst mit den einfachsten Werkzeugen leicht zu bearbeiten. Außerdem ist es im Innern der Felsen in den heißen Sommern angenehm kühl und im Winter vergleichsweise warm. Im 7. Jahrhundert n.Chr. sollen in dieser Felslandschaft annähernd dreihunderttausend Menschen gelebt haben. Ein großer Teil davon waren Mönche und Eremiten. Das alte Caesarea, die Hauptstadt Kappadokiens, hatte schon zu Beginn unserer Zeitrechnung eine christliche Bevölkerung. Diese Stadt, das heutige Kayseri, liegt nur etwa 50 Kilometer von dem Felsental entfernt. Als im 7. Jahrhundert durch die Einfälle der Perser und Araber Kappadokien und damit Caesarea zerstört wurden, zogen sich die Christen in das unübersichtliche, abseits der Hauptverkehrswege gelegene Tal zurück. Schon damals mögen die Felsdörfer Göreme, Ürgüp, Ortahisar, Üçhisar, Macan, Zilve und mehrere andere in den Felsen und Tälern entstanden sein. Das Dorf Göreme hat wegen seiner bekannten Felskirchen dem Tal den Namen gegeben. Es entstanden von jener Zeit an große Siedlungen mit Grabstätten, Kirchen, Fluchtburgen und Wohnungen. Ausnahmslos wurden alle notwendigen Räumlichkeiten aus den Tuffsteinfelsen herausgemeißelt.

Die Menschen haben im Laufe der Zeit die schon von der Natur phantasievoll geformten Felsskulpturen zusätzlich mit Höhlungen, Eingängen, Säulen, Fenstern, Plattformen und Fassaden versehen. Der Zusammenklang von Felslandschaft und menschlichen Wohnbedürfnissen ergibt eine lebendige Formenvielfalt, die aus jedem Blickwinkel ein immer neues Schauerlebnis zuläßt. Eine gewachsene, eine „organische Architekturlandschaft" ist hier ohne die planende Hand von Städtebauern und Architekten entstanden. In den Felsen der Landschaft Göreme haben die Erbauer dieser Siedlungen die großartigsten Räumlichkeiten geschaffen. Viele der Pyramiden und Felswände wurden nahezu völlig ausgehöhlt und in Wohnungen, Kirchen, Kapellen, Klöster und Grabstätten verwandelt. Vor allem bei den Kirchen orientierte man sich architektonisch an den Vorbildern von Byzanz. Die baulichen Gegebenheiten und statischen Probleme waren zwar bei den Arbeiten im Felsen grundverschieden von den bisher bekannten Bauweisen, trotzdem wurden die Kirchen mit den gleichen konstruktiven Elementen, wie Kreuzkuppeln, Säulen, Bogengängen und Seitenpfeilern, versehen. In einigen dieser Kirchen wurden offenbar die von den Erbauern andernorts beobachteten Konstruktionselemente nicht richtig verstanden und in kurios unlogischer Weise nebeneinandergesetzt. In den Felsen, obwohl hier ohne statische

Notwendigkeit, durfte die herkömmliche Konstruktion als Ausschmückung nicht fehlen. Die Kirchen wurden mit biblischen Szenen ausgemalt, und viele Darstellungen sind heute noch gut erhalten. Die meisten Gesichter wurden jedoch später weggekratzt, weil der Islam verbietet, das menschliche Antlitz bildlich darzustellen.

Die Eremitenklausen und Wohnungen in dem Felstal sind oft so gut versteckt, daß man sie kaum finden kann. Jedoch wurden nie alle zur gleichen Zeit bewohnt. Viele Behausungen kann man von außen nicht einmal erkennen oder zumindest nur schwer erreichen. Zu vielen gelangt man nur über Strickleitern, zu anderen nur durch den Fels über oft sehr schmale, gewundene Gänge, die teilweise in schwer überwindbare Steigkamine übergehen. Viele dieser Zugänge können von anliegenden Räumen her durch große, mühlsteinartige Felsbrocken verschlossen werden. Nach langem Kriechen und mühevoller Kletterei gelangt man schließlich in Wohnungen, die erstaunlichen Komfort aufweisen. In den Küchenräumen sind Kochgruben und Eßecken mit umlaufenden Bänken aus dem Stein geschlagen. Der Rauch kann nach oben durch einen Kamin aus dem Felsen abziehen. Belüftete Vorratsräume liegen neben der Küche. Es gibt Badewannen, deren Abflüsse durch das Gestein nach unten führen. Betten, Fensternischen und Sitzbänke, Herde und Tische sind aus dem Stein herausgemeißelt worden. Viele der Wohnungen, die noch aus den Zeiten der Verfolgung stammen, sind von außen kaum wahrzunehmen. Bei späteren Bauten sind aus den Felsen hohe Fassaden geschlagen worden, hinter denen bis zu sieben Wohnungen übereinanderliegen. Wichtig ist bei der Betrachtung aller dieser Räume der Gedanke, daß die Erbauer vor der Aufgabe standen, eine Architektur im umgekehrten Sinne zu schaffen. Sie mußten, um die gewünschten Räume zu erhalten, wie Bildhauer an der Negativform arbeiten. Diese Negativarchitektur bedingt bestimmte Konsequenzen. Die meisten Räume haben unebene Wände mit abgerundeten Ecken und meist sehr tiefe Fensternischen je nach Dicke der verbleibenden Felswände. Die größeren Räume haben kuppelförmige Decken. Die Stärke der noch stehenbleibenden Wände und Decken war für die Erbauer oft nur annähernd zu bestimmen. Sie beruhte auf Schätzungen und Abklopfen des Tuffgesteins. Manche der Felsen hatten offensichtlich den Rang einer bevorzugten Wohngegend. Sie sind so stark ausgehöhlt worden, daß das übriggebliebene Gerippe keinen ausreichenden Halt bot. Weggebrochene Fassaden und aus den Felswänden herausragende halbe Räume und Decken waren das Resultat. Offensichtlich ist es aber auch vorgekommen, daß Bewohner in dem Bestreben, nicht in zu niedrigen Räumen zu leben, so lange an ihrer Zimmerdecke meißelten und schabten, bis ihnen der Besitzer der darüber liegenden Wohnung auf den Tisch fiel.

Die Wege und Straßen, die durch die Felslandschaft führen, mußten in ähnlicher Arbeit in die Felsen gehauen werden wie die Wohnungen. Es sind teilweise enge Hohlwege entstanden, die – eingeschlossen von den hellen, glatten Felsen – durch Schneewehen zu führen scheinen. Dazwischen bauen die Bewohner der Felstäler auf kleinen Feldern Wein, Südfrüchte und Getreide an. Als Dung für die Felder diente früher (auch teilweise jetzt noch) der Guano Tausender Tauben, die in Felsnischen oder Taubenschlägen nisten. Diese Brutstätten sind von den Bauern in die Felswände eingelassen worden und durch Gänge innerhalb des Felsens zu erreichen.

Äpfel, Aprikosen und andere Südfrüchte werden in den Felsenkellern gelagert. Selbst wenn die Bewohner der Täler jetzt wegen der Einsturzgefahr der Höhlenwohnungen kleine Häuser an den Felswänden errichtet haben, dienen die dahinter liegenden Räume in den Felsen immer noch als Vorratskammern. Durch die niedrige Temperatur bleiben die Früchte darin frisch und schmecken noch nach einem Jahr, als wären sie gerade gepflückt worden. Im Tal von Göreme werden viele versteckte Kirchen und Wohnungen einfach aus dem Grunde nicht wieder entdeckt, weil die Bauern fürchten, ihre Vorratsräume zu verlieren. Das Leben der Bewohner spielt sich heute etwa im gleichen Rahmen ab wie früher. Christen leben jetzt nicht mehr im Tal von Göreme, sondern ausnahmslos Mohammedaner, meistens einfache anatolische Bauern, deren Frauen noch heute vor dem Blick eines Fremden den Schleier vor das Gesicht ziehen.

Der Anbau auf den kleinen Feldern erfordert von Männern und Frauen harte Arbeit. Als Pflug dient oft noch das gleiche Gerät, das schon vor Hunderten von Jahren benutzt wurde. Abends und an den Sonn- und Feiertagen versammeln sich die Männer auf den Dorfplätzen, um Volleyball zu spielen oder bei Tee in den Kaffeehäusern zu sitzen, in denen Kaffee zu trinken für die meisten zu teuer ist. Das öffentliche Leben in den kleineren Dörfern ist den Männern vorbehalten. Nur bei besonderen Festen dürfen die Frauen dabeisitzen und zuschauen. Selbst der Tanz ist ausschließlich Männersache. In der ganzen Türkei besteht heute Schulpflicht, und so sieht man Gruppen von Jungen und Mädchen in schwarzen Kitteln mit den weißen Kragen, wie sie von allen türkischen Schulkindern getragen werden, mit ihren Schultaschen den mehr oder weniger weiten Weg durch die bizarre Wohnlandschaft von Göreme zur Schule wandern.

Das Tal von Göreme ist aus jedem Blickwinkel von visueller Einmaligkeit, aber vor allem ein Wohnerlebnis. Diese organisch gewachsene Architekturlandschaft, ohne Planung entstanden, ist eine Architektur ohne Architekten.

In unserer Zeit wissen die Städteplaner und Architekten der ganzen Welt, daß neben den Forderungen, wie Verkehrsbewältigung und Kommunikationsmöglichkeiten, der Wunsch nach dem sich ständig ändernden visuellen Erlebnis erfüllt werden muß. Daneben sollten Plätze und Räume so viel Formenreichtum ermöglichen, so viel individuelle Veränderungen zulassen, daß die ordnende Hand der Städteplaner und Architekten nicht sofort und überall sichtbar wird. Eine Ordnung muß natürlich bestehen, aber sie sollte nicht primitiv oberflächlich sein, sondern eher hinter einer scheinbaren Unordnung versteckt bleiben. Es ist nicht damit getan, uniformierte Schachteln in Reih und Glied über- oder nebeneinander zu setzen, wie es heute meistens geschieht. Die Städte müssen in Ausdehnung und Höhe eine neue Verdichtung erfahren, eine gewisse Unübersichtlichkeit sollte entstehen. Man muß sich in verschiedenen Ebenen bewegen und auch ausbreiten können. Die Räume der Städte und Wohnungen dürfen nicht nur Leben, sondern sie müssen Erleben zulassen.

Im Tal von Göreme bildeten natürliche Felsen die Voraussetzungen, die es den Menschen ermöglichte, sich selbst nach ihren individuellen Wünschen und Erfordernissen mit relativ leichten Mitteln die Räume zu bauen, die sie benötigten. Dem einzelnen waren in seiner Entfaltungsmöglichkeit keine Grenzen gesetzt, auch nicht durch eine planende Hand. Die einzige Grenze war das Volumen der Felsen. Sie bildeten eine Architekturlandschaft, eine Primärarchitektur, die man für eine individuelle Bauweise benutzen konnte, wobei jedoch der gemeinsame Rahmen nicht gesprengt wurde. In unseren zukünftigen Städten wird man natürlich keine Felsen errichten, in denen sich der einzelne Räume aushöhlt, aber es wird andere Primärarchitekturen geben. Man wird terrassierte Ebenen, Raumseilnetze, Hängekonstruktionen oder ähnliches errichten, zwischen die der einzelne die von ihm gewünschten Baukörper plazieren kann. Man wird diese Baukörper nicht selbst herstellen können, aber es ist zu hoffen, daß die Baukastensysteme für die individuellen Wünsche, die Räume zu gestalten, sehr vielseitig sein werden.

So können neue Städte entstehen, vielseitig, bunt, verdichtet, in vielen Ebenen. Das Individuum kann sich entfalten, ohne den Rahmen zu sprengen, was man heute tut, wenn man einen Hektar Land nach dem anderen baureif erklärt und mit Hütten bepflastert.

Deutschland macht, von einem Flugzeug aus gesehen, schon jetzt den Eindruck eines großen Haufendorfes. Daran mußte ich denken – im Tal von Göreme.

1971 *Fritz Dressler*

DAS REITERFEST DER YÜRÜKEN ZU EHREN DES GAZI ERTOĞRUL IN SÖĞÜT

Die Yürüken sind die türkischen Nomaden Anatoliens. Sie sind also von der gleichen ethnischen Herkunft wie die Mehrzahl der türkischen Bauern und mit einer gewissen Einschränkung auch der türkischen Städter. Sie sind zweifellos die älteste türkische Gesellschaftsschicht Anatoliens; doch haben sie die Jahrhunderte hindurch bis heute ihre nomadische Lebensweise beibehalten und sich infolgedessen auch von der Vermischung mit der alteingesessenen vortürkischen Bevölkerung Anatoliens relativ freigehalten. Man darf also wohl in ihnen die reinsten Vertreter desjenigen Türkenstammes erblicken, der vor 700 Jahren Anatolien in Besitz genommen hat.

Ursprünglich zweifellos den Hauptteil der türkischen Bevölkerung ausmachend, sind die nomadisierenden Yürüken im Laufe der Jahrhunderte durch die fortschreitende Zivilisation an Zahl zurückgegangen. In den monumentalen Hanen (Kervansarayen), die zu seldschukischer Zeit (12.–13. Jahrhundert) die Sultane und Großen des Seldschukenreiches zum Schutze der Karawanen vor Überfällen der immer beutelustigen Nomaden in den Steppen Anatoliens errichtet haben, dürfen wir wohl sichtbare Zeugnisse für die Existenz der Yürüken damals erblicken, denen wie allen Nomaden die Lust an einem kühnen Raubrittertum innewohnte.

Hat sich schon in vergangenen Jahrhunderten die türkische Regierung, soweit sie dazu in der Lage war, der räuberischen Nomaden zu erwehren gewußt, so ist die Regierung der modernen türkischen Republik dazu übergegangen, durch Ansiedlung der Nomaden deren Zahl auf ein Mindestmaß zu reduzieren. So ist der Bestandteil der Yürüken an der türkischen Bevölkerung von heute verschwindend gering. Doch ist es der Regierung bis heute noch nicht gelungen, ihn ganz zum Verschwinden zu bringen. Namentlich hält sich das Yürükentum noch da, wo eine nomadische Lebensweise natürliche Gegebenheit ist, wie in den Gebirgen, wo Almwirtschaft herrscht. Der Hauptbestandteil an Yürüken dürfte heute im Gebiete der Taurosketten im Südosten Anatoliens leben[1]. Doch auch in West-Anatolien gibt es heute noch nomadisierende Yürüken, die dem Stamme der Karakeçili angehören. Sie haben an der Türbe (Mausoleum) des Gazi Ertoğrul, des Ahnherrn der Dynastie Osman, beim Städtchen Söğüt, 50 km n.w. von Eskişehir, eine Art

Zentrum, in dem sie alljährlich zu einer Gedächtnisfeier für den alten Glaubenskämpfer, der Ertoğrul der Tradition nach gewesen ist und 1288 gestorben sein soll, zusammentreffen. An einer solchen mit Reiterspielen verbundenen Zusammenkunft der Yürüken in Söğüt habe ich im letzten Jahre teilgenommen.

Die Türbe des Gazi Ertoğrul („Gazi" ist der Ausdruck für den mohammedanischen Glaubenskämpfer; — das osmanische Reich ist ja aus einem Glaubenskämpferbund hervorgegangen) liegt etwa 3 km nördlich des Städtchens Söğüt. Sie ist von dem fünften Osmanensultan Mehmed I. zu Anfang des 15. Jahrhunderts in schönem altosmanischen Stile erbaut worden. Nach ihrem Zerfall ist sie im Jahre 1171/1757—58 neu aufgebaut und 1304/1886—87 von Sultan Abdulhamid II. restauriert und mit einem häßlichen Vorbau versehen worden. Sie liegt in einem Garten, in dem noch ein Gebäude steht, das mit seinen vier Feuerstellen als Küche für Massenspeisungen dient, also ein sogenannter Imaret ist.

Dort versammeln sich alljährlich am letzten Sonntag im September die Yürüken vom Stamme der Karakeçili, um zu Ehren des Gazi Ertoğrul, den sie als ihren Patron betrachten, Reiterspiele abzuhalten. Wahrscheinlich beruht dieses Yürükentreffen an der Türbe des Ertoğrul auf alter Tradition; doch fehlen genauere Nachrichten darüber aus früherer Zeit. Erst aus dem Ende des vorigen Jahrhunderts, also aus der Zeit Abdulhamids II., der auch die Türbe restauriert hat, sind genauere Nachrichten über das Yürükentreffen in Söğüt vorhanden. Es scheint, daß dieses Treffen ursprünglich am Nevruz-Tage, dem Tage der Frühlingstagundnachtgleiche, am 9. März, abgehalten wurde, welches Fest iranischer Herkunft ist und in schiitischen Kreisen gefeiert wurde. Das wäre also ein Überbleibsel aus der Zeit, als die nomadisierenden Türken, bevor sie sich in Anatolien festsetzten, in Iran umherschweiften und iranische Sitten und damit auch die Neigung zur Schi'a annahmen und mit nach Anatolien brachten. Wir wissen aus alten Geschichtsquellen, daß namentlich in älterer Zeit die religiöse Haltung der Yürüken zwischen den beiden Richtungen im Islam, Sunnitentum und Schiitentum, schwankte. Und damit mag auch die Tradition, daß das Yürükentreffen in Söğüt ursprünglich am Nevruz-Tage stattgefunden habe, zusammenhängen.

Erst unter Abdulhamid II., also vor nicht ganz hundert Jahren, scheint das Yürükenfest in Söğüt in den Herbst verlegt worden und mit dem Todestag des Gazi Ertoğrul in Beziehung gesetzt worden zu sein. Die Begünstigung dieses Festes zu Ehren des Ahnherrn der Dynastie Osman durch Sultan Abdulhamid II. hängt wahrscheinlich mit dessen Bestrebungen zur Festigung der osmanischen Dynastie zusammen.

Ich hatte schon in früheren Jahren die Absicht, an diesem Treffen einmal teilzunehmen; doch ist mir dies bisher nicht gelungen, da eine Reise nach Söğüt zur rechten Zeit sich bisher mit meinem jeweiligen Zeitplan nicht vereinigen ließ. Im vergangenen Jahre endlich ist es mir geglückt, an dem Yürükentreffen in Söğüt teilzunehmen. Es war am Sonntag, dem 24. September 1961, der als der 680. Todestag des Gazi Ertoğrul angesehen wurde.

Ich kam morgens um 8 Uhr mit meinem türkischen Assistenten, Sezer Tansuğ, von Eskişehir mit dem Auto in Söğüt an, als die Yürüken auf ihren prächtigen Pferden in ihren Nationalkostümen zum Versammlungsplatz angeritten kamen. Dortselbst fand sich auch eine Militärkapelle alten Stiles (Mehter) in historischen Kostümen der Janitscharenzeit ein. Nachdem alle versammelt waren, gab der Anführer der Yürüken (Kolbaş) das Zeichen zum Aufbruch, und alle setzten sich in Bewegung, um zur Türbe des Gazi Ertoğrul zu ziehen. Dort angekommen, umritten die Yürüken zunächst die Türbe des Ertoğrul, während die Fußgänger in die Türbe hineingingen, einen Umgang um den Sarkophag des alten Glaubenskämpfers machten und an seinem Grabe beteten; dadurch kam der Charakter des Treffens als Pilgerfahrt zum Grabe des Ertoğrul zum Ausdruck.

Nach einiger Zeit stellten sich alle am Rande der Straße, die nach Söğüt führt, auf, um die obligaten Festreden anzuhören.

Dann wurde auf dem Grundstück der Türbe eine öffentliche Speisung (şölen) aller Teilnehmer an dem Feste, zu dem mehrere tausend Personen aus der ganzen Umgebung erschienen waren, abgehalten. Dazu waren in sechs riesigen Kesseln von ca. 1 m Durchmesser ungeheure Mengen von Bulgur, geschrotetem Weizen, der Haupt-Volksnahrung in der Türkei, vorgekocht worden, der in Metall-Schüsseln von ca. 30 cm Durchmesser (Karavana) ausgeteilt wurde, die sich je zehn Mann teilen mußten, die sich im Garten im Türkensitz um ihre Schüssel versammelten und mit Holzlöffeln daraus aßen. Als Zugabe wurden Stücke von Hammelfleisch verteilt, und zum Nachtisch gab es Weintrauben.

Nach dem Essen sollten die Yürüken ein Dschiritwerfen vorführen, ein Reiterspiel, in welchem zwei Parteien in der Weise des Barlaufes gegeneinander anreiten und sich mit Speeren ohne Spitze (Cirit) bewerfen. Ich hatte mich auf dieses Spiel, das ausweislich von Miniaturen ein altes höfisches Reiterspiel ist, über das Freiherr von Oppenheim einmal eine Abhandlung geschrieben hat, besonders gespitzt; doch leider fiel es zum größten Teil aus; denn einer der Reiter fiel vom Pferde und muß sich dabei wohl erheblich verletzt haben, woraufhin das Spiel abgebrochen werden mußte.

Danach formierten sich alle von neuem zum Rückmarsch in die Stadt, voran die historische Militärkapelle (Mehter). Im Städtchen Söğüt angekommen, löste sich der Zug auf.

Für den Abend waren dann noch allerhand Unterhaltungen vorgesehen. U.a. sollten dann auch die Yürüken ihre Tänze vorführen. Doch da ich von diesen photographische Aufnahmen machen wollte, was am Abend bei künstlicher Beleuchtung nicht möglich sein würde, bat ich die Yürüken, uns doch noch bei Tageslicht die Tänze vorzuführen. Sie gingen auch gern auf meine Bitte ein, trommelten dazu die nötigen Musikanten zusammen und führten uns ihre Tänze vor, wobei sich natürlich auch weitere Zuschauer einfanden. Zuerst tanzten zwei der Anführer der Yürüken, bejahrte Männer von schätzungsweise 50 Jahren; dann kamen auch paarweise jüngere Leute daran.

Als dies geschehen war, bedankten wir uns bei den Yürüken, deren Gäste wir gewesen waren, verabschiedeten uns von ihnen und fuhren befriedigt nach Eskişehir zurück.

Mich haben an dem Fest nicht nur die reiterlichen Vorführungen, die ja leider durch den Unfall nicht ganz zur Durchführung gekommen waren, interessiert, sondern auch die Bewirtung durch eine Massenspeisung (şölen), wie eine solche als ein Akt der Freigebigkeit großer Herren mehrfach in der alten Literatur erwähnt wird. Der Gastgeber war in unserem Falle der alte Recke Gazi Ertoğrul, vertreten durch die Gemeinschaft der Karakeçili-Yürüken, die in seinem Namen handelten.

[1] Vgl. den Beitrag von Ulla Johansen oben S. 159 ff.

1962 *Franz Taeschner*

IN DEN MEERSCHAUMGRUBEN BEI ESKIŞEHIR

Hunderte von weißgrauen, oben abgeplatteten, kegelförmigen Geröllhaufen, die sich zum Teil an einer Berghalde hinaufziehen, zeugen von den Meerschaumgruben von Sarısıva, zur Zeit die bedeutendsten der in der Umgegend von Eskişehir gelegenen Gruben (Karahöyük, Kemiklı, Yarmalar, Sepeçi, Külocak, Nemli) in der Nähe von Kütahya. Inmitten der Erdhaufen und Höhlen hat sich ein Dorf gebildet, das man erst erkennt, wenn man unmittelbar davorsteht, da sich die Häuser, die aus ungebranntem Lehm gebaut sind und zur Hälfte unter der Erde stecken, von der Umgebung nicht abheben. In diesem Dorfe, das etwa 150 Häuser zählt, wohnen 300 bis 400 Menschen. Es ist ein Männerdorf; kein weibliches Wesen wird geduldet. Ein Ortsvorsteher sorgt für Aufrechterhaltung der Ordnung; auch hält sich ein Vertreter des Ministeriums der Minen und Forsten dort auf.

Wer nach Meerschaum (türkisch *lületaş* = Pfeifenstein) graben will, kann dies tun, ohne eine besondere Erlaubnis zu haben oder besondere Abgaben zahlen zu müssen. Die Bewohner stammen aus allen Teilen der Türkei, vielfach kommen sie aber auch nur aus den umliegenden Ortschaften und kehren zur schlechten Jahreszeit, oder wenn sie genug verdient haben, in ihre Heimat zurück. Daß nur Verbrecher sich hier ansiedeln – wie vielfach erzählt wird – und daß auch Europäer darunter sein sollen, ist, wie von Leuten, die die Verhältnisse genau kennen, versichert wird, gänzlich unrichtig. Wegen der Schwierigkeit der Arbeit kommt es nicht vor, daß ein einzelner für sich allein arbeitet. Entweder tun sich mehrere zum selbständigen Betrieb einer Grube zusammen, oder aber ein Unternehmer stellt mehrere, gewöhnlich zwei bis acht Arbeiter an, die nebst freier Wohnung und Kost einen Monatslohn von durchschnittlich 1 1/2 Pfund bekommen.

Eine Gruppe von 3 bis 15 Mann hackt zunächst ein Loch von etwa 1 m im Durchmesser in den Boden und beginnt dann, einen Schacht abzuteufen, bis sie in einer Tiefe von 20 bis 40 oder 60 m auf eine rote, tonige Schicht stößt, unter und in der sich der Meerschaum, gewöhnlich Serpentin, in nierenförmigen oder unregelmäßigen Knollen von der Größe einer Walnuß oder höchstens eines Apfels findet. Die eigentlichen Blöcke werden erst aus besonderen Gängen herausgeholt, indem oft unter großen Schwierigkeiten lange Stollen in den roten Ton getrieben werden. An manchen Stellen ist der Boden schon so durchwühlt, daß die Gänge verschiedener Gruben ineinander übergehen. Die Arbeit geht Tag und Nacht fort, wobei die Stollen mit Petroleum beleuchtet werden.

Die Gruben in Sarısıva haben gewöhnlich eine Tiefe von 30 bis 40 m. Sobald das Grundwasser sich einstellt, was durchschnittlich bei einer Tiefe von 40 m der Fall ist, wird nicht mehr weiter gearbeitet. Pumpen gibt es hier nicht.

Der Meerschaum findet sich in Klumpen im Gestein, und man muß ihn vorsichtig loshacken, um diese möglichst groß zu erhalten. Er ist anfangs grau und weich und nimmt erst, wenn er ganz trocken ist, eine weiße Farbe an.

Die in Betrieb befindlichen Gruben sind daran kenntlich, daß sich über dem Schacht eine einfache Handwinde befindet, mittels derer die Erde in kleinen Eimern oder Körben von zwei Männern aus dem Schacht herausbefördert wird. Nachdem sie nach Meerschaum durchsucht worden ist, wird sie um den Schacht herum aufgeschüttet, so daß sich das Erdreich um den Schachteingang immer mehr hebt. In Sarısıva, wo im Jahre 1882 zum ersten Male gegraben worden ist, wird zur Zeit nur noch in etwa 150 Gruben gearbeitet.

Die Weite des Schachtes beträgt etwa 1,50 : 1 m. Wenn der Schacht die gewollte Tiefe erreicht hat, wird er mit geschälten Stämmen, die übereinander gelegt werden, verkleidet. Diese dienen zugleich als Leitern für die Arbeiter, die mit gespreizten Armen und Beinen an ihnen in die Tiefe klettern. Sehr oft werden in verschiedenen Tiefen und nach verschiedenen Richtungen hin Seitenstollen angelegt; auch stehen gewöhnlich zwei bis drei Gruben, die demselben Besitzer gehören, schon der Luftzuführung wegen unterirdisch miteinander in Verbindung. So weit ein Grubenbesitzer unter der Erde seine Seitenstollen getrieben hat, so weit steht ihm ein ausschließliches Recht zu. Dagegen steht nichts im Wege, daß ein anderer in unmittelbarer Nähe ebenfalls einen Schacht anlegt; daher erschließt man, sobald es ruchbar wird, daß an einer Stelle Meerschaum gefunden worden ist, sofort zahllose andere Gruben in nächster Nachbarschaft.

Jeden Donnerstag kommen die Kleinhändler von Eskişehir zu den Gruben, um den geförderten Rohmeerschaum aufzukaufen und nach der Stadt zu bringen, wo sie ihn einer dreifachen Bearbeitung unterwerfen. Zunächst wird er durch vorsichtiges Behacken von der Lehmschicht befreit, sodann entsprechend geformt, endlich werden die hierbei entstandenen Spitzen abgerundet und etwa vorhandene Unregelmäßigkeiten ausgeglichen. Nach dieser Bearbeitung werden die Blöcke vom Großhändler besichtigt, der große

Sachkenntnis und Erfahrung besitzen muß. Nach Abschluß des Kaufes wird die Ware, die naß, schwer und grüngelb ist, getrocknet, im Sommer an der Sonne, im Winter durch etwa achttägiges Lagern in besonderen Trockenkammern, die Tag und Nacht geheizt werden. Hierdurch verliert der Meerschaum zwei Drittel des Gewichts, wird trocken und fast schneeweiß. Jetzt müssen die einzelnen Stücke wieder eine dreifache Bearbeitung durchmachen. Zuerst werden sie mit einem in warmes Wasser getauchten Flanellappen abgerieben, sodann werden mit flachem Messer etwaige Unregelmäßigkeiten beseitigt und die mit Sand gefüllten Ritzen gereinigt, schließlich werden die Blöcke mit Wachs poliert. In diesem Zustande kommt der Artikel in den Handel.

Die Ausfuhr unbearbeiteten Meerschaums ist zum Vorteil der von seiner Bearbeitung lebenden Bevölkerung – in Eskişehir, einer Stadt von 34000 Einwohnern, rund 2000 Personen – verboten. Zur Prüfung werden bei der Ausfuhr stets einige Kisten geöffnet. Die Zubereitungsarbeit ist des scharfen, feinen Staubes wegen sehr ungesund; länger als 10 bis 15 Jahre hält sie kein Arbeiter aus. Sein Lohn beträgt 7 bis 12 Piaster täglich. Von den Abfällen werden kleine Gegenstände, wie Zigarettenspitzen, Ketten und dergleichen, geschnitzt und von Hausierern an Ort und Stelle verkauft. Auch der in den übrigen Gruben geförderte Meerschaum wird nach Eskişehir gebracht und dort zum Versand hergerichtet.

Von jeher war der ganze Meerschaumhandel in Wien zu Hause. Dorthin geht auch die gesamte Ausfuhr, die den Wert von 1 bis 1 1/2 Millionen im Jahr erreicht. Die „Großhändler“ in Eskişehir sind mit Ausnahme eines einzigen, der an einem Wiener Geschäft seines Bruders beteiligt zu sein scheint, auch keine selbständigen Kaufleute, die mit eigenem Geld arbeiten, sondern Beauftragte der Wiener Häuser; sie führen lediglich die ihnen gegebenen Aufträge aus und beziehen einen Maklerlohn von 6 vom Hundert.

Bei der Ausfuhr aus der Türkei wurden früher 15 Prozent vom Wert erhoben. Jetzt beträgt der Ausfuhrzoll 75 Piaster Gold für die Kiste. Dazu treten noch 6 Prozent des Ausfuhrzolles für Heereszwecke.

Infolge dieser Verteuerung werden gegenwärtig die kleinen, minderwertigen Stücke, von denen 800 bis 1000 eine Kiste füllen, nicht mehr ausgeführt. Überhaupt hat die Meerschaumindustrie in letzter Zeit stark abgenommen. Noch vor einigen Jahren wurden jährlich 13000 bis 14000 Kisten im Werte von 70000 bis 80000 Pfund Sterling verschickt, jetzt dagegen wird die Ausfuhr nur auf 3000 bis 4000 Kisten im Werte von 20000 bis 25000 Pfund Sterling geschätzt. Der Grund hierfür liegt nur zum Teil in dem geringeren Ertrag, da einige der ergiebigsten Gruben erschöpft, andere durch Wassereinbrüche außer Betrieb gesetzt sind.

Im Handel werden nach der Größe sechs Sorten unterschieden, von der besten gehen nur 30 bis 40 Stück auf eine Kiste. Die dritte und die vierte Größe sind die gangbarsten. Sie werden hauptsächlich für Pfeifen verwendet und gehen viel nach Amerika. Die besten Sorten kaufen Frankreich (Paris) und Belgien. Nur ein geringer Teil wird in Wien selbst verarbeitet. In Deutschland kommt namentlich Ruhla als Abnehmer in Betracht. Die Wiener Händler geben ihre Aufträge an ihre Eskişehirer Unterhändler erst dann, wenn sie ihrerseits Bestellungen ihrer Kunden in Händen haben.

Die Meerschaumpreise sind in den letzten fünfzehn Jahren um das Fünffache gestiegen. Es wird dies namentlich auf die erhöhte Nachfrage zurückgeführt, die von Amerika ausgeht, das in Japan einen eifrigen Abnehmer für seine Meerschaumfabrikate gefunden hat.

Unter diesen Umständen ist schon oft die Frage erwogen worden, ob es nicht möglich sei, durch eine planmäßigere Gestaltung des Betriebes, namentlich durch Anwendung von Maschinen, den Ertrag der Meerschaumgruben zu steigern, und zwar um so mehr, als die Eskişehirer Gruben, wenigstens was die Güte anlangt, fast ohne Wettbewerb dastehen. Es sind auch bereits teilweise solche Versuche gemacht worden. So wollte im Jahre 1882 ein gewisser Ismael Kemal Bey, der als Verbannter in Eskişehir lebte, mittels Pumpen das Wasser in den Gruben beseitigen. Es waren ihm angeblich 5000 bis 6000 Pfund zur Verfügung gestellt worden. Das Kapital ging indes, ohne daß ein nennenswerter Erfolg zu verzeichnen gewesen wäre, verloren. Zum Teil soll dies auch auf die ungünstige Bodenbeschaffenheit, die eine Verwendung von Pumpen in großem Maßstabe nicht zuläßt, zurückzuführen gewesen sein. Seither wird nur in den Gruben von Sepeçi in sehr beschränktem Umfange und nur etwa zwei Stunden täglich mit Pumpen gearbeitet.

Um die mit der Anschaffung von Maschinen verbundenen großen Kosten zu rechtfertigen, müßte nach allgemeiner Ansicht die Nachfrage viel größer sein, als sie bei einer Prunkware von der Art des Meerschaums, dessen Verwendbarkeit nur sehr beschränkt ist, naturgemäß sein kann. Würde man die Kapazität der Maschinen voll ausschöpfen, ergäbe sich eine so hohe Produktion, daß die Preise sofort fallen müßten. Es kommt hinzu, daß nach fachmännischer Ansicht der Meerschaum sich wegen seines nur nesterartigen Vorkommens nicht zum maschinellen Abbau eignet. Außerdem könnte nur dann an einen solchen gedacht werden, wenn für das etwaige Unterneh-

Abb. 58: Porträtkopf einer Königin von Kommagene – wahrscheinlich Laodike, entdeckt bei den Ausgrabungen im Hierothesion in Arsameia am Nymphenfluß – Museum in Ankara – s.S. 328 (Foto C. Rahn)

men ein ausschließliches Abbaurecht erworben werden könnte. Dieses würde aber, wie allgemein versichert wird, von der türkischen Regierung niemals erteilt werden, da sie befürchten müßte, daß der größte Teil der Bevölkerung, der bei der jetzigen Art des Betriebes, sei es als Händler, als Bergmann oder als Arbeiter und Schnitzer, sein Brot findet, erwerbslos werden würde.

Durch die riesige Preissteigerung aber droht der deutschen Meerschaumindustrie der Untergang. Die Fabriken können ihren Bedarf an Rohmaterial nicht mehr decken und müssen die winzigen Zufuhren teuer bezahlen. England und Amerika haben das wenige Rohmaterial, das seither überhaupt noch gefördert wurde, fast ganz an sich gebracht. Fast alle Meerschaumfundorte sind ja ausgebeutet, und nur in den Gruben von Eskişehir in Kleinasien wird noch Meerschaum gefunden, doch ist die Ausbeute so gering, daß nach Deutschland fast nichts mehr ausgeführt wird. Am schwersten betroffen wird in Deutschland die Fabrik- und Handwerksstadt Ruhla im Thüringer Walde, die rund 3000 bis 4000 Arbeiter in diesem Industriezweige beschäftigt, besonders in der Herstellung von Tabakspfeifen und Zigarrenspitzen. Eine Sonderheit Ruhlas ist die Herstellung der berühmten Meerschaumköpfe, die hier zusammen mit Pfeifenrohren, -beschlägen und -spitzen gearbeitet werden. Es werden hier jährlich etwa 27 Millionen Pfeifenbeschläge, 19 Millionen Tabakspfeifenschläuche usw., 15 Millionen Pfeifenrohre, über 10 Millionen Spitzen für Tabakspfeifen und Zigarren, 9 bis 10 Millionen beschlagene Porzellanpfeifenköpfe, 5 1/2 Millionen unechte und 540000 echte Meerschaumköpfe mit Bernsteinmundstück, 4800000 Holzpfeifenköpfe und 15 Millionen zusammengesetzte Tabakspfeifen verfertigt. Das entspricht ungefähr einer Jahresleistung von 6 Millionen Mark. Die ältesten Meerschaumfabriken Ruhlas wurden im Jahre 1767 gegründet. Für „die Wuhl" und ihre Umgebung würde das Eingehen dieser Industrie ein unüberwindlicher Schlag sein, da fast die gesamte Bevölkerung von diesem Gewerbe lebt.

So hängt das Schicksal einer deutschen Kleinindustrie mit Vorgängen auf dem Weltmarkte eng zusammen, Ruhlas Geschick ist eng mit dem weit entfernten Eskişehir verflochten.

1908 — *Aus einem Bericht der Deutschen Botschaft*

Abb. 59: Fuß einer monumentalen Statue im Hierothesion in Arsameia am Nymphenfluß – s.S. 334
Abb. 60: Einladung der Ausgräber zum Festmahl bei Osman Cınar, dem ehemaligen Muhtar (Bürgermeister) von Karatut – s.S. 334 (Fotos F.K. Dörner)

EIN VOLKSFEST IN SULTANHISAR

Es ist Sonntag. Wir sind etwa 100 Kilometer von der Westküste landeinwärts dem Tal des Mäander gefolgt, wo sich im flachen Überschwemmungsgebiet Feigen- und Ölbaumplantagen ausdehnen. Auf den höheren Terrassen liegen Dörfer und kleine Städte, und in der Ferne begrenzen dunstblaue Bergketten das weite Tal.

Sonntagsausflügler in Autos und Omnibussen beleben heute die sonst ruhige Straße, sogar ein Eisverkäufer strampelt auf seinem Fahrrad mit dem Eiskasten kilometerweit zum nächsten Dorf. Frauen in geblümten Pluderhosen und dem *çarşaf,* einem schwarzen, karierten oder auch weißen Umschlagtuch, das Kopf und Oberkörper einhüllt, wandern neben der Straße einem in der Ferne liegenden Ziel entgegen. Männer mit gebauschten, unter den Knien gewickelten Hosen, Bauchbund und einem um den Kopf geschlungenen Tuch sitzen mit schlenkernden Beinen auf ihren Eseln oder schreiten stolz neben einer Kamelkarawane mit Jungtieren. Unter Laubdächern am Straßenrand hängen frisch geschlachtete Hammel und Lämmer. Die Dreschplätze auf den abgeernteten Feldern, über die gestern noch Pferde den Holzschlitten zogen, immer im Kreis herum, bis alle Körner ausgefallen waren, werden heute nur noch zusammengekehrt.

Vor einem der kleinen Kaffeehäuser, wo wir Mokka trinken, sitzen schon am frühen Morgen die Männer. Da hält auch ein Omnibus an. Männer in feuerroten Hosen und rotgrün gestreiften Seidenhemden steigen aus, essen *çorba* (Suppe) und frische, hellgrüne Gurken. Bei unserer Ankunft wissen wir noch nicht, daß wir die rotbehosten Männer bald wiedersehen werden.

In dem Städtchen strömt jung und alt aus der Umgebung zusammen, um das „Folklore-Festival" von Sultanhisar mitzuerleben. Studenten der „Agrikultur-Hochschule" in Izmir, die im nahe gelegenen Nazilli wohnen, gesellen sich gleich zu uns, Frauen in Röcken statt Pluderhosen zeigen uns verstohlen Fotos aus ihrer Jugend und möchten von uns fotografiert werden. Ältere Frauen aus den Nachbardörfern dagegen hüllen sich bis über die Nasenspitze in den *çarşaf.* Ihr einziges Make-up besteht in den mit Henna rot gefärbten Fingernägeln. Kinder und junge Mädchen tragen Konfektionskleidchen. In himbeerroten Jacken und weißen Hosen spielt eine Blaskapelle aus Aydın unentwegt Märsche *alla turka.* Wenn sie einmal eine kurze Pause einlegt, beginnen gleich zwei Zurnabläser und ein Trommelschläger zu musizieren. Die Zurna ist eine Art Hirtenschalmei. Einer der jungen Männer intoniert eine Melodie in immer neuen Varianten, der andere mit dem größeren Instrument bläst lang ausgehaltene Begleittöne nach Art eines Dudelsacks. Neben den Musikanten sitzen finster dreinblickende, ältere Männer in schwarzer Tracht. Im mehrmals gewundenen Gürteltuch steckt neben manchen anderen Dingen ein Dolch, die Mütze aber ist mit Blüten besetzt. Es sind Angehörige eines ehedem kriegerischen Nomadenstammes, der *Zeybek.*

Es ist ein seltsames Menschengemisch, das sich hier auf dem Marktplatz zusammenfindet. Zwischen europäisch gekleideten jungen Männern und Bauern mit Schirmmützen, die den früher gebräuchlichen Fes ersetzen, drängeln sich Wasserträger und Limonade-Verkäufer mit blankpolierten Messingkannen. Die Gläser für den Granatapfelsirup stecken in einem Tragegestell vor dem Bauch. Fliegende Händler jonglieren kleine Tische über den Köpfen der Menge, ohne die kunstvoll aufgeschichteten Gebäckkringel herabzuwerfen. In Körben werden Fladen angeboten, eifrig wird eine alte Eismaschine gedreht. Natürlich gibt es auch Türkischen Honig und viele uns unbekannte Süßigkeiten, ebenso Nüsse, Sonnenblumenkerne und dicke, saftige Pfirsiche. Wassersprengwagen schwemmen den Staub von der Straße und sorgen für Abkühlung.

In allem Trubel scheint sich die festlich gestimmte, erwartungsfrohe Menge einem besonderen Gesetz unterzuordnen: Auf der einen Seite des Marktplatzes sammeln sich eng gedrängt nur Männer, auf der anderen Seite, in Hauseingängen, auf Treppenstufen und den Dächern niedriger Häuser finden sich nur Frauen und Mädchen zusammen.

Die Mitte des Marktplatzes, abgegrenzt durch Drähte, an denen bunte Luftballons schaukeln, wird von Ordnungshütern frei gehalten, und Kindern, die nicht weichen wollen, flitzen sie mit dünnen Ruten über die Waden. Nur wir dürfen bleiben und bekommen sogar einen Stuhl angeboten! Als einzige Fremde unter den Einheimischen werden wir wie Ehrengäste behandelt.

Als die Blaskapelle wieder einmal pausiert, setzen Zurnabläser und Trommler ein, und sechs junge Männer in orangefarbenen Hemden, blauen Hosen und braunem Hüfttuch beginnen auf dem freien Platz zu tanzen: Originelle Schrittfiguren, schnelle Drehungen, schwungvolle Sprünge und feierliches Schreiten wechseln, je nach den Trommelrhythmen. Freude strahlt aus den jungen, begeisterten Gesichtern!

Während dann zwei Mädchen, eines im weißen, das andere im roten Kleid, schüchtern und etwas verlegen über den improvisierten Laufsteg gehen, werden uns köstliche Pfirsiche angeboten. Bei der Wahl der „Schönheitskönigin" sollen wir mitentscheiden und wählen die anmutigere von den beiden mit den dunklen Augen im blassen Gesicht und den langen schwarzen Haaren, die das rote Kleid trägt. Sie siegt in diesem Wettbewerb und versteht es, Perlenkrönchen und Schärpe mit Charme zu tragen.

Plötzlich klingen dumpfe Paukenschläge an unser Ohr. Ein eigenartiger Rhythmus ertönt immer wieder: Bum bum bum – Pause; bum bum bum –; immer näher, bum bum bum –, und da sehen wir sie auch schon: die „Janitscharen"! Das waren die gefürchteten türkischen Soldaten, der Stolz der osmanischen Sultane. Die „neue Truppe" (yeniçeri) wurde im Jahre 1362 aus christlichen Kriegsgefangenen aufgestellt und allmählich zu einer Elite entwickelt; ihren festen Kern bildeten die Nachkommen der Janitscharen, vermehrt um „Tribute" von ausgewählten Knaben, die von den christlichen Untertanen im Osmanischen Reich zu stellen waren. Nachdem die Janitscharen am 29.5.1453 Byzanz erobert hatten, verbreitete sich der Ruf von der Macht und Unbesiegbarkeit der Türken im ganzen Abendland. Erst 1826 wurde die Truppe nach verschiedenen Aufständen von Mahmud II. aufgelöst.

In tiefstem Frieden sind sie heute wieder auferstanden: In jeder Pause nach drei Schritten verharren die Janitscharen einen Augenblick und blicken nach rechts, in der nächsten Pause nach links, allzeit bereit, den Feind zu erspähen, gleich, aus welcher Richtung er kommen mag. Voraus schreitet ein Offizier mit hohem Spitzhut und gezogenem Krummsäbel in blutrotem Mantel und gelben Stiefeln; ihm folgen breitbeinig die Bannerträger, Halbmond und Stern auf weißen, roten und grünen Fahnentüchern, die Musikanten in grasgrünen Mänteln schließen sich an und musizieren auf Schellenbäumen, Glockenspiel, Trompeten, Klarinetten, Flöten, begleitet vom Rhythmus der Tambourins und der kleinen, um den Leib gebundenen Doppelpauken. Türkische Becken und der Klang zweier besonders großer Kesselpauken, deren Fell der Paukenschläger im azurblauen Mantel mit weit ausholenden Bewegungen bearbeitet, hämmern uns nachdrücklich den typischen Janitscharenrhythmus ein.

Ist das ein Fest an Farben, unterstützt vom goldenen Glanz der Instrumente! Fahnenträger, Musikanten und Sänger stellen sich rund um den Marktplatz auf: Noch ein Solo für den Klarinettenbläser und dann vor allem die alten Kampflieder, die die Sänger in wallenden roten Mänteln anstimmen, begleitet vom immer gleichbleibenden Rhythmus.

Die Begeisterung um die Janitscharen aus Manisa brandet hoch und reißt uns mit! Unter schattigem Weinlaub finden wir sie später wieder vor einem Kaffeehaus. Sie haben Turban oder Fes abgelegt und sehen trotz ihrer Schnurrbärte nicht mehr gar so martialisch aus. Gleich sind wir umringt,

Tee wird uns angeboten, und während wir uns mit den Männern unterhalten, geht das Fest weiter bis spät in die Nacht. Karagöz-Schattenspiele belustigen die Kinder, an Ringkämpfen begeistern sich die Erwachsenen, und Wetten werden für die Kämpfe der Kamelhengste abgeschlossen. In den Abendstunden sammeln sich alle Festteilnehmer noch zum Tanz im kleinen antiken Theater von Nysa, das am Berghang über Sultanhisar liegt.

1969 *Hedwig Schricker*

Friedrich Karl Dörner auf einem Erkundungsritt am Euphrat ▷

Nemrud Dağ. Mithras - Apollon auf der Westterrasse – ▷▷
s.S. 356
(Foto F.K. Dörner)

FAHRT MIT DEM FLOSS AUF DEM EUPHRAT DURCH DAS TAUROSGEBIRGE

Ein sehr solides Floß aus sechzig Häuten wurde zu Palu gebaut, wohl verproviantiert und mit vier rüstigen Ruderern bemannt; ich bestieg es den 10. Juli in Begleitung von zweien meiner Leute und einem Ağa des Paschas, alle gut bewaffnet, versah mich mit Bussole und Instrumenten und nahm von Ort zu Ort einen des Flusses kundigen Steuermann mit.

Der Strom, welcher bisher zwischen hohen, bewaldeten Bergufern zog und bei Chun zwischen senkrechten prachtvollen Steinwänden über Felstrümmer brauste, tritt von Palu an in eine offenere Gegend und fließt schnell, aber eben hin. Bei Palu setzt eine elende hölzerne Brücke über den Fluß, die letzte, die ihn überschreitet, und prachtvolle Ruinen einer alten Burg, welche man hier den Dschenoves oder Genuesern zuschreibt, ragen hoch auf einem Spitzberg über die Stadt; diese ist rings von Gärten und Baumpflanzungen eingeschlossen.

Nachdem der Strom am Fuße der schönen Gebirgsgruppe des Mostar-Dağ vorübergeeilt, bildet die weite, köstliche Ebene von Harput das linke Flußufer; der Euphrat aber wendet sich ab von derselben, tritt noch einmal in das hohe Gebirge und erreicht den Südrand jener Ebene auf einem vierzig Meilen weiten Umweg. Einige Klippen im Flußbette verursachen Strudel, die jedoch leicht durchschifft werden, und schnell gleitet man bis zu den Ruinen eines alten Bergschlosses, Pertek Kalesi, fort, welche sich auf einem hohen Felskegel am rechten Ufer erheben. Zwischen kahlen Bergen fuhren wir auf dem hier ganz schiffbaren Strome die Nacht hindurch fort und erreichten gegen Morgen die Stelle, wo der Murad sich mit dem fast ebenso großen Fırat vereint, der von Erzerum herunterkommt. Zwei Stunden weiter landeten wir in Kierwan oder Keban Maden. Die dortigen Silberminen befinden sich im elendesten Zustande. Die Türken sagen: „Das Holz zum Schmelzen kostet uns nichts; denn der Wald gehört in der ganzen Türkei Niemand oder Jedermann; es ist wahr, daß es viele Tagemärsche weit herbeigebracht werden muß, aber das ist Frondienst; das Silber hingegen, welches gewonnen wird, ist wenig, aber es gehört uns“. Wollte man jedoch den Wert des Brennmaterials und der Handarbeit in Anrechnung bringen, so würde man wohl zu dem Resultat kommen, daß die Bearbeitung der Minen den Ertrag um das Drei- oder Vierfache übersteigt.

Der Euphrat wird dicht unterhalb Keban Maden von rauhen Bergen eingeschlossen; bald aber flacht sich das rechte Ufer mehr und mehr ab, und nachdem der Strom in weitem Bogen den Fluß des eirunden Berges umspült, auf welchem die Ruinen einer weit sichtbaren alten Kirche sich erheben, hat man rechts die weite Ebene von Malatya. Erst bei Kömür (Kohlen) Han, unfern der Keilschrift, von der ich Dir früher gesprochen[1], treten hohe, wilde Gebirgsmassen von beiden Seiten zusammen, und der Strom fließt von nun an in tiefen schauerlichen Felsenspalten fort. Mit außerordentlicher Schnelligkeit glitt unser Fahrzeug hin, und das Strombett war kaum zur Hälfte so breit, wie es oberhalb gewesen; bald hörten wir ein fernes Brausen, von welchem die schroffen Felswände widerhallten, und die beschleunigte Schnelligkeit, mit der wir fortschossen, benachrichtigte uns, daß wir in die Nähe der Yılan Değirmeni oder Schlangenmühle gekommen seien. Vorsichtig legten wir an und beschauten an einer vorspringenden Klippe die Örtlichkeit, ehe wir uns in die Wirbel hineinwagten; diese Stromschnellen liegen stets an solchen Punkten, wo das jähe Bett eines kleinen Gießbachs in den Strom mündet. Aus der Schlucht sind im Laufe der Zeit eine Menge größerer und kleinerer Felstrümmer herabgestürzt; sie haben vor der Mündung des Bachs (der an sich ganz unbedeutend) eine Landzunge angesetzt, welche die Breite des Stroms vermindert, und oft sind noch zum Überfluß gewaltige Steinblöcke bis in das Bett selbst gerollt, welche bei niederem Wasserstande hervorragen, bei höherem aber von der Flut überspült sind, der sie einen unbesiegbaren Widerstand entgegensetzen. Der reißende Fluß, verengt und aus seiner Richtung geworfen, braust gegen die Unebenheiten an, bildet über denselben eine hohe Wassergarbe und jenseits eine gewaltige, schäumende und wirbelnde Strömung, wie wenn Du Wasser aus einem breiten Gefäß in eine enge Rinne gössest.

Die weniger schlimmen Stellen, welche wir bereits passiert, hatten mir schon einen ungefähren Maßstab von dem gegeben, was ein Kelek oder Floß wie unseres zu leisten vermöge. Ich ließ Bismillah – „im Namen Gottes" – vom Ufer abstoßen; alsbald erfaßte uns der allgemeine Wasserzug, und ehe wir uns noch recht besinnen konnten, waren wir schon glücklich durch, obwohl zwar vom Kopf bis zu den Füßen durchnäßt; denn von allen Seiten schlugen die Wasserwellen über uns zusammen; bei einer Hitze aber von vielleicht 40 Grad war das nur eine angenehme Erfrischung. Der Niveau-Unterschied des Flußspiegels dicht oberhalb und unterhalb der Stromschnelle, auf eine Entfernung von 200 Schritt, konnte ungefähr 15 Fuß betragen. Solcher Stromschnellen, wie ich Dir eben beschrieben, die meisten aber von geringerer Bedeutung, liegen nun, über dreihundert an der Zahl, eine hinter der anderen und bilden auf einer Strecke von etwa zwanzig Meilen die *cataractae Euphratis.* Kaum bist Du durch eine hindurch, so hörst Du schon die nächste brausen; das Kelek dreht sich beständig herum und gibt Dir Gelegenheit, ohne Deine Stellung auf weichem Pfühl zu ändern, die wildromantische Gebirgsgegend von allen Seiten zu betrachten; hoch oben kleben einzelne Kurdendörfer unter schattigen Nußbäumen, und Wasserfälle schäumen die steilen Berghänge hinab. Die schlimmsten Stellen sind bei dem Städtchen Şiro und dann drei Fälle, einer unmittelbar hinter dem anderen, dicht oberhalb Telek, wo heiße Schwefelquellen dampfend aus dem Gestein dringen. In der zackigen Felsspalte, nahe unterhalb dieses Dorfes, wird der oben schon 200 bis 300 Schritt breite Strom durch einen Erdsturz auf 35 Schritt verengt; diese Stelle heißt der Hirschesprung (Geyiktaşı). Endlich passierten wir noch eine sehr mißliche Stelle unter einer Kreidefelswand, dicht oberhalb des alten Bergschlosses Gerger, und von nun an ändert sich der ganze Charakter des Strombettes.

Mit sehr verminderter Geschwindigkeit fließt der Euphrat jetzt zwischen hohen, senkrechten Wänden, aber die Gebirge treten auf beiden Seiten zurück, und die Nebentäler sind von niedrigen, mauerartigen Basalthängen eingeschlossen; das rötliche Gestein, welches lotrecht zum Fluß abstürzt, erhebt sich zu 300 bis 400 Fuß Höhe, es zeigt die grotesken Formen der Sandsteinbildung und viele Höhlen; einige derselben enthalten die Trümmer uralter Klöster, welche nur auf einem schmalen, schwindelnden Pfad längs der Felsmauer zu erreichen sind, und seltsame Warttürme kleben an den Vorsprüngen.

Von dem merkwürdigen alten Schlosse Kores an beschreibt der Fluß zwei große Windungen; er tritt nun aus dem Fels in ein offenes Hügelland und sieht der Oder bei Frankfurt ähnlich, bis er, bald unterhalb Samosata, in die Steinwüste tritt. Auch dort setzt er seinen Lauf in westlicher Richtung bis nahe an Zeugma oder Rumkale fort, wo er sich im rechten Winkel südlich wendet; obwohl er auf dieser Strecke durch ein ebenes Plateau zieht, so ist doch sein Bett tief eingeschnitten und von senkrechten Sandsteinwänden eingefaßt, welche nur an wenigen Stellen ein Hinabsteigen zum Strome gestatten. Ich endete meine Wasserfahrt bei Samsat.

[1] Vgl. Briefe [6] 229; es handelt sich um eine Felsinschrift in urartäischer Sprache aus der Zeit von Sardur III. (763–733 v.Chr.). Näheres darüber bei Th. Beran, Istanbuler Mitteilungen 7, 1957, 133 ff. (F.K.D.)

Juli 1838 *Helmuth von Moltke*

BEI DEN KAPUZINERN IN MALATYA

Äußerst anziehend fand ich in Malatya die Straße der Schmiede. Letztere treiben ihr Handwerk in nicht eben geräumigen, gegen die Straße offenen Werkstätten. Es ist schwer zu beschreiben, dieses Durcheinander bunter Trachten auf dem schwarzen Hintergrunde der rußigen Arbeitsräume, in welche hie und da ein greller Sonnenblitz hineinleuchtet.

Am zweiten Tage meines Aufenthaltes machte ich einen Besuch bei den Kapuzinern. Wir traten in den engen Vorraum des Klosters, welches sich nicht sonderlich von andern Häusern der Stadt unterschied, kletterten eine halsbrecherische Stiege hinauf und standen nun vor einer verschlossenen Tür. Auf der Treppe entspann sich ein wütender Kampf zwischen drei Hunden, die so viel Lärm machten, daß es lange dauerte, bis die frommen Herren von unserer Gegenwart Notiz zu nehmen vermochten.

Die Kapuziner waren eben bei der Mahlzeit. Daß dieselbe aus nichts als Bohnengemüse bestand, war mir leid. Ich hätte – offen gestanden – gewünscht, etwas Opulenteres auf dem Tische der Kapuziner zu finden und dazu eingeladen zu werden. Wer einen Begriff hat, wie selten sich hierzulande die Gelegenheit bietet, dem Gaumen einen Gefallen zu erweisen, der wird diese sonst etwas unchristlich oder unbescheiden klingenden Wünsche weniger streng beurteilen. An der frugalen Mahlzeit war der Freitag schuld. Die Spitze der Tafel okkupierte ein alter, jovialer Armenier mit pockennarbiger Physiognomie, der Bischof in höchst eigener Person. Er trug den Fes, ein rotes Untergewand, einen Leibrock und um den Hals eine große goldene Kette.

Pater Apollinare und Frater Isidore, zwei Italiener in braunen Mönchskutten, freuten sich nicht weniger über unsern Besuch wie der Bischof. Die Augen des graubärtigen Kahlkopfs Isidore glänzten wie Weinperlen. Der Bruder hatte allen Grund, stolz zu sein auf den Wein, der hier in Malatya wächst und unter seiner Pflege zu so köstlichen Tropfen gedeiht.

Als ich den Stoff einmal über das andre lobte, brachte Isidore eine neue mit tief dunkelroter Flüssigkeit gefüllte Flasche herbei. „Das sei erst der wahre Jakob", sagte er, goß den Rest unserer Gläser schnell zurück und schenkte uns von dem Dunkelroten ein. Isidore hatte recht. Dieser Wein von Malatya war ein Gewächs zum Kopfverdrehen! Voll Feuer und Kraft und doch so weich und so lieblich! Fürwahr, wenn 1900 Jahre keine Ewigkeit wären, ich hätte die köstlichen Traubenbluttropfen für Reste des Monarites gehalten, von dem Strabon gesagt hat, er könne mit dem hellenischen wetteifern. Ich sagte zu den Kapuzinern, wir würden nicht wieder fortgehen; denn von dieser Gottesgabe könne man sich nicht so leicht trennen. Und Bruder Isidore löste das Rätsel, warum sein Wein den, der ihn einmal gekostet, nicht wieder vom Flecke lassen wolle: er sei – das sage er uns im Vertrauen – wie die Juden: nicht getauft!

September 1890 *Edmund Naumann*

ROMANZE IN MALATYA

Für den Touristen bietet die Stadt Malatya, in einer fruchtbaren Ebene des südlichen Taurosgebirges gelegen, nur wenig Anziehungspunkte. Zwar zeugen die Ruinen der antiken Stadtsiedlung Melitene (heute Eski Malatya, d.h. Alt-Malatya) von einer jahrhundertealten Geschichte, aber die spärlichen Reste ihrer Mauern können höchstens das Auge des Altertumsforschers, der eine rege Phantasie zu Hilfe nimmt, erfreuen.

Die sich rechtwinklig kreuzenden Straßen der türkischen Provinzhauptstadt, die gähnende Leere des Rathausplatzes liegen langweilig und reizlos in der glühenden Hitze. Das Hotel ist schutzlos der anatolischen Sonne preisgegeben, seine heißen Räume unzureichend und unbequem möbliert. Man muß schon Bekannte in Malatya haben, die einen zu Gast in ihren Garten bitten, um sich dort wohlzufühlen. Denn große Obstgärten, vor allem mit Aprikosenbäumen bepflanzt, umsäumen schattenspendend und quelldurchmurmelt die staubige Stadt.

Trotzdem läßt sich ein Aufenthalt für so manchen Reisenden nicht umgehen, vor allem seit die Arbeiten am Keban-Staudamm begonnen haben, der den Euphrat etwa 90 Kilometer nördlich der Stadt regulieren soll. Für die türkischen Mitarbeiter und Techniker, für die ausländischen Berater und Konstrukteure ist der Flughafen in Malatya der Ort, der sie am schnellsten mit der großen, weiten Welt verbindet. Für die Archäologen, die in der antiken Landschaft Kommagene arbeiten, für die vielen Touristen, die den Nemrud Dağ besteigen möchten, ist ebenso Malatya der östlichste Punkt der großen Straße, die von Ankara über Kayseri den Tauros durchquert. Dann heißt es, die südliche Richtung einschlagen und sich auf schlechtere Wege gefaßt zu machen.

Allerdings ist der Flugverkehr in den letzten Jahren oft eingeschränkt, ja unterbrochen worden. Der zivile Lufthafen, eine Asphaltstraße in einer versteppten Wiese, die vor einem freundlichen Gärtchen mit einem Springbrunnen endete, ist als unzureichend erklärt worden. Bis zu seinem Ausbau soll der Militärflughafen benutzt werden, der weit außerhalb liegt und der nur zweimal in der Woche angeflogen wurde. Schon daraus ergaben sich manche Mißverständnisse und unvorhergesehene Aufenthalte, wenn man den Flug vom Ausland bestellt hatte.

Es heißt also versuchen, Malatya seine liebenswerten Seiten abzugewinnen, wenn man vom Schicksal zum Warten verurteilt ist. Kommt man aus dem Bereich des Staubes und der trockenen Winde Anatoliens, so ist allein schon das fließende Wasser im Hotel in Gestalt einer erfrischenden Dusche eine Fata Morgana, die die Anreise versüßt. Hat man auf kleinen Dörfern mit Tee, Brot und Obst vorlieb genommen, so freut man sich auf den schattigen Garten des Emniyet-Restaurants, das weißgedeckte Tische, eine reichhaltige Speisekarte und kühles Bier verspricht. Dazu sind die Preise im Vergleich mit Istanbul und Ankara ganz erstaunlich niedrig. Nicht selten kommt es im Speiselokal zu lebhaften Gesprächen, abgesehen von der enthusiastischen Begrüßung durch den Besitzer. Da trifft man einen Ingenieur, der eine Technische Universität in Deutschland besucht hat, oder einen Forstbeamten, der von einem deutschen Fachmann ausgebildet wurde. Sie seufzen, daß sie so fern von aller städtischen Eleganz leben müssen, und beneiden uns, daß uns unser Weg wieder nach Istanbul und nach Europa zurückführt.

Aber auch die Zeit im Speiselokal läuft ab, ehe sich der Omnibus nach Norden, Süden oder zum Flughafen in Bewegung setzt, und wir schließen einen kleinen Stadtbummel an. Männer beherrschen das Straßenbild, sie stehen schon in großen Gruppen am frühen Morgen auf dem Marktplatz und warten auf Arbeit. Es ist noch immer die gleiche Situation, wie sie das Neue Testament, Matthäus 20, in dem Gleichnis von den Arbeitern im Weinberg schildert:

> „Denn das Himmelreich ist einem Hausherrn gleich, der frühmorgens ausging, um Arbeiter für seinen Weinberg einzustellen. Als er mit den Arbeitern um einen Denar für den Tag eines geworden war, schickte er sie in seinen Weinberg. Als er dann um die dritte Stunde wieder ausging, sah er andere auf dem Markte unbeschäftigt stehen und sagte zu ihnen: ‚Geht auch ihr in meinen Weinberg, ich will euch geben, was recht ist', und sie gingen hin. Wiederum ging er um die sechste und die neunte Stunde hin und machte es ebeno. Als er um die elfte Stunde wieder ausging, fand er andere dastehen und sagte zu ihnen: ‚Warum steht ihr hier den ganzen Tag müßig?' Sie antworteten ihm: ‚Weil keiner uns eingestellt hat.'"

Am Ende dieses Gleichnisses wird nicht nur die Arbeit, sondern auch das geduldige Warten belohnt. Das wird allen denen gerecht erscheinen, die die Bitternis des Wartens kennengelernt haben.

Der Markt schenkt uns ein reiches Mosaik von Fruchtständen, Baumwollstoffen, Tischen voll bunten Plastikgeschirrs und gestapelte landwirtschaftliche Geräte. Immer noch umsäumen ihn die Läden der Silberschmiede, in denen sich neben unkünstlerischer Dutzendware manch alter Silberschmuck entdecken läßt. Vor allem fertigen die Juweliere in Malatya eine Spezialität an, die wir sonst nirgends in der Türkei entdeckten: einen silbernen Fingerhut, mit einem Filigranmuster überzogen und an einem Kettchen befestigt, das in einem Ring endet. Daher kann die Näherin, auch wenn sie den schützenden Hut von der Kuppe des Mittelfingers herabschiebt, ihn nicht verlegen oder verlieren.

Schlendert man also durch Markt, Geschäfte und Straßen, kauft getrocknete Aprikosen, einen silbernen Fingerhut oder ersetzt den verlorenen Schreibkuli, so können ebenso wie im Restaurant die freundlichen Gespräche nicht ausbleiben. Da ist der ehrwürdige Besitzer der chemischen Reinigung, der unsere strapazierte Garderobe in 6 Stunden säubert, bügelt und auf Hochglanz bringt. Er hat schon die Pilgerfahrt nach Mekka angetreten, und sein Sohn studiert in Berlin. Wir besehen bunte Postkarten, tauschen Reiseerfahrungen aus und werden zu einem Gläschen Tee eingeladen.

Als wir dann gegen Abend in die kleine Halle unseres Hotels zurückkehren, erhebt sich ein schmaler, dunkelhaariger Mann mit einer Verneigung aus einem der Sessel. Er ist mit dem Besitzer gut bekannt und hat von ihm gehört, daß Gäste aus Deutschland gekommen seien. In der Schule hat er deutsch gelernt, und als Verehrer der türkischen Dichtung klangen in ihm verwandte Saiten an, als er deutsche Gedichte las. Als einfacher Handwerker verbrachte er viele Abendstunden, um sich fortzubilden, seine Sprachkenntnisse zu vervollkommnen und aus einem kleinen Band deutscher Lyrik einige Gedichte in die türkische Sprache zu übersetzen. Seine Seele verläßt allabendlich Malatya und schwingt sich in die Welt der großen Geister auf. Der Mond, die Sterne, Liebe und Sehnsucht beflügeln seine Gedanken, und er hat manche Blätter mit seinen eigenen Versen beschrieben.

Mit leiser Stimme beginnt er auf unsere Bitte hin uns einiges vorzulesen. Vieles verstehen wir nicht sofort, aber Wohlklang und Melancholie tönen uns daraus entgegen. Schließlich zieht er ein schmales Heft aus seiner

Im Hierothesion des Königs Mithradates Kallinikos in Arsameia am Nymphenfluß
Abb. 61: Die Förderanlage bei der Freilegung des großen Felsenganges. Im Hintergrund die beschriftete Felswand bei Sockelanlage III – s.S. 346
Abb. 62: Eine Essensträgerin mit Erfrischungen für die Arbeiter im großen Felsgang. Im Hintergrund das große Dexiosis-Relief (vgl. Abb. 57) noch in Fundlage – s.S. 335 (Fotos F.K. Dörner)

Tasche. Es ist in deutsch geschrieben, in der Sprache Goethes, wie er errötend sagt. Er möchte es uns für die Nacht anvertrauen, daß wir es noch vor dem Einschlafen lesen; denn seine Aussprache sei zu schlecht, um den Worten die rechte Wirkung zu verleihen.

Also lernen wir einen der Stillen im Land kennen, einen Troubadour, der wie zur Zeit der Minnesänger die Geliebte aus der Ferne anbetet. Vielfach sind es die allzuoft gehörten Liebesklagen, abgegriffene Vergleiche und Worte, deren er sich bedient. Aber so mancher Satz ist tief und echt empfunden und rührt uns durch seine Eindringlichkeit. So beginnt das Heftchen:

> Meine Jenseitige! Die folgenden zehn Kapitel sind durch Ihre Eingebung entstanden. Niemand von uns weiß, wie viele Jahre er lebt. Doch selbst, wenn ich 1000 Jahre alt würde, in jeder Minute würde ich für Sie etwas Neues schreiben, bis ich die Augen schließe.

Und noch einige Gedanken daraus:

> Niemand kann eine Arbeit tun, ohne zu denken. Das Denken ist die Mutter aller Arbeit, das wichtigste dabei. Ich erkläre, daß ich Ihr fleißigster Arbeiter und treuer Sklave sein will. Ich denke immer nur an Sie in jeder Minute.

Hier noch eine kleine Geschichte aus dem Manuskript:

> Drei Verrückte.
> Einmal saß ein junger Mann auf einem Felsen, schaute ins Meer und wunderte sich, wie die hohen Wellen anrollten. Er dachte: „Wenn ich auf den Rücken einer Welle stiege, ob ich wohl ans andere Ufer übersetzen könnte?" Er war der erste Verrückte.
> Der zweite war ein Schäfer. Er dachte, jedes seiner Schafe sei ein tapferer Soldat und er selbst der General und wollte gegen die Löwen und Wölfe kämpfen.
> Der dritte aber ist wohl der Verrückteste. Er hält in seiner rechten Hand einen einfachen Füllfederhalter und will damit das Herz einer jungen Königin erobern.

Wir müssen das Hotel in der Frühe des nächsten Morgens verlassen und über-

Im Dorf Horik – s.S. 354
Abb. 63: Mädchen auf der Brüstung ihres Hauses
Abb. 64: Bäuerinnen beim Buttern (Fotos F.K. Dörner)

geben das Heftchen wohlverwahrt in einem Umschlag mit unseren herzlichen Grüßen dem Hotelportier, der es zurückzubringen verspricht. Unbekannt bleibt uns der Name der Ersehnten und der Ausgang der Romanze. Ist die Geliebte ein deutsches Mädchen gewesen, oder bediente sich der Liebende nur der deutschen Sprache, die auch sie verstand, um vor neugierigen türkischen Ohren sicher zu sein und seine Botschaften wie in einer Geheimsprache absenden zu können?

Jedenfalls finden sich, zart mit Bleistift geschrieben, auf der letzten Seite die Worte: „Meine Liebe, ich warte am Samstag im Kino!"

Ob sie wohl gekommen ist oder ob sie ihm nur schnöde das Heftchen zurücksandte? Hoffen wir für den Dichter, daß ihm der bescheidene Wunsch, den er in einem Satz ausspricht, erfüllt wurde: „Nedim, du ärmster Arbeiter, was wird dein Lohn sein? Was wirst du dir wünschen, wenn deine Geliebte dich fragt, was du begehrst?" – „Nur einen Gruß!"

Die Liebe durchdringet alles; sie macht auch vor den langweiligen Häuserzeilen in Malatya nicht halt.

1970 *Eleonore Dörner*

ERINNERUNGEN EINER DEUTSCHEN ARZTFRAU AN IHREN AUFENTHALT IN MARAŞ 1906–1909

Im Herbst des Jahres 1905 bereiteten wir unsere Ausreise nach der Türkei vor. Kisten wurden mit Blech ausgeschlagen, Sattelzeug und Haushaltsgegenstände gekauft und alles emsig verpackt. Unsere drei älteren Kinder Ria, Friedel und Hilda sollten uns begleiten, unser jüngster Sohn Ingmar mußte unter der Obhut der Großmutter zurückbleiben. Mit seinen 9 Monaten war er noch zu zart für die Strapazen der weiten Reise.

Ein italienischer Dampfer brachte uns im Januar 1906 bis nach Port Said. Dort stiegen wir in ein kleineres Schiff um, das wir in Alexandrette (heute Iskenderun) verließen, um die Reise im Pferdewagen weiter fortzusetzen. Hier empfing uns zum erstenmal der echte Orient: Hammelfettgeruch, Kamele, der bunte Bazar mit schwarzen und braunen Händlern und Käufern. Es kam das alles mir so laut und fremdartig vor, daß ich zweifelte, ob ich mich hier wohlfühlen würde. Zwei Tage wohnten wir in einem kleinen Gasthof, bis die Wagen für die Fahrt in das Landesinnere bereit waren. Unser erstes Ziel war Aintab (heute Gaziantep); dort rasteten wir in einer heimischen Umgebung bei den amerikanischen Missionaren. Am nächsten Tag besorgte mein Mann Reit- und Lasttiere, die geduldig stillhielten, wenn sie rechts und links mit den schweren Kisten beladen wurden. Sie waren mit schönen Wolltroddeln und Glocken behangen. Für die Kinder wurden beiderseits am Rücken der Tiere große, flache Kisten befestigt, in die sie hineingesetzt wurden. Wir deckten sie warm zu; denn es wehte ein eiskalter Wind. Wir Eltern ritten neben ihnen her, es dauerte wohl 8 Stunden. Obwohl ich zwei Mäntel übereinander angezogen hatte, fror ich in der Winterluft.

Doch schon am nächsten Tag änderte sich das Wetter. Die Sonne strahlte, und wir warfen unsere Hüllen ab. Bei der Rast fanden wir bunte Anemonen, ähnlich unserer Küchenschelle, sie sollen die Lilien des Feldes aus der Bibel sein.

Zwei Stunden vor dem Ziel kam uns ein großer Reiterzug entgegen, es waren die deutschen und amerikanischen Missionsgeschwister. Eine feierliche Begrüßung fand statt, dann ging es gemeinsam weiter nach Maraş, wo Pastor Lohmann eine Missionsstation leitete, Waisenhäuser und ein Krankenhaus. Schon von weitem grüßten die hohen Berge des Ahirdağ mit ihren kahlen Hängen, doch an den unteren Hügeln breiteten sich Weingärten aus, sie umkränzten das staffelförmig gebaute Städtchen mit seinen flachen Dächern, den Minaretts der Moscheen und mit den vielen Storchennestern. Sehr erfrischend ist der starke Gebirgsbach, der durch Maraş fließt, ein Seitenarm ging durch unseren Hof. Unser Haus, das von der Mission mit einfachen Möbeln ausgestattet war, erinnerte an ein Schweizerhaus. Die Wände waren weiß getüncht, die Fußböden aus hellem Holz. Eine Veranda zog sich vor drei Stuben entlang. Ich war sehr überrascht, in eine so europäische Umgebung zu kommen, aber bald sollte ich den Unterschied merken: es wimmelte von Wanzen und Flöhen. Da ließ ich nach amerikanischem Muster die Bettpfosten in kleine Blechbüchsen, die mit Petroleum gefüllt wurden, stellen, und wir hatten Ruhe von den Plagegeistern.

In der Küche regierte eine Armenierin, die türkisch sprach und von der ich zuerst die nötigsten Worte lernte. Ein Diener kaufte auf dem Bazar ein. Er brachte Tomaten, Patlıcan (Auberginen), die man aushöhlt und mit Fleisch füllt, Hammelkeulen, Hühner und zu meiner Freude Eier, die nur 2 1/2 Pfennig kosteten. Ein Kuchenrezept, das mit den Worten beginnt: „Man nehme 10 Eier", konnte mich in Maraş nicht schrecken! Vor allem bekamen wir herrliche Früchte: die himbeerartigen Maulbeeren, die rasch gegessen werden müssen, die schönen Granatäpfel voll roter Kerne, die köstlichen saftigen Feigen, die ich noch nie frisch verzehrt hatte. Am meisten staunte ich über die Größe der Trauben. Eine einzige konnte zwei Leute satt machen, und sie erinnerten mich immer an das Bild in der biblischen Geschichte, auf dem die Kundschafter zu zweit eine Traube an einem Stabe tragen. Vor allem aber ernährten wir uns von den süßen Aprikosen.

Im Winter aßen wir sie als Trockenobst fast täglich zu Reis, „Mischmisch" nannten es die Kinder. Es wurde aber erst so richtig wohnlich bei uns, als eines Tages die Kisten aus Deutschland eintrafen. Schwankend kamen zwei Kamele, melodisch mit ihren Glocken läutend, in den Hof. Der Jubel der Kinder war groß, als ihre geliebten Puppen ans Tageslicht kamen, und begeistert packte ich alle heimatlichen Gegenstände aus. Das Heimweh nach dem zurückgelassenen Kind wurde auch gemildert durch die Hoffnung, bald wieder ein Kleines im Arm halten zu dürfen.

Wir waren jetzt mitten im Frühling, die Mandelhecken blühten. Aber schon bald wurde es unerträglich heiß. Die Kinder bekamen die ersten Malariaanfälle, sie wurden müde und blaß und fieberten bis zu 40 Grad. Da empfanden wir es alle wie eine Erlösung, daß es im Juli und August in die Berge gehen sollte. Die letzten Tage vor dem Aufbruch konnte man das Tsch-Tsch der Mücken nicht mehr ertragen und kaum noch in den Nächten schlafen.

Endlich war es so weit. Die Reit- und Packtiere läuteten im Hof, die Feldbetten wurden links und rechts der Tiere festgebunden, eine Matratze darübergelegt, und man saß beinahe wie auf einem Sofa. Die Kinder schliefen sogar stundenlang in dieser Lage. Es ging im Schritt etwa 10 Stunden durch die glühende, ausgedörrte Ebene, dann durch den Aksu. Man mußte die Augen schließen, um nicht schwindlig zu werden in dem stark strömenden Fluß. Die Kinder saßen vergnügt in ihren Kisten. Die Treiber schnitten ihnen Rieseneicheln ab, die man geröstet ißt. Als wir in dem Dorf ankamen, wo wir übernachten wollten, war es schon tiefschwarze Nacht geworden, und wir fanden den Weg nicht mehr. Wir hörten nur rasendes Hundegebell und den tosenden Gebirgsbach neben uns. Plötzlich standen die Pferde auf einer Matratze, die der Hitze wegen zum Schlafen auf dem flachen Dach ausgebreitet lag. Nun wurden die Dorfbewohner wach und kamen uns mit Fackeln entgegen. Vorsichtig geleiteten sie unsere Tiere. Der armenische Lehrer nahm uns auf. Matratzen wurden auf das flache Dach der Kirche gelegt, und wir ruhten unter dem wunderbaren Sternenhimmel. Die Steppdecken, die uns angeboten wurden, lehnte ich dankend ab, ich fürchtete das Ungeziefer.

In der Nacht setzte ein heftiger Sturm ein. Die Deckbetten der Kinder und ihre Kleider waren zum Teil in den Hof hinunter geweht worden. Doch die Sonne schien am Morgen wieder hell. Vor Regen waren wir nun zwei Monate lang sicher, es regnet eigentlich nie im Juli und August.

Nach dem Abschied von unseren freundlichen Quartiergebern ritten wir stundenlang weiter, zuerst durch eine steinige Schlucht. Der Wald wurde immer dichter, schon bald schlug uns ein feiner harziger Geruch entgegen. Wir sahen herrliche starke Bäume, doch viele waren ihrer Wipfel beraubt. Es rührte daher, daß die Hirten etwa alle drei Jahre die obersten Zweige von den Bäumen schlagen, um Streu und Futter für den Winter zu gewinnen. Wir begegneten einer großen Ziegenherde. Sie gehörte Kurden, die ihr Lager auf einer Alm aufgeschlagen hatten und uns mit Milch und Butter versahen. Sie sind ein einfaches Hirtenvolk, die Frauen nähten ihre selbstgesponnenen Kleider mit Fischgräten zusammen, Fadenrollen und Nadeln hatten sie noch nie gesehen, als wir sie ihnen schenkten, ebensowenig einen Spiegel. Als wir ihnen später die Fotos zeigten, die wir von ihnen gemacht hatten, erkannten sie sich nicht darauf. Die Puppen der Kinder versetzten sie in helles Entzücken, aufgeregt riefen sie sich einander zu, da sei ein ganz kleiner Mensch.

Eine Stunde vor dem Gipfel machten wir auf einer Bergwiese halt. Jeder suchte sich eine schöne Zeder aus, unter der er sein Zelt aufschlagen wollte. So entstand eine kleine Zeltstadt von 7 Schlafzelten, einem Essens- und einem Küchenzelt. Die Mahlzeiten unserer Gruppe waren gemeinsam, der

Koch gab sich große Mühe. Reis spielte die Hauptrolle, Kartoffeln gab es nicht. Die Zelte legten wir mit Tannenzweigen aus, darüber kam eine Strohmatte. Zwei Reisebetten hatten wir außerdem mitgebracht. Den Kleiderschrank ersetzten ein paar Nägel, die in einen Baum vor dem Zelt eingeschlagen wurden. Das Waschgeschirr stand auf einer Kiste. Jedesmal vor dem Gebrauch mußten wir die Kleider gut ausschütteln, denn die Skorpione verkriechen sich gern in der Wärme. Mein Mann wurde heftig gebissen, als er seine Hose eines Tages nach solch einem Skorpion durchsuchte. Der Biß verursacht einen heftigen, brennenden Schmerz, der etwa 12 Stunden anhält. Man muß die Wunde sofort aussaugen, sonst verursacht der Einstich starke Schwellungen, es kann auch Fieber auftreten.

Für die Kinder begann jetzt eine herrliche Zeit. Wir lebten den ganzen Tag im Freien und freuten uns unter den Zedernbäumen an ihrem Schatten und der angenehmen Kühle. Die Kinder spielten und schnitzten Schiffchen, die Erwachsenen lasen und lernten Türkisch. Nachmittags wurde ein Spaziergang gemacht, und abends versammelten sich alle um ein Feuer. In der Stadt hatte es oft an Holz gefehlt, hier lagen Baumstämme und Äste greifbar nahe. Frau Pastor Brunnemann las uns abends „Ut mine Stromtid" von Reuter vor. Nachts hörten wir manchmal etwas scharren und kratzen, es war ein Wildschwein, das sich die Abfälle aus unserer Küche holte. Einmal wurde auch eine Bärenjagd veranstaltet. Wir hörten die Hunde wie rasend bellen und den Bär schnaufen, aber wir bekamen ihn nicht zu sehen. Am Ende des Sommers gelang es Herrn Pastor Brunnemann, einen Bären zu erlegen. Er hatte 7 Ziegenfüße in seinem Magen. Eines Tages brachten uns die Hirten den Kopf eines großen Wolfes. Ein andermal sahen wir, wie sich eine etwa 2 Meter lange schwarze Schlange vor unserem Zelt im Mondlicht aalte. Die schwarzen sind harmlos, viel gefährlicher sind die kleinen Pfeilschlangen. Unsere Tochter Ria hatte nicht bemerkt, daß sich eine um ihren Knöchel geschlungen hatte. Da sie die landesüblichen Stiefel trug, bei denen die Beine mit langen Lederriemen umwickelt wurden, dachte sie, es sei einer derselben losgegangen und schleuderte einfach die Schlange fort, als sie den Irrtum merkte. Die Kinder hatten bald von den Bergbewohnern gelernt, die Schlangen zu töten. Sie packten sie am Schwanz und schlugen den Kopf auf einen Stein, so töteten sie wohl 8 Stück die Sommermonate über. Als wir im September heimkamen, lag mitten im Wohnzimmer fein säuberlich eine Schlangenhaut. Die frühere Besitzerin entdeckten wir nicht.

Als es im Tal kühler geworden war, ging es wieder in die Stadt. Ich machte den Weg abwechselnd mit einer Schwester, die schwere Dysenterie gehabt hatte, in einer Sänfte mit. Sie hing an zwei Stangen zwischen zwei Maultieren. Unten angekommen, zogen wir in ein anderes kleines Haus der amerikanischen Mission, das am Rand von Maraş hoch gelegen war, inmitten eines großen Gartens, in dem sich auch noch das amerikanische College befand. Dort wurden junge Armenier zu Lehrern erzogen. Die Lage war herrlich. Hinter uns die kahlen Berge des Ahırdağ, vor uns die Ebene von Sencirli, eingeschlossen im Westen von der Amanoskette, im Osten vom Karadağ, auf dem bis in den Mai hinein Schnee zu sehen war. Nachts leuchteten in der Ebene die Karawanenfeuer.

Der Herbst ist die schönste Jahreszeit in Maraş. Die Rosen blühen bis Weihnachten. Die wundervollen Trauben reifen. Wir bekamen oft große Körbe voll von dem Missionsweinberg zugeschickt. Für den Winter wurden die Trauben zu Saft eingekocht – pekmes – und in großen irdenen Töpfen aufgehoben. Auch überzog man die Trauben mit einer Art Gelee, um sie luftdicht abzuschließen, so hielten sie sich lange frisch. Dann kochte man große Vorräte von Hammelfleisch ein. Das Fleisch wurde roh durch die Maschine getrieben, etwas angekocht und in große irdene Töpfe gefüllt, die man mit einer Fettschicht abdeckte. Außerdem wurden Vorräte von Ziegenkäse, Linsen und getrockneten Aprikosen angeschafft. Aus Sauermilch und Weizen wurde in riesigen Kupferkesseln ein Brei gekocht, natürlich im Freien. Man strich den Brei auf Tücher, trocknete ihn in der Sonne, brach ihn in Stückchen und verwahrte ihn für den Winter. In Wasser aufgelöst und aufgekocht bildete er in der kalten Jahreszeit die tägliche Morgensuppe. Dies Einkochen war eine Art Familienfest, alles saß um die großen flachen Schüsseln herum und rührte, oder man bewachte den ausgebreiteten Brei, damit kein Pferd sich darauf verirrte oder ein Hund sich daran satt fraß.

Nun konnte der Winter kommen. Er setzte langsam ein, wir brannten nur morgens und abends ein kleines Holzfeuer. So konnte ich auch dann mein kleines Mädelchen Herta, das am 16. November geboren wurde, gleich ins Freie stellen. Die einheimischen Frauen waren darüber entsetzt. Sie begriffen nie, wie man ein Kind so viel allein lassen konnte. Ihre Kinder wurden den ganzen Tag herumgetragen und schon nach wenigen Wochen im Arm aufgesetzt. Zu gleicher Zeit, als ich im Wochenbett lag, von einer netten jungen armenischen Krankenschwester gepflegt, legte sich mein Mann mit einem sehr starken Malariaanfall auch zu Bett. Er erholte sich nur sehr langsam.

Im Januar setzte dann die starke Kälte ein. Wir hörten, daß 11 Männer in den Bergen erfroren waren. Mein Mann mußte in diesen Tagen nach Urfa reiten. Kaum war er fort, setzte ein so furchtbar eisiger Nordwind mit einer solchen Gewalt ein, daß ich mich nicht aufrecht halten konnte. Er raste drei Tage und drei Nächte hindurch. Er riß den großen Giebelbalken unseres Hauses ab und wehte riesige Schneemassen gegen die Mauern und Fenster, die von vornherein schon undicht waren aus Mangel an Fensterkitt, der in der Stadt nicht zu bekommen war. Die Stuben ließen sich nicht mehr erwärmen. Kochen konnten wir nicht mehr, da der Schnee in den Kamin fiel und das Feuer auslöschte. Der Gang, der zur Küche führte, war auf der einen Seite offen und dem Unwetter ausgesetzt. Unsere amerikanischen Nachbarn, die ein solideres Haus hatten, holten uns zu sich herüber und hätten uns am liebsten bei sich behalten. Ich ging aber, nachdem der Sturm sich endlich etwas beruhigt hatte, wieder in die Wohnung zurück und war nicht wenig erstaunt, als ich unsere Schlafstube betrat. Sie bot den Anblick einer friedlichen Winterlandschaft. Der Fußboden, die Betten, die Stühle, alles war mit einer zwei Zentimeter hohen Schneedecke zugeschneit. Als Pastor Brunnemann dazu kam, begannen wir ein lustiges Schneeschaufeln. Dann zündete ich den Ofen an und hoffte, daß bei guter Zimmerwärme unsere Betten wieder trocknen würden. Doch bald scholl ein Schreckensschrei: „Feuer!" Unser Kamin war in Brand geraten, mit Schnee mußten die Flammen wieder erstickt werden, denn Wasser gab es nicht, alles war eingefroren. Trotzdem schliefen wir gut in dieser Nacht und trugen nicht einmal einen Schnupfen davon.

Am anderen Tag wieherten die Pferde im Hof, mein Mann war mit Dr. Grothe heimgekehrt. Sie hatten auch sehr unter dem Unwetter zu leiden gehabt. Für die Pferde mußten sie das Trinkwasser schmelzen, das bedeutete, daß sie erst einmal einen Baum fällten, um Feuer anzünden zu können. Die einheimischen Begleiter hatten völlig versagt und alles tatenlos über sich ergehen lassen. Die gleiche Erfahrung hatte ich auch in der Sturmnacht gemacht. Unser Hausdiener rührte keinen Finger und jammerte nur vor sich hin: „Aman, aman, ich sterbe!"

Ein großes Ereignis war aber bald darauf die Geburt unseres Fohlens. Gleich, nachdem wir nach Maraş gekommen waren, hatte mein Mann eine echte arabische Stute erstanden. Sie war in einem erbärmlichen Zustand. Wir bekamen sie mit hängendem Kopf, mit einem glanzlosen Fell, überall hatte sie Druckstellen. Doch unter unserer Pflege wurde sie bald das schönste, mutigste Pferd in der ganzen Stadt und Umgebung. Sie hatte auch einen langen Stammbaum mit Koransprüchen verziert, der leider im Krieg verloren ging.

Freias Fohlen kam mit einer Glückshaube auf die Welt und war ebenfalls eine Stute. Wir hielten einen richtigen Empfang im Stall ab. Die Türken kamen, murmelten Segenswünsche, bewunderten das Junge, tranken viele Täßchen Mokka und erörterten in langen Gesprächen die Vorzüge dieser Rasse.

Unser Pferdchen wuchs und gedieh. Waren wir im Garten, so kam Lisi, leckte die Reste auf den Kindertellern ab oder warf sich auf den Rasen, streckte alle Viere von sich und schlief, den Kopf auf meinem Schoß, ein. War die Mutter fort, so mußte ich mit ihr spazierengehen. Wie oft habe ich mich dabei ganz heiser gewiehert, denn sie folgte nur diesem Ruf. Die Kinder waren überglücklich, Friedel war fast unzertrennlich von dem kleinen Tier, schon das Baby patschte auf seine Schnauze. Bald trabte das Fohlen neben der Mutter, wenn ich auf ihr ausritt. Freia trug mich auf das behutsamste, doch war sie später auf dem Wüstenritt nach Bagdad das feurigste Pferd, das man sich denken konnte.

Nun muß ich auch von unseren Hunden erzählen. Das Los der herrenlosen Hunde jammerte mich jeden Tag aufs neue. Sie gehörten niemandem, und nahm einmal ein reicher Hausbesitzer einen Hund zur Jagd in seinen Hof auf, so mußte er immer damit rechnen, daß er wieder auf die Straße gejagt wurde. Die verwahrlosten Hunde hatten sich ihre Straßen streng eingeteilt; wehe dem Tier, das eine fremde Gasse betrat, um in den Kehrichthaufen nach etwas Eßbarem zu schnüffeln. Es wurde von den anderen Hunden zerrissen. Da die Mohamedaner aus religiösen Gründen kein Tier töten dürfen, so lassen sie sie lieber verhungern. Die elendsten Tiere standen schweifwedelnd vor unserer Tür, und ich fütterte sie, so viel ich es vermochte. Mehrmals machten wir ihren Qualen mit Chloroform ein Ende und begruben sie in unserem Garten. Ein prachtvoller, goldgelber Windhund, der seinem Herrn nicht mehr schön genug war und fortgejagt wurde, schleppte sich fast verhungert zu uns. Er verkroch sich 8 Tage und Nächte in einem dunklen Schuppen. Ich stellte ihm immer wieder etwas Essen und Milch in einem Napf zurecht, langsam erholte er sich, kam wieder heraus und wich nicht mehr von mir. Ich nannte ihn Boncuk (Schmuckstück). Später beschenkte er mich noch mit zwei Jungen, aber bei unserm Fortgang aus Maraş mußten wir sie alle drei töten, es hätte keiner weiter für sie gesorgt.

Unsere Tierliebe sprach sich herum, und wir bekamen die seltsamsten Geschenke von den Nachbarn. Zwei zahme Eichhörnchen turnten im Hof, Hilda schleppte tagsüber eine riesige Eule herum, die fast so groß war wie sie selber. Aber nachts fraß sie mir die Hühner auf, deshalb mußten wir sie fortgeben. 30 Hühner hatten wir, sie schliefen nachts auf den Bäumen im Garten. Nur bei großer Kälte gingen sie in den Stall. Eine Igelmama mit drei Jungen störte sie nicht so wie die Eule.

Den größten Teil der Zeit konnten wir im Garten leben. Ich unterrichtete die zwei ältesten Kinder unter einem großen Baum, als Fußbank hatte ich eine Schildkröte. Pastor Brunnemann ging oft auf die Jagd. Einst schickte er mir seine Jagdbeute, eine Trappe. Das war zuerst ein Schreck; denn solch ein Tier ist ungefähr viermal so groß wie eine Gans. Das Rupfen und Zurechtmachen war sehr mühsam. Es gab jetzt 14 Tage lang zu jeder

Mahlzeit Trappe. Einmal als Fleischklöße, dann als Filet, zuletzt als Sauerbraten. Das Fleisch schmeckte wie zähes Rindfleisch. Auch Wurst fabrizierten wir aus ihr. Schinken räucherten wir selbst aus Hammelkeulen.

Rührend war die Teilnahme unserer mohamedanischen Freunde, während mein Mann zu seiner Genesung in Deutschland weilen mußte. Sie begriffen gar nicht, daß man ein solches „cocuk" (Kind), wie sie mich nannten, so allein lassen konnte. Ein Offizier aus der Stadt, der auch vorher oft zu uns gekommen war, besuchte mich von Zeit zu Zeit. Er sah nach den Pferden und bot mir seine Hilfe an. Ich war auch Gast in seinem Haus mit den Kindern, er aß mit uns, obwohl sonst die Herren immer allein speisen. Wir saßen auf Kissen am Boden und aßen Huhn und Reis aus einer gemeinsamen großen Schüssel, nicht etwa mit Löffel oder Gabel, sondern mit einem Stück Brot und mit unseren Händen. Nach der Mahlzeit ging ein Diener mit einem Waschbecken und einer Kanne herum, goß das Wasser über unsere Hände, die wir in das Becken hielten, und reichte dann allen ein Handtuch zum Hände- und Mundabwischen.

Sehr erstaunt war ich allerdings, als ich einmal unserm Gastfreund unterwegs auf der Straße begegnete. Er schien mich nicht zu sehen, ging ohne Gruß an mir vorüber, gab mir aber schweigend eine Nelke in die Hand, die er bei sich trug. Einem *cocuk* konnte er wohl eine Blume schenken.

Doch machte ich auch ab und zu Besuche bei den türkischen Damen im Harem. Eine Missionarin begleitete mich. Wir bestiegen unsere kleinen, flinken Pferdchen, der Diener ging voraus. Wir mußten nämlich auf Hindernisse gefaßt sein, die er aus dem Weg räumen sollte. Es kann zum Beispiel passieren, daß sich eines der kleinen Eselchen, über und über mit Holzlasten bepackt, quer in die Straße stellt und mit echter Dickfelligkeit weder nach rechts noch nach links ausweicht. Einmal wurde das Pferd eines Missionars bei solchem Aufenthalt ungeduldig und sprang einfach über den verblüfften Esel hinweg. Die vielen Straßenhunde, die Löcher, die plötzlich mitten in der Straße auftauchen, zwingen den Reiter immer wieder zur Aufmerksamkeit, und man kommt nur langsam voran. An das Tor unserer Gastgeber klopften wir mit einem schweren, eisernen Klopfer, der meist in Form einer Hand mitten in der Türe angebracht ist. Sofort öffnete sich das Tor, ein Diener nahm uns die Pferde ab, ein anderer führte uns in den Seitenflügel des Hauses, der den Frauen eingeräumt ist. Alles war sauber gefegt, auch die Treppe, die uns in den zweiten Stock brachte. Dort kamen wir in eine große teppichbelegte Halle, wo uns die Töchter des Hauses entgegenkamen. Die Hausfrau und drei andere Frauen empfingen uns in dem dahinter gelegenen Zimmer. Uns wurden Stühle gebracht, die türkischen Damen nahmen auf Teppichkissen am Boden Platz. Dieses Wohnzimmer wird zur Nacht in ein

Schlafzimmer verwandelt, das Bettzeug ruht tagsüber in großen Wandschränken und wird abends auf dem Boden ausgebreitet. Man badet gern außerhalb des Hauses im Hamam.

Wir tauschten die üblichen Begrüßungsreden aus. Die älteste Tochter drehte unterdessen sehr geschickt mit ihren schmalen Händen, deren Nägel rot gefärbt waren, zierliche Zigaretten, die sie zuerst der ältesten Frau, die mit dem Kommandeur von Maraş verheiratet war, anbot, dann der Missionarin und mir. Wir lehnten dankend ab.

Die Frauen trugen ein langes Unterkleid aus Kattun, hinten zwei Handbreit schleppend, und darüber eine lange seidene Jacke, um den Kopf ein Tuch geschlungen, die Haare über den Ohren kurz geschnitten, hinten einen langen Zopf. Einen Gesichtsschleier tragen sie nur zum Ausgehen. Oft war ich überrascht von den schönen klugen Gesichtern. Im Mittelpunkt aller Gespräche standen immer die Kinder. Strahlend zeigten sie uns ihre kleinen Lieblinge, die die Dienerinnen oder die größeren Schwestern auf dem Arm trugen. Alle türkischen Familien sind kinderlieb und haben viele Kinder; doch leider war auch unter ihnen die Sterblichkeit groß.

Dann wurde uns in silbernen Bechern Scherbet, eine Fruchtlimonade, angeboten, die sie aus ungegorenem Traubensaft, Zitronen oder Maulbeeren bereiten. Im Hause wirkten die Frauen und jungen Mädchen viel graziöser, auf der Straße trugen sie große Stulpenstiefel, die ihren Gang schwerfällig erscheinen lassen.

Ein hübsches Blumengespräch ist mir auch in Erinnerung, da der Hausherr ein großer Gartenliebhaber war. So erzählte unsere Gastgeberin sehr anschaulich, wie sie alle um ihren Mann herumstanden, als er, von einer langen Reise heimgekehrt, anfing, die Geschenke auszupacken. Aber was sah die staunende Menge? Nichts als Pflanzen, Pflanzen und Pflanzen, die aus den Säcken kamen. So konnte ich ihnen eine große Freude machen, als ich ihnen deutschen Blumensamen versprach.

Wenn ein Tablett mit winzigen Kaffeetäßchen herumgereicht wird, so bedeutet dies das Signal für den baldigen Aufbruch. Die Sitte will, daß man sich fünf Minuten später verabschiedet. Alle begleiteten uns bis zur Tür, die in den Hof geht.

Auch Gegenbesuche türkischer Damen empfingen wir gern. Unsere europäische Einrichtung interessierte sie auf das höchste. Vor allem bewunderten sie den Ofen, sie selbst haben nur Kohlenbecken in den Zimmern. Am besten gefielen die Spielsachen unserer Kinder. Eine Puppe konnte die ältesten Männer zum Lachen bringen. Ein kleines Mädchen, dem wir eine schenkten, ließ sie Tag und Nacht nicht mehr aus ihren Armen und wagte sie nicht auszuziehen, aus Furcht, sie zu beschädigen.

Den letzten Sommer in Maraş verbrachte ich mit den Kindern wieder in einem Zeltlager der amerikanischen Missionare hoch in den Bergen. Wir verlebten wunderschöne Wochen. Montags war immer Posttag. Wie sehnsüchtig wartete man auf das Getrappel der kleinen Hufe des Eselchens und wie lief man, wenn der Mann, beladen mit einem großen Sack wie ein Knecht Ruprecht, endlich zu sehen war.

Mitte September ging es ans Packen. Aus dem Erholungsurlaub von Wochen, den mein Mann in Deutschland antreten mußte, waren 15 Monate geworden. Er löste dort sein Verhältnis zur Mission auf und beschloß, nach Bagdad zu gehen, gestützt auf ein Fixum der Deutschen Orientgesellschaft, das ihn verpflichtete, den deutschen Ausgräbern in Assur und Babylon in Krankheitsfällen beizustehen. Ich sollte ihm bis Aleppo entgegenreisen. Alles Entbehrliche wurde verkauft, nur das Nötigste eingepackt. Von allen Seiten kamen Abschiedsgeschenke, Lebensmittel und Torten. Wieder läuteten die Glocken der Karawanentiere im Hof, es galt, Abschied zu nehmen.

1909 *Gabriele Härle*

ACHTAMAR

In der bergigen Landschaft südöstlich des kleinasiatischen Hochlandes entstand Anfang des 10. Jahrhunderts ein selbständiges Kleinreich, das sich Königtum von Waspurakan nannte. Waspurakan bezeichnet bei den Sasaniden die höchste Adelsklasse. Die Könige, die ihr Reich mit diesem Namen benannten, entstammten dem edlen Geschlecht Artsruni und residierten auf der Insel Achtamar im Vansee, der ringsum von hohen Bergen umschlossen und beschützt ist. Der Chronist dieses Kleinreiches, Thomas Artsruni, aus demselben Geschlecht wie sein Auftraggeber König Gagik I. (904–938), berichtet in seiner „Geschichte der Artsrunier" über die politischen Ereignisse vorsichtig und wortkarg, redselig hingegen über die rege Bautätigkeit seines hohen Hauses, über zahlreiche Paläste und Kirchen, bei deren Errichtung er Augenzeuge war.

Die Gründung der Inselstadt Achtamar
Der Königspalast und die Kirche des Heiligen Kreuzes

Ausführlich wird die Gründung der Inselstadt Achtamar beschrieben. Der Bauherr war bei den Planentwürfen selbst tätig. Ein auf einem rechteckigen Grundriß aufgebauter Palast hatte goldglänzende Kuppeln, prachtvolle Innendekorationen und einen vergoldeten Thronsessel. In der Beschreibung dieses Prachtbaues heißt es: ‚Drei Fuß dick und aus einem Block von Kalk und Stein, scheint die Mauer eine Masse aus ineinander verschmolzenem Blei und Kupfer zu sein: vom Fundament bis zum First erhebt sich das Gebäude in einem Aufschwung, ohne stützende Säulen; es ist wirklich ein Wunder und übersteigt alle Einbildungskraft. Man findet gewölbte Vertiefungen, Winkel, unvorstellbar herrliche Gänge, die das Auge gar nicht alle wahrnimmt; Kuppeln, so fest gebaut wie der Himmel selbst, funkeln in ihrem Goldschmuck. Wer immer sie betrachten will, muß vorher, als biete er einem Monarchen seine Verehrung dar, seine Kopfbedeckung abnehmen; dann wird er, nicht ohne Nackenschmerzen, die schöne Wirkung der Farben im einzelnen studieren können. Die Architektur des Palastes ist höchst er-

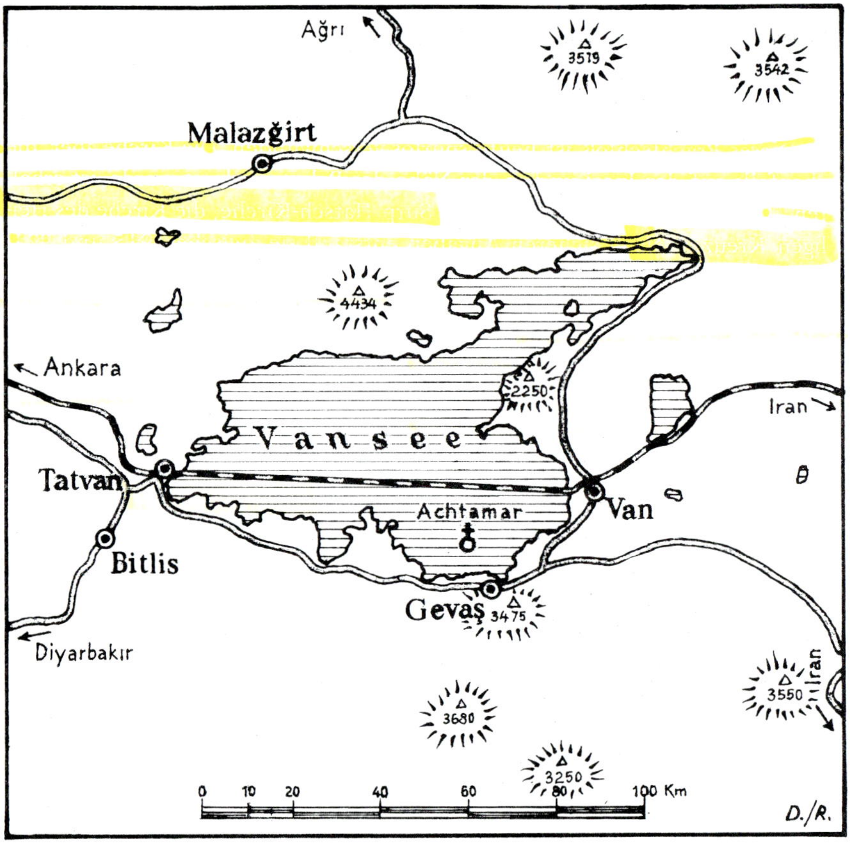

20 Skizze vom Van-See und seiner Umgebung

staunlich und so erhaben, daß ein gebildeter Mensch, der mehrere Stunden damit zugebracht hat, ein einziges Zimmer zu betrachten, sich beim Hinausgehen nicht Rechenschaft darüber geben kann, was er nun wirklich gesehen hat. Es gibt dort in der Tat vergoldete Throne, auf denen der König erscheint, in sanfter Majestät sitzend, umgeben von jungen Pagen mit vor Freude funkelnden Augen, Reihen von Musikantinnen, Gruppen von bewundernswürdigen jungen Mädchen. Außerdem sieht man Regimenter von Soldaten mit bloßem Schwert, zum Kampf aufgereihte Krieger, hie und da Reihen von Löwen und anderen wilden Tieren, mit verschiedenem Putz geschmückte Vogelschwärme; wollte man endlich alles aufzählen und beschreiben, so würden Erzähler und Hörer ermüden. In den über alle Maßen bewundernswürdigen Palast hat man fein und zierlich gearbeitete Türen eingelassen, die sich in zwei Flügeln öffnen und lieblichen Luftströmen Einlaß gewähren; in der Art, wie sie einander gegenüber angebracht sind, scheinen sie alle nach demselben Muster gefertigt".

Dieses Prachtschloß ist heute spurlos verschwunden. Die Kirche aber, die ebenfalls auf der Insel und in der Nähe des Palastes erbaut wurde, ist erhalten. Thomas Artsruni nennt sie die Surp Hatsch-Kirche, die Kirche des Heiligen Kreuzes. Nach sicheren Angaben entstand sie zwischen 915 und 921. Das Baumaterial, rostbräunlichen Sandstein, ließ der König aus der Landschaft nordöstlich von Diyarbakır herbeischaffen. Der Baumeister, von dem auch der Palast stammte, war ein Mönch namens Manuel, „ein Mann", sagt Thomas, „von Wissen und großer Geschicklichkeit, der aus der Kirche ein Meisterwerk seiner Kunst machte".

Jedoch nicht durch ihre reine Bauform oder ihre Größe zeichnet sich die Kirche besonders aus. Ein Bahnbrecher seiner Kunst war der Baumeister der Kirche nicht. Eher geneigt, im stillen Fahrwasser der Alten zu bleiben, baute der Mönch von Achtamar in dieser entlegenen Inselstadt eine Kirche, die, provinziell und volkstümlich, sich von ähnlichen Bauten dieser Zeit höchstens durch eine gewisse Rückständigkeit unterscheidet. Bachmann kommt das Verdienst zu, als erster die Kirche an Ort und Stelle genau untersucht und vermessen zu haben. Da die späteren Überprüfungen die Genauigkeit seiner Arbeit bestätigten, sei hier zunächst auch im Andenken daran, was wir ihm verdanken, seine Beschreibung des äußeren und inneren Aufbaues wie auch der Außenausstattung der Kirche in gekürzter Form wiedergegeben.

Die Bauform der Kirche

Die Kreuzkirche von Achtamar ist wie viele frühchristliche Kirchen Armeniens ein Zentralbau. Den Kern bildet ein überkuppeltes Quadrat, von dem vier Arme ausgehen, die innen in vier halbrunden Nischen enden. Die westöstlichen Kreuzarme der Eingangs- und der Apsisseite sind durch vorgestellte Tonnen verlängert, so daß der Mittelraum 11,60 m Breite und 14,80 m Tiefe hat. In die Ecken des Quadrats sind Dreiviertel-Kreisnischen eingefügt. Von den beiden östlichen Nischen aus sind Seitenräume zugänglich, in gleicher Anordnung, beiderseits des Hauptaltars; sie sind typisch für alle größeren Kirchenanlagen der Gegend. Zwei Meter hohe Türen in den südlichen, westlichen und nördlichen Kreuzarmnischen öffnen den Innenraum nach außen.

Auf den Halbkugeln der vier hohen Kreuzarmnischen ruhend, erhebt sich über der quadratischen Vierung der innen kreisrunde, außen sechzehnseitige Tambour. Auffallend ist, daß nicht die Trichternischen, sondern Pendentifs zur Kuppel überleiten. Der Scheitel der den Vierungsturm überwölbenden Kuppel liegt 20,40 m über dem Boden, so daß die Höhe weitaus die Länge und Breite des Grundrisses übertrifft, was für den Höhendrang der armenischen Kirchen sehr bezeichnend ist. Überdies wird der zentrale Charakter der Grundrißanlage durch diesen Aufbau noch besonders betont.

Die kleinen Ecknischen an der quadratischen Vierung bilden außen polygonale Ecktürme. Die vier Kreuzarme tragen Giebeldächer, die vier kleinen Ecktürme niedrige Zeltdächer. Die Kuppel des sechzehnseitigen Vierungsturmes hat ein konisches Dach, dessen Spitze einst von einem steinernen Kreuz bekrönt wurde.

Mit dieser kurzen Beschreibung ist schon das Wichtigste über den Aufbau und die Raumordnung der Kirche von Achtamar gesagt. Wir stehen vor einer Wiederholung einer für diese Zeit durchaus veralteten Gattung, die auf den sogenannten Hripsime-Typus zurückgeht. Den Versuch, die Quadratseiten und die Ecken durch Nischen und Dreiviertelzylinder zu erweitern und die Kuppel in die Mitte eines kreuzförmigen Gebäudes zu setzen, zeigt schon die im Jahre 618 entstandene Hripsime von Wagharschapat, und sie ist nicht einmal der Ausgangspunkt, sondern sie stellt eine fortgeschrittene Entwicklungsstufe dar. Das älteste erhaltene Beispiel dieses Typus ist die Kirche Awan bei Eriwan, die zwischen 557 und 574 erbaut wurde. Die georgische Kreuzkirche von Mzchet gibt ein anderes Beispiel aus einer etwas späteren Zeit. Was wir in Achtamar finden, ist also durchaus als eine späte Wiederholung eines bis in altchristliche Zeit zurückreichenden Bautypus zu verstehen, und zwar in seiner Frühstufe.

1960 *Mazar Şevket İpşiroğlu*

ALLEIN AUF DEN ARARAT

Ein Jahr war seit unserer gescheiterten Ararat-Expedition vergangen, und wieder war ich 1959 in Doğubayazit auf meinem Weg nach Teheran und zum Demavend. Ich hatte neue Bergschuhe, ein leichtes Zelt und einen dickleibigen Roman von Trollope mit mir. Das Wetter war einfach großartig, und der Ararat stand so verführerisch schön gegen den blauen Himmel, daß ich beschloß, ihn diesmal zu erobern und nicht wieder abzusteigen, bevor ich nicht eine wirklich ausgezeichnete Sicht von oben genossen hätte.

Bald nach Mitternacht brachen Fuad und ich auf. Zunächst galt es, die Zwölfmeilen-Zone der dürren Ebene zu überwinden, die den gewellten Vorbergen des Ararat zu Füßen liegt. Eine Stunde und noch etwas länger bewegten wir uns auf dem Weg, der sich zur persischen Grenze hin schwingt, dann ging es aufwärts über eine dunkle vulkanische Gesteinsschwelle, bei der wir mit jedem Schritt rußigen Staub aufwirbelten. In der Dämmerung stolperten wir in eine Ansammlung elender Hütten, worin ein paar Hirtenfamilien überwintert hatten. Große Pfützen mit schmutzigem Wasser lagen wie eine Barriere davor, aus denen sich Schwärme von Mücken erhoben und uns mit schmerzhaftem Sirren überfielen. Unser kleiner grauer Esel schlug wie verrückt um sich und nahm vor ihren Stichen reißaus in die Dunkelheit. Dabei entführte er unsere kostbare Wasserflasche.

Zu unserem Trost erglänzte der Morgenstern, und bald darauf betrachtete ich verzückt das herrliche Schauspiel der aufgehenden Sonne, die sich hinter der östlichen Berglehne des Ararat erhoben hatte und goldene Pfeile in den Himmel sandte. Der hohe Schatten des Berges lag nun über der Ebene. In dem klaren Morgenlicht schwebte der riesige Vulkan wie eine aufgetürmte Schneeinsel über unserm Weg. Die unteren und mittleren Berghänge lagen im grünen Schatten des wildwuchernden Baumwuchses, Schulter und Haupt des mächtigen Massivs waren in einen glitzernden Schneemantel gehüllt, der in Kaskaden über die Felsblöcke hinunterfiel.

Wir fingen unseren Esel wieder ein, der sich zum Frühstück an den Disteln gütlich getan hatte, und begannen auf einem Serpentinenpfad den Aufstieg durch die Vorberge. Spät am Vormittag machten wir auf einer Alm halt. Fuad hatte hier Freunde. Die schwarzen gewebten Zelte, rund herum von stachligen Dornenhecken umgeben, wurden von furchterregenden Hunden bewacht. Zwei Männer geleiteten uns in ein Zelt, das nach Sonnenaufgang hin offen stand. In einer Hängematte aus einem handgewebten Kelim schaukelte zufrieden ein pausbäckiges Baby. Ein kleiner Junge fegte eifrig den Schafdung von dem festgestampften Erdboden, und wir setzten uns auf eine Filzmatte. Tee gab es in kleinen Gläsern, dazu in einer Schüssel eingedickte süße Früchte statt Zucker.

Unsere Gastgeber hätten wenig für einen Touristen übrig gehabt, aber daß ich ein Hoca (ein Lehrer) war, verschaffte mir in ihren Augen einigen Respekt. Sie fragten mich: „Warum wollen Sie auf den Ararat"? „Weil ich Spaß daran habe", antwortete ich. Sie grinsten verständnislos: „Spaß gibt es da oben nicht", sagten sie, „nur Eis"!

Ich fragte sie, wo sie im Winter blieben. „Da unten in der Ebene", antworteten sie ausweichend und zeigten nach Süden. Manchmal wandern sie nach Persien. Hinter der Grenze wächst gutes Gras, und es gibt in den persischen Bazaren mehr zu kaufen.

Durch die Zeltöffnung bot sich mir das Bild eines idyllischen Hirtenlebens. Wie immer waren meist Frauen und Kinder auf der Yayla (der Alm) beschäftigt. Die Männer hatten irgendetwas im Tal zu tun. Eine Gruppe von Frauen arbeitete innerhalb des Zeltlagers. So sahen wir, wie die einen in einem Lederbalg, der an einem hölzernen Dreifuß aufgehängt war, butterten. Die anderen sorgten für die Feuerung. Sie formten den frischen Dung zu flachen Briketts und trockneten diese auf den Steinen. Wieder andere buken dünne, ungesäuerte Fladenbrote, die, frisch und heiß gegessen, so köstlich schmecken, aber später dann trocken, brüchig und reizlos werden. Gab es nichts anderes zu tun, so konnte jede von ihnen geschickt die Spindel drehen, die immer über dem Handgelenk baumelt. Die Frauen waren unverschleiert, mit dunklen, scharfgeschnittenen Gesichtern unter den schwarzen Haarflechten, die in zwei dicken Zöpfen tief in den Rücken herabhingen. Dazu trugen sie lange Kleider in grellen, bunten Farben, die um ihren schlanken, beweglichen Körper lustig herumschwangen. Schmuck glitzerte auf ihrer Stirn und um den Hals.

Eine Gruppe von ungewaschenen Kindern, jedes nur mit einem langen Hemdchen bekleidet, rückte heran und starrte mich an, Pferde grasten auf der Koppel. Hinter dem Steinwall trieben ein paar Jungens Pflöcke in die Erde, um die Weide einzuzäunen.

Von Müdigkeit überwältigt, schob ich den kostbaren Eispickel unter mich und schloß die Augen. Zornige Stimmen weckten mich wieder auf. Fuad hatte mit einem unserer Gastgeber Streit bekommen, der von vorne auf ihn losging, während eine Frau ihn von hinten zu packen versuchte. Ich befreite Fuad aus ihrem Griff und suchte unsere Habseligkeiten zusammen. Verfolgt von Verwünschungen, Kindergeschrei und Hundegebell traten wir einen unrühmlichen Rückzug an. „Es ging mal wieder um Geld", mehr wollte Fuad über die aufregende Schlußszene nicht sagen.

Der Aufstieg

Das Wetter schlug um. Weiße Nebelfetzen kündeten dicke Haufenwolken an, die auf den Hang zusegelten und im Nu den ganzen Berg verdeckten. Wir hatten noch nicht einmal die ersten Spuren der Schneegrenze erreicht, aber die Flanken des Esels zitterten. Fuad sagte, er habe genug, und verließ mich. Ich redete mir vor, daß es für herumstreifende Wölfe hier viel zu hoch sei und stellte mein Zelt unter einem überhängenden Felsen auf. So überschlief ich ein fulminantes Gewitter, das die Nacht in ein Schlachtfeld verwandelte.

Am nächsten Tag war das Wetter noch nicht besser. Zwischen meinen nassen Zeltwänden verzehrte ich mit Hilfe meines Taschenmessers eine Büchse Thunfisch und vergaß den mangelnden Komfort über den amourösen Abenteuern meines verliebten Romanhelden. Am Mittag des dritten Tages hatte sich das Unwetter verzogen. Der Wechsel war so plötzlich, daß es mir vorkam, als tauchte ich aus einem lichtlosen Eisenbahntunnel in den hellen Tag. Nach 48 Stunden genoß ich wieder die volle Aussicht auf meine Umgebung. Ich schulterte mein Gepäck und kletterte rasch in einem schneebedeckten Bachbett zu einem Felsvorsprung hinauf, von wo das Wasser unter einer Eisdecke zu Tal floß. Ich stolperte häufig bei dem steilen Anstieg, bis ich eine Felsplatte erreichte, wo ich mein Zelt aufstellen konnte.

Frei von den traurigen Wolkenschleiern war der Ararat nun wieder ein herrlicher und friedlicher Berg. Alle die vertrauten Plätze konnte ich ausmachen, als ich nun zu den Vorbergen und zu der Ebene herunterschaute, die mehr als 4000 m tief zu meinen Füßen lag. Da sah ich Doğubayazit, ein winziges Rechteck, leicht im Dunst, beschirmt von seinen grauen Felsen. Da zog sich die schmale, romantische Straße hin durch Persien zum fernen Indien, und da lagen verstreut die schwarzen Hirtenzelte 1000 Meter unter mir. Ich schaute lange zu der gezackten Kuppe des Ararat herauf und suchte mir die Einzelheiten des neuen, noch unbekannten Aufstiegs einzuprägen. Der weiße Schneekegel blickte still auf mich herab, unnahbar fern wie ein Eisberg.

Wolkenlos zog der Morgen herauf. Ich war zu ungeduldig, um lange zu frühstücken, stopfte Rosinen in den Mund, füllte die Tasche mit Keksen und machte mich auf zum lockenden Gipfel. Bald sah ich mein Zelt nur noch wie ein Kinderbauklötzchen zwischen den Felsbrocken unter mir. Eine Traverse nach Osten brachte mich auf den Weg vom vergangenen Jahr. Von hier aus galt es, eine neue Richtung einzuschlagen. Ich suchte einen festen Halt für meinen Aufstieg und fand mich in einer breiten Rinne, die vom Gipfel des Berges bis zu seinem Fuß herunterreichte. Hier fiel der Ararat wie eine riesige Steintreppe zu Tal in einer Folge von tiefen, vereisten Wasserfällen. Ich kam mir wie ein Fassadenkletterer vor, der an einem Wolkenkratzer schwebt, und kletterte mit äußerster Vorsicht über und neben der glatten Fläche dieses düsteren Grabens, bis ich die Spitze der Eisrinne erreicht hatte. Dabei gewann ich Zeit, aber es hatte mich viel Energie gekostet.

In dieser klaren Höhenluft leuchtete der Himmel über der Bergspitze in einem unwahrscheinlichen Blau, und das blendende Licht des Gletschereises war so scharf, daß meine Augen die ersten schmerzhaften Symptome von Schneeblindheit verspürten. Nachdem ich den vereisten Fall und den darauffolgenden Abhang mit zwei Felsbuckeln überwunden hatte, begann ich das lange, schräg ansteigende Plateau hinaufzusteigen, das direkt zur Spitze des Schneekegels führte.

Die Luft war unbewegt, der Firnschnee ideal, und ich konnte sicher sein, daß ich es nun bald geschafft haben würde. Ich blieb stehen, zündete mir eine Zigarette an und beobachtete den Stand der Sonne. Schweißgebadet, mit müden und schweren Füßen, oft an meinen Eispickel gelehnt, raffte ich mich zu der letzten großen Anstrengung auf und erreichte die drei winzigen Terrassen, die wie Pustelchen an der Schneekuppe kleben. Die letzten Meter zählte ich Schritt für Schritt. Nur noch wenige, und ich war oben.

Es war noch nicht ganz Mittag. Mein Herz schlug wieder ruhig, und ich setzte mich nieder, um meine Belohnung in Empfang zu nehmen – eine Büchse mit Ankara-Würstchen und dazu eine atemberaubend schöne Aussicht, begünstigt durch das ungewöhnlich gute Wetter. Im Jahr zuvor waren wir in dichte, jagende Wolkenvorhänge eingeschlossen gewesen, gepeinigt durch karge Ausblicke in eine gestaltlose Mondlandschaft. Jetzt hinderte mich nichts an dem Genuß eines grenzenlos weiten Panoramas, höchstens mein unvollkommenes menschliches Auge.

Der rotbraune Kegel des Kleinen Ararat, ohne Quellen, ohne Leben, ohne Herden, aber in herrlicher Formschönheit, stand wie ein kupferner Obelisk unmittelbar im Osten. Hinter ihm im gelben, wüstenhaften persischen Vorgelände lag der weißschimmernde Alişar-See. Im Norden bezeichnete der aufblitzende Flußlauf des Aras die Grenze von Sowjet-Armenien. Der Alagöz-Berg hing wie eine weiße Kappe über den dunklen Häuserflecken von Erivan. Fern von hier, genau in dem nördlichen Winkel des Horizontes konnte ich die blauen, gezackten Berglinien des Kaukasus entdecken.

Nemrud Dağ. Ansicht der Westterrasse ▷
(Foto F.K. Dörner)

Tennisspieler, der die verrückte Flugbahn des entgegenkommenden Balles richtig zu beurteilen sucht, beobachtete ich sie für einen Moment fasziniert, preßte mich dann fest an die Felsen, und schon sauste dicht an meinen Ohren eine Kaskade von Steinsplittern vorbei, hinunter zu Tal, so daß ich sie nicht mehr sehen konnte, nur ihre Spur im stäubenden Schnee und tiefe Löcher von ihrem Einschlag.

Den Rest des Abstieges bewältigte ich mit vorbildlicher Ruhe und bewegte mich so vorsichtig wie ein alter Mann auf einer Leiter über dem unsicheren und bröckelnden Gestein. Nur ein falscher Schritt – und ich konnte unter einem Felsbrocken festgeklemmt sein, ohne mich aus dieser Lage befreien zu können. Schließlich leuchtete mir der winzige gelbe Fleck meines Zeltes von der Felsspalte her entgegen. Ein Adler rauschte über mir mit dunkel gefleckten Schwingen. Ich wickelte mich fest in meinem Schlafsack ein und beobachtete, wie das Tal allmählich in der Dämmerung versank. Kein Windhauch regte sich, und der Ararat war so in Schweigen versunken, daß ich nichts hören konnte als den Schlag des eigenen Herzens.

Wehmütig packte ich am nächsten Morgen mein ganzes Zeug zusammen und stieg zu dem Hirtenlager hinab. Zu meiner Überraschung schaute Fuad, den ich fast vergessen hatte, um die Ecke. Er sah sehr niedergeschlagen aus: „Mein Esel ist von den Wölfen zerrissen!“ schrie er mir entgegen und interessierte sich überhaupt nicht für meine erfolgreiche Bergbesteigung. „Er ist tot, und Sie müssen mir einen neuen kaufen.“

Ich fragte ihn, wie das passieren konnte. Wie er sagte, hatte er das Tier für eine kleine Weile im Dunkeln allein gelassen; er hatte es dicht beim Lager an einem Stein angepflockt. Die Wölfe, die die Weiden nachts umschleichen, hatten sofort die Gelegenheit wahrgenommen.

Ich lief nach unten, um der Sache auf den Grund zu gehen. Es war wirklich wahr. Der kleine graue Esel war elend zu Grunde gegangen; er lag blutüberströmt, mit tiefen Wunden, auf denen schon die Fliegen saßen, unter einem schmutzigen Tuch dicht bei den Zelten. Fuad verlangte eine sagenhafte Summe für einen neuen Esel, umringt von den hartgeschnittenen Gesichtern der Hirten, die seiner Forderung Nachdruck verliehen. Ich versprach, Fuad in Doğubayazit zu entschädigen (dort würde ich dann wieder der überlegenere Partner sein), und wir zogen unserer Wege.

Die Nacht fiel ein, und vor meinen überanstrengten Augen, die von der Sicht auf den eisglitzernden Gipfel noch heftig schmerzten, tanzten die Sterne am Himmel wie winzige chinesische Laternen.

1959 *Denis Cecil Hills*
Aus dem Englischen von Eleonore Dörner

ERZERUM

Erzerum ist um das Jahr 415 zur Zeit von Kaiser Theodosius II. erbaut und Theodosiopolis benannt worden. Mit diesem Namen ist keine historische Erinnerung verbunden. Ich wußte nur, daß hier nach dem Zeugnis des Haçi Baba einst dem persischen Gesandten als Genugtuung für irgendeine Kränkung Kalbsohren statt Menschenohren überreicht worden waren.

Erzerum gilt als Hauptstadt der asiatischen Türkei. Es soll an die 100000 Einwohner zählen; mir scheint aber diese Zahl sehr übertrieben zu sein. Seine Häuser sind aus Stein, die Dächer sind mit Rasen bedeckt, was der Stadt ein seltsames Aussehen gibt, wenn man von oben auf sie herabsieht.

Der Haupthandel auf dem Landweg zwischen Europa und dem Orient geht durch Erzerum. Aber es wird dort wenig Ware verkauft; sie wird nur umgeladen, was auch Tournefort feststellte, wenn er schreibt, daß in Erzerum ein Kranker an der Unmöglichkeit, einen Löffel Rhabarber zu beschaffen, sterben kann, während ganze Säcke davon sich in der Stadt befinden.

Ich kenne keinen Ausdruck, der sinnloser wäre als der Begriff „asiatischer Luxus". Dieser Ausdruck ist gewiß zur Zeit der Kreuzzüge entstanden, als die armen Ritter, die die nackten Wände und die Holzstühle ihrer Burgen verlassen hatten, zum erstenmal rote Diwane, bunte Teppiche und Dolche mit Schmucksteinen an den Griffen erblickten. Heute kann man eher von „asiatischer Armut" oder vom „asiatischen Schweinestall" reden. Von Luxus kann man jetzt nur in Europa sprechen. In Erzerum läßt sich für kein Geld das auftreiben, was man in einem kleinen Laden des ersten besten Kreisstädtchens im Gouvernement Pskow kaufen kann.

Das Klima von Erzerum ist rauh. Die Stadt ist auf einer Hochebene erbaut, die siebentausend Fuß über dem Meeresspiegel liegt. Die sie umgebenden Berge sind den größten Teil des Jahres mit Schnee bedeckt. Der Boden ist unbewaldet, aber fruchtbar. Er wird von vielen Quellen bewässert und überall von Wasserleitungen durchquert. Erzerum ist wegen seines Wassers berühmt. Der Euphrat fließt drei Werst entfernt an der Stadt vorbei; aber Brunnen gibt es überall in den Straßen. An jedem hängt ein Gefäß aus Blech; die guten Muselmänner trinken daraus und können das Wasser nicht genug loben. Holz wird von Sagan-Lu geliefert.

Im Arsenal von Erzerum fand man eine ganze Menge altertümlicher Waffen: Helme, Schienen, Schwerter, die dort gewiß seit den Zeiten Gottfrieds von Bouillon rosten.

Die Moscheen sind niedrig und dunkel. Außerhalb der Stadt liegen die Friedhöfe. Die Grabdenkmäler bestehen gewöhnlich aus Säulen, die mit einem steinernen Turban geschmückt sind. Die Grabmäler zweier oder dreier Paschas zeichnen sich durch eine aufwendigere Dekoration aus; aber es ist nichts Schönes an ihnen, kein Geschmack, keine Phantasie. Ein Reisender schreibt, daß er von allen asiatischen Städten nur in Erzerum eine Turmuhr gefunden habe, allerdings funktionierte sie nicht. Die Neuerungen, die der Sultan eingeführt hat, sind noch nicht bis nach Erzerum gedrungen. Das Heer trägt noch seine malerische orientalische Tracht[1].

Ich wohnte im Palast des Seraskiers, in den Gemächern, in denen der Harem untergebracht war. Den ganzen Tag streifte ich durch die endlosen Gänge, aus einem Gemach in das andere, von einem Dach auf das andere, von einer Treppe zur anderen. Der Palast schien ausgeraubt. Der Seraskier hatte bei seiner Flucht alles, was er nur konnte, weggeführt. Die Bezüge der Diwane wurden heruntergerissen und mit den Teppichen zusammen eingepackt.

Wenn ich durch die Stadt spazierte, riefen mich die Türken heran und zeigten mir die Zunge. Sie halten nämlich jeden Europäer für einen Arzt. Das wurde mir recht lästig, und ich hatte Lust, es ihnen gleichzutun.

[1] Puschkin bringt anschließend den Anfang eines Gedichtes, in dem der Janitschare Amin Oğlu die zwischen Erzerum und Konstantinopel bestehende Rivalität ironisiert. (F.K.D.)

1829

Alexander Puschkin
Aus dem Russischen von
Fega Frisch

FAHRT AUF DEM TIGRIS

Der Tag war noch nicht völlig angebrochen, als wir vom Lande stießen. Das Wetter war trüb, kalt und regnerisch; der Fluß bereits stark angeschwollen, so daß wir nun wahrhaft pfeilschnell dahingerissen wurden. Bei einem Dorfe, das unsere Leute Tel Schäh nannten, flog eine ganze Herde von Pelikanen auf.

Die Breite des Stromes nahm nun immer mehr zu; als wir aber nach ein paar Stunden an die Mündung des, wie mir schien, gleichstarken Batman Su kamen, der vom Niphatesgebirge herab gegen Tigranokerta hin mit reichen Zuflüssen strömt und oft gewaltige Überschwemmungen veranlassen soll, glich die vereinigte Wassermasse eine Strecke weit fast einem kleinen See mit heftigem Wellenschlage. Unser Fluß ward aber aus dieser plötzlichen Erweiterung mit wirklich rasender Eile sogleich bei dem Dorfe Osman Köy dem engen Felsentore des Tigristales zugetrieben, das hier zwischen dem Masius oder Mardin Dağları – Mardins Berge – oder auch Dschebel Tor und den westlichen Ausläufern des Gordiäischen Gebirges (die *Montes Carduchorum* Xenophons) beginnt. Der Anblick dieses Tores mit seinen aufgetürmten Felsenlagen (Sandstein) ist prachtvoll. Gleich innerhalb verengt sich das Bett des Tigris mehr und mehr und beginnen unzählige Stromschnellen, deren Tosen und Wellenschläge, Wirbel und Gegenströmungen ein so leichtes Gefüge, als unsere Flöße darstellten, vernichten zu müssen schienen. Aber sie tanzten darüber wie Nußschalen hin, ja, bogen sich in Wellenlinien, und unsere Kurden handhabten das Ruder so geschickt wie kräftig und wußten, Wirbel und Gegenströmungen, ich möchte sagen, nur noch haarbreit von deren Rand entfernt, glücklich zu vermeiden. Oft ward der Strom bei seinen zahllosen Windungen so zwischen den steilen Felsenufern eingezwängt, daß man vor sich keinen Ausgang mehr sah und die Breite kaum für das Durchkommen unserer Flöße hinreichend schien. Jede solche Wendung aber überraschte uns auch wieder mit dem Anblicke neuer Felsengruppen in größter Mannigfaltigkeit der Bildungen. Jetzt flogen wir an langen Wänden dahin, die sich einem schroffen Vorgebirge anschlossen; jetzt unter vom Einsturz bedrohten Höhlungen; jetzt neben den Klippen einer Stromschnelle; dann wieder neben einem schmalen Uferrande mit Gesträuch, von welchem der Strom durch den Abstoß eines Felsenwehres weggedrängt ward: Alles in augenblicklich schnellem Wechsel, der dem Blicke nicht zu haften gestattete.

*

Als wir wieder aufgebrochen waren, hörten wir bald den Donner einer Stromschnelle, die noch ziemlich ferne war. Das Floß unseres türkischen Freundes trieb vor uns. Plötzlich sahen wir es im Kreise um einen gewaltigen Wirbel jener Schnelle fortgerissen. Ehe wir aber noch Zeit hatten, das Weitere zu sehen, fühlten wir uns selbst schon in den Bereich des Wirbels gezogen und einem Tanze preisgegeben, von dem sich der Tanzlustigste gerne losgemacht hätte. Zweimal waren wir schon von dem wütenden Strome um den Trichter herum mit Blitzesschnelle gerissen worden, und bereits führte uns ein dritter Gang in schon viel engerem Kreise seinem Schlunde zu. Wir begriffen unsere Gefahr vollkommen. Unserem armen Kurden schienen die Augen vor Anstrengung und Entsetzen aus den Höhlen springen zu wollen. Ich sagte zu meinem Freund B., daß wir ihm die Ruder führen helfen sollten. Als wir aber Hand anzulegen Miene machten, bedeutete er uns mit heftigster Gebärde, ihn allein zu lassen. So setzten wir uns wieder. Der Kreis war in diesen Augenblicken aber nun so enge geworden, daß wir in den Trichter hineinblicken und dessen wahrhaft nicht lockendes Gurgeln hören konnten. Ich empfahl mich und meine Lieben stille meinem Gotte und Heilande; denn mir schien unsere letzte Stunde gekommen, und so dachte auch mein lieber Gefährte; denn faßte der Trichter einmal unser Fahrzeug, so würde es umgestürzt, zerrissen und hinabgezogen, und den Schwimmer möchte ich sehen, der sich da hätte herausarbeiten können.

Aber über uns wachte ein Auge, das uns zwar unsere Ohnmacht zeigen und das Grab vor unseren Blicken sich öffnen lassen wollte, aber den Tod noch nicht bestimmt hatte. Mit einer letzten Kraftanstrengung, die übermenschlich genannt werden konnte, riß unser Kurde das Floß vom Rande des Schlundes und arbeitete es durch die fürchterliche Brandung hinaus in das Fahrwasser. Wir waren gerettet, und ein tiefes „Gott sei Dank!" entstieg meiner Brust; ob laut, das weiß ich nicht; denn das ganze Ereignis vom Anfange bis zu diesem glücklichen Schluß dauerte nur wenige Minuten, uns blieb nur das Gefühl der Gefahr und der Rettung tief eingeprägt. Ich kann nicht sagen, daß mich während der Gefahr Schrecken erfaßte; es war vielmehr feierlicher Ernst und Ergebung in Gottes Willen. Zur Trauer über eine so rasche und gewaltsame Trennung von den Meinen blieb keine Zeit. Auch B. war ganz ruhig geblieben. Eine köstliche Gabe, namentlich in plötzlichen Gefahren, wo Schrecken und Unruhe oft alles verderben! Ich habe sie nicht immer bei Männern gefunden.

Unterhalb dieser uns sehr denkwürdigen Stelle breitete sich der Strom in weiter Windung um prächtige Ufergebirge majestätisch aus und schien gleichsam ausruhen zu wollen. – Wie grenzen doch die Extreme in der Natur und im Menschen so auffallend aneinander! Noch tönte das Donnern der Brandung und das unheimliche Schlucken und Schlürfen des Wirbels in unseren Ohren, und wir waren sicherlich durchaus nicht geneigt, die ernsten Eindrücke aus unserem Gemüte tilgen zu wollen; aber doch tauchte – ich möchte sagen aus dem nun plötzlich so stillen Gewässer des Stromes – mit dem Eintritte des Sicherheitsgefühls auch sogleich der Leichtsinn oder Mutwille auf. „*Rari nantes in gurgite vasto*" (Nur wenige Schwimmer im unendlichen Strudel), begann B., und unwiderstehlich machte sich das Lachen Bahn, und wich der Ernst dem Drange, das ernste Abenteuer gleichsam auch von seiner lustigen oder lächerlichen Seite aufzufassen.

1850 *Carl Sandreczki*

GEORGISCHE KIRCHEN

Als ich vor einiger Zeit in der Provinz Artvin einen Bergpfad hinunterging, der von den Altıparmakgipfeln kommt, sah ich unter mir die Sonne auf das Giebeldach einer hohen grauen Kirche scheinen, die aus den Obstgärten hervorragte. Es war die georgische Basilika von Parhal, ein herrliches Gebäude aus glattem Stein, das vom 10. Jahrhundert her überlebt und mit seiner Monumentalität die kleinen Holzhütten der Umgebung erdrückt. Die Kirche wurde als Moschee benutzt, und der Imam war damit beschäftigt, das Kircheninnere weiß zu kalken. Schlanke „blind arches", die bis zu dem Dach hinaufreichen, erhöhen noch den Eindruck ragender Größe. Die Schlichtheit der Außenwände, die in gutem Zustand waren, wurde nur durch ein paar einfache geometrische Muster und Figuren von Fabeltieren unterbrochen.

Beim Abendbrot, das aus Forelle und Bohnen bestand, erzählten mir meine Gastgeber – der Dorfschullehrer und der Steuereinnehmer –, daß die Parhal Basilika nur eine der frühen georgischen religiösen Gründungen sei, die sich noch häufig in den wilden Seitentälern der Flüsse Çoruh, Tortum und Oltu fänden, eine Tatsache, die ich bestätigen kann, seitdem ich mehrere davon selbst aufgesucht habe.

Sie wurden erbaut in der Zeit vom 9. bis 11. Jahrhundert, einer hohen Zeit des Kirchenbaus unter den Bagratiden, die ihre Herrschaft über diese frühere Grenzprovinz Tao ausdehnten, nachdem die Araber im 7. Jahrhundert Tiflis und das kaukasische Kernland der alten georgischen Monarchie eingenommen hatten.

Da diese Kirchen in dem rauhen Grenzland liegen, das durch die nachfolgende Herrschaft der Türken entchristianisiert wurde, sind diese Baudenkmäler heutzutage sehr wenig bekannt. Aber die Einheimischen erinnern sich, daß 1917, während der vorübergehenden Besetzung durch die Truppen des Zaren, eine russische Kommission zu Pferde die Kirchen in Tao eingehend studiert und einen Bericht darüber verfaßt habe[1]. Baltrusaitis hat in seinem interessanten Werk über georgische Kirchenarchitektur von den Informationen, die Takaishvili damals eingebracht hat, Gebrauch gemacht[2]. Im Jahre 1959 haben M. und N. Thierry das Gebiet besucht und über die Kirchen von Haho, Öşk Vank, Işhan und Bana einen kurzen Bericht veröffentlicht[3].

Dörtkilise

Drei Meilen unterhalb Yusufeli im Vilayet Artvin öffnet sich ein enges Tal zwischen den Bergen, um sich hier, bei dem Weiler Dörtkilise, mit dem Çoruhflußtal zu verbinden. Die Kirche steht schlicht und einsam auf dem rechten Ufer eines Gebirgsbaches, zwei Stunden Weges das Tal hinauf, zwischen Walnußbäumen, die vom Hämmern der Spechte widerhallen. In der Schlucht unter der Kirche schließt sich ein Obstgarten an den anderen an, und rauh gezimmerte Hütten lehnen sich über die Bewässerungsgräben. Oberhalb der Kirche steigen die Berge steil an, bedeckt von Zwergeichen. Von dort steigen abends die Bären herunter, die durch die von den Wasserläufen betriebenen, lustig klappernden Benzinkanister vom Raub der Feigen und üppigrankenden Trauben abgehalten werden sollen.

Die Kirche ist eine mit gelbem Stein verkleidete Basilika. Schlanke „blind arches" streben zu dem Giebeldach, das über einem gewölbtem Schiff und einer Halbkuppel an der Ostseite ruht. Innen ist die Kirche leer, die Wände sind übertüncht, aber in der Halbkuppel sind noch ein paar Spuren von Fresken und eine Figur, die das Modell der Kirche trägt. Außer zwei steinernen Widderköpfen sind alle Steinbilder abgeschlagen worden. Außen sind die von runden und geschlitzten Fenstern durchbrochenen Wände nur mit Inschriften und ein paar geometrischen Mustern geschmückt. Obgleich Büsche und kleine Bäume lustig aus dem Dach hervorsprießen, ist dieses unversehrt, außer daß fast alle glasierten Dachziegel verschwunden sind, die letzten erst vor kurzer Zeit, als die einheimischen Bauern sie zum Bau von Backöfen verwendeten. Auch aus den Mauern fehlen viele Steinblöcke. Die Kirche dient als Scheune.

Die Basilika vor Dörtkilise steht an einer einsamen Stelle der Schlucht, und bei Sonnenuntergang empfahl mir ein Holzfäller, mich eilig auf den Weg zu machen, bevor die Bären zum Abendbrot kämen. Aber als ich den Fluß entlangtrottete und hier und da Girlanden von schweren gelben Quitten auswich, sah ich nur einen Wildhund am Rumpf eines toten Pferdes reißen.

Öşk Vank

Die Kirche von Öşk Vank liegt auf der linken Seite des Tortumflusses, unmittelbar bevor er sich zum Tortumsee erweitert. Von dort geht man etwa zwei Stunden, zuerst ein steiniges, trockenes Flußbett hinauf und dann durch ein fruchtbares Nebental, das sich durch die Berge zwängt. Nach M. Thierry wurde die Kirche zwischen 958 und 966 von den Söhnen Ardaneses III. erbaut. Das dazugehörige Kloster soll das größte in dem georgischen Leben von Tao gewesen sein. Die Kirche ist kreuzförmig. Ein hohes konisches Dach ruht über der Kuppel, die von einer „drum" auf vier großen Säulen gestützt wird. Die massiven Säulenbasen sind mehr als sechs Fuß im Durchmesser und sechs Fuß hoch. Die „drum" ist mit „blind arches" geschmückt, die abwechselnd von oben runden Fensterbögen durchbrochen sind.

In der Apsis sind noch Spuren von verblichenen Fresken sichtbar, und ein Kranz gemalter Kreuze schmückt die Kuppel. Die Außenwände weisen die üblichen Motive in Reliefskulptur auf: Heilige, Tiere, verschiedene geometrische Blumen- und Rebenmuster und Inschriften. An der Südseite, zwischen den geflügelten Gestalten der Heiligen Michael und Gabriel, fällt das Relief eines Adlers auf, der ein Reh in seinen Klauen hält. An der zum Teil rauchgeschwärzten Nordwand sind ein Löwe und ein Bulle herausgemeißelt. Die massiven Basen der Säulen im Inneren sind mit Friesmustern geschmückt. Das konische rote Dach ist unversehrt, aber ein Teil des Giebeldaches darunter ist eingestürzt. Es wurde vor mehreren Jahren gesprengt, wie man mir erzählte, um Baumaterial für eine Schule zu gewinnen. Das südliche Querschiff ist durch eine Geröllmauer von der Kirche getrennt und dient als Moschee, wie die paar einfachen Einrichtungsgegenstände und Kelims verraten. Die anderen Teile des Gebäudes werden von den Bauern benutzt. Im Schutze der Wand eines Querschiffes war die Tenne eingerichtet, wo zwei braune Ochsen einen peitscheknallenden Jungen auf einem kieselbeschlagenen Schlitten endlos im Kreis herumzogen. Im Schiff siebten Frauen mit rabenschwarzem Haar und roten Röcken das Korn in einer Wolke von Spreu. Hoch oben in der Kuppel, über einem Dachgarten von Dorngestrüpp und Grasbüscheln, gurrte ein Taubenchor.

Haho

Haho – das berühmteste aller Tao-Klöster – wurde in der zweiten Hälfte des 10. Jahrhunderts erbaut. Die Kirche steht, beschützt von dichten Bäumen, in der Mitte des Dorfes Haho, einige Kilometer südlich des Tortumsees und zwei Stunden Weges ein sich windendes Tal hinauf, das vom linken Ufer des Tortumflusses abzweigt, wo dieser von einer alten Brücke mit einem Höcker überspannt wird. Die Kirche ist kreuzförmig. Ihr steiles konisches Dach glänzt von den schönen rot und blau glasierten Ziegeln über einem „drum" aus gelbem Stein, dessen schöner weicher Ton, so sagen die Dorfbewohner, von einem Milchbad herrühren soll. Der Rest des Gebäudes ist aus verwittertem, grauem Stein.

Die Südfront ist am interessantesten; denn ein kleiner gewölbter Kreuzgang läuft daran entlang, und primitive Reliefs bedecken die rauchgeschwärzte Wand: ein Löwe, der einen Bullen angreift (der Löwe hat ein komisches rundes Mondgesicht), ein großer Hahn und eine primitive Darstellung des Jona, wie er aus dem Walfischmaul herausschießt. Der Imam zeigte uns dieses Bild als das Prunkstück und erklärte es als ein Bild des Teufels, der von einem Löwen verschluckt wird. An der Wand des Südschiffes hält ein herrlich gemeißelter Adler ein Reh in den Fängen.

Innen sind nur noch schwache Spuren von Fresken, aber in der Kuppel ist noch ein weißes Kreuz auf blauem Hintergrund zu sehen. Die Kirche wird nur als Moschee benutzt. Im Schiff stand ein eiserner Ofen mit Blechrohren, und ein paar Kelims bedeckten den Boden. Der Imam in einer blauen Baskenmütze erzählte uns, daß die russische Kommission, die 1917 einen Bericht über die Taokirchen machte, hundert Pferdeladungen Korn schickte mit der Bedingung, daß das große Baudenkmal in gutem Zustand erhalten wurde. Die Dörfler haben ihr Versprechen nicht gebrochen; denn die Kirche ist gut erhalten, und der Imam schließt zwischen den Gebetszeiten die Tür ab.

Işhan

Die Kirche von Işhan ist ein Bau, den Bagrat I. mit seinem Sohn David zwischen 826 und 876 auf einer älteren Gründung aufführen ließ. Sie war Sitz eines Bischofs bis ins siebzehnte Jahrhundert. Die Kirche steht inmitten eines Dorfes, das, in Bäumen und Obstgärten versteckt, an einem Berghang hoch über dem rechten Ufer des Iltu liegt, wenige Kilometer von seinem Zusammenfluß mit dem Tortumfluß. Den Oltu entlang haben die Dörfler ein schlammiges Labyrinth von Bewässerungsgräben und kleinen Feldern angelegt. Dort ernten sie Mais, Baumwolle, Trauben und köstliche Aprikosen. Hier verläßt ein schmaler Pfad den Fluß und klimmt über einen Bergrücken, verwittert in phantastische Türme und Zinnen, zur grünen Oase von Işhan hinauf.

Die Kirche ist kreuzförmig, aus glatten, schön geschnittenen gelben Steinquadern gebaut. Große Säulen, deren Basen mit einem Ornamentfries geschmückt sind, stützen den „drum“ und das konische Dach, auf dem rotbraune und graublaue Dachziegel glänzen. Die Außenwände sind verschwenderisch mit lebensnahen Tierfiguren und muschelförmigen Nischen, die für die Tao-Kirchen typisch sind, verziert. Aber ein großer Teil des Giebeldaches um den „drum“ ist eingefallen, als ob hier eine Granate explodiert wäre.

Ein griechisches Kreuz, gemalt auf blauem besterntem Hintergrund, der das himmlische Gewölbe darstellen soll, ist noch deutlich in der Kuppel zu sehen; aber die berühmten Fresken sind stark verwittert.

Man erzählte mir, daß dieser Schaden im ersten Weltkrieg entstanden sei, als türkische und russische Truppen in dieser Gegend miteinander kämpften. Eine der großen Säulen ist an der Basis angehackt – als ob ein mächtiger Baum zum Fällen vorbereitet worden sei. Der westliche Arm der Kirche ist durch eine Mauer abgetrennt und dient als Moschee.

Der Muhtar von Yusufeli, der mich nach Işhan begleitete, ist ein sympathischer und ungewöhnlicher Mann. Sein Stolz ist eine komplette Encyclopédie Larousse, die er aus einer Kiste hervorbrachte, welche gleichzeitig als Schreibtisch dient. In Işhan wurden wir vom Dorfältesten und seiner Tochter bewirtet. Die Tochter war Lehrerin und nur während der Ferien zu Hause. Sie bespritzte uns mit Kölnisch Wasser und brachte uns auf einem Tablett geröstete Maiskolben, hartgekochte Eier, Kirschkonfitüre, Quitten und Tee aus dem Samowar. Während des Schmauses blickte ich auf die Kirche hinab, die von mächtigen Pappeln wie von Wächtern umzäunt ist. Durch das Blattwerk der Bäume leuchteten die roten Kleider der Frauen wie Kirschen. Die Kirche mit ihrem glänzenden Dach glich einer kostbaren Pflanze, wunderbar erblüht aus einem Samenkorn, das ein Vogel in diesen durstigen schwefelgelben Gebirgsschluchten verlor.

Es wurde dunkel, als wir – noch einmal mit Kölnisch Wasser besprüht – aufbrachen. Als wir den Tortumfluß durchwateten, ging der Mond auf und tauchte die Schlucht in ein kupferrotes Licht. Die geisterhafte Silhouette der wilden Berge war so seltsam und schön, daß ich jetzt noch mit großer Sehnsucht daran denke.

Nikoma

Von Işhan sind es sieben Stunden Fußmarsch den Oltu hinauf einen Zickzackpfad entlang, der zwischen steilen Felswänden dahinkriecht, wo Rebhühner durchs Gebüsch laufen, bis man nach Tavusker kommt. Aber alles, was ich da fand, waren dachlose Mauerbogen in einer Wiese. Der Dorfälteste sagte mir, ich solle nach Nikoma weitergehen. Dieser abgelegene kleine Ort war schwer zu finden; denn er ist tief in einer Spalte eines kahlen Berges versteckt, viele hundert Fuß unter einem felsigen Ausläufer, aus dem eine Burg herausragt wie ein alter gelber Zahn. Meine plötzliche Ankunft verblüffte die Einwohner derart – es waren allerdings nur zwei alte Männer und ein paar Frauen und Kinder zu Hause –, daß sie sich zwischen die

Bäume zurückzogen und mich allein umherstreifen ließen. Über den kleinen Hütten ragte das Skelett einer hohen gelben Kirche mit herrlichen, bemalten Säulen. Versteckt in einer nahen Kapelle, an die sich ein Kuhstall anschloß, waren einige guterhaltene Wandbilder von Heiligen und georgische Inschriften. Von unsichtbaren Augen verfolgt, streifte ich etwa eine Stunde durch die Ruinen. Als ich mich dann hinsetzte, kam erst der eine, dann der andere Alte zwischen den Bäumen hervor. „Hast Du Münzen gefunden"? fragten sie, „oder Gold"?

Ekik

Nicht weit von Tortum gab es bis vor einigen Jahren noch eine herrliche, alte georgische Kirche, nämlich in Ekik, einem Dörfchen, das wie eine Akropolis hoch über der Erzerumstraße sitzt. Aber die Kirche von Ekik ist kürzlich gesprengt worden, um die Dorfbewohner mit einem Bauplatz und Steinen für eine neue Moschee zu versehen. Man fragt sich, wieviele andere Baudenkmäler in Tao dieses Schicksal teilen werden. Ohne Zweifel sind sie in Gefahr; denn der Druck der zunehmenden Bevölkerung und die darausfolgende Welle von Schul- und Moscheebauten in diesem bisher vernachlässigten Hinterland haben einen wachsenden Bedarf an Bauplätzen und Baumaterialien verursacht, der leicht gedeckt werden kann, indem man alte Gebäude abbaut.

Wie dem auch sei, so lange sie noch da sind, bieten die alten Kirchen und Burgen einen besonderen Anreiz für den beschaulich Reisenden, der diese ferne Ecke der Türkei liebt. Es ist eine unheimliche Welt von Schluchten und Felswänden, durchkreuzt von Bergbächen und einsamen Bergpfaden. Aber versteckt in diesen gewundenen Tälern liegen die Dörfer, so romantisch und freundlich, wie man sie nur in der Türkei finden kann. Kühles, klares Bergwasser sprudelt allerorten hervor und erquickt den Wanderer. Hier ist ein Überfluß an Früchten: süßsaure Kornelkirschen, purpurne Maulbeeren, schwere Quitten, Oliven, Aprikosen und Pfirsiche, Walnüsse, blaue Feigen und rankende Trauben, die die gastfreundlichen Dörfler dem Fremden darbieten. Mächtige, ausladende Bäume spenden Schatten, Heckenrosen duften, und die leuchtend roten Kleider der Frauen harmonieren mit den orangeroten Blüten des Granatapfelbusches. Die Musik dieser Täler ist das Rauschen und Wispern von Bergbach und Rinne, das Geschwätz der Elster und das Glucken des Rebhuhns im Unterholz. Und wenn man die Hütten hinter sich läßt, kann man stundenlang die Flußbetten entlanggehen, ohne jemanden zu treffen, außer vielleicht einen Bauern, der neugierig den Eindringling betrachtet.

[1] Takaishvilli, E.: „Archäologische Forschungsreise in die südlichen Provinzen Georgiens 1917", Tiflis 1960.
[2] Baltrusaitas, Jurgis: „Études sur l'art mediéval en Géorgie et Arménie", Paris 1929.
[3] Thierry, M. und N.: „Notes d'un voyage en Géorgie turque", Bedi Karthlisa (Revue de Karthvéelologie), 34–35, Paris 1960.

1964 *Denis Cecil Hills*

OSTERN IM TUR ABDIN

Palmsonntag

Die syrischen Christen nennen ihn Had *beşabo duşano,* Sonntag des Hosianna. Das Kreuz, das der weißbärtige Bischof von Midyat beim Gottesdienst hält, ist an diesem Tag mit Zweigen des Ölbaums umsteckt, und wenn das „Hosianna" erklingt, werfen die Chorknaben frische Zweige auf den Bischof, die übrigen Geistlichen und die Diakone. Man sieht es ihnen an, daß sie auf diese Gelegenheit als auf einen Hauptspaß gewartet haben. „Gelobt sei, der da kommt".

Nach dem Gottesdienst gehen die Frauen nach Hause, versammeln sich die Männer im Gemeindesaal. Sie haben die Kirche durch zwei verschiedene Ausgänge verlassen, wie sie auch schon zuvor getrennt standen und saßen: die Frauen hinter einem Holzgitter im linken Seitenschiff, abgesondert wie in Synagoge oder Moschee.

Es ist neun Uhr morgens. In einem Nebenraum des Gemeindesaals bereitet der Kirchendiener starken Kaffee. Vor fünf Stunden hat der Gottesdienst begonnen. An jedem Tag der Passionswoche wird es solch einen frühen Hauptgottesdienst geben, an einigen Tagen noch zwei weitere am späten Vormittag und am Nachmittag. Wochen schon dauert die Fastenzeit. Untersagt ist alle Nahrung, die vom Tier stammt, Honig ausgenommen. Der syrisch-orthodoxe Patriarch in Damaskus hatte für 1968 zum erstenmal weniger strenge Fastenvorschriften erlassen. Aber in Midyat hält man sich bislang noch an das Althergebrachte und nimmt es genauer als der Patriarch.

Midyat ist ein Marktflecken im Zentrum des Tur Abdin, dieses wenig bekannten Berglandes im südöstlichsten Anatolien. Mit achttausend Seelen ist es heute die größte, geschlossene christliche Siedlung in der Türkei. In die Dörfer der Umgegend, bis zum Ersten Weltkrieg ebenfalls überwiegend christlich, sind Kurden eingesickert, eingedrungen. Viele Christen sind ausgewandert in die reibungslosere Anonymität der großen Städte oder ins Ausland. Im Verkehr mit fremden Behörden, etwa im benachbarten Syrien, werden viele von ihnen zum erstenmal in ihrem Leben sagen: „Ich bin Türke". In der Heimat hieß es: „Ich bin Christ", oder, nach der Sprache, die die ersten islamischen Eroberer brachten und die die Unterworfenen in den Ortschaften am Südrand des Tur noch heute benutzen: „Ich bin Araber“.

Solange sie in der Osterwoche zu ihrer Familie zurückkehren, gehören sie noch dazu. In dieser Woche muß man sich Zeit nehmen, füreinander und für Gott. Für die Geistlichen und Diakone, die bei keinem Gottesdienst fehlen dürfen, ist es eine anstrengende Woche, in der sie wenig Schlaf finden. „Sie kommen im unrechten Augenblick“, begrüßt der bärenhafte, bärtige Priester Abdullah Gülçe einen katholischen Amtsbruder, der drei Tage weit von Istanbul her im Autobus gekommen ist. „Başını kaşımaya vakti yok – Wir haben nicht soviel Zeit, um uns am Kopf zu kratzen“. So etwa hätte es auch ein Gogolscher Pope sagen können.

Gründonnerstag

In einem Winkel des Hofes zwischen Kirche und Gemeindehaus, in dem sonst die Schulkinder Ball spielen, stellen der Bischof und zwölf Diakone und Subdiakone Christus bei der Fußwaschung dar. Wie immer, wenn etwas „geschieht“ im Gottesdienst, umdrängen Frauen und Kinder neugierig das Schauspiel. Daß Gottesdienst nicht nur Anbetung, sondern auch Darstellung bedeutet, in dieser Osterwoche wird es deutlich. Man muß sich das an äußeren Eindrücken arme Alltagsleben dieser Menschen vergegenwärtigen, um zu begreifen, was diese Feierlichkeiten mit ihren vielen Mitwirkenden, mit ihrer Farbenpracht und ihren Gesängen für sie bedeuten, daß die stundenlangen Gottesdienste wohl manchmal als ermüdend, aber nicht als langweilig empfunden werden und daß man lange Zeit von diesen Bildern zehren wird.

Stück um Stück wird der Bischof des Ornats entkleidet, bis er nur noch ein einfaches knöchellanges Hemd und einen Stoffgurt trägt. Die Diakone sitzen im Kreis. Bei jedem ist ein Zettel mit dem Namen eines Jüngers auf den Rücken genäht. Der alte Mann läßt sich mühsam auf die Knie nieder und beginnt reihum die vorbildhafte Waschung. „Danach goß er Wasser in ein Becken, hob an, den Jüngern die Füße zu waschen, und trocknete sie mit dem Schurz, mit dem er umgürtet war“. Der Bischof erhebt sich, trocknet seine Hände ab und setzt sich. Einer nach dem anderen erweisen ihm die zwölf die gleiche Ehre. Dann erhält er seine Gewänder wieder, zuletzt den schwergewirkten Mantel. Der Bischof ist wieder, der er immer war.

Karfreitag

So erlebt die Gemeinde von Midyat die Kreuzigung Jesu: Vor den Altarstufen ein rotverhängtes Gestell, Blutgerüst, Schädelstätte, Golgatha. Zwei Kerzen: die Richtpfähle der beiden Schächer. Dazwischen das goldene Kreuz, das nicht die Kreuzigung, sondern den Gekreuzigten symbolisiert. Die Zurichtungen geschehen vor Beginn des morgendlichen Gottesdienstes. Nur die Geistlichen, die Diakone und der Chor dürfen daran teilnehmen. „Und sie kreuzigten ihn".

Höhepunkt der Liturgie: Der Bischof trägt das Kreuz zum Hochaltar, bettet es in einen Sarg. Was erleben die Menschen, wenn der Sarg jetzt geschlossen wird, wenn er in Prozession durch die Kirche und auf den Vorhof hinausgetragen wird? Sie drängen hinaus und gehen, einer nach dem anderen, unter der Bahre mit dem Sarg hindurch, die von zwei Männern in die Höhe gehalten wird. Sie fassen die Tücher an, die von der Bahre herunterhängen und berühren sie mit den Lippen – Verhalten voll magischer Heilserwartung und -wirkung. Gelegentlich beteiligen sich auch Moslems daran. Die Feindschaft, die der Glauben gesetzt hat, verschwimmt und verschwindet im Aberglauben. Christen wie Moslems fürchten den „bösen Blick" und nutzen die Wunderkraft von Amuletten. Auch Moslems pilgern zum Kloster Mar Gabriel (Deir-ül-Omer), wenige Kilometer östlich von Midyat, wo die Frauen in der Zelle des Heiligen Gabriel (593–667), eines der Großen und Gründer der Syrischen Kirche, um Kindersegen beten.

In der Kirche, hinter den Hochaltar zurückgetragen, wird das Kreuz aus dem Sarg genommen und in ölgetränkte Tücher geschlagen. „ . . . und wikkelte ihn in die Leinwand und legte ihn in ein Grab". Das Grab: eine Wandnische hinter dem Altar. Mit einer Holzplatte wird die Öffnung verschlossen. Drei Siegel werden darübergelegt. An diesem Tag wird der Gemeinde ein Gemisch von Myrrhe und Essig gereicht. „Und sie gaben ihm Myrrhe in Wein zu trinken, aber er nahm es nicht".

Ostersonntag

Der wichtigste Gottesdienst der Osterwoche beginnt eine Stunde nach Mitternacht und dauert bis in den frühen Vormittag. Die Gemeinde ist, wie in den Nächten zuvor, nicht durch Glockengeläut gerufen worden. Zwei Männer gehen rechtzeitig durch die Straßen und klopfen an jede Haustür. In dieser Nacht werden die gewickelten Wachsfäden, die den Geistlichen den Schrifttext, den beiden Chören die Notenschriften der liturgischen Gesänge erleuchten, unscheinbar, verblassen auch die Kerzen neben den Lampen und Neonröhren am Hochaltar. Der kurdische Bürgermeister hat für elektrischen Strom gesorgt, an dem es sonst um diese Zeit fehlt.

Die getragenen Klänge der Passionswoche scheinen vergessen. Die respondierenden Chöre jubeln und triumphieren. Der Bischof ist wie am Palmsonntag in den Mantel aus goldenem Brokat gekleidet, der vielfältig den Lichtschein auffängt. Er reicht einem der Diakone sein Amtszeichen, den Stab, der nicht an das Hirtenamt erinnert, sondern, in zwei einander entgegenzüngelnde Schlangenköpfe auslaufend, an das ältere Heilszeichen des Volksführers in der Wüste: ,,Da machte Mose eine eherne Schlange und richtete sie auf zum Zeichen; und wenn jemanden eine Schlange biß, so sah er die eherne Schlange an und blieb leben". Hinter dem Hochaltar löst der Bischof die Siegel des „Grabes", holt das Kreuz hervor, befreit es von den Binden. Er hält das Kreuz der Gemeinde entgegen, so war es immer, es konnte nicht anders sein und ist doch Überraschung, Beweis, Siegeszeichen: Christus ist auferstanden. In feierlichem Umzug werden das Kreuz und das Evangeliar durch die Kirche getragen. Früher, ehe die arabischen Eroberer den Islam brachten, mag die Prozession um die Kirchen und durch die Ortschaften geführt haben. Seit den Tagen der ersten Kalifen jedenfalls ist der bald geduldete, bald verfolgte Nazarener-Glauben hinter die Mauern verdrängt worden. Am Ostergottesdienst in der Bischofskirche nimmt zum erstenmal ein Kurden-Ağa, Besitzer zweier Dörfer in der Nähe der syrischen Grenze, teil, der als Mitglied der Demokratischen Partei für die Nationalversammlung kandidieren wird. Die Geste ist nicht ohne unbewußte Ironie. Wie keine andere Partei bemühen sich die konservativen Demokraten, den laizistischen Charakter der Türkei zu ändern und, wie in osmanischen Zeiten, den Islam zur Staatsreligion zu machen.

An diesem Tag stehen alle Türen in der Stadt offen. Jeder besucht die Verwandten, aber Männer und Frauen getrennt. Es ist nicht das Fest der Familie, sondern der Sippe. Für die Kinder liegen bunte Eier und Süßigkeiten bereit, kleine Geschenke für die Erwachsenen. Für die Bettler sind Geldspenden zwischen einer Lira und 25 Kuruş abgezählt worden. Viele Jesiden aus den benachbarten Dörfern sind darunter. Auch für diese von Christen und Muslimen Verachteten, die ,,Teufelsanbeter", von denen niemand weiß, woran sie glauben, ist der Tur Abdin zum Rückzugsgebiet geworden. Die Passionszeit, die Fastenzeit ist vorüber. In den Abflußrinnen neben den abschüssigen Straßen mischt sich das Regenwasser mit dem Blut frisch geschlachteter Lämmer.

Ostermontag

Die Lebenden besuchen die Toten. Nicht die kürzlich Gestorbenen, denen sie noch die Hand gedrückt haben. Die Vergessenen unter den schriftlosen, fast unbehauenen Steinen auf dem alten, nicht mehr benutzten Friedhof. Familienweise ziehen sie auf die Anhöhe hinter der Stadt. In Körben und Strohtaschen tragen sie Essen: harte Eier und Brot, Oliven und getrocknete Früchte. Auf Steinen und Hügeln werden Tücher als Unterlage ausgebreitet. Eine Stunde oder zwei Stunden bleibt man so, essend, schwatzend. Dann ziehen alle wieder heim.

Früher wurden auf den Gräbern Holzkohlenöfen aufgestellt oder Feuer entzündet und warme Mahlzeiten gekocht. In dem abgelegeneren Kerburan geschieht das heute noch. In Midyat ist man davon abgekommen. Der Tag läßt sich absehen, da man sich des Brauches als „unhygienisch" schämen und allenfalls noch hartgekochte Eier im österlichen Spiel gegeneinanderschlagen wird.

Heute aber füllt die Menge bunt und quirlend das enge Grasgeviert zwischen der Kapelle und den drei Feldsteinmauern, die Frauen in leuchtend farbigen Wolljacken und den mit einem Stoffwulst um die Stirn gehaltenen Kopftüchern, die Männer in dunklen Anzügen. Durch das Gedränge tastet der Blinde, der Stock sucht seinen Weg, ein kleiner Junge sammelt die Münzen, die ihm zugedacht sind. Kein blickloser *Oedipus rex*, ein stoppelbärtiger, wüster Geselle, dem das Trachom die Augenhöhlen ausgetrocknet und zusammengezogen hat.

Fast unbeachtet zieht ein Geistlicher von Grab zu Grab, neben ihm zwei Ministranten. Der eine trägt die geöffnete Bibel, der andere schwingt das Weihrauchgefäß. Wie das türkische Gesetz es befiehlt, erscheinen sie außerhalb der Kirche ohne Ornat. Unter halblautem Singen und Beten werden die Gräber geweiht, für ein weiteres Jahr.

Anfang April 1968 *Thankmar von Münchhausen*

DIE ENTDECKUNG DER KÖNIGLICHEN RESIDENZSTADT ARSAMEIA AM NYMPHENFLUSS

Bei unserer Expedition im Jahre 1938 hatte die kommagenische Landschaft mit ihren historischen Denkmälern den tiefsten Eindruck auf uns gemacht, und wir hatten das Land mit dem Wunsch verlassen, an seiner geschichtlichen und archäologischen Erschließung weiterhin tatkräftig mitzuarbeiten. Aber Krieg und Kriegswirren machten alle Hoffnungen für die weitere Forschungsarbeit zunichte; doch war es glücklicherweise wenigstens noch möglich, die Publikation mit den 1938 erzielten Ergebnissen fertigzustellen und ihren Druck abzuschließen[1].

In allen Jahren des Krieges, in Schrecken, Not und Elend, blieb Kommagene eine freundliche Vision. Besonders der Gedanke einer Ausgrabung auf der einsamen Höhe des Nemrud Dağ, „in der Nähe der himmlischen Throne", in dem Hierothesion des Königs Antiochos I., ließ mich nicht los. Das Ende des Krieges schien zunächst die Verwirklichung solcher Ideen vollkommen auszuschließen. Aber der Wille zur Tat blieb, und endlich war es im Jahre 1951 möglich, eine kleine Forschungsreise, mit sehr bescheidenen Mitteln, zusammen mit meinem Schwager Otto Singer in dem kommagenischen Raum auszuführen. Ziel dieses Unternehmens sollte es sein, die Möglichkeiten einer Ausgrabung auf dem Nemrud Dağ festzustellen und zu klären, welche technischen Erfordernisse für ein solches Unternehmen notwenig seien.

Als Anmarschweg wählte ich dieselbe Route wie im Jahre 1938. Wir näherten uns daher von Westen dem Gebirgsmassiv der Ankar Dağları, das in der kommagenischen Landschaft weithin nach allen Seiten durch den Tumulus des Antiochos in einer Höhe von 2150 m ü.d.M. charakterisiert ist. Bis Adıyaman wurden wir und unser Gepäck auf offenen Lastwagen auf der damals im Bau befindlichen Straße von Gölbaşı aus befördert, eine Station an der Straße und Eisenbahnlinie Adana–Malatya. Hier mieteten wir Reit- und Tragtiere, mit denen wir unseren Marsch fortsetzten.

Eine erste Überraschung bot Yeni Kâhta. Der Ort hatte sich seit unserem letzten Besuch so sehr verändert, daß er kaum wiederzuerkennen war. Schon von weitem leuchtete das rote Ziegeldach des zweistöckigen, auf einer

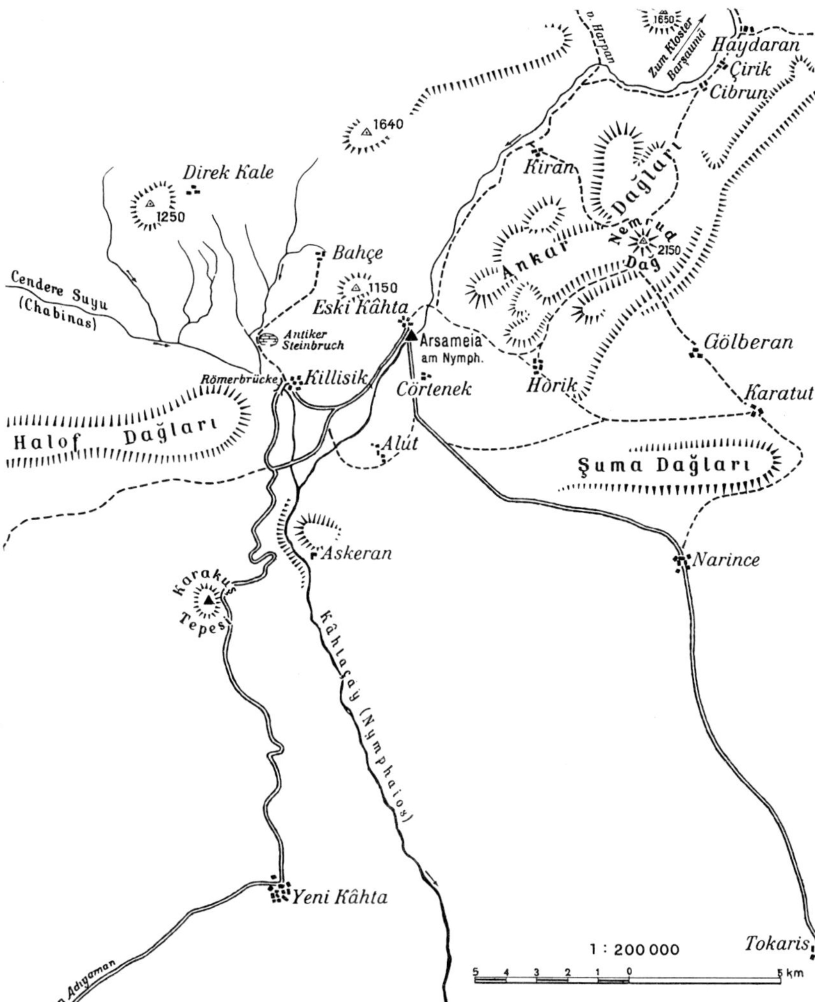

21 Orientierungskarte von Arsameia am Nymphenfluß mit Prozessionswegen zum Nemrud Dağ

kleinen Anhöhe liegenden, in der Zwischenzeit erbauten Regierungsgebäudes auf, der stattliche Amtssitz eines Kaymakam. Erst 1933 ist der Regierungssitz hierher auf die westlichen Uferhöhen des Kâhtaçay verlegt worden, da das historische Eski Kâhta, etwa 22 km nördlich gelegen, zu heiß und zu fieberverseucht war. Inzwischen hat sich auch der Name Kâhta für den neuen Regierungssitz allgemein durchgesetzt, während das historische Kâhta als „Eski Kâhta", das heißt das „Alte Kâhta", bezeichnet wird (vgl. die Skizze Abb. 21).

Von großer Bedeutung für die Zukunft wurde die Wahl der Route unseres Weitermarsches. Es war ein außergewöhnlich heißer Sommer, und ich beschloß daher, nicht den üblichen Anmarsch am Tumulus von Karakuş vorbei über die Chabinas-Brücke zu nehmen, sondern direkt nordöstlich von Kâhta den Kâhtaçay zu überschreiten, was wegen des niedrigen Wasserstands ohne weiteres möglich war. Dieser Marschweg war zwar anstrengender, aber wir hofften, das kleine Dorf Horik, den Ausgangspunkt für die Besteigung des Nemrud Dağ, noch bis zum Sonnenuntergang zu erreichen.

Aber es kam ganz anders! Denn als wir uns in glühender Sonnenhitze gegen Mittag dem freundlichen Dorf Alut (Tavşı) näherten, nahmen wir gern die liebenswürdige Einladung der Bewohner an, unter den schattigen Bäumen an der kühlen Quelle des Dorfes eine Rast einzulegen. Im Zwiegespräch hörte ich hier die elektrisierende Nachricht, daß von den Einwohnern auf einem Hang der Eski Kale bei Eski Kâhta ein *„resim taşı"*, das heißt ein Bildstein, freigelegt worden sei.

Natürlich war alle Müdigkeit vergessen, und ich wollte sofort aufbrechen, um den „Bildstein" in Augenschein zu nehmen; denn die Eski und Yeni Kale, zwischen denen sich der Nymphenfluß, heute Kâhtaçay, seinen Weg aus dem Gebirge in die Mündungsebene sucht, waren mir wohl bekannt. Die Yeni Kale, das heißt: Neue Burg, trägt die von uns bereits im Jahre 1938 aufgenommene Mamlukenfestung. Ihr liegt südlich des Kâhtaçay die Eski Kale, das heißt: Alte Burg, gegenüber. Bei unserem Besuch im Jahre 1938 hatten sich über dem Erdboden keinerlei Mauerreste mehr gezeigt, die den Namen Eski Kale gerechtfertigt hätten. Die auf dem Plateau und dem Südhang herumliegende Keramik stammte ausschließlich aus mittelalterlicher Zeit. In welche Periode mochte jetzt der aufgefundene „Bildstein" gehören?

Ich mußte meine Ungeduld zügeln; denn niemand war geneigt, mich in der Mittagshitze zum Fundplatz zu führen. Man versprach jedoch bereitwillig, mir in der kühleren Abendstunde den aufgefundenen Stein zu zeigen. Das aber bedeutete, daß wir unser heutiges Tagesziel nicht mehr erreichen würden und der geplante Aufstieg zum Nemrud Dağ in den frühen Morgenstunden des nächsten Tages nicht mehr durchgeführt werden konnte. Genaueres über den „Bildstein“ konnte ich nicht in Erfahrung bringen. War es richtig, wegen einer solch vagen Nachricht alle Pläne umzustoßen? Wie oft hatten sich schon ähnliche Angaben als Phantasiegebilde erwiesen! Aber öfter waren solche Hinweise der Bewohner bei meiner Forschungsarbeit doch sehr wichtig gewesen. So entschloß ich mich nach kurzem Überlegen, mich dem Wunsch meiner Gastgeber zu fügen und die kühle Stunde abzuwarten.

Am Spätnachmittag brachen wir auf und marschierten fast eine Stunde dem von Alut aus gut sichtbaren Südhang der Eski Kale entgegen. Keine gebahnten Pfade führten den steilen Südhang des Burgberges hinauf. Mühsam kletterten wir in die Höhe und hielten auf das Ende eines felsigen Rückens zu, auf den mich mein Führer Nuri Dilekli schon vorher von der Ebene aus aufmerksam gemacht hatte. Tatsächlich lag hier der „Bildstein“! Es war ein Fragment vom Oberteil eines Reliefs mit einer für die kommagenische

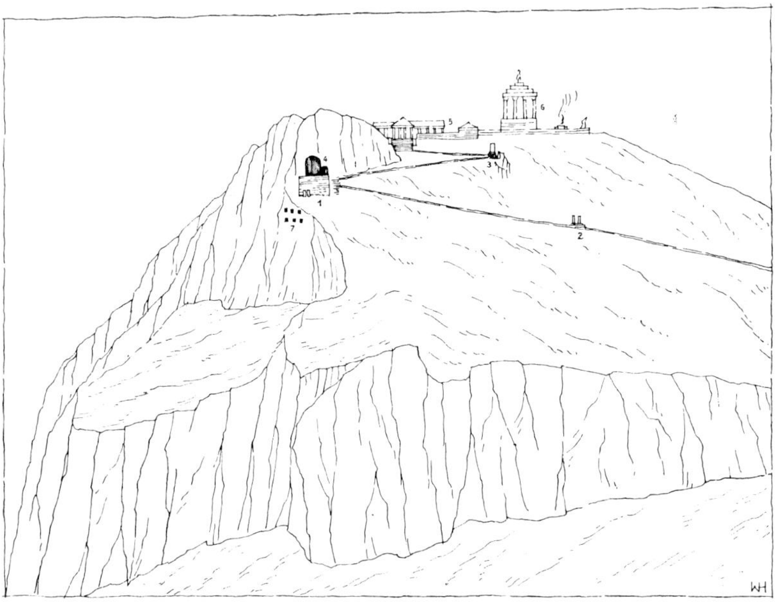

22 Rekonstruktion des Hierothesion von Arsameia am Nymphenfluß auf der Eski Kale. Skizze von Wolfram Hoepfner
1–3. Sockelanlage I–III an dem Prozessionsweg.
4: Felsenhalle.
5: Festhalle.
6: Grabmal des Mithradates Kallinikos.
7: Felsenkammern.

Zeit typischen Darstellung des Gottes Mithras-Helios, symbolisiert durch die Strahlenkrone.

Mit geschärften Augen untersuchte ich den Hang weiter und fand ein zweites Relieffragment unterhalb der großen Felsenhalle an der Westseite der Südflanke auf. Meine besondere Aufmerksamkeit aber nahm eine kleine Felsenpartie in Anspruch, die unterhalb des Plateaus aus einem großen Schuttberg herausragte und die am oberen Ende des felsigen Rückens lag, bei dem wir das Fragment mit Mithras-Helios aufgefunden hatten. Dieses Felsstück war rissig und verwittert, aber ich hatte doch den Eindruck, als ob es künstlich geglättet sei. Einen Augenblick glaubte ich sogar, Buchstaben zu sehen, aber als ich näher herantrat und die Felswand direkt von vorn mit dem Licht der untergehenden Abendsonne in meinem Rücken betrachtete, da verschwanden die Buchstaben wieder, und ich sah nur eine vielfach in sich zerrissene graue Felswand. Enttäuscht wandte ich mich ab. Es war also wohl nur meine Phantasie gewesen, die mir ein Wunschbild vorgespiegelt hatte. Aber dann erschienen im Schräglicht wieder zwischen den Verwitterungsspuren auf dem Gestein, wenn auch nur ganz schwach erkennbar, die horizontalen und vertikalen Linien von griechischen Buchstaben. Aufgeregt rief ich nach Hacke und Spaten und fing sogleich an, mit meinem Taschentuch die Buchstaben vom Staub zu reinigen und mit meinen Händen die Erde von der Felswand wegzuscharren. Ehe die Werkzeuge zur Stelle waren, hatte sich schon meine Vermutung bestätigt, daß ich vor einer in griechischen Buchstaben geschriebenen Inschrift stand. Die ersten Hackenschläge räumten dann den Schutt fort, der die tieferliegenden Buchstaben vor Zerstörung und Verwitterung geschützt hatte. Schöner und unversehrter kam eine Inschrift aus der bewahrenden Erde, als ich es zu hoffen gewagt hatte.

Meine Begleiter konnten sich meine Aufregung nicht erklären und mahnten mit Hinweis auf die untergehende Sonne ungeduldig zum Aufbruch. Zu gern hätte ich noch meine Vermutung, daß es sich bei der Inschrift um ein Zeugnis aus kommagenischer Königszeit handele, zur Gewißheit erhoben; aber es hieß, sich noch zu gedulden und unser Quartier für die Nacht aufzusuchen.

Am nächsten Morgen war ich schon mit Sonnenaufgang wieder auf dem Südhang; bald war vor der Felswand so viel Schutt abgeräumt, daß ich einige zusammenhängende Zeilen der Inschrift lesen konnte. Ich gewann daraus die Gewißheit, daß ich den Schlußteil einer in Kolumnen angeordneten Inschrift vor mir hatte, die ihrem Schriftcharakter nach in die Regierungszeit des kommagenischen Königs Antiochos I. gehörte und ihrem Inhalt nach an die Ausfertigungen der Texte erinnerte, die ich im Jahre 1938 im Aufgang der Burg von Gerger und bei dem Fund von Samosata bearbeitet hatte.

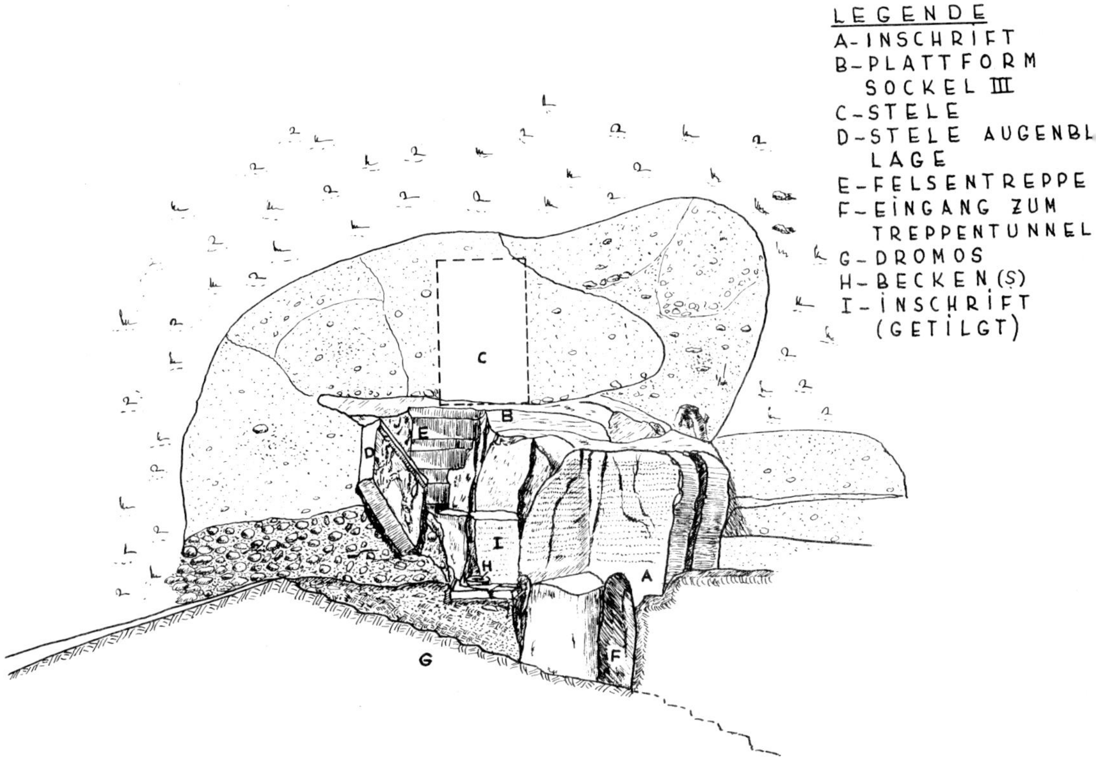

23 Ansicht von Sockelanlage III und beschrifteter Felswand im Hierothesion des Mithradates Kallinikos am Nymphenfluß auf der Eski Kale (vgl. Abb. 55)

Natürlich stieß ich jetzt sofort unseren Reiseplan um und versuchte, größere Klarheit über den Text der Felsinschrift zu gewinnen. Es ließ sich leicht feststellen, daß noch eine zweite und dritte Kolumne auf der Felswand eingehauen waren; aber selbstverständlich war es unmöglich, die riesigen Schuttmassen auf dem terrassierten Hang weiter abtragen zu können. Ich versuchte daher, wenigstens die Ausdehnung der Inschrift festzustellen, indem wir uns mit einem kleinen Stollen an der Felswand vortasteten. Zum Glück gab es nach der vierten Kolumne einen Knick in der Felswand, so daß sie jetzt mit dem Hang parallel lief. Mit der fünften Kolumne hatte ich dann endlich auch den Anfang der monumentalen Inschrift erreicht.

Ich war besonders glücklich über die Identifikation der Örtlichkeit, die ich der ersten und zweiten Kolumne entnehmen konnte. Denn nach dem Text befand sich die beschriftete Felswand inmitten des Hierothesion, das sich der kommagenische König Mithradates Kallinikos erbaut hatte und das von seinem Sohn, dem König Antiochos, für die Ausübung eines gemeinsamen Kultes für Vater und Sohn ausgestaltet worden war. Die geheiligte Grabstätte selbst lag nach der Inschrift „in der Vorstadt von Arsameia am Nymphaios", eine königliche Residenzstadt, die uns bisher völlig unbekannt gewesen war und auch in der erhalten gebliebenen literarischen Überlieferung an keiner Stelle erwähnt wird.

So hatte sich wieder einmal aufs neue gezeigt, wie stark die mündliche Überlieferung im kleinasiatischen Raum ist und wie sehr der heutige Name der Örtlichkeit, „Eski Kale", den historischen Gegebenheiten entspricht und daher völlig zu Recht besteht.

Was aber lag näher, als in Kenntnis dieser großartigen Inschrift zu versuchen, den historischen Boden von Arsameia selbst über seine Vergangenheit zu befragen? War es doch sehr wahrscheinlich, daß unter der bewahrenden Hülle der Erde einige der Denkmäler und Statuen erhalten geblieben sein mochten, von deren Aufstellung der König in der Inschrift berichtet. Wichtiger aber noch schien es, den Versuch zu wagen, mehr über die Anlage des Hierothesion von Arsameia am Nymphaios in Erfahrung zu bringen.

Nach Überwindung großer Schwierigkeiten und dank der Hilfe zahlreicher Freunde und Helfer war es im Jahre 1953 möglich, die Idee einer systematischen Ausgrabung auf der Eski Kale zu verwirklichen. Die türkische Regierung gewährte die beantragte Genehmigung, und so entstand am Fuß der Eski Kale im Frühsommer dieses Jahres ein erstes Ausgrabungslager. Das Angebot an Arbeitskräften war übergroß. Es war nicht leicht, unseren einheimischen Helfern das Vorhaben einer archäologischen Ausgrabung verständlich zu machen. Die erste Anweisung, die überall sichtbaren Mauerzüge sorgfältig freizulegen, rief nur Kopfschütteln hervor. Jeder von ihnen wußte natürlich mit Hacke und Schaufel umzugehen, aber die Anweisung, jedem bei der Freilegung zutage kommenden Stein Beachtung zu schenken, rief nur allgemeine Heiterkeit hervor.

Bald jedoch zeichneten sich unter den eingestellten Arbeitern einige durch besondere Intelligenz aus; sie wurden zu Vorarbeitern der Gruppen ernannt, die an verschiedenen charakteristischen Stellen auf dem Südhang und auf dem Plateau der Eski Kale angesetzt wurden.

Eine dieser Kolonnen, die jeweils aus *kazmacılar* und *kürekciler* gebildet wurden, d.h. aus Arbeitern, die entweder mit der Hacke oder der Schaufel arbeiteten (dazu kamen dann noch später die *arabacılar,* die Schubkarrenfahrer), erhielt die Aufgabe, die Schuttmassen vor der beschrifteten Felswand abzuräumen. Denn die im Jahre 1951 in Eile vorgenommene Abschrift des „Heiligen Gesetzes" mußte überprüft werden, und es waren auch noch unsichere Lesungen zu klären. Außerdem sollten Abklatsche dieses bedeutenden Dokumentes als Arbeitsmaterial für die epigraphische Ausbildung von Studenten und für die Archivierung angefertigt werden.

Dieser Arbeitsgruppe galt natürlich meine besondere Aufmerksamkeit. Zunächst machte die Freilegung gute Fortschritte, aber bald hinderte ein riesiger Felsbrocken den zügigen Fortgang. Schnell zeigte sich, daß es sich um eine bearbeitete Platte von enormen Ausmaßen handelte.

Nun war äußerste Vorsicht geboten. Meine eifrigen Arbeiter hätten am liebsten so bald wie möglich diese Platte den Abhang hinunterdonnern lassen, kein allzu schwieriges Unterfangen bei dem Neigungswinkel der Südflanke der Eski Kale von fast 45°. Meine Bitte um Vorsicht wurde zunächst insgeheim belächelt. Indessen ergab sich schon bei dem ersten Versuch, einen Hinweis auf das Aussehen der Unterseite der Platte zu gewinnen, die Gewißheit, daß wir es mit einer monumentalen Reliefdarstellung zu tun hatten. Diese Erkenntnis elektrisierte auch meine einheimischen Arbeiter. Sie waren voller Neugierde und wurden noch neugieriger, als ich ihnen schon bald weitere Einzelheiten erzählen konnte. Denn ich erspähte mit Hilfe einer Taschenlampe bei der unterhöhlten Unterseite, d.h. auf der Vorderseite der Stele, die Darstellung von einer mächtigen Löwentatze, und ich erfühlte auch schon den Löwenkopf und – wie erwartet – die linke Hand der auf dem Relief dargestellten Person, also von Herakles.

Meinen Arbeitern war dieser griechische Heros natürlich kein Begriff; daher interpretierte ich Herakles als die Darstellung des allergrößten und allermächtigsten *pehlivan,* d.h. eines Ringers; der Ringsport wird im Nahen Osten besonders hoch geschätzt. Also avancierte in meiner Schilderung der Reliefdarstellung Herakles zum gewaltigsten Ringkämpfer aller Zeiten, der selbst Löwen und Höllenhunde bezwungen habe, Begebenheiten, die dem mythologischen Herakles wieder gerecht wurden.

Mich selbst aber bewegte am meisten die Frage, wer wohl noch außer Herakles auf der Stele dargestellt sein könnte. Denn das Relief von Herakles befand sich auf der linken Seite der Stele; daher war es nur logisch, die Darstellung einer weiteren Figur auf der rechten Seite zu erwarten.

Inzwischen lag die ganze Platte frei. Ein Einsatzzapfen bildete den oberen Abschluß; dieser Befund machte deutlich, daß die Platte (mit einer Höhe von 3,30 m, einer Breite von fast 2 m und einer Dicke von fast 1 m) von einem höhergelegenen Standort in ihre jetzige Lage vor der Felswand herabgestürzt sein mußte.

„Ob wohl die Reliefdarstellung bei diesem Sturz beschädigt wurde?" – so fragte ich mich. Die Anfertigung der Stele aus hartkristallinischem Kalkstein ließ mich hoffen, daß das Relief gut erhalten geblieben sei. Aber konnte es nicht auch durch Menschenhand mutwillig beschädigt worden sein? Fragen über Fragen! Zunächst ließ ich jedenfalls mein Feldbett vom Zeltlager auf den Südhang bringen, um selbst die Wache während der Nacht zu übernehmen. Dann gab ich den Auftrag, vier junge Pappeln zu fällen und die Stämme auf die Eski Kale zu transportieren. Eine Fallgrube wurde parallel zu der Längskante der Stele angelegt. Meine Absicht war es, mit Hilfe der elastischen Pappelstämme durch vorsichtiges Manövrieren das monumentale Relief langsam in diese Vertiefung hineingleiten zu lassen, ein schwieriges Unterfangen bei diesem riesigen Block mit einem Steingewicht von 8 bis 9 Tonnen! Winden dieser Größenordnung standen uns in diesem Stadium der Ausgrabung noch nicht zur Verfügung; wir mußten ohne Einsatz von modernen, technischen Hilfsmitteln auskommen, und wir waren allein auf unsere eigenen Improvisationskünste angewiesen.

In dieser Situation bewährten sich meine einheimischen Helfer großartig! Schon bald konnte ich eine kleine Spezialgruppe von zuverlässigen Männern zusammenstellen, denen ich die verantwortungsvolle Handhabung der Halteseile und das Manövrieren mit den Pappelstämmen anvertraute. Unvergeßliche Augenblicke, als die riesige Platte Zentimeter um Zentimeter emporgehievt wurde und sich dann ebenso langsam in die Fallgrube senkte. Mit Jubelgeschrei begleiteten alle Helfer die geglückte Unternehmung; sie umarmten einander und tanzten voller Freude um das Relief.

Uns alle grüßte die unversehrt erhalten gebliebene göttlich-königliche Dexiosis, die feierliche Grußszene zwischen dem kommagenischen König Antiochos und Herakles, den sich der Herrscher als göttlichen Schutzpatron für sein Leben auf dieser Erde erwählt hatte.

Mit diesem Relief wurde uns ein Meisterwerk hellenistischer Bildhauerkunst aus der Mitte des 1. Jahrhunderts vor Christus wiedergeschenkt. Es handelt sich bei unserer Entdeckung nicht nur um ein vorzüglich erhaltenes Denkmal, sondern darüber hinaus haben die Künstler – sicherlich im Einverständnis mit dem königlichen Auftraggeber – ein Monument gestaltet, das sichtbar werden läßt, wie sich Antiochos selbst als Mittler zwischen Ost und West fühlte, als menschgewordene Offenbarung zwischen dem griechisch-hellenistischen Pantheon und der religiösen Welt von Ahuramazda. Er fühlte sich berufen, Bindeglied zu sein zwischen den politischen Machtblöcken der damaligen Welt, d.h. zwischen dem römischen Imperium und dem wiedererstarkten Reich der Parther. Für Antiochos I. von Kommagene hatten die Titel, die er in der großen Felsinschrift von Arsameia am Nymphaios und in anderen Urkunden trägt, nämlich Gott (Θεός), der Gerechte (Δίκαιος), der den Menschen Geoffenbarte (Ἐπιφανής), keineswegs nur symbolischen Charakter, sondern er ist willens gewesen, den vollen Wert für diese in der hellenistischen Welt entwerteten Beinamen wiederzugewinnen, in der Verantwortung gegenüber seinen vergöttlichten Ahnen und in Erfüllung seiner ihm hier auf Erden gestellten Aufgabe.

[1] Friedrich Karl Dörner/Rudolf Naumann, Forschungen in Kommagene, Istanbuler Forschungen Bd. 10, 1939.

1966 *Friedrich Karl Dörner*

MIT RUHRBERGLEUTEN ALS AUSGRÄBER IN ARSAMEIA AM NYMPHENFLUSS

Eines Tages war ich in Arsameia am Nymphenfluß vor Kolumne III der monumentalen Inschrift in der Mitte der Felswand damit beschäftigt, die Buchstaben an den abgesplitterten Rändern zu entziffern, zu deuten und den Zusammenhang der Zeilen wieder herzustellen. Denn ein großes Stück der Oberfläche der Felswand hatte sich aus dem Zusammenhang gelöst, außerdem verschoben und drohte abzubrechen. So wurde die Entzifferung zu einer besonders mühseligen Arbeit, weil die Sonne vom frühen Morgen bis zum späten Nachmittag den steilen Südhang mit unverminderter Kraft in ihre sengenden Strahlen einhüllte. Wieder einmal suchte ich einen festen Standplatz vor der Felswand. Dabei kam mir plötzlich zum Bewußtsein, daß

24 Rekonstruktion der Sockelanlage III mit beschrifteter Felswand, Eingang zum großen Felsgang und wiederaufgestelltem Dexiosis-Relief (vgl. Abb. 55 und 57) von Wolfram Hoepfner

ich schon mehrere Male ganz automatisch die Erde mit meinen Füßen festzutreten versucht hatte, aber immer wieder einige kleine Erdbrocken gegen die Felswand vorwärts rollten. Verwundert half ich mit dem Fuß etwas nach, und die Erde verschwand scheinbar in die Felswand hinein. Also mußte hier eine Aushöhlung vorhanden sein, eine Vermutung, die sich nach ein paar Hackenschlägen sofort bestätigte.

Genau unter der Mitte von Kolumne III setzte, wie es die Rekonstruktion Abbildung 24 zeigt, ein Rundbogen an, den man künstlich in der Felswand ausgearbeitet hatte. Offenbar handelte es sich um einen größeren Bogen, der zu einem Gang gehörte, dessen Decke, in der Bergmannssprache die Firste genannt, in ovaler Form aus dem hier anstehenden kristallinischen Kalkstein ausgehauen war. Der Gang selbst war bis auf Firsthöhe nahezu vollständig verschüttet. Es bedurfte allerdings nur geringer Arbeit, den Eingang so weit freizuhalten, daß man sich kriechend in die Öffnung hineinschieben konnte. Es ließ sich bald feststellen, daß der Gang in einem starken Neigungswinkel von etwa 35° in die Tiefe des Berges hinunterführte. Nach ein paar Metern nahm die Verschüttung etwas mehr ab, und es war möglich, den Charakter des in den Felsen eingehauenen Ganges besser zu beurteilen. Nach etwa 25 Metern konnte man schon im Felsgang nahezu aufrecht stehen, und es ließen sich die Treppenstufen erahnen. Während die Breite im oberen Teil des Felsganges zwischen 1,35 und 1,55 m lag, verengte sich der Gang bei 28 m, und dicke Blöcke machten ein weiteres Vordringen zunächst unmöglich. Aber man erkannte sogleich, daß diese Gesteinsbrocken ebenfalls vom Eingang her hinabgerollt und keineswegs systematisch verbaut worden waren.

Selbstverständlich gingen wir im Jahre 1953 sofort daran, den Felsgang weiter auszuräumen. Der erste Abschnitt bot für die Freilegung keine besonderen Schwierigkeiten. Treppenstufen, in dem anstehenden Gestein ausgehauen, führten von der Terrasse bis zum Eingang und setzten sich dann im Innern des Felsmassivs fort, wobei die Ganghöhe etwa 2 m betrug.

Wir waren begierig, möglichst bald mehr über diese geheimnisvolle Anlage in Erfahrung zu bringen. Um Geld und Zeit zu sparen, verzichteten wir daher zunächst auf eine vollständige Ausräumung des Felsganges. Es wurde nur die nördliche Hälfte des Ganges von der Firste bis auf die Stufen freigelegt, in der Mitte aber von unseren Arbeitern aus den im Schutt reichlich vorhandenen Gesteinsbrocken eine Mauer aufgeführt und dahinter der Schutt von der anderen Seite aufgefahren, um so möglichst schnell eine erste Zugangsmöglichkeit in die Tiefe zu gewinnen.

Nachdem der erste Teil ganz gut begehbar geworden war, suchten wir einen Weg durch die schweren Felsbrocken, die, etwa 28 m vom Eingang

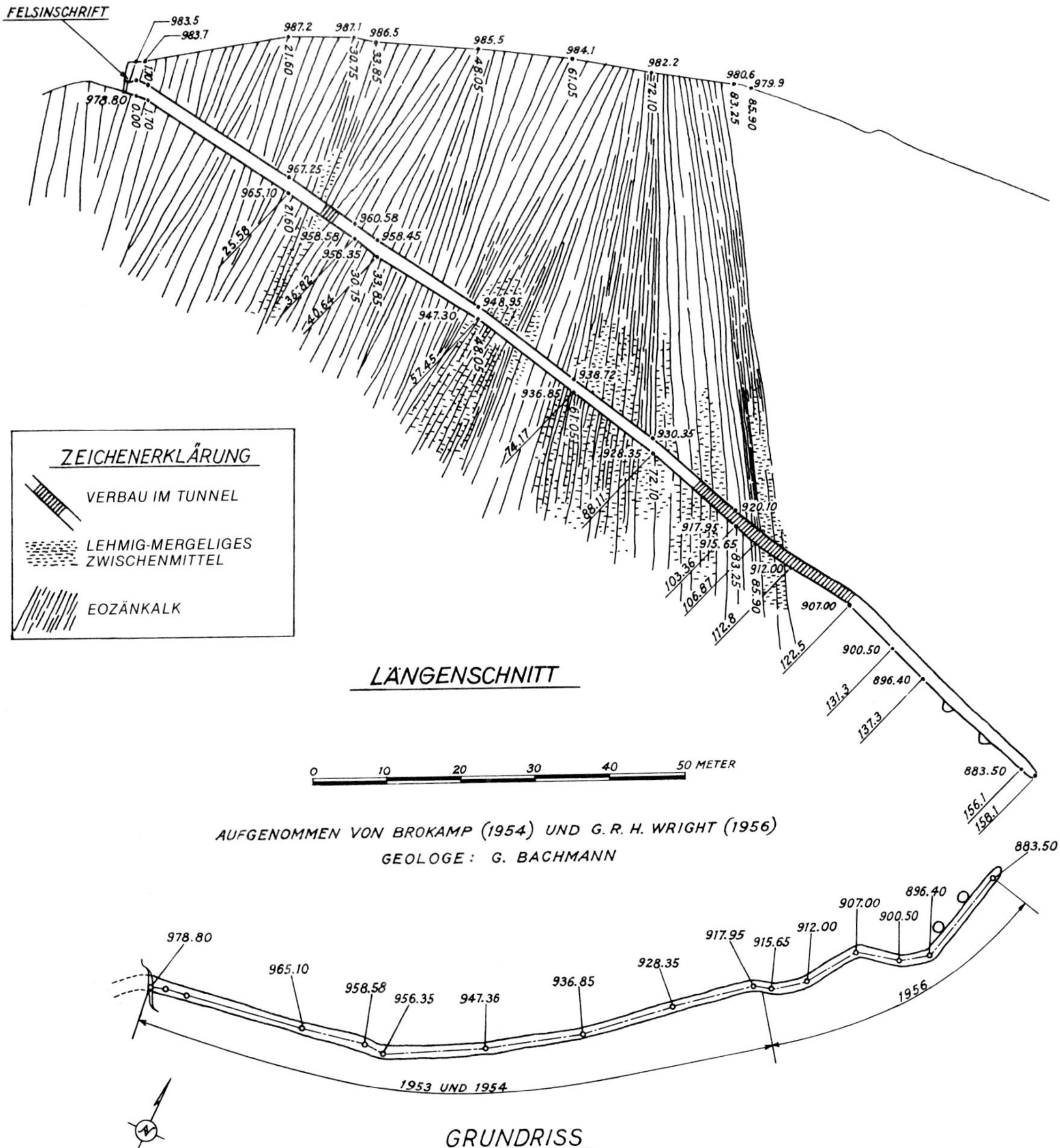

25 Längenschnitt und Grundriß des großen Felsganges im Hierothesion des Mithradates Kallinikos am Nymphenfluß auf der Eski Kale

entfernt, in der Tiefe lagen. Herausschaffen konnten wir sie zunächst nicht, aber sie ließen sich trotz großer Schwierigkeiten doch so weit fortbewegen, daß ich mich zwischen den mächtigen Brocken vorsichtig hindurchzwängen und behutsam weitertasten konnte. Schon nach etwa 3 m weitete sich der Gang, und ich glaubte mich bereits am Ziel. Der dünne Strahl meiner Taschenlampe machte einen größeren Hohlraum aus, der so hoch war, daß sich darin der Lichtstrahl verlor. Aber bald merkte ich, daß dieser Raum nicht von Menschenhand geschaffen war, sondern durch einen Bruch im Gestein entstanden sein mußte, den irgendwelche Störungen hervorgerufen hatten. Dabei war dann auch die große, kaminartig wirkende Öffnung im Hangenden entstanden, die ich feststellte, als ich, mit einer stärkeren Lichtquelle versehen, zu einer genaueren Untersuchung zurückkehrte. Der „Kamin" verlief sich allmählich im festen Gestein. Ein Luftschacht zur Erdoberfläche schien nicht zu existieren.

Der Treppengang selbst setzte sich in der gleichen Richtung und im gleichen Neigungswinkel fort. Bevor wir weiter in die Tiefe vordringen konnten, war es allerdings notwendig, mit den einfachen Hilfsmitteln, die uns zur Verfügung standen, den Bruch abzufangen und die gefährliche Stelle, so gut es ging, zu sichern.

Schließlich erreichten wir eine Tiefe von etwa 70 m – gemessen vom Eingang her – und befanden uns damit bereits etwa 50 m unter der Erdoberfläche. An dieser Stelle war der Gang wieder vollständig bis auf Firsthöhe verschüttet. Die Füllmasse bestand aus den nachgerutschten Partien der aufgelösten Mergelschichten und herabgerollten größeren und kleineren Felsbrocken.

Zunächst lockte meine einheimischen Bauern ebenso wie mich das Mysterium des unterirdischen Felsgangs. Wie ich später erfuhr, glaubten sie, daß ich auf der Suche nach einem in den Tiefen der Erde verborgenen Goldschatz sei, von dem ich auf geheimnisvolle Weise Kenntnis erhalten hatte. Wurde doch im Dorfe Eski K̀âhta seit vielen Generationen von einem Hirten erzählt, der vor langer, langer Zeit beim Hüten seiner Herde auf dem Südhang der Eski Kale eine bis dahin nie gesehene eiserne Pforte entdeckte, die sich plötzlich vor ihm und einem Gefährten auftat. Trotz dringenden Abratens der anderen Hirten ging er in die Höhle hinein, während seine Kameraden voll böser Ahnungen das Weite suchten. Als der Hirte am Abend nicht in das Dorf zurückgekehrt war, hatte man ihn am nächsten Tage gesucht, aber weder von ihm noch von der eisernen Pforte eine Spur entdekken können.

Als ich diese Geschichte hörte, war mir klar, welch eine Erregung meine Entdeckung des bisher verborgenen Felsganges unter den Bewohnern des

Dorfes ausgelöst haben mußte; aber ich war auch voller Verständnis dafür, daß den Männern, je weiter wir uns vom Sonnenlicht entfernten, die „Arbeit unter Tage" immer unheimlicher wurde. Es war weniger die Gefährlichkeit der Arbeit, die sie fürchteten, als die natürliche Angst, die viele Menschen befällt, wenn sie in das Dunkel der Erde eindringen. Daher fragte ich nach Helfern, die *„gönüllü"* mitarbeiten wollten, „mit ihrem Herzen", wie das türkische Wort für „freiwillig" – wörtlich übersetzt – heißt. Sofort meldete sich eine kleine Gruppe, meine besten Arbeiter. Aber die Angst war noch nicht behoben; das merkte ich vor allem, wenn ich sie verließ, um die übrigen Arbeitsgruppen zu beaufsichtigen, die auf dem Südhang und dem Plateau eingesetzt waren. Was mochte wohl der Grund ihrer Sorge sein?

Ich fragte daher Osman, meinen Vorarbeiter: „Was werdet ihr tun, wenn – Allah möge es verhüten – einmal das Hangende einstürzen sollte und den Aufgang versperrt?" Da schaute mich Osman mit seinen treuen Augen hingebungsvoll an und sagte: „Dann legen wir uns hin und sterben!" Das war wirklich eine heroische Haltung meiner braven Helfer! Ich setzte Osman nicht wenig in Erstaunen, als ich schnell antwortete, sie hätten nicht zu sterben, sondern müßten alle Sauerstoff verzehrenden Lichter löschen und dann sofort mit der Räumarbeit anfangen. Denn selbstverständlich würden wir von der anderen Seite her ihnen mit aller Kraft entgegenarbeiten! Dieses Gespräch wirkte Wunder, und mit vermehrtem Eifer ging es weiter in die Tiefe.

Bei 75 m legten wir eine kleine Plattform frei, die bei 1,90 m Breite eine Tiefe von 1,10 m hatte und etwa dieselben Maße aufwies, wie eine sehr ähnliche Ausarbeitung, die wir schon bei der 38 m-Marke bemerkt hatten. Dort war die Plattform jedoch noch etwa 20 cm breiter gewesen.

Wir hatten bisher bei den Räumungsarbeiten nur unser normales Arbeitsgerät, das heißt Hacken und Schaufeln zur Verfügung, dazu für den Transport der Erde die aus dem Leben im Orient nicht mehr hinwegzudenkenden Benzinkanister aus Blech. Aber bei der 80 m-Marke mußten wir unsere Arbeit einstellen. Denn das bisher relativ feste Gestein hörte auf und ging allmählich in eine Lehmschicht über, die sich in die kristallinische Kalksteinformation einzwängte und deren Mächtigkeit nicht festzustellen war. Aber Treppenstufen führten in diese Lehmschicht hinein, und nachdem wir einmal mit der Freilegung des Felsganges begonnen hatten, wollten wir alles versuchen, um auch das Ende zu erreichen.

Die Weiterarbeit war allerdings nur mit fachmännischer Unterstützung möglich. Was lag näher, als die notwendige Hilfe bei den bergerfahrenen Nachbarn im Ruhrgebiet zu erbitten? Meine Hoffnung wurde nicht enttäuscht, und ich erhielt sachkundigen Rat und tatkräftige Hilfe von der Leitung des Unternehmensverbandes im Ruhrkohlenbergbau. Außerdem unterstützte eine Reihe von Firmen die weitere Arbeit bereitwillig durch großzügige Lieferung des notwendigen Materials. Ein besonderes Problem ergab sich aus der Mitarbeit von im Abteufen erfahrenen Bergleuten für die weitere Freilegung des getreppten Felsganges. Denn die Ruhrknappschaft hat eine bergmännische Tätigkeit im Gebiet des Oberlaufes des Euphrat nicht vorgesehen! Dr. Holunder, der Leiter der Rechtsabteilung der „Gewerkschaft Auguste Viktoria", fand aber den richtigen Ausweg, der den Bergleuten Versicherungsschutz für die Dauer ihrer Teilnahme an der Expedition und ihren Familien die Garantie der Lohnzahlungen verbürgte.

So konnte ich im Jahre 1954 mit Fahrsteiger Heinrich Bürger von der „Gewerkschaft Auguste Viktoria" das Unternehmen vorbereiten, während für die Kampagne 1956 Wilhelm Jesussek von der gleichen Schachtanlage und Wilhelm Stank von der „Rheinpreußen AG.", Schachtanlage Neumühl, als Spezialisten für Schachtbau delegiert wurden. Die Bergwerksdirektoren Bernhard Florin und Dr. phil. et Ing. Rindtorff halfen großzügig, so daß schließlich das gemeinsame Unternehmen begonnen werden konnte.

Der Wechsel des Arbeitsplatzes vom Ruhrgebiet in das Taurosgebirge war für die Bergleute sehr schwierig. Kamen sie doch von modernen, hochentwickelten Arbeitsplätzen in eine von der Technik noch nahezu unberührte Landschaft. Mit Geschick haben sie jedoch, mit den Gefahren der Tiefe wohlvertraut, auch diese neue Situation gemeistert. In unseren einheimischen Arbeitern, die weder die fachmännische Tätigkeit unter Tage noch den Umgang mit den erforderlichen Werkzeugen gewohnt waren, fanden sie lerneifrige Helfer, die diesen Mangel durch großen Fleiß und viel guten Willen auszugleichen suchten.

Aus Sicherheitsgründen konnten wir bei Beginn der Arbeiten im Sommer 1954 nicht sofort an die weitere Freilegung des großen Felsganges gehen. Denn um jegliche Gefahr auszuschließen, mußten zunächst alle ausgebrochenen und im Hangenden unsicheren Partien ausgebaut werden. Nach einem Vorschlag von Heinrich Bürger geschah das durch den Einbau von Stützrahmen. Die Materialbeschaffung dafür stellte in dem holzarmen Lande und bei der weltabgeschiedenen Lage des Ausgrabungsplatzes große organisatorische Anforderungen. Wir gingen schließlich dazu über, selbst Pappelstämme aufzukaufen und sie mit Hilfe eines Sägetrupps an Ort und Stelle auf die erforderlichen Maße zuschneiden zu lassen. Der Ausbau der gestörten Strecken durch den Einbau von Stützrahmen hatte den weiteren Vorteil, daß wir den bisher angefallenen Abraum sowie das an verschiedenen Stellen des Ganges hoch ausgebrochene Gestein als Füll- und Versatzmaterial hinter und über dem Stützrahmen verbauen konnten.

Für die zügige Freilegung bedeutete die Schichtenfolge aus harten und weichen Gesteinen ein großes Hindernis, mit dem auch die Erbauer des Ganges in antiker Zeit zu kämpfen hatten. Von ihnen war jedoch, unbekümmert um die Art des Gesteins, der getreppte Felsgang in der einmal eingeschlagenen Richtung fortgeführt worden, selbst wenn dabei mehr oder weniger breite Lettenzonen angefahren werden mußten. Nach aufgefundenen Resten zu schließen, hat man in der Antike, ebenso wie wir es wieder getan haben, diese sehr gefährdeten Stellen durch eine Holzverzimmerung gesichert, und zwar mit Material der Gattungen *Cupressus* und *Juniperus* aus der Familie der *Cupressaceae,* wie die holzanatomische Untersuchung ergeben hat, die von Dr. H. Gottwald in der Bundesforschungsanstalt für Forst- und Holzwirtschaft in Reinbek durchgeführt worden ist.

Während wir im Verlaufe der Arbeiten allmählich lernten, mit den geologischen Störungen fertig zu werden, entwickelte sich, seitdem wir die 70 m-Marke hinter uns hatten, die Bewetterung mehr und mehr zum Hauptproblem. Wir hatten uns langsam bis in eine Tiefe von 100 m vom Eingang entfernt vorgearbeitet. Es war überhaupt ein Wunder, daß wir bisher in einer solchen Tiefe die Arbeit noch mit natürlichen Wettern durchführen konnten. Bei meinen Besprechungen im Ruhrgebiet war ich schon von den Fachleuten darauf hingewiesen worden, daß der Gang wegen der in größeren Tiefen nicht mehr zirkulierenden Ströme von Frischluft in Kürze enden müsse, es sei denn, es gäbe einen zweiten Eingang oder einen Entlüftungsschacht. Aber für dessen Existenz fand sich keinerlei Anhaltspunkt, so sorgfältig wir auch das Gestein untersuchten. Daß wir dennoch in so großer Tiefe ohne künstliche Luftzufuhr noch weiterarbeiten konnten, verdankten wir wahrscheinlich wohl den kleinen und kleinsten Lehmzonen, die wie eine Art Lungen des Gebirges wirkten. Aber die ständige Anwesenheit einer größeren Anzahl von Arbeitern in der Tiefe und der Gebrauch von Benzin- und offenen Karbidlampen benötigte viel Sauerstoff und machte es notwendig, längere Arbeitspausen einzulegen.

So wurde die Arbeit unter Beachtung der größten Vorsichtsmaßnahmen weitergeführt. Zunächst lösten sich die beiden Leute, die gleichzeitig „vor Ort" arbeiten konnten, sehr häufig ab, und niemand durfte sitzend ausruhen. Als unsere Arbeiter sich über diese Anordnung lustig machten, belehrte sie das eindrucksvolle Experiment, daß kein Streichholz in dieser Tiefe mehr zündete, viel besser über die Notwendigkeit unserer Sicherungsmaßnahmen als die Erklärungen über unsere ständige Bedrohung durch die Bildung von Grubengasen, von denen das unsichtbare, geruch- und geschmacklose Kohlenoxyd viel hinterhältiger in seiner Wirkung ist als die meisten anderen Atemgifte.

Als aber der Gang noch immer kein Ende nahm, da ergab sich zwangsläufig die Notwendigkeit, die Arbeit mit künstlicher Luftzufuhr fortzusetzen. Aus den örtlichen Bedingungen mußten wir zwangsläufig den Schluß ziehen, daß auch die antiken Erbauer nur mit Hilfe einer künstlichen Bewetterung gearbeitet haben konnten. Sicherlich ist die Luftverbesserung nicht nur „durch ein beständiges Schwenken von Tüchern" erzielt worden – eine aus dem Altertum überlieferte Selbsthilfe der Bergleute und Brunnenbauer, von der uns Plinius berichtet. Bei dem Umfang der Arbeit war dieses billige System leider für uns nicht anwendbar. Wie hat man dann in der Antike dieses Problem gelöst? Von Vitruvius wissen wir, daß zum Antrieb aller möglichen Arten von Maschinen die Windkraft ausgenutzt wurde. Die Griechen nannten diese Maschinen, bei denen nach Vitruvius Luft durch ein Druckwerk in ein Gehäuse gedrückt wurde, *πνευματικά* bzw. *πνευματικαὶ μηχαναί*, während die Römer dafür den Ausdruck *spiritalia* bzw. *spirabilia* prägten. Was aber war natürlicher, als mit Hilfe der Windkraft Luftströme in eine gewünschte Richtung zu leiten? Eine antike Beschreibung für eine Bewetterungsanlage ist – soweit ich feststellen konnte – nicht erhalten; aber wir haben wenigstens einen gewissen Ersatz in der ausführlichen Beschreibung von Georgius Agricola, der in seinem berühmten Buch: *De re metallica,* das in Basel im Jahre 1556 erschienen ist, die Summe des Wissens seiner Zeit zusammenfaßte. Agricola schildert im sechsten Buche seines Werkes, unterstützt durch anschauliche Abbildungen, sehr systematisch die drei ihm bekannten Gattungen solcher „Wettermaschinen" und ihre verschiedenen Ausführungen; danach gab es einmal Konstruktionen, die den Windzug auffingen und in den Schacht leiteten, einfache und leicht zu erstellende Vorrichtungen; dann zweitens Wettermaschinen mit Flügeln, die das Arbeiten vom Windzug unabhängig machten und durch Wirkung der Flügelumdrehungen stets für frische Luftzufuhr in der Tiefe sorgten; und schließlich drittens die Konstruktionen mit Blasebälgen, durch deren Wirkung einmal gute Wetter den in der Tiefe arbeitenden Leuten zugeführt wurden, aber gleichzeitig auch verbrauchte und schädliche Wetter abgesaugt werden konnten. Es ist wohl nicht zu kühn zu folgern, daß die Anfänge dieser im Mittelalter in Gebrauch befindlichen Wettermaschinen bis in die Antike zurückreichen und in der einen oder anderen Art schon bei den erfahrenen Erbauern des Felsganges in Arsameia am Nymphaios zur Anwendung gekommen sind.

Wir selbst aber griffen auf eine inzwischen technisch weiterentwickelte Art der zweiten, von Agricola beschriebenen Gattung zurück. Eine Kompressoranlage Bully 1800 B sollte uns nach Bedarf gute Wetter, d.h. Frischluft, in die Tiefe schicken, aber gleichzeitig auch die notwendige Kraft liefern,

Abbau- und Bohrhämmer anzutreiben und so schneller die Lehmzone zu bezwingen. Ferner wollten wir mit Hilfe einer Motorseilwinde auf Feldbahngeleisen die Förderwagen mit Füllmaterial aus der Tiefe ziehen lassen, die eine elektrische, durch Lichtaggregat gespeiste Beleuchtung erhellen sollte.

Ein Kapitel für sich war der Antransport dieser benötigten technischen Ausrüstung vom Hafen Iskenderun bis zum Grabungsplatz. Maultiere und Esel, mit denen wir bisher das Material transportiert hatten, konnten die schweren Einzelteile nicht mehr tragen. Da fand ich einen jungen türkischen Chauffeur, den das Unternehmen reizte, auf nahezu ungebahnten Wegen, über Täler und Höhen, durch Flüsse und Bäche den ersten Lastwagen an den Fuß der Eski Kale zu steuern. Nie in meinem Leben werde ich den Augenblick vergessen, wie Yusuf mit einer bravourösen Meisterleistung kaltblütig den Lastwagen einen vom Winterregen kahlgewaschenen Hang hinaufsteuerte. Ein kleines Lächeln lag dabei auf seinen Lippen; er schien jede Falte des Hanges vorher mit seinen Augen auszutasten. Unter uns ein Steilufer, in dem ein angeschwollener Gebirgsstrom dahindonnerte. Und als ob er meine Gedanken erraten hätte, hörte ich Yusuf sagen: „Steig aus dem Wagen, wenn Du Dich nicht sicher fühlst!" Als wir dann später am Ziel nochmals die Tücken der Fahrt besprachen und ich Yusufs Fahrkünste lobte, fragte er mich: „Weißt Du auch, warum ich Dein Material hierher gefahren habe?" Ein gewisses Gefühl warnte mich zu sagen, er habe es nur des Geldes wegen getan; ich war doch sehr gerührt, als mir Yusuf mit einem charmanten Lächeln sagte: „Weil ich euch Deutsche so gern habe!" Ohne daß er es aussprach, wollte aber Yusuf in Wirklichkeit diesen Almans einmal zeigen, daß er leisten könne, was sich kein anderer von seinen Kollegen zutraute, die alle grandiose Fahrer waren, aber eben keiner so wie Yusuf!

Die Eski Kale hinauf konnte selbst Yusuf seinen Wagen nicht steuern, also abladen und weiter im Mannschaftstransport! Da zeigte es sich, daß wir schon auf eine Art Stamm-Mannschaft zählen konnten, die in bewundeungswürdiger Leistung dafür Sorge trug, daß trotz der Hitze von 35–40° im Schatten das für die Erschließung des Felsganges benötigte Material auf den von Schafen und Ziegen getrampelten Pfaden zum Plateau der Eski Kale und zur Sockelanlage III transportiert wurde.

Voller Spannung umstanden wir alle die Kompressoranlage, als der Motor angeworfen werden sollte. Das Motorengeräusch hallte von den Talwänden wider, aber die Kompression funktionierte nicht!

Stöhnend machten sich die Ingenieure wieder ans Werk; die Anlage wurde auseinandergenommen, jedoch keinerlei Fehler entdeckt. Zum erneuten Zusammensetzen war es an diesem Tage zu spät, da der Sonnenstand bereits das Ende eines langen Arbeitstages anzeigte.

Große Enttäuschung, als sich am nächsten Morgen, nachdem die Anlage mit aller Sorgfalt wieder zusammengesetzt worden war, keinerlei Änderung im Befund ergab; die Kompression blieb wiederum aus! Schweißtriefend machten sich die Ingenieure von neuem an die Arbeit. Ich überlegte bereits, was in dieser Situation zu tun sei, als am Nachmittag laute Freudenrufe unserer Arbeiter und das typische Knattern der Bohrhämmer anzeigten, daß jetzt „alles in Ordnung" sei. Als ich den für die Kompressoranlage verantwortlichen Dipl.-Ing. Friedrich Wilhelm Hoepke nach der Ursache des Gelingens bzw. Mißlingens fragte, bemerkte er tiefsinnig: „Motoren haben auch eine ‚Seele', ebenso wie Frauen. Sich in Verhaltensformen des Seelenlebens einzumischen oder diese zu kritisieren, sollte man bei Motoren ebenso unterlassen wie bei Frauen" – eine Weisheit, die eine heftige Diskussion bei den Mitarbeitern am abendlichen Lagerfeuer auslöste, als wir den wiederhergestellten Seelenfrieden unserer Kompressoranlage mit einem festlichen Umtrunk feierten.

Unerwartete Schwierigkeiten entstanden auch bei der Installation unserer so dringend benötigten Grubenbeleuchtung. Als wir nämlich im Hafen von Iskenderun unser mit Schiffstransport eingetroffenes Material überprüften, stellten wir mit Entsetzen fest, daß zwar das Aggregat zur Erzeugung von elektrischem Strom angekommen war. Die Kiste mit den schlagwettersicheren Hängeleuchten aber hatte den Anschluß für die Schiffsverladung in Hamburg um Stunden verpaßt. Diese Hiobsbotschaft entmutigte Dipl.-Ing. Ruprecht von Siemens keineswegs; er löste das schwierige Problem, indem er die Fassungen für die Birnen aus Kistenbrettern herstellte. „Zufällig", so erklärte er mir die neue Anlage, „hatte einer von unseren Holzbohrern den Sockeldurchmesser der Birnen, und für die notwendigen Kontakte habe ich Eisennägel verwendet", ein Grund für uns alle im kleinen Ausgrabungslager am Fuße der Eski Kale, am Abend das erste Aufleuchten der elektrischen Birnen im Felsengang mit einem festlichen Umtrunk zu feiern.

So ausgerüstet ging es an die weitere Freilegung des Felsganges, hinein in eine neue Lehmschicht, vor der wir die Arbeiten abgebrochen hatten. Ein Profil des einstigen Ganges konnten wir nicht mehr erkennen, da Lehmschicht und eingedrungene Füllmasse von gleicher Beschaffenheit waren. Aber die von Menschenhand aus dem Felsen gehauenen Treppenstufen führten zunächst noch im gleichen Einfallswinkel wie bisher in die Tiefe des Burgberges hinunter.

Aber bald hörten die Stufen auf. Rechts und links, oben und unten hatten wir nur noch festgepreßten Lehm, der zunehmend feuchter wurde. „Also doch ein Wassergang?" so fragten wir uns. Großer Kriegsrat wurde abgehalten. Die entscheidende Frage dabei war nicht: aufhören oder weiterarbeiten? – denn niemand dachte daran aufzuhören –, sondern wie wir unsere Sicherheitsmaßnahmen erhöhen könnten. Das geschah, und wir hatten vor allem die Genugtuung, daß unsere einheimischen Arbeiter sich von Tag zu Tag besser in die ungewohnte Tätigkeit hineinfanden und zu prächtigen Helfern entwickelten. Eine Reihe von ihnen handhabte Flottmann-Bohr- und -Abbauhämmer wie alte Praktiker. Wenn es schwierig wurde, dann übernahm Mustafa das Gerät, bald die von allen anerkannte erste Abbaukapazität, unermüdlich in seinen Leistungen, von geradezu eleganten Bewegungen bei der Arbeit, aber dabei immer bescheiden und freundlich.

Tag für Tag zog nun unablässig die Motorseilwinde den Füllschutt aus der Tiefe unseres Felsganges. Gleichzeitig gingen Ausbau und Sicherung der oberen Partien sehr schnell vor sich. Naturgemäß verzögerten sich die Arbeiten in größerer Tiefe. Wie recht wir mit unseren Sicherungsmaßnahmen hatten, zeigte sich, als wir an den Ausbau der ersten Lehmstörung gingen, die 88 m vom Eingang entfernt ansetzte. Die Bohlen und das Material dafür wurden schon heruntertransportiert, als plötzlich die Stützen und Verstrebungen in der Lehmschicht unheimlich zu knacken begannen. Sofort wurden alle Arbeiter zurückgezogen. Von dem sicheren oberen Gangstück beobachteten wir atemlos, wie der Druck immer mehr zunahm, langsam stärker und stärker wurde, bis die Stützrahmen und Balken unter großem Stöhnen nachgaben und krachend mit lautem Getöse, das sich in der Enge des Ganges unheimlich verstärkte, zusammenstürzten. Die ganze Störzone wurde vor unseren Augen zusehends verschüttet, und es dauerte eine ganze Weile, bis sich die nachstürzenden Erdmassen wieder beruhigt hatten. Nichts hätte unseren im Bergbau unerfahrenen, immer ein wenig zur Unvorsichtigkeit neigenden einheimischen Arbeitern besser die unheimliche Gewalt der „Berggeister" vor Augen führen können als dieses Ereignis, das niemand vergessen wird, der es miterlebt hat.

Noch stärker aber beeindruckte mich das Verhalten unserer Bergleute aus dem Ruhrgebiet. Kaum hatte sich das Gebirge beruhigt, da kam von unserem *büyük Willi* – dem „großen Willi", wie Wilhelm Jessusek mit Bewunderung von seinen Untergebenen genannt wurde – der Befehl: „Weitermachen!" Als erster ging er selbst aus der sicheren Deckung vor, um das Aufräumen der Schuttmassen in Angriff zu nehmen.

Meter für Meter ging es so unter Beibehaltung des bisherigen Einfallswinkels in der Lehmschicht vorwärts. Dabei machte unser erfahrener Vorarbeiter Osman eine bedeutungsvolle Beobachtung; er erkannte rechtzeitig eine schwach wahrnehmbare Verfärbung des Lehms an der rechten Seite des Berges; es zeichnete sich im Lehm deutlich eine sanfte Rechtskurve ab, und wir erreichten wieder festeres Gestein. Bald erschienen auch die Treppenstufen wieder; nur erhöhte sich jetzt der Neigungswinkel auf nahezu 50°. Diese Steigung konnte unsere Zugmaschine nicht mehr bewältigen. Daher richteten wir 120 m vom Eingang entfernt eine Ladestation mit fester Bühne ein. Wie in den ersten Tagen der Freilegung beförderten wir hierher die anfallenden Schuttmassen durch eine Kette von Arbeitern, die sich aber nicht mehr die schwer zu handhabenden Blechkanister zuwarfen, sondern Körbe von ovaler Form, die wir für diesen Zweck hatten anfertigen lassen und die sich aufs beste bewährten.

Wieder in festem Gestein, ging die Freilegungsarbeit rasch weiter. Der bisher freigelegte Teil zeigte uns bereits, daß die antiken Erbauer den Felsgang nicht für Zwecke der Wasserversorgung angelegt hatten, weil man gerade den wasserführenden Schichten mit Bedacht ausgewichen war. Auch die Theorie eines Zugangs zum Königsgrab verlor an Wahrscheinlichkeit, da man sich diese Stätte schlecht hinter einer mächtigen Lehmschicht angelegt denken konnte.

Im Wettlauf mit der Zeit drangen wir weiter in die unbekannte Tiefe vor. Es war nämlich inzwischen schon Ende August 1956 geworden, und wir hatten währenddessen die 140 m-Marke überschritten. Da erweiterte sich bei 141 m der linke Stoß, und wir stießen auf einen neben den Treppenstufen angelegten Rundschacht, dessen Durchmesser etwa 2,50 m betrug und 40—50 cm vertieft in die felsige Sohle eingehauen war. Die Höhe reichte aus, um bequem darin stehen zu können. Eine ähnliche Ausarbeitung, ein zweiter Rundschacht, kehrte bei der 150 m-Marke wieder.

Wir alle durchlebten sorgenvolle Tage bei dem weiteren Fortgang der Arbeit. Es gab Schwierigkeiten bei der Schuttförderung, da unsere Maschinen einer übergroßen Beanspruchung ausgesetzt waren. Oft sprang der kleine Förderwagen aus den Schienen, brachte dabei Stützrahmen zum Einsturz und die Förderung zum Erliegen, ganz zu schweigen von den Schwierigkeiten der Versorgung, da jeder Tropfen Benzin über viele Kilometer auf Tragtieren herangeschafft werden mußte. Dazu kam plötzlich eine Rationierung des Kraftstoffes, aber trotz allem ging es Meter um Meter weiter in die Tiefe, bis wir am 18. September 1956 glücklich das Ende des Felsganges erreichten: 158,1 m vom Eingang entfernt. Mit einer leichten Wölbung vereinigte sich hier die Firste mit der felsigen Sohle; die Stufen aber führten bis zum Ende hinunter.

Die wichtige Frage nach dem Zweck dieses monumentalen, unter enormen Anstrengungen errichteten Felsganges hat durch unsere Freilegungsarbeiten selbst keine Deutung gefunden. Was mag die Erbauer veranlaßt haben, mit unendlichen Mühen, unter Einsatz aller ihnen zur Verfügung stehenden technischen und bergmännischen Mittel eine so imponierende Leistung zu vollbringen? Wenn in der Inschrift auch auf diesen Felsgang kein Bezug genommen wird, so ist doch klar zu ersehen, daß der Beginn des Felsganges, der unterhalb von Kolumne III ansetzt, mit der beschrifteten Felswand eine architektonische Einheit bildet; er gehört also mit zu der Anlage des Hierothesion. Die Wahrscheinlichkeit dieser Folgerung ist um so größer, weil auch in Arsameia am Euphrat, heute Gerger, im Bezirk der dortigen Hierothesia der königlichen Ahnen des Antiochos ebenfalls ein getreppter Felsgang existiert, der auf dem Nordhang der Burg liegt. Bei einem Besuch im Jahre 1956 war es mir möglich, den Anfang dieses Felsganges zu untersuchen, und es zeigt sich eine auffallende Übereinstimmung beider Anlagen in der Ausarbeitung des Felsens und der angewandten Technik.

Die Freilegung der Anlage in Arsameia am Nymphenfluß hat jedoch den Beweis erbracht, daß es sich nicht um einen zu einer unterirdischen Quelle führenden Felsschacht, ebensowenig um einen Wassergang handeln kann. Denn in Arsameia am Nymphaios hat man offensichtlich keine wasserführenden Schichten gesucht, ja die Erbauer sind ihnen augenscheinlich sogar ausgewichen. Hätte man in der Tiefe Wasser sammeln wollen, so würde man doch mindestens die beiden kleinen Rundschächte mit Rinnen oder Zuleitungen versehen haben, was indessen nicht der Fall ist.

Die Ausarbeitung der beiden Rundschächte kurz vor dem Ende des Felsganges schließt die Absicht der Anlage eines Fluchtweges, der infolge von Schwierigkeiten nicht beendet worden sei, aus. Vielmehr ist wohl anzunehmen, daß auch diese beiden Rundschächte mit dem ursprünglichen Zweck des Felsganges in Verbindung stehen müssen.

Eine so gewaltige Anlage wie der Felsgang von Arsameia kann nur einem ganz besonderen Zweck gedient haben, und da der Felsgang in dem kultischen Bereich des Hierothesion an einem besonders zentral gelegenen Punkt liegt, so muß seine Erbauung durch kultische Funktionen bedingt gewesen sein. In der Arsameia-Publikation habe ich bereits den Nachweis zu führen versucht, daß die Anlage des großen Felsganges mit dem Mithraskult in engem Zusammenhang stehen muß. Denn die Geschichte der „Felsengeburt" des Mithras sowie die Entrückung des Gottes in die Welthöhle bilden einen wichtigen Wesenszug der Mithrasreligion. Die Reliefs auf dem Nemrud Dağ, auf denen an Stelle des Götterpaares Helios – beziehungsweise Sol – und Mithras das Götterpaar König und Mithras eingeführt ist, sichern die Einbeziehung des Königs in die Mithrastheologie. Jetzt haben die Ausgrabungen in Arsameia denselben Königsmythos des Mithraismus auch für diese Stätte gesichert.

Die Verbindung zwischen Mithras und Höhlen, in denen sich sein Kult vollzog, ist wohlbekannt. Aber die Anlage von Arsameia geht offenbar darüber hinaus; sie ist eine Besonderheit. Dimensionen, wie sie der Felsengang von Arsameia aufweist, sind meines Wissens bisher noch nicht bekannt geworden. Da nun die Gesamtkonzeption von Arsameia auf die Verherrlichung des Königtums hinzielt und die gesamte Anlage mit ihrer Ausschmückung die Apotheose des Königs darzustellen bezweckt, so kann auch der Felsengang innerhalb des Hierothesion nur mit dem Kult des Königs und seinen kultischen Funktionen zusammenhängen. Hier in der Tiefe der Erde entsühnte der König – so scheint es – sich und sein Volk; aus der Tiefe erschien er wieder und trat hin vor sein Volk als ein „Epiphanes", wie der Beiname des Königs von Kommagene lautet, das heißt als eine sichtbare Erscheinung göttlichen Wirkens, als ein Wiedergeborener des Gottes Mithras.

Was sich im einzelnen in der Tiefe des Burgberges abspielte, wissen wir vorläufig noch nicht, und es lassen sich darüber bisher nur Vermutungen anstellen. Jedenfalls hatten die beiden plattformartigen Absätze, die 38 m und 75 m vom Eingang entfernt liegen, die Aufgabe, als Ruhestationen bei dem anstrengenden Abstieg und Aufstieg zu dienen. Ferner waren die beiden Rundschächte kurz vor dem Ende des Felsganges aufs beste geeignet, Geräte oder Vorräte aller Art aufzunehmen, falls ein längeres Verweilen in der Tiefe notwendig war. Das Fehlen jeglicher Funde und die einfache Ausgestaltung am Ende des Felsganges spricht dafür, daß, falls – wie wir vermuten – hier Kulthandlungen stattgefunden haben, ihre Zeitdauer nur begrenzt war und nach ihrer Beendigung das gesamte benötigte Inventar wieder herausgeräumt worden ist.

Der Symbolgehalt des großen Felsganges, der großen „Höhle" von Arsameia am Nymphaios, führt uns in eine religiöse Sphäre, von der unsere christliche Welt sehr stark beeinflußt worden ist. Die vielen, bei der Freilegung entstandenen Fragen sind noch längst nicht alle geklärt. Darum ist es besonders wichtig, daß von mir am Euphrat – wie bereits erwähnt – auf der Burganlage von Arsameia am Euphrat, heute Gerger, der Anfang eines ebenfalls getreppten Felsganges entdeckt wurde. Ob hier noch einmal Archäologen und Bergleute gemeinsam an die Arbeit gehen werden? Es wäre eine sehr verlockende Aufgabe, unsere Erkenntnisse über die Geschichte einer Kultur und eines Landes weiter zu bereichern, das in seinem Ringen um die Selbständigkeit seiner Existenz zwischen den großen Weltmächten und in seinem Bemühen um einen Ausgleich zwischen ihnen von unserer eigenen gegenwärtigen politischen Situation her besonderes Verständnis findet.

1960 *Friedrich Karl Dörner*

RITT ZU DEN HIMMLISCHEN THRONEN

„Alle aber, denen ein Sinn zu eigen ist, rein von ungerechtem Lebenswandel, aber eifrig bestrebt, heilige Werke zu verrichten, sollen getrost zu dem Antlitz der Götter aufblicken und den glücklichen Spuren der Seligen folgen"[1]. Feierliche Worte der Verheißung auf königlicher Felseninschrift in einem sonnenausgebrannten, gebirgigen Lande, vergessen von den Menschen des Abendlandes, vergessen von der Geschichte und vom Verkehr der modernen Zeit. Und doch sind die steinernen Denkmäler, die eine griechisch-persische Dynastie hier vor 2000 Jahren geschaffen hat, so gigantisch, daß man sie den riesigen ägyptischen Pyramiden, den großartigen iranischen Felsgräbern gleichsetzen kann. Als sich der König Antiochos I. von Kommagene nie begangene, ungeheure Wege zu den Göttern der Tiefe wie zu den himmlischen Thronen bahnen wollte, ließ er einen getreppten Felsengang, länger als 150 Meter, in den Schoß der Erde anlegen und errichtete sich selbst seine Grabstätte auf dem Nemrud Dağ, einer weithin sichtbaren Bergspitze des Taurosgebirges. Er wollte keine schlichte, unzugängliche Grablegung, sondern ließ die anstehenden Felsen in Schottersteine zerschlagen und zu einem künstlichen Hügel von 50 Meter Höhe aufführen. Im Osten und im Westen bewachen riesige steinerne Götterfiguren in majestätisch thronender Haltung die königliche Ruhestätte, in die noch keines Menschen Fuß bisher einzudringen vermochte. Inschriften auf der Rückseite der steinernen Götterthrone künden von der Herkunft, der Regierung und Sendung des Herrschers, Doppelreihen von hohen Ahnenreliefs mit Altären davor zeigen die väterlichen und mütterlichen Ahnen herauf bis zu Darius dem Großen und Alexander, dem Weltreicheroberer. Ein riesiger Feueraltar diente den Priestern zur Opferhandlung; seine Flammen müssen weit hinunter in die Täler der Sterblichen geleuchtet haben.

Frost und Hitze, Erdbeben und Stürme haben die Statuen beschädigt und erschweren noch heute den Besuch der heiligen Stätte. Als Helmuth von Moltke im Jahre 1838 das Taurosgebirge und das Tal des Euphrat bereiste, fielen ihm viele landschaftliche Besonderheiten und architektonische Denkmäler ins Auge, aber von der Bedeutung des Nemrud Dağ ahnte er nichts. Vielleicht hüteten die Jäger und Hirten mit abergläubischer Vorsicht das Geheimnis des Berges.

Es gibt nur wenige Orte in der Welt, wo man so erschüttert durch die ungeheure Bergwelt und den Ansturm der historischen Erinnerungen steht. Noch heute gelten die Worte des deutschen Forschers Otto Puchstein, der den Anstieg im Jahre 1883 beschrieb:

„Die Anstrengung des äußerst beschwerlichen, nur durch die kühle und erfrischende Gebirgsluft erträglich gemachten Weges, die Abgeschiedenheit von menschlicher Wohnung und allem, was dieselbe ermöglichen könnte – von Wald und Weide, die dem Auge nicht weniger als den Füßen schmerzhaften Zacken der Felswüste, daneben einerseits kleine oasenartige Flächen mit spärlichem, aber saftiggrünem und aromatischem Grase, andererseits blendende Schneeflecken, aus denen hie und da eine Hyacinthe hervorbricht, ein überaus lieblicher Anblick, endlich die überraschende Aussicht hier auf zahllose Berggipfel und unentwirrbare Täler, von deren Sohle bisweilen das Wasser eines Baches heraufschimmert, dort in die grausige Tiefe des Gergerçay-Tales und in die endlose Ebene jenseits des Euphrat – das alles erzeugt in der Seele des auf die Kuppe klimmenden Wanderers einen Schauer, der dem erstaunlichen Menschenwerk, das sich auf ihrer höchsten Höhe plötzlich vor dem Auge ausbreitet, eine eigentümlich feierliche Weihe verleiht und es in der Tat gar leicht auf den so nahen Himmel bezieht“[2].

Und wenn wir nun auf der Höhe im Angesicht der schweigenden Göttergestalten stehen, wo sahen wir Ähnliches? Als wir zu den Memnon-Kolossen am Nil aufschauten. Aber blicken wir hier in die steinernen Göttergesichter, so tragen sie auf dem Nemrud Dağ den Stempel griechischer Bildhauerkunst. Griechisch ist ja auch die Sprache der königlichen Inschrift; doch sie erinnert uns nicht so sehr an den Stil von Platon oder Thukydides, sie reicht, weniger als 100 Jahre vor Christi Geburt abgefaßt, schon an die Ausdrucksweise und Formgebung des Neuen Testamentes heran. Worte, Begriffe, Vorstellungen, die uns heute noch geläufig sind, klingen in ihr auf. Wie seltsam greifen Vergangenheit und Gegenwart ineinander! Eine Mischkultur, sagen abschätzig die Historiker. Wo aber gibt es Ungemischtes, Kunst ohne Beziehung, steriles Eigenleben?

Die Könige von Kommagene suchten auf dem Wege fortzuschreiten, den Alexander der Große gewiesen hatte. Aber auch sie vermochten die Aufgabe, die Durchdringung des Orients mit griechischem Geiste, nicht zu lösen. Vor der militärischen Überlegenheit der Römer brach auch ihr kleines Reich zusammen – genauso wie die anderen hellenistischen Reiche, die sich gegenseitig im Bruderkrieg zerfleischten und die Römer ins Land riefen.

Blickt man von dem Grabmal des Königs nach Osten, so blitzt der Schicksalsstrom des Landes, der Euphrat, in der Ebene auf. Rinderherden, Kaufmannskarawanen und Kriegsheere suchten in ihrem Zug von Osten nach Westen und von Westen nach Osten geeignete Übergänge. Wer den Zoll erhob, wer die Schwachen vor den räuberischen Überfällen schützte, konnte Macht, Geld und Ansehen mehren. Daher entwickelte sich Samosata, die Hauptstadt des Landes, auf den Uferhöhen des Euphrat sehr bald zu einem beherrschenden Mittelpunkt für Handel und Gewerbe. Für die Römer war der Euphrat die begehrte Reichsgrenze, eine natürliche Abwehrlinie gegen die heranbrandenden Partherheere. Aber nicht nur die Vorstellung der leicht zu verteidigenden Grenze lockte sie, auch der sagenhafte Reichtum der königlichen Schatzhäuser hatte es ihnen angetan. Worauf basierte dieser Wohlstand? Brachten ihn die Weinhügel und Zedernstämme, die schon eine assyrische Keilschrift als Reichtum des Landes rühmt, oder wurde in Kommagene vor allem das Eisen gefunden und verhüttet?

Als der zweite Weltkrieg zu Ende gegangen war und friedliche Zeiten für die Wissenschaft anbrachen, arbeiteten deutsche, türkische und amerikanische Gelehrte in der Landschaft Kommagene und auf dem Nemrud Dağ. Es konnte nicht ausbleiben, daß die Nachricht von ihren Forschungen und Funden in die weite Öffentlichkeit drang und daß der Berg im fernen Osten der Türkei trotz seiner Abgelegenheit, trotz der beschwerlichen Wege zu einem lockenden Ziel für Reisende aus aller Welt wurde. So entschloß sich die türkische Regierung, eine Schotterstraße zu bauen, auf der man im eigenen Wagen oder in einem gemieteten Jeep bis hinauf zu den großen Grabterrassen fahren kann. Gut für eilige Besucher. Wer aber die Stille liebt, die Rast in kleinen Dörfern, den allmählichen Anstieg, bei dem der stolze Gipfel immer näher kommt und immer verlockender zu werden scheint, der sollte auch heute noch den romantischen Maultierritt wählen. In dem Dorf Eski Kâhta, zu Füßen der stolzen Mamlukenburg, wird er leicht ein Tier und einen Führer finden und durch den Wasserfall bei der Mühle, durch den niedrigen Buschwald auf Felsenwegen bis zu dem kleinen Dorf Horik reiten, wo ihm gern Rast und Erfrischung geboten wird. Dort hat er etwa die Hälfte des Weges zurückgelegt, weiter geht es durch eine enge Schlucht und über Felsgeröll aufwärts. In antiker Zeit waren nach Ausweis der Inschriften Prozessionswege angelegt, um den Gläubigen, die zu den monatlichen Kultfeiern am Geburtstag des Antiochos und dem Tag seiner Thronbesteigung auf den Heiligen Berg stiegen, den Anmarsch aus den umliegenden Tälern zu erleichtern. Die dafür geschaffenen Steige sind längst verfallen, und es gibt heute nur noch die Pfade, auf denen die Hirten im Sommer ihre Herden auf die hochgelegenen Almen treiben.

Das Hierothesion ist so angelegt, daß jeder Besucher, mag er sich von der Ost- oder Westseite her dem Nemrud Dağ nähern, über einen längeren Grat langsam dem riesigen Tumulus entgegen pilgert. Allmählich treten dann die

Einzelheiten in das Blickfeld, und man erinnert sich der Worte des Königs Antiochos, die er selbst der Nachwelt über seine Absicht hinterlassen hat:

„Als ich die Anlage dieses Hierothesion, unzerstörbar durch die Schädigungen der Zeit, in nächster Nähe der himmlischen Throne zu errichten beschloß, in welchem die bis ins Greisenalter hinein wohlerhaltene Hülle meiner Gestalt, nachdem sie die gottgeliebte Seele zu den himmlischen Thronen des Zeus-Oromasdes entsandt hat, durch die unermeßliche Zeit ruhen soll, da nahm ich mir vor, auch diesen heiligen Ort zur gemeinsamen Thronstätte aller Götter zu machen, damit nicht nur die heroische Schar meiner Ahnen, die du vor dir siehst, durch meine Fürsorge hier aufgerichtet sei, sondern auch die auf heiligem Hügel geweihten göttlichen Gestalten der großen waltenden Götter für meine Frömmigkeit auch an dieser Stelle als Zeugen dienen“[3].

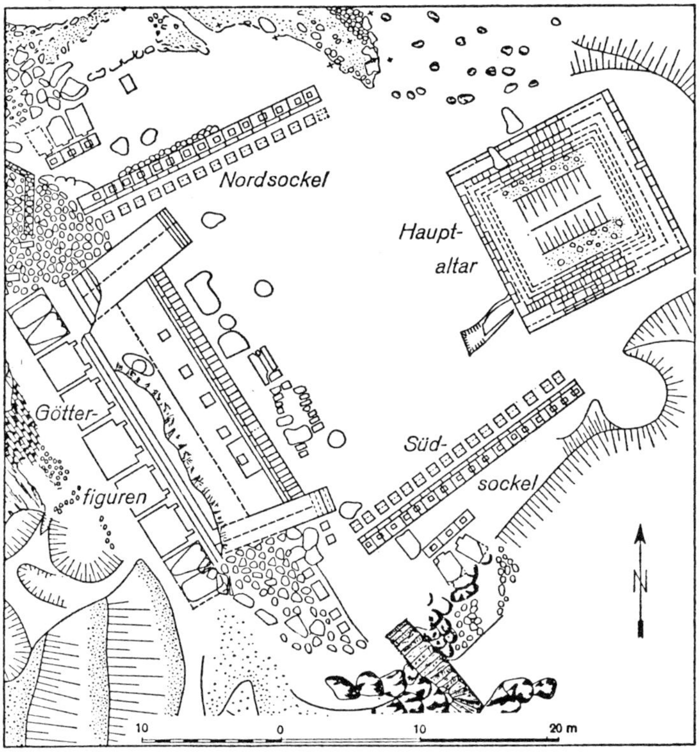

26 Die Ostterrasse auf dem Nemrud Dağ mit den väterlichen persischen Vorfahren auf den Nordsockeln und der mütterlichen seleukidischen Ahnenreihe auf den Südsockeln

Der etwa 50 Meter hoch vom Osten her aufsteigende Tumulus ist an das Ende eines auslaufenden Gebirgskamms gerückt. Um Platz für drei Terrassen zu schaffen, hat man Teile des Felsmassivs abgetragen. Diese wurden an Ort und Stelle zu Schotter zerkleinert und damit der stehengebliebene Kern des Gebirgskammes, der möglicherweise noch eine kleinere Erhebung hatte, bedeckt – eine gigantische Arbeit! Vermutlich ist in diesem massiven Kern die eigentliche Grabkammer angelegt worden, in welcher „die bis ins Greisenalter wohlerhaltene Hülle" der Leibesgestalt des Königs Antiochos zur Ruhe gebettet wurde. Irgendein Eingang in das Innere des Tumulus zu der königlichen Ruhestätte oder ein Hinweis darauf ist nirgends sichtbar. Wahrscheinlich sind nach der Bestattung des Königs alle Zeichen, die auf den Zugang deuten können, mit Absicht sorgfältig beseitigt worden.

Den Besucher fesselt vor allem die Reihe der fünf monumentalen Statuen – vier männliche und eine weibliche – auf der Ost- und Westterrasse. Hier lernen wir als besondere Eigentümlichkeit des Hierothesion kennen, daß die gesamte bildliche Ausstattung in gleicher Ausfertigung auf den beiden Terrassen wiederkehrt, für uns die beste Möglichkeit, uns ein vollständiges Bild über die ganze Anlage zu machen. Denn glücklicherweise sind die Zerstörungen auf beiden Terrassen oft verschiedener Art, so daß die erhaltenen Teile sich gegenseitig ergänzen lassen. Das gilt auch für die große Inschrift, die auf der Rückseite der Thronsessel in schönen, gleichmäßigen, etwa 5 cm hohen Buchstaben eingehauen ist, ein Meisterwerk antiker Steinmetzarbeit. Aus der gegenseitigen Ergänzung der beiden Ausfertigungen haben die Wissenschaftler einen lückenlosen Text gewinnen können.

Während auf der Westterrasse die einzelnen Teile der Statuen wild durcheinanderliegen, ist ihr Aufbau auf der Ostterrasse wesentlich besser erhalten. Hier sitzen die Statuen, deren ursprüngliche Höhe zwischen 8 und 9 Metern liegt, in ruhiger, nahezu lebloser Haltung, jedoch in wundervoller Ergänzung zu der schweigenden Gebirgslandschaft. Trotz ihrer Größe ist die Modellierung im einzelnen gut durchgeführt; sie verliert sich nicht in Feinheiten und wurde von den Künstlern offensichtlich auf Fernwirkung berechnet. Der Aufbau dieser Figuren ist in acht Schichten durchgeführt. Die erste Quaderschicht bildet die Fußbank vor den Sesseln, in der zweiten folgen die Füße etwa bis zur Mitte der Unterschenkel und in der dritten die Waden mit dem oberen Sesselrand, in der vierten der Schoß, der fünften Unterleib und Brust und in der anschließenden sechsten die Schultern. Die beiden letzten umfassen schließlich noch den Kopf sowie den Aufsatz, mit dem alle Figuren geschmückt waren. In der Inschrift auf den Rücklehnen der Thronsessel wendet sich der König direkt an den Betrachter und läßt ihn wissen, wen er vor sich hat:

Nemrud Dağ – Die Ostterrasse – s. S. 352 ▷

hier Vorstellungen zugrunde liegen, die aus der griechischen und persischen religiösen Welt entlehnt worden sind, die der König in der Inschrift stolz „als die glückhafte Wurzel“ seines Geschlechtes bezeichnet. Denn die lange Reihe seiner Ahnen väterlicherseits führt der Perserkönig Dareios I., der Begründer der achämenidischen Dynastie, an, während die mütterliche Linie über das Geschlecht der Seleukiden zu dem makedonischen Königshause hinaufführt. Daher erkennen wir in Oromasdes sogleich die griechische Angleichung an Ahura Mazda, den „Weisen Herrn“, Schöpfer und Erhalter dieser Welt, den Lenker des zoroastrischen Pantheon, der in Zeus seine Entsprechung gefunden hat und jetzt als Zeus-Oromasdes erscheint, als Mittelfigur des neuen Götterhimmels auf dem Nemrud Dağ. Um seine Stellung auch äußerlich zu betonen, überragen seine Proportionen ein wenig die anderen Darstellungen. Rechter Hand vom Göttervater sitzt unverkennbar „die neue Tyche“ oder, wie sie in der Inschrift genannt wird, „das allnährende Heimatland Kommagene“, im linken Arm das an die Schulter gelehnte Füllhorn, geschmückt mit dem Ährenkranz und dem Kalathos, dem Fruchtmaß, auf dem Kopfe. In der rechten Hand hält die Kommagene ein in den Schoß fallendes Bündel mit Ähren, ferner erkennt man noch Trauben, Granatäpfel und längliche Früchte. Bis vor kurzem erhob die Kommagene als einzige der Figuren auf der Ostterrasse noch stolz ihr Haupt, freilich ein wenig aus der ehemaligen Haltung verschoben, so daß der Blick leicht gewendet erschien. Der Eindruck war besonders im Spiel der Lichter der untergehenden Abendsonne von unvergeßlicher Schönheit; schien dann doch oft ein leichtes Lächeln auf den göttlichen Zügen zu liegen. Ein schweres winterliches Gewitter soll, wie die Bewohner erzählen, der Grund dafür gewesen sein, daß auch dieser Kopf, wie zuvor schon die Häupter der anderen Götter, herabstürzte.

An der schweren Keule, die von der Figur an der Nordseite in der linken Hand gehalten wird, ist Herakles zu erkennen, der eine doppelte Gleichsetzung erfahren hat, nämlich mit Ares und Artagnes, der griechischen Namensangleichung an Verethragna, den Kriegsgott und Gott der Stärke, den wir aus der jüngeren Avesta kennen.

Wer aber ist von den noch verbleibenden beiden Figuren als Lichtgott und wer als König Antiochos anzusprechen? Nach der Identifikation von Otto Puchstein wurde bisher der königliche Stifter zwischen Zeus-Oromasdes und Herakles gesetzt sowie der Sonnengott an das entgegengesetzte Ende der Götterreihe. John Howard Young ist indessen bei seinen ikonographischen Untersuchungen zu dem Ergebnis gelangt, daß die neue Tyche mit Antiochos ein Paar bildet und dem Sonnengott der Platz zwischen dem Göttervater und dem Gott der Stärke gebührt[5]. Den Abschluß der Götterreihe bilden dann auf beiden Seiten monumental gestaltete Darstellungen von Adlern und Löwen.

Die Trias der Götter kehrt noch einmal auf einem Denkmal wieder, von dem auch die erste Expedition unter Humann und Puchstein einen Abguß mit nach Berlin nahm: das fast vollständig erhaltene Löwenhoroskop auf der Westterrasse. Von dem entsprechenden auf der Ostterrasse wurden nur noch Trümmer gefunden. Die fast zwei Meter hohe Platte zeigt einen mächtigen, ausschreitenden Löwen. Sein Leib ist mit 19 Sternen übersät, die Mondsichel trägt er wie eine Halskette. Von den kleineren, mit acht Strahlen charakterisierten Sternen unterscheiden sich drei größere sechzehnstrahlige, die auf dem Rücken des Löwen durch ihre Beischriften als die Planeten Jupiter, Merkur und Mars gekennzeichnet sind. Es ist das älteste Horoskop, das uns erhalten geblieben ist, und stellt eine Konjunktion dieser Planeten mit dem Mond im Sternbild des Löwen dar. Nach den neuesten Berechnungen von Otto Neugebauer hat diese am 7. Juli im Jahre 62 v.Chr. stattgefunden. Vielleicht war es das Gründungshoroskop dieser gewaltigen Anlage.

Der Ostterrasse muß der Vorrang zugewiesen worden sein; hier stand nämlich der große Stufenaltar. Links und rechts von ihm haben die Darstellungen der königlichen Ahnengalerie ihren Standort gehabt. Jeweils ein Sockel trug das Relief eines Ahnherrn oder einer Ahnfrau, während auf der Rückseite eine Inschrift mitteilte, um wen es sich handelte. Vor jeder Reliefplatte stand ein kleiner Block als Altar. Leider sind nur noch wenige Platten erhalten, da sich der Sandstein dem Hochgebirgsklima nicht gewachsen zeigte. Aus kleinen und kleinsten Fragmenten konnte jedoch der Stammbaum lückenlos wiederhergestellt werden. Auf der Westterrasse war die Anordnung der Ahnenbilder etwas anders, anstelle des Altars standen sie hier den Götterfiguren gegenüber. Der König selbst ist noch mehrfach auf Reliefs dargestellt, bei denen er einer Gottheit feierlich grüßend die Rechte entgegenstreckt. Keines der Denkmäler aber ist hier oben so gut erhalten wie die große Reliefplatte, die bei der Ausgrabung in Arsameia wieder aufgefunden wurde.

Fragen wir schließlich nach dem Sinn und Zweck dieses einzigartigen Denkmals, so gibt uns der König selbst darauf die Antwort in den anfangs zitierten Sätzen. Als letzte Einsicht eines langen Lebens verkündet er seinen Nachfahren: „Ich bin zu der Ansicht gekommen, daß für die Menschen von allen Gütern nicht nur der sicherste Besitz, sondern auch der größte Genuß die Frömmigkeit sei; dieses Urteil war für mich die Ursache glücklicher Macht und ihrer selig zu preisenden Anwendung. Während meines ganzen Lebens habe ich, wie alle sehen konnten, die Heiligkeit als die treue Wächterin und unnachahmliche Freude meines Königreiches betrachtet. Dadurch bin ich auch großen Gefahren wider Erwarten entronnen, verzweifelter Lebenslagen mit leichter Mühe Herr geworden und in selig zu preisender Weise zur Fülle eines langjährigen Lebens gelangt"[6].

1 Kultinschrift Nemrud Dağ, Zeile 237 ff.
2 Humann-Puchstein 238.
3 Kultinschrift Nemrud Dağ, Zeile 35 ff.
4 Kultinschrift Nemrud Dağ, Zeile 53 ff.
5 Vgl. *AJA* 68, 1964, 29 ff.
6 Kultinschrift Nemrud Dağ, Zeile 11 ff.

1968 *Eleonore Dörner*

VERZEICHNIS DER ILLUSTRATIONEN IM TEXT

18 Die Burg von Ankara. Zustand im Jahre 1882 – Zeichnung nach Photographien von Carl Humann, in: Schriften der Hermann-Bröckelschen-Stiftung a.O. S. 88/89
19 Skizze vom Osten Kleinasiens
20 Skizze vom Vansee und seiner Umgebung
21 Orientierungskarte von Arsameia am Nymphenfluß mit Prozessionswegen zum Nemrud Dağ, in: Friedrich Karl Dörner/Theresa Goell, Arsameia am Nymphaios. Die Ausgrabungen im Hierothesion des Mithradates Kallinikos von 1953–1956, S. 11 Abb. 2. Istanbuler Forschungen Band 23, Berlin 1963
22 Rekonstruktion des Hierothesion von Arsameia am Nymphenfluß auf der Eski Kale. Skizze von Wolfram Hoepfner.
1–3: Sockelanlage I–III an dem Prozessionsweg. 4: Felsenhalle. 5: Festhalle. 6: Grabmal des Mithradates Kallinikos. 7: Felsenkammern, in: Friedrich Karl Dörner, KOMMAGENE. Geschichte und Kultur einer antiken Landschaft, S. 50
Abb. 72 der Sondernummer 1975 der ANTIKEN WELT, Zeitschrift für Archäologie und Urgeschichte, Küsnacht-Zürich
23 Ansicht von Sockelanlage III und beschrifteter Felswand im Hierothesion des Mithradates Kallinikos am Nymphenfluß auf der Eski Kale (vgl. Abb. 55), in: Dörner/Goell a.O. Plan 8 oben
24 Rekonstruktion der Sockelanlage III mit beschrifteter Felswand, Eingang zum großen Felsgang und wiederaufgestelltem Dexiosis-Relief (vgl. Abb. 55 und 57) von Wolfram Hoepfner, in: Friedrich Karl Dörner, KOMMAGENE – Ein wiederentdecktes Königreich, S. 63 Abb. 37, 3. Auflage, Codex-Verlag Böblingen 1971
25 Längenschnitt und Grundriß des großen Felsenganges im Hierothesion des Mithradates Kallinikos am Nymphenfluß auf der Eski Kale, in: Dörner/Goell a.O. Plan 9
26 Die Ostterrasse auf dem Nemrud Dağ mit den väterlichen persischen Vorfahren auf den Nordsockeln und der mütterlichen seleukidischen Ahnenreihe auf den Südsockeln, in: Friedrich Karl Dörner, Zur Rekonstruktion der Ahnengalerie des Königs Antiochos I. von Kommagene, in: Istanbuler Mitteilungen 17, 1967, 198 Abb. 1
27 Die Westterrasse auf dem Nemrud Dağ mit den väterlichen persischen Vorfahren auf den Südsockeln und der mütterlichen seleukidischen Ahnenreihe auf den Westsockeln, in: Dörner a.O. 199 Abb. 2

ANHANG

Kurzbiographien der Autoren

Ekrem AKURGAL

Die lykischen Grabmonumente 175
Veröffentlicht: Die Kunst Anatoliens von Homer bis Alexander. Verlag W. de Gruyter, Berlin 1961, S. 122 ff. Danach: Ein Punkt der Welt – Antike Reiseziele neu entdeckt. Hersg. Asta-Werke AG, Chemische Fabrik, Bielefeld-Brackwede.

*30.3.1911 in Istanbul. Nach Beendigung der Schulzeit in der Türkei von 1932–1933 Schüler in Schulpforta. Anschließend Studium der Archäologie und Altertumswissenschaft von 1933–1940 in Berlin. Abschluß mit Promotion zum Dr. phil. Seit 1941 Dozent und seit 1949 Professor an der Universität Ankara. Initiator und Leiter zahlreicher Ausgrabungen in der Türkei wie in Smyrna, Sinope, Phokaia, Daskyleion, Pitane und Erythrai.
Mitglied vieler wissenschaftlicher Institutionen und Akademien. Dr. h.c. der Universität Bordeaux (1961). Großes Verdienstkreuz des Großen Verdienstordens der Bundesrepublik Deutschland (1972). Ernennung zum Ehrenmitglied des Deutschen Archäologischen Instituts (1979).
Neben zahlreichen wissenschaftlichen Publikationen fanden die Bücher von Ekrem Akurgal einen großen Leserkreis, in denen er die Entwicklungslinien der Kunst dargestellt hat, wobei die Bedeutung von Kleinasien für die Frühzeit und das Kräftespiel zwischen Orient und Okzident eindrucksvoll in Wort und Bild erfaßt sind. In mehreren Sprachen erschienen ist: „Orient und Okzident", Verlag Holle, Baden-Baden 1966 (liegt jetzt auch als Paperback vor).
Als weitere Publikationen seien genannt: „Die Kunst der Hethiter", Verlag Max Hirmer, München 1961, sowie das inzwischen in vielen Auflagen vorliegende Buch „Ancient Civilisations and Ruins of Turkey", Ankara 1969, und die in mehrere Sprachen übersetzte Publikation „Treasures of Turkey", Verlag Skira, Genf 1966.

Henry ANGELO-CASTRILLON

Noch immer weht der Feueratem der Chimäre 169
Veröffentlicht: LIFE International vom 17. April 1967: A Modern Quest for a Mythical Monster. Veröffentlicht mit Genehmigung der Redaktion sowie des Autors und übersetzt von Eleonore Dörner.

Im Jahre 1968 besuchte uns Henry Angelo-Castrillon in Arsameia und war Gast in unserem Ausgrabungslager. Über seine Reise nach Kommagene veröffentlichte er später einen großen Bildbericht in LIFE International. Er lebte mehrere Jahre in Istanbul; seine gegenwärtige Anschrift war trotz Rückfrage bei dem amerikanischen Generalkonsulat in Istanbul nicht zu erfahren, so daß biographische Angaben bisher nicht zu ermitteln waren. Aus unseren Gesprächen ist mir noch in Erinnerung geblieben, daß der Autor in Peru geboren wurde und seine akademische Ausbildung in den Vereinigten Staaten von Amerika erhalten hat.

Peter BAMM, alias Curt EMMERICH

Antiocheia am Orontes .196
Veröffentlicht: Frühe Stätten der Christenheit. Kösel-Verlag, München 1955, S. 177 ff. (15. Aufl. 1976).

*20.10.1897 in Hochneukirch. Nach dem Studium der Medizin mit Promotion zum Dr. med. war er zunächst als Chirurg in Berlin tätig und besserte sein kärgliches Gehalt als Assistenzarzt mit feuilletonistischen Essays über alltägliche Begebenheiten auf. In seinem autobiographischen Werk: „Eines Menschen Zeit" (Droemer Knaur 1972) hat er seine Erlebnisse während des Ersten Weltkrieges geschildert, seine Studentenzeit und seine große Fahrt als Schiffsarzt nach Ostasien. Während des Zweiten Weltkrieges war er in Frontlazaretten tätig und „Die unsichtbare Flagge" – erschienen 1953 – begründete seinen Ruhm als vielgelesener Autor. Durch seine publizistischen Erfolge war es ihm möglich, große Reisen durchzuführen, die ihren literarischen Niederschlag in seinen Büchern „Frühe Stätten der Christenheit" sowie „An den Küsten des Lichts" (1961), „Alexander" (1965) und „Alexander der Große" (1968) gefunden haben.
† 30.3.1975 in Zürich.

Kurt BITTEL

Boğazköy – Hattuşa .220
Veröffentlicht: Kurt Bittel/Rudolf Naumann, Boğazköy - Hattuşa. Ergebnisse der Ausgrabungen des Deutschen Archäologischen Instituts und der Deutschen Orient-Gesellschaft in den Jahren 1931–1939. Bd. I: Architektur, Topographie, Landeskunde und Siedlungsgeschichte. 63. Wiss. Veröffentlichung der Deutschen Orient-Gesellschaft. Verlag Kohlhammer, Stuttgart 1952, S. 20 f., 22 f., 27 und 29.

*5.7.1907 in Heidenheim. Nach Studium der Vor- und Frühgeschichte und der klassischen Altertumswissenschaften an den Universitäten Heidel-

berg, Berlin, Wien und Marburg Promotion zum Dr. phil. in Marburg. Nach wissenschaftlicher Tätigkeit an den Abteilungen Frankfurt und Kairo des Deutschen Archäologischen Institutes 1933 wissenschaftlicher Referent bei der Abteilung Istanbul und seit 1938 Direktor. 1948 Professor für Vor- und Frühgeschichte an der Universität Tübingen und seit der Neueröffnung der Abteilung Istanbul des Deutschen Archäologischen Institutes 1954 wieder Direktor. 1960–1972 Präsident des Deutschen Archäologischen Institutes. Mitglied zahlreicher wissenschaftlicher Gesellschaften und Ritter des Ordens „Pour le mérite für Wissenschaft und Künste", von 1971–1979 Ordenskanzler.
Durch Bittel erfolgte im Jahre 1931 die Wiederaufnahme der Ausgrabungen in der hethitischen Hauptstadt Hattuşa (Boğazköy). Über die Ergebnisse zahlreiche Veröffentlichungen in Fachzeitschriften und wissenschaftlichen Publikationen. Von besonderer Bedeutung sind: Hattusha, The Capital of the Hittites. Oxford University Press, New York 1970, sowie Die Hethiter. Die Kunst Anatoliens vom Ende des 3. bis zum Anfang des 1. Jahrtausends vor Christus. Verlag C.H. Beck, München 1976 (Universum der Kunst).

Carl J. BURCKHARDT

Veröffentlicht: Kleinasiatische Reise. Verlag Georg D.W Callwey, München, und Rudolf M. Rohrer, Brünn/Wien o.J. (ca. 1947) S. 7 ff.

Veröffentlicht: Vgl. Beitrag 1, S. 114 ff.

*10.9.1891 in Basel, Großneffe von Jacob B. Studium in München und Göttingen. Im Auftrage des Internationalen Komitees des Roten Kreuzes 1923 in der Türkei, um Freilassung von Kriegsgefangenen zu erreichen. „Kleinasiatische Reise" ist ein von seinem Freund Hugo von Hofmannsthal zusammengestellter Extrakt aus seinem Bericht an die Genfer Behörde. 1929 Professor in Zürich. 1934 erschien der erste Band seiner Biographie über Richelieu. 1937–1939 als „Hoher Kommissar" vom Völkerbund nach Danzig delegiert („Meine Danziger Mission" erschien 1960). Zeitweise im Diplomatischen Dienst der Schweiz (1946–1949 in Paris). Träger des Ordens Pour le mérite; Verleihung des Friedenspreises des Deutschen Buchhandels (1954). Würdigung seiner Persönlichkeit durch Marion Gräfin Dönhoff, Menschen, die wissen, worum es geht (Hoffmann und Campe, Hamburg 1976), S. 95 ff.: C.J.B. – Historiker, Diplomat, Europäer. † 3.3.1974.

Ogier Ghiselin von BUSBECK

Veröffentlicht: Vier Briefe aus der Türkei. Aus dem Lateinischen übertragen, eingeleitet und mit Anmerkungen versehen von Wolfram von den Steinen. Verlag der Philosophischen Akademie, Erlangen 1926, S. 63 ff.

Veröffentlicht: Vgl. Beitrag 1, S. 56 ff.

*1522 nicht weit von Lille, in Comines. Reiste 1554 als Gesandter des deutschen Kaisers Ferdinand über Konstantinopel und Ankara nach Amasya in die damalige Residenz des Sultans Suleiman. Während seines Aufenthaltes in Ankara wurde auf seine Veranlassung eine Abschrift des Monumentum Ancyranum angefertigt, des Tatenberichts des römischen Kaisers Augustus. Diese Abschrift des lateinischen Originals zusammen mit einer griechischen Übersetzung war auf den Außenwänden eines ehemaligen Kaisertempels eingehauen, der später in eine Moschee umgewandelt wurde.
† 1592 in St. Germain bei Rouen.

Eleonore DÖRNER, geb. Benary

Veröffentlicht: Reiseerinnerungen aus Anatolien. Westfälische Nachrichten 1962

Veröffentlicht: Pharmaberichte Bayer, Heft 14, 1968

Unveröffentlicht

Veröffentlicht: Mitteilungen der Deutsch-Türkischen Gesellschaft, Bonn 1970, Heft 82, S. 13 f.; erweiterter Abdruck: Pharmaberichte Bayer, Heft 19, 1973

Veröffentlicht: Friedrich Karl Dörner, Kommagene – ein wiederentdecktes Königreich. Mit Bildern einer Malerreise von Alexej von Assaulenko und Beiträgen von Katharina von Assaulenko, Eleonore Dörner und Christian Jennsen, Codex-Verlag, 3. Aufl., Böblingen 1971, S. 141

Veröffentlicht: Kölnische Rundschau 1.12.1977

Unveröffentlicht

Veröffentlicht: Kommagene. Geschichte und Kultur einer antiken Landschaft. Sondernummer 1975 Antike Welt. Zeitschrift für Archäologie und Urgeschichte, S. 22 ff. Danach (in gekürzter Fassung): Pilger und Forscher im Heiligen Land. Reiseberichte aus Palästina, Syrien und Mesopotamien vom 11. bis zum 20. Jahrhundert in Briefen und Tagebüchern, hersg. von Editha Wolf-Crome, Verlag Wilhelm Schmitz, Gießen o.J. (1977) S. 353 ff.

*20.11.1912 in Perleberg (Mark Brandenburg). Nach dem Abitur in der Augustaschule (Humanistisches Gymnasium) in Berlin: Studium der Germanistik, Geschichte und Archäologie. Promotion zum Dr. phil. in Greifswald; verheiratet seit 1938 mit Dr. Friedrich Karl Dörner, Professor für Alte Geschichte an der Universität Münster.
Längere Aufenthalte und Reisen im Mittelmeerraum, Teilnahme an den von ihrem Mann geleiteten Ausgrabungen in Kommagene (Kleinasien/Türkei). Tätig als freie Schriftstellerin in Nürnberg.
Publikation: Bei den Gottkönigen in Kommagene. Erlebnisse in einem deutschen Ausgrabungslager im Osten der Türkei. Mit 25 Zeichnungen von Ingrid Schaar, Verlag Ernst Knoth, Melle 1983.

Friedrich Karl DÖRNER

Veröffentlicht: Zusammenfassung einer Sendung von Radio Stuttgart (heute Süddeutscher Rundfunk) in der „Universitätsstunde“ am Sonntag, den 12. Juni 1949, von 11–12 Uhr, über die Ziele und Ergebnisse meiner Forschungsreise in Kleinasien, besonders im bithynischen Raum im Jahre 1948 – erschienen im *Radiospiegel* Nr. 24, 1949 (Rundfunkprogramme vom 12.–18.6.1949)

Veröffentlicht: Auf der Suche nach dem Eingang in das Reich des Hades, in: UMSCHAU in Wissenschaft und Technik 1965, S. 463 ff.

Veröffentlicht: Zusammenfassendes Manuskript einer Sendung im Radio Stuttgart (heute Süddeutscher Rundfunk) 1948

Veröffentlicht: Neue Zürcher Zeitung vom 25.11.1948 (Nr. 2479)

Veröffentlicht: Die Antike 17, 1941, S. 39 ff.

Veröffentlicht: Kosmos 1950, S. 4–10; Rundbrief 1974 des Historisch-archäologischen Freundeskreises, S. 8–16 (Privatdruck)

Veröffentlicht: Umgearbeitete Fassung aus den Publikationen: Friedrich Karl Dörner/Theresa Goell, Arsameia am Nymphaios. Die Ausgrabungen im Hierothesion des Mithradates Kallinikos von 1953–1956 (Istanbuler Forschungen 23, 1963) S. 24 ff. und F.K. Dörner, Kommagene – ein wiederentdecktes Königreich. Mit Bildern einer Malerreise von Alexej von Assaulenko und Beiträgen von Katharina von Assaulenko, Eleonore Dörner und Christian Jenssen, Codex-Verlag, 3. Aufl., Böblingen 1971, S. 33 ff.

Veröffentlicht: Der Ausschnitt. Zeitschrift für Kunst und Kultur im Bergbau 12, 1960, Nr. 5, S. 3–10 (mit 12 Abbildungen). Dieser Abdruck ist mit Zusätzen aus der Publikation: Kommagene – ein wiederentdecktes Königreich, S. 63 ff. erweitert (vgl. hierzu die Bibliographie des Beitrages Nr. 8).

*28.2.1911 in Gelsenkirchen, verh. mit Dr. phil. Eleonore Dörner, freie Schriftstellerin. Nach Studium der Geschichte, klass. Philologie, Archäologie Staatsexamen und Promotion zum Dr. phil. an der Universität Greifswald (1934), als Stipendiat des Deutschen Archäologischen Instituts Reisen auf dem Balkan und im Vorderen Orient (1936–37); Teilnahme an den Ausgrabungen in Boğazköy-Hattuşa (1937) und auf Samos (1956). Nach Tätigkeit bei der Abteilung Istanbul des Deutschen Archäologischen Instituts (1938–1940) wissenschaftlicher Beamter an der Österreichischen (Wiener) Akademie der Wissenschaften (1941–1945). Im Wehrdienst 1942–1945. Lehrtätigkeit an der Universität Tübingen (Lehrauftrag für Alte Geschichte und Epigraphik) 1945–1949. Seit 1950 Lehrtätigkeit an der Westfälischen Wilhelms-Universität als Professor für Alte Geschichte. Gastprofessuren in Oxford (1952) und am Institute for Advanced Study, Princeton, N.J. (1957/58).
Neben wissenschaftlichen Veröffentlichungen publizistische Tätigkeit (Zeitungen, Zeitschriften, Radio, Fernsehen). Seit 1951 Leiter der deutschen Ausgrabungen in Arsameia am Nymphenfluß und Mitarbeiter der amerikanischen Sondagen auf dem Nemrud Dağ. Im Jahre 1984 wurde von ihm in

Zusammenarbeit mit der deutschen und türkischen Regierung mit der Restaurierung der königlichen Grabanlage auf dem Nemrud Dağ begonnen.

Fritz DRESSLER

Wohnen im Fels. Das Tal von Göreme im Hochland von Anatolien . . 260
Veröffentlicht: refugium 1, 1971, S. 22 ff. Hauszeitschrift der Fabrik für chem.-pharm. Präparate Dr. Rentschler und Co. in Laupheim/Württ.

Biographische Angaben über den Autor sind trotz Nachforschungen – auch über die Redaktion der Fa. Dr. Rentschler – nicht in Erfahrung gebracht worden.

Helga ENGELHARD

Tulipa Turcarum – Ein Frühlingswunder der anatolischen Steppe . . . 203
Veröffentlicht: Mitteilungen der Deutsch-Türkischen Gesellschaft, Bonn 1962, Heft 45, S. 9 ff.

*27.5.1923 in Laasphe/Wittgenstein. Seit 1942 im Schuldienst in Deutschland, Frankreich und Amerika. Von 1965–69 Deutschunterricht an der Türkischen Oberschule in Ankara. Studienreisen durch den Vorderen Orient. Rege Vortragstätigkeit. Lebt in Ratingen.

Jakob Philipp FALLMERAYER

1. Landung und erste Eindrücke in Trapezunt 43
Veröffentlicht: Fragmente aus dem Orient, Band I. Stuttgart und Tübingen 1845, S. 39–42 und 51–54.
2. Küstenfahrt am Schwarzen Meer 60
Veröffentlicht: Vgl. Beitrag 1, S. 227 ff.

*10.12.1790 in Tschötsch (bei Brixen). Erregte in der philhellenisch orientierten europäischen Öffentlichkeit großes Aufsehen mit der von ihm vertretenen Theorie, daß die jetzigen Bewohner der Balkanhalbinsel meist auf im Mittelalter eingewanderte slawisch-albanische Bevölkerungselemente zurückzuführen seien. Diese Einwanderung hat natürlich stattgefunden, aber längst nicht in einem solchen Umfang, wie er von F. angenommen worden ist. Das bedeutendste literarische Werk von F. sind die „Fragmente aus dem Orient" mit ihren ausgezeichneten Schilderungen seiner Reisen.
† 25.4.1861 in München.

Colmar Freiherr von der GOLTZ Pascha

Veröffentlicht: Anatolische Ausflüge, Berlin 1896, S. 52 ff.

*12.8.1843 in Bielkenfeld bei Labiau, bekannt geworden als der Reorganisator des türkischen Heeres (1893–1895); 1913 preußischer Generalfeldmarschall. 1914 wurde er zum Generalgouverneur von Belgien ernannt. 1915 kehrte von der Goltz in die Türkei zurück, führte eine türkische Armee in Mesopotamien, und es gelang ihm, das englische Expeditionskorps bei Kut el Amara zu besiegen und zur Kapitulation zu zwingen. Er selbst erlag 1916 einer Infektionskrankheit und ist auf dem deutschen Ehrenfriedhof im Park der Sommerresidenz der Deutschen Botschaft in Istanbul Tarabya (Therapia) bestattet.
† 19.4.1916 in Bagdad.

Gabriele HÄRLE, geb. Goetze

Unveröffentlicht

*17.9.1876 in Berlin als Tochter eines preußischen Offiziers. Schule und Pensionat in Heidelberg. Frauenarbeitsschule. In Darmstadt als Johanniterschwester. Nach einem halben Jahr Gehilfin in einem Waisenhaus in Bethel. Verlobung mit Dr. med. Friedrich Härle. Heirat im Dezember 1898.
Als Arztfrau in Bethel, Bielefeld, Norderney und Bremerhaven. Im Januar 1905 Ausreise nach Maraş. Ohne Heimaturlaub weiter nach Bagdad. Nach schwerem Typhus 1912 wieder zurück nach Deutschland.
Lebte dann in Korntal, Schwäbisch-Gmünd, Nagold, Ludwigsburg.
† 10.7.1963 in Pappenheim in der Nähe ihrer Kinder.

Denis Cecil HILLS

Veröffentlicht: My travels in Turkey, S. 82–88. Verlag George Allen and Unwin Ltd., London 1964. Übersetzung mit Genehmigung des Verlages von Eleonore Dörner.

Veröffentlicht: Mitteilungen der Deutsch-Türkischen Gesellschaft, Bonn Februar 1965, Heft 60, S. 1 ff.

*8.11.1913 in Birmingham, verheiratet mit Ingrid, geb. Jahn. Abschluß seines Studiums Modern Greats als MA (Honors) der Universität Oxford (1935). Seine Lehrtätigkeit übte er zuerst von 1936–1939 am Baltischen Institut in Gdingen aus; von 1940–1950 diente er in der Britischen Armee (Rang Major). Nach seiner Verabschiedung unterrichtete er von 1951–1954 am ADJ in Germersheim und war anschließend bis 1963 an der Middle East Technical University in Ankara und am Zonguldak College tätig. Weitere Lehraufträge erhielt er von 1964–1975 in Kampala (Uganda) an der dortigen Universität und am National Teacher's College sowie von 1976–1978 am African Teacher's College in Rhodesien. Artikel und Rezensionen erschienen von ihm in The Times (London) und New York Times (New York). Nach dem erfolgreichen Buch über seine Reisen in der Türkei veröffentlichte er weitere Publikationen über Uganda und Ostafrika (Man with a Lobelia Flute, London 1970; The White Pumpkin, London 1975) sowie über Rhodesien (Rebel People, London 1978). Das Manuskript seines neuesten Buches über Rhodesien: The Last Days of White Rhodesia hat Hills soeben zum Druck abgeliefert.

Friedrich HÖLDERLIN

Gruß an Kleinasien IX
Veröffentlicht: Hyperion. Erstes Buch: Hyperion an Bellarmin (Inselausgabe, Sämtliche Werke) S. 444.

*20.3.1770 in Lauffen am Neckar. Er gehörte seit 1788 zu den „Stiftlern" in Tübingen, war von 1793–1794 Hauslehrer bei Charlotte von Kalb und von 1796–1798 bei dem Bankier Gontard in Frankfurt am Main; dessen Gattin Susette, die Hölderlin in schwärmerischer Liebe verehrte, setzte er in seinem Briefroman ‚Hyperion', entstanden von 1797–1799, als ‚Diotima' ein bleibendes Denkmal. In Hölderlin verehren wir einen der großen deutschen Lyriker, der unsere Sprache durch seine rhythmisch-musikalischen Dichtungen unendlich bereicherte.
† 7.6.1843 in Tübingen.

Carl HUMANN

1. Pergamon (Bergama) vor Beginn der Ausgrabungen 105
Veröffentlicht: Carl Schuchhardt und Theodor Wiegand, Der Entdecker von Pergamon: Carl Humann. Ein Lebensbild. G. Grote'sche Verlagsbuchhandlung, 2. Aufl. Berlin 1931, S. 21 ff.

2. Die Entdeckung des Altars von Pergamon 107
Das Original dieses Briefes aus Pergamon vom 12.9.1878 wurde bisher nicht mehr aufgefunden. Jedoch entdeckte ich eine Abschrift in dem Buch von Carl Schuchhardt und Theodor Wiegand, Der Entdecker von Pergamon: Carl Humann. Ein Lebensbild. G. Grote'sche Verlagsbuchhandlung, 2. Aufl., Berlin 1931, das ich aus dem Nachlaß von Carl Watzinger erworben habe (ein Widmungsexemplar „S.l.C. Watzinger").
Veröffentlicht: Eduard Schulte, Der Pergamon-Altar, entdeckt, beschrieben und gezeichnet von Carl Humann (Schriften der Hermann-Bröckelschen-Stiftung / Carl Humann zum Gedächtnis, Band I), Ardey-Verlag, Dortmund 1959, S. 35 ff.
3. Die Burg des Tantalos im Sipylos 134
Veröffentlicht: Athenische Mitteilungen 13, 1888, S. 22 ff.; teilweiser Abdruck bei Carl Schuchhardt und Theodor Wiegand, Der Entdecker von Pergamon: Carl Humann. Ein Lebensbild. G. Grote'sche Verlagsbuchhandlung, 2. Aufl., Berlin 1931, S. 142 ff.; danach hier abgedruckt.

*4.1.1839 in Steele (Ruhrgebiet). Nach dem Studium der Baukunst und klassischen Altertumswissenschaften in Berlin führte er im Auftrag seines akademischen Lehrers Heinrich Strack eine erste Grabung in dem Hera-Heiligtum (Heraion) auf der Insel Samos durch. Von 1864–1873 war er mit Straßen- und Eisenbahnprojekten sowie kartographischen Studien für die türkische Regierung in verschiedenen Gebieten Kleinasiens beschäftigt. Bei diesen Arbeiten wurde er auf die Kalköfen im Gebiet der antiken Königsstadt Pergamon aufmerksam, in denen Reliefplatten aus Marmor wieder zu Kalk zurückverwandelt wurden. 1878 Beginn der planmäßigen Ausgrabungen in Pergamon.
1884 wurde er zum Direktor an den Berliner Museen mit Amtssitz in Izmir (Smyrna) ernannt. 1882 führte er im Auftrag der Königlichen Preußischen Akademie der Wissenschaften in Berlin eine Forschungsreise nach Ankara und Boğazköy durch, um Gipsabgüsse vom Monumentum Ancyranum und den hethitischen Felsreliefs anzufertigen.
Mit Otto Puchstein organisierte er eine Expedition nach Kommagene, um im Hierothesion des kommagenischen Königs Antiochos I. Abgüsse anzufertigen und diese Nekropole zu vermessen.
Weitere Ausgrabungen wurden von ihm in Hierapolis (1887), Sendschirli (Zincirli) und Tralles (1888), Magnesia am Mäander (1890–1894) sowie Priene (1895) durchgeführt. Als Humann am 12.4.1896 in Izmir starb, wurde er in einer Marmorgruft auf dem dortigen katholischen Friedhof beigesetzt; nach dessen Auflassung fand er seine letzte Ruhestätte am 28. Mai

1967 auf der Akropolis von Pergamon unweit des von ihm entdeckten großen Altars.

Mazhar Şevket İPŞIROĞLU

Veröffentlicht: Die Kirche in Achtamar. Bauplastik im Leben des Lichtes. Florian Kupferberg-Verlag, Mainz 1963, S. 15 ff.

*27.5.1908 in Istanbul. Abschluß der Studien in Geschichte und Kulturgeschichte mit Promotion zum Dr. phil. bei Erich Rothacker an der Friedrich-Wilhelms-Universität in Bonn 1933. Lehrstuhlinhaber an der Universität Istanbul bis zur Emeritierung 1978. Von 1960–1963 Gastprofessor in Tübingen. Von den zahlreichen Veröffentlichungen seien neben der „Kirche von Achtamar" hervorgehoben: Saray-Alben (Verzeichnis der Orientalischen Handschriften in Deutschland), Franz Steiner Verlag, Wiesbaden 1964. – Das Bild im Islam, Anton Schroll Verlag, Wien 1971. – Siyah Qalem, ADEVA, 1974.

Ulla JOHANSEN

Veröffentlicht: Mitteilungen der Deutsch-Türkischen Gesellschaft, Bonn 1958, Heft 22, S. 1 ff.

*1.6.1927 in Reval/Estland. Nach Abschluß der völkerkundlichen Studien Promotion zum Dr. phil. 1953 in Hamburg. Anschließend wissenschaftliche Mitarbeiterin am Hamburgischen Museum für Völkerkunde von 1953–1965 mit Unterbrechungen durch Stipendien des Deutschen Akademischen Austauschdienstes (DAAD) und der Deutschen Forschungsgemeinschaft (DF). Habilitation 1968 in Heidelberg; seit 1973 Professor und Direktorin des Instituts für Völkerkunde der Universität Köln.
Zahlreiche Aufsätze in wissenschaftlichen Zeitschriften und Sammelwerken. Von besonderer Bedeutung die Publikation: „Die Ornamentik der Jakuten", Wegweiser zur Völkerkunde Heft 3, Hamburg 1954.

Yakub KADRI – nach Einführung von Familiennamen in der Türkei: Yakub Kadri Karaosmanoğlu

Veröffentlicht: Der Fremdling (Roman). Originalübersetzung aus dem Türkischen von Max Schultz, A.H. Payne Verlag, Leipzig 1939, S. 53 ff.
Titel des Originals: Yaban (Die Wildnis), Muallim Ahmet Halit Kitaphanesi, Istanbul 1932.

*27.3.1889 in Kairo; besuchte die Volksschule in Manisa und später das Gymnasium in Izmir (1903) und Alexandria. Seit 1908 in Istanbul. Hier war er journalistisch tätig und so erfolgreich, daß er später zum Chefredakteur der Zeitung Ulus in Ankara ernannt wurde. 1922 schloß er sich Mustafa Kemal Pascha an und nahm am Freiheitskampf teil. Als Botschafter vertrat er die Türkei in Albanien (1934), Prag (1939) und Bern (1942). Von 1961–1965 war er Abgeordneter des Wahlkreises Manisa im Parlament.
Yakub Kadri entfaltete auch eine reiche literarische Tätigkeit und veröffentlichte zahlreiche Novellen und Romane sowie die Autobiographie „Politikada 45 yıl" – 45 Jahre Politik, erschienen 1968.
†13.12.1974 in Ankara.

Josef KEIL

Veröffentlicht: Ephesos. Ein Führer durch die Ruinenstätte und ihre Geschichte von Josef Keil. 2. Auflage. Dr. Benno Filser Verlag. Wien 1930, 1 f.

*13.10.1878 in Reichenberg/Böhmen. Studium der klassischen Altertumswissenschaften in Wien mit Promotion 1903 zum Dr. phil. Im Jahre 1904 Nachfolger von Rudolf Heberdey als Sekretär des Österreichischen Archäologischen Instituts mit Amtssitz in Izmir (Smyrna). Teilnahme an den Ausgrabungen in Ephesos und Durchführung von Forschungsreisen in Kleinasien. Vorbildlich für die historisch-epigraphischen Forschungen sind die Publikationen über die zusammen mit Anton von Premerstein durchgeführten Reisen in Lydien geworden. Trotz schwerer Verwundung im Ersten Weltkrieg konnte er seine wissenschaftliche Forschungsarbeit wieder aufnehmen. Im Jahre 1920 habilitierte er sich an der Universität Wien für das Fach Alte Geschichte. Dank Unterstützung von deutscher und amerikanischer Seite konnte er 1926 die Ausgrabungen in Ephesos wieder aufneh-

men und folgte 1927 einem Ruf an die Universität Greifswald für den althistorischen Lehrstuhl.
Keil behielt jedoch die Leitung der Ausgrabungen in Ephesos bei und führte mit großem Erfolg trotz bescheidener Mittel jährliche Grabungskampagnen durch. Im Jahre 1936 nahm er einen Ruf an die Universität Wien für das Ordinariat in Griechischer Geschichte, Altertumskunde und Epigraphik an. Von ihm wurde nach Beendigung des Zweiten Weltkrieges die Reorganisation der Universität Wien durchgeführt, und er bekleidete von 1945 bis 1959 das Amt des Generalsekretärs der Österreichischen Akademie der Wissenschaften. Gleichzeitig war er Obmann in einer Reihe von Kommissionen; seine besondere Fürsorge galt der Kommission für die archäologische Erforschung Kleinasiens und der Betreuung des Schedenapparates der antiken Inschriften von Kleinasien.
In zahlreichen Zeitschriftenartikeln, die Keil seit 1905 als Vorberichte und in Einzeluntersuchungen über Ephesos veröffentlicht hat, sind auch antiquarische und historische Probleme, die sich aus den aufgefundenen Denkmälern und Inschriften ergeben haben, mitbehandelt. Parallel mit den Arbeiten über Ephesos wurden von Keil Studien zu Inschriften, topographischen und antiquarischen Problemen der klassischen Altertumswissenschaften publiziert, dazu auch eine Reihe von bedeutenden wissenschaftlichen Werken. Ein Schriftenverzeichnis ist seinem Nachruf im Almanach 1964 der Österreichischen Akademie der Wissenschaften, Wien 1965, S. 252 ff. beigegeben.
Die Vorlesungen, die Keil in Greifswald ebenso wie in Wien gehalten hat, erfreuten sich großer Beliebtheit bei den Studenten und zogen auch stets einen großen Hörerkreis an, der nicht nur die fachlich fundierte Art seiner Vorlesungen zu schätzen wußte, sondern den auch die mitreißende Darstellung der zahlreichen Probleme in der Alten Geschichte und der klassischen Altertumswissenschaft begeisterte.
† 13.12.1963 in Wien.

Friedrich Karl KIENITZ

Veröffentlicht: Mitteilungen der Deutsch-Türkischen Gesellschaft, Bonn, Juni 1968, Heft 74, S. 1 ff.

Veröffentlicht: Mitteilungen der Deutsch-Türkischen Gesellschaft, Bonn 1961, Heft 41, S. 1–2

*9.3.1925 in Hannover, Studium der Ägyptologie und der Alten Geschichte. Promotion zum Dr. phil. 1953/54 Reisestipendium des Deutschen Archäologischen Instituts; lebt seit 1960 als freischaffender Gelehrter und Buchautor in Schleswig-Holstein.
Wichtige Schriften:
5000 Jahre Orient. Ein Gang durch Geschichte und Kultur des Nahen Ostens von den Pharaonen bis zur Gegenwart, München 1962. – Städte unter dem Halbmond. Geschichte und Kultur der Städte in Anatolien und auf der Balkanhalbinsel, München 1972. – Das Mittelmeer. Schauplatz der Weltgeschichte von den frühen Hochkulturen bis ins 20. Jahrhundert, München 1976.

Karl Graf LANCKOROŃSKI

Veröffentlicht: Städte Pamphyliens und Pisidiens, I. Band, Wien 1890, S. IV f.

*4.11.1848 in Wien. Nach dem Abschluß des Studiums der Rechte erwählte Lanckoroński nicht die seinem Stande und seiner Herkunft gemäße traditionelle politische Laufbahn, sondern folgte einer durch seinen Erzieher, den klassischen Philologen und späteren österreichischen Kultusminister, Wilhelm von Hartel, geweckten und nachhaltig geprägten Leidenschaft für die Gesamtheit der klassischen Kulturen. Ausgedehnte Reisen führten ihn um den ganzen Erdball, bis er sich der mediterranen Kulturwelt „mit einer geradezu glühenden Begeisterung" widmete, wie es in dem von Camillo Praschniker verfaßten Nachruf in dem Almanach der österreichischen Akademie der Wissenschaften für das Jahr 1934 heißt. Ihn hatte diese gelehrte Gesellschaft bereits im Jahre 1893 „wegen seiner hervorragenden Verdienste um die Geschichte des Altertums und um die Ehre unseres heimatlichen Studienwesens" zum korrespondierenden Mitglied erwählt. Das geschah in Anerkennung der oben genannten, monumentalen Publikation, die in zwei Bänden von 1890–1892 erschienen war und von der auch Übersetzungen in französischer und polnischer Sprache erfolgten. Sie bildete das Ergebnis von zwei in den Jahren 1885 und 1886 mit einem großen Stab von Gelehrten und Künstlern auf Kosten von Lanckoroński durchgeführten Forschungsexpeditionen in die bis dahin noch kaum erforschten Landschaften im südlichen Kleinasien. Nicht weniger erfolgreich wurde ein weiteres von ihm angeregtes und durchgeführtes Forschungsobjekt, das dem „Dom von Aquileia" galt, wobei man die großartigen Mosaiken von früheren Bauperioden dieses herr-

lichen Bauwerks entdeckte. Die zusammen mit G. Niemann und H. Swoboda bearbeitete Publikation erschien im Jahre 1906.
Graf Lanckoroński lag aber auch die Pflege und Erhaltung seiner Vaterstadt Wien am Herzen. So war er es, der den Kampf gegen die Verbauung des Karlsplatzes erfolgreich anführte, und ebenso ist ihm die Erhaltung des Riesentores am Stephansdom zu danken. Er rettete aber auch das Wawel-Schloß in Krakau vor einer phantastisch geplanten neugotischen Restauration. Seine Tätigkeit als Präsident der Gesellschaft für Denkmalpflege sowie als Vizepräsident des Staatsdenkmalamtes und Kurator der k.k. österreichischen Museen führte zu einem vielseitigen Kontakt mit zahlreichen Künstlern aus dem gesamten europäischen Bereich, von denen er viele auch als Mäzen förderte.
In seinem langen Leben ist Graf Lanckoroński gebührende Anerkennung für seine Leistungen nicht versagt geblieben. Seit 1874 schon erbliches Mitglied des Herrenhauses wurde er 1903 zum Ritter des Ordens vom Goldenen Vlies erwählt. Die Universität Berlin verlieh ihm die Würde eines Doktors der Philosophie h.c.; er war ordentliches Mitglied des Deutschen und des Österreichischen Archäologischen Instituts sowie zahlreicher gelehrter Gesellschaften. Eine besondere Würdigung erfuhr sein Lebenswerk durch die ihm anläßlich seines 70. Geburtstages im Jahre 1918 von seinen Freunden und Verehrern gewidmete Festschrift. Seinen Lebensabend verbrachte er in seinem im Stil des Neubarock erbauten Palais in der Jacquingasse, Wien III., das auch für seine reichhaltige private Kunstsammlung einen würdigen Rahmen bildete.
† 15.7.1933 in Wien.

Arif Müfid MANSEL

Veröffentlicht: Die Ruinen von Side. Walter de Gruyter, Berlin 1963, S. 1 ff. und 14 ff.

*1905 in Istanbul. Nach Beendigung seiner Schulzeit in der Türkei studierte Mansel in Berlin Altertumswissenschaft und Klassische Archäologie und promovierte zum Dr. phil. mit seiner Dissertation über „Stockwerkbau der Griechen und Römer“, erschienen 1952 in der Reihe der „Istanbuler Forschungen“. Nach Rückkehr in die Türkei wurde er zum Zweiten Direktor des Archäologischen Museums in Istanbul ernannt und 1936 zum Dozenten für Altertumswissenschaft an der Universität Istanbul, an der er dann – seit 1944 als Professor für Klassische Archäologie – wirkte. Er entfaltete eine

fruchtbare Tätigkeit als Forscher und Organisator großer Ausgrabungsobjekte im thrakischen und kleinasiatischen Raum; über die Ergebnisse verfaßte er zahlreiche Publikationen, die teilweise auch in deutscher Sprache erschienen sind.
† 18.1.1975 in Istanbul.

James MELLAART, B.A.; F.S.A.

Çatal Hüyük – eine neolithische Stadt in der Türkei 208
Veröffentlicht: UMSCHAU in Wissenschaft und Technik, Frankfurt/M. Oktober/November 1965, Heft 21 (S. 625 ff.) und Heft 22 (S. 674 ff.). Aus dem Englischen übersetzt von Annemarie Benary

*14.11.1925 in London (England). Studium der Alten Geschichte und Ägyptologie. Scholar und Fellow des Britischen Instituts für Archäologie in Ankara von 1951–1956, von 1959–1961 Assistant Director. Leiter der Ausgrabungen in Hacılar von 1957–1960; seit 1961 Durchführung von mehreren Grabungskampagnen in dem von ihm entdeckten Çatal Hüyük. Seit 1964 Lecturer in Anatolian Archaeology, Institute of Archaeology an der Universität London. Von Mellaart sind zahlreiche Artikel und Buchpublikationen über die Ergebnisse seiner Forschungen erschienen; außerdem die zusammenfassenden Werke: The Neolithic of the Near East (1976) und The Archaeology of Ancient Turkey (1978).

Ingeborg MEYER-SICKENDIEK

Das Lied der Rohrflöte – Besuch in der alten Seldschukenhauptstadt Konya 243
Veröffentlicht: Frankfurter Allgemeine. Zeitung für Deutschland vom 28.3.1968

*17.5.1918 in Münster/Westfalen, verheiratet. Nach journalistischer Ausbildung mehrjährige redaktionelle Tätigkeit, z.Zt. freiberuflich als Publizistin für Presse und Rundfunk auf dem Gebiet der Theater- und Musikrezension, des Reise- und Kulturfeuilleton tätig.
Mit zwei ersten Preisen in journalistischen Wettbewerben ausgezeichnet. Mitglied der Vereinigung deutscher Reisejournalisten.
Publikationen:
Im Walter/Verlag Olten (Schweiz) erschienen: Unteritalien (1974) und Mexiko (1976). – Beiträge sind in den Bänden „Deutschland – das harte

Paradies" und „Westfalen unter sich über sich" veröffentlicht, erschienen im Weidlich-Verlag 1977 und 1978 sowie im Schulbuch „Aufrisse", Orientierungsstufe, Ferdinand Schöningh-Verlag, Paderborn 1973.

Heinz Georg und Helmtraud MIGEOD

Regenwolken über Gergas 147
Unveröffentlicht

*24.2.1918 in Stettin, wohin seine Eltern, die zu den in Ostpreußen seßhaft gewordenen Hugenotten gehörten, übergesiedelt waren. Nach dem in Zoppot/Freistaat Danzig 1935 abgelegten Abitur wurde Migeod zunächst Berufssoldat, zuerst bei der Artillerie, später bei der Luftwaffe. Seit 1948 studierte er in München und Göttingen Volkswirtschaft und Islam-Kunde. Seine Studien schloß er mit der Promotion zum Dr. phil. in Göttingen ab. Leider konnte seine wirtschafts- und gesellschaftsgeschichtliche Dissertation: „Die Persische Gesellschaft unter Nāṣiru'd-Din Šah (1848–1896)" bisher noch nicht im Druck erscheinen.
Seit 1947 ist Migeod verheiratet mit Helmtraut Migeod, geb. Keiner, mit der er viele Reisen in Anatolien ausführte und gemeinsam den Artikel über Gergas verfaßt hat. Migeod war zunächst im Auslandsdienst der chemischen Industrie tätig, hatte zeitweise seinen Wohnsitz in Ankara und lebt mit seiner Familie seit 1974 in Kapstadt als selbständiger Kaufmann.

Birger MOERNER

Tanz der Derwische 250
Veröffentlicht: INSHALLAH. Türkische Impressionen. Aus dem Schwedischen übersetzt von Marie Franzos. Literarische Anstalt Rütten und Loening, Frankfurt a.M. 1908, 26 ff. Erweiterte Fassung der 1906 in Stockholm veröffentlichten Publikation: Under halfmånen (Unter dem Halbmond).

*3.5.1867 in Nora (Örebo Län, Schweden). Nach seiner in Norrköping am 20.5.1887 abgelegten Abiturientenprüfung begann der Apothekersohn das Studium der Rechte an der Universität Uppsala, das er in Lund fortsetzte, wo er 1893 das juristische Examen ablegte. Nach Ableistung seiner Referendarzeit am Göta-Hofgericht in Jönköping und seiner Tätigkeit als Assistent im

Reichsamt für Handel, Industrie und Schiffahrt sowie im Zivilministerium war er von 1899 an nacheinander Konsulatsbeamter in Helsinki, Genua, Barcelona, South Shields, Kopenhagen und Konstantinopel (Istanbul) und bekleidete anschließend das Amt eines schwedischen Konsuls von 1906 bis 1910 in Sydney. Sein Beruf gab ihm die Möglichkeit zu weiten Reisen, die einen reichen literarischen Niederschlag fanden. Seine weitgefächerten publizistischen Arbeiten, teilweise unter den Pseudonym Aráfi veröffentlicht, sind im Schwedischen Schriftstellerlexikon (Svenskt författarlexikon 1952 S. 567 f.) verzeichnet.
† 10.3.1930 in Flen (Södermanlands Län).

Helmuth Graf MOLTKE

Fahrt mit dem Floß auf dem Euphrat durch das Taurosgebirge 281
Veröffentlicht: Briefe über Zustände und Begebenheiten in der Türkei aus den Jahren 1835 bis 1839. Gesammelte Schriften Band 8, 6. Aufl. Berlin 1893, S. 306–310

*26.10.1800 in Parchim/Mecklenburg. Er diente zuerst im dänischen Heer, wechselte dann in die preußische Armee, wurde 1833 in den großen Generalstab berufen und führte 1836–1839 als Instrukteur der türkischen Streitkräfte und Berater des Sultans während des Krieges zwischen der Hohen Pforte und dem rebellierenden Pascha von Ägypten, Mehmet Ali, topographische und militärische Erkundigungen durch. Über seine Erlebnisse und Erfahrungen berichtet er in der Veröffentlichung seiner Briefe.
† 24.4.1891 in Berlin.

Henry Vollam MORTON, FRSL

Tarsus – Die Heimat des Apostels Paulus 182
Veröffentlicht: In den Spuren des heiligen Paulus. Aus dem Englischen übersetzt von Hans Tuppy. Heinrich Scheffler GmbH, Frankfurt a.M. 1965, S. 47 ff.

Nach Besuch der King Edward's School in Birmingham begann Morton dort seine schriftstellerische Tätigkeit als Journalist bei der Birmingham Gazette and Express im Jahre 1910 und wurde bereits 1912 Assistant Editor. Seit 1913 in London als Subeditor bei der Daily Mail. Sein erster Bucherfolg wurde 1925: The Heart of London. Zahlreiche Reisen in Europa und im Vorderen Orient fanden ihren Niederschlag in vielgelesenen Monographien.

Sein Buch: In the Steps of St. Paul erschien in erster Auflage bereits 1936. Morton lebt seit 1947 in Südafrika in der Kapprovinz.

Thankmar Freiherr von MÜNCHHAUSEN

Veröffentlicht: Frankfurter Allgemeine. Zeitung für Deutschland vom 5.4.1969

*12.1.1932 in Breslau. Studium der Politischen Wissenschaften und Soziologie in Heidelberg. Ein Studienjahr in Paris weckte das Interesse für die Länder der „Dritten Welt", besonders für den Orient, und fand seinen Niederschlag in einer Dissertation über die Algerien-Politik der IV. Republik (1962), die auch dem Buch „Kolonialismus und Demokratie. Die französische Algerien-Politik 1945–1962" zugrunde liegt.
Seit 1962 bei der Frankfurter Allgemeinen, Zeitung für Deutschland, zunächst in der Zentralredaktion, von 1970 bis 1976 als Nahost-Korrespondent mit Sitz in Beirut, seit 1976 als politischer Korrespondent in Paris. Bereits 1958 erfolgte die erste Reise in die Türkei, weitere folgten später. Bei seinen Unternehmungen interessierte sich Thankmar von Münchhausen besonders für die Probleme der religiösen Minderheiten in der Türkei und im Iran. Sein Interesse für die Türkei hat eine gewisse Familientradition: Ein Urgroßonkel gleichen Namens war der erste Generalkonsul des Deutschen Reiches in Konstantinopel (Istanbul).

Edmund NAUMANN

Veröffentlicht: Vom Goldenen Horn zu den Quellen des Euphrat. Reisebriefe, Tagebuchblätter und Studien über die asiatische Türkei und die anatolische Bahn. Verlag R. Oldenbourg, München und Leipzig 1893, S. 37 ff. und 261 f.

*11.9.1854 in Meißen. Abschluß des Studiums der Geographie mit Promotion zum Dr. phil. Ausgedehnte Reisen im Orient.
Von 1875 bis 1880 übte Naumann eine Lehrtätigkeit an der Universität in Tokio aus. Dort wurde er 1880 zum Direktor der japanischen topographischen und geologischen Landesaufnahme ernannt und veröffentlichte eine Reihe von Untersuchungen über die Geographie, vor allem den Vulkanismus

Japans. Nach Deutschland zurückgekehrt, habilitierte er sich 1886 als Privatdozent für Geologie und physikalische Geographie an der Universität München. Im Jahre 1898 wurde er als Vorstand der Abteilung für Bergbau und Geologie der Metallurgischen Gesellschaft nach Frankfurt a.M. berufen und dort 1902 zum Direktor der Zentrale für Bergwesen ernannt.
† 1.2.1927, wahrscheinlich in Frankfurt a.M.

Irfan ORGA

Veröffentlicht: Die Karawane zieht weiter . . . Anatolische Ruinen, Berge und Nomaden. Aus dem Englischen übersetzt von Elisabeth Zehden-Boehm, Carl Hanser Verlag, München 1958, S. 82 und S. 195 ff.

Persönliche biographische Daten waren leider nicht zu ermitteln. In der großen türkischen Enzyklopädie: Büyük Lûgat ve Ansiklopedi, Meydan Yaınevi Cağaloğlu, Meydana Larousse, Band I — 1969, fehlt sein Name. Die Redaktion des Carl Hanser-Verlages konnte mir indessen die folgende Besprechung aus dem Universum, Wien, zur Verfügung stellen: „Der Verfasser dieses Reiseberichtes ist Türke; daher gewinnt er einen viel unmittelbareren Eindruck von Kleinasien und seinen Bewohnern als etwa ein Mitteleuropäer. Er lebt aber seit Jahren in England; darum fiel ihm manches auf, was einem ortsansässigen Türken nicht als erzählenswert erschienen wäre. Völkerkundlich von höchstem Interesse ist die Beschreibung eines mehrwöchigen Aufenthaltes bei dem Nomadenstamm der Yürüken, eindrucksvoll die Bilder und Beschreibungen der alten Baudenkmäler".

Alexander PUSCHKIN

Veröffentlicht: Die Reise nach Erzerum. Tagebuchblätter. Anekdoten. Deutsche Übertragung von Fega Frisch, Zürich 1945, S. 76 ff.

*6.6. (26.5.) 1799 in Moskau. Fand als erster Klassiker der russischen Literatur allgemeine Anerkennung. 1829 unternahm er auf eigene Initiative während des russisch-türkischen Krieges eine Reise zur russischen Armee, die ihn bis nach Erzerum führte.
† 10.2. (29.1.) 1837 in St. Petersburg.

Graf Eduard RACZYŃSKI

In Assos 103
Veröffentlicht: Malerische Reise in einigen Provinzen des osmanischen Reiches. Aus dem Polnischen des Herrn Grafen Eduard Raczyński übersetzt. Herausgegeben von Friedrich Heinrich von der Hagen. Verlag Grass, Barth und Comp., Breslau 1825, S. 197 ff.

*1786. Die von Rasczyński im Jahre 1814 nach Griechenland und Kleinasien ausgeführte Reise war wesentlich von der Welle der Begeisterung beeinflußt, die in der Welt durch die beiden ersten Gesänge von Lord Byron: Childe Harold's Pilgrimage ausgelöst worden war. Die erste Publikation seines Werkes erschien als Prachtausgabe 1821 in polnischer Sprache in Großfolio, „und 1824 ist von jenem Prachtwerke eine damit an Form und Ausstattung ganz übereinstimmende treue deutsche Übersetzung, ebenfalls auf Kosten des Herrn Verfassers aus unseren Pressen hervorgegangen" (aus dem Vorwort der Ausgabe von 1825).
† 1845.

Friedrich Freiherr von RUMMEL

Völkerkessel Kleinasien 9
Veröffentlicht: Die Türkei auf dem Weg nach Europa. Verlag Hermann Rinn, München 1952, 20 ff.

*10.10.1910 in München. Studium der Geschichte, Romanistik und Germanistik in München und Paris. Lehramtsprüfung 1933/34 und Promotion zum Dr. phil. 1935. Unterrichtstätigkeit u.a. als Lehrer der deutschen Sprache in der Türkei. Im Jahre 1954 Eintritt in den Dienst des Auswärtigen Amtes der Bundesrepublik Deutschland; tätig u.a. als Kulturreferent an den Botschaften Ankara, Rom und New Delhi sowie im Auswärtigen Amt. Zuletzt Generalkonsul in Izmir. Zahlreiche Übersetzungen aus dem türkischen Schrifttum; davon sei hervorgehoben: Abdülhak Şinasi Hisar, Unser guter Fahim Bey, erschienen 1954, Verlag Mouton und Co., Den Haag.

Carl SANDRECZKI

Fahrt auf dem Tigris 313
Veröffentlicht: Reise von Mosul und durch Kurdistan nach Urumia. Unternommen im Auftrage der Church Missionary Society in London 1850.

4 Teile in 3 Bänden. Verlag: Steinkopf, Stuttgart 1857. „Die Fahrt auf dem Tigris“ ist abgedruckt in: Vom Papyrussumpf zur kurischen Nehrung – gesammelt und herausgegeben von Richard Stappenbeck, Stromverlag Hamburg 1947, S. 178 ff.

*1.5.1810 in München. Gehörte als Bezirksgerichtsrat zu den Begleitern von König Otto nach Griechenland. Dort von 1834 bis 1837 als Richter tätig. Trat dann als Missionar in die Dienste der englisch-kirchlichen Missionsgesellschaft und leitete die große englische Missionsschule auf der Insel Syra. Seit 1847 in Izmir (Smyrna); von dort unternahm er seine Reise nach Mesopotamien. Im Jahre 1871 kehrte er nach Deutschland zurück. In den Sitzungsberichten der Königl. bayer. Akademie der Wissenschaften, phil.-hist. Klasse in München veröffentlichte Sandreczki 1872 eine interessante Untersuchung: „Ein kleiner Beitrag zum Studium der neugriechischen Sprache in ihren Mundarten“ (Bd. 2, S. 721–750).
† 21.7.1892 in Passau.

Hedwig SCHRICKER

Veröffentlicht: Sonntagsbeilage der Marburger Presse vom 3. August 1969 (Anatolische Impressionen 6)

Veröffentlicht: Sonntagsbeilage der Marburger Presse vom 13. Juli 1969 (Anatolische Impressionen 4)

*31.8.1919 in Augsburg, Musikpädagogin und Konzertpianistin, verheiratet mit Otmar Schricker, Musikpädagoge, Stud. Direktor, konzertante Aufführungen einzeln und gemeinsam. Artikelserien über Reisen in Sizilien, Kreta und Türkei.

Heinrich SCHLIEMANN

Veröffentlicht: Heinrich Schliemann, Briefwechsel. Aus dem Nachlaß in Auswahl hersg. von Ernst Meyer, Verlag Gebr. Mann, Berlin 1958, Bd. II, S. 31

*6.1.1822 in Neubukow/Mecklenburg-Schwerin als Sohn eines protestantischen Predigers. Da die Familie nicht über ausreichende finanzielle

Mittel verfügte, konnte Schliemann das angestrebte Studium der Altertumswissenschaften nicht antreten. So wurde er Kaufmannslehrling und brachte es durch seine Tüchtigkeit und sein Geschick zum Inhaber eines Großhandelshauses mit Sitz in St. Petersburg. Auf großen Reisen lernte er Europa und die Welt kennen.
Die ihm zur Verfügung stehenden finanziellen Mittel erlaubten ihm, in Paris zu studieren (1866–1871); Promotion in Rostock 1869. Außerdem war es ihm möglich, seinen Jugendtraum zu verwirklichen und die historische Existenz von Troja zu erweisen. Ausgrabungen in Hissarlik führten zur Lokalisierung der Feste des Priamos (1870–1882 und 1889–1890). Es folgten Ausgrabungen in Mykenai (1874), Orchomenos (1880) und Tiryns (1884).
Hauptwerk: Trojanische Altertümer (3 Bände mit Atlas, 1874).
† 26.12.1890 in Neapel.

Harald SCHWEIGER

Veröffentlicht: Moderne Türkei – osmanisches Erbe. Reisen und Reiseerlebnisse, Wollzeilen Verlag, Wien 1966, 108 ff. und 220 ff.

*2.6.1927 in Wien. Abschluß der Studien an der Universität Wien mit Promotion zum Dr. phil. am 21.12.1950. Tätigkeit am Niederösterreichischen Landesmuseum. Im Jahre 1964 mit dem Theodor Körner-Preis für Wissenschaft und Forschung ausgezeichnet. Schweiger konnte seine Kenntnisse über die kleinasiatische Fauna vertiefen, als er von 1964–1969 als Professor für Zoologie an der Universität Istanbul wirkte. Gegenwärtig Naturschutzdirektor von Niederösterreich (seit 1976) und Wirkl. Hofrat (1.1.1979). Schweiger ist der Autor von zahlreichen wissenschaftlichen Artikeln über die Fauna in der Türkei mit dem Schwergewicht der Darstellung ihrer zoographischen und ökologischen Probleme. In seinem Werk: „Land unter dem Regenbogen", Wien und München 1969, behandelt er seine Untersuchungen im nordöstlichen Raum von Anatolien.

Franz TAESCHNER

Veröffentlicht: Mitteilungen der Deutsch-Türkischen Gesellschaft, Bonn 1962, Heft 44, S. 7 ff.

*8.9.1888 in Reichenhall (Obb.). Nach dem Studium der orientalischen Sprachen und Kulturen Promotion zum Dr. phil in Kiel (1912); Habilitation 1922 an der Universität Münster. Hier wirkte er zunächst als Privatdozent und von 1935 als Professor und Direktor des Orientalischen Seminars bis zu seiner Emeritierung. Sein Lehrgebiet umfaßte die arabische, persische und türkische Sprache sowie die Literatur, Geschichte und Kultur des Vorderen Orients in islamischer Zeit. Indessen lag das Schwergewicht seiner Forschungsarbeit auf dem Gebiet der türkischen Literatur und der Kulturgeschichte des Osmanischen Reiches. In zahlreichen Veröffentlichungen behandelte er die Geographie von Kleinasien im Mittelalter, Themen zur persisch-türkischen Miniaturmalerei und der osmanischen Geschichtsschreibung sowie der Entwicklung der Bruderschaften und Zünfte in den islamischen Ländern.
† 11.11.1967 in Münster.

Richard THIELE

Veröffentlicht: „Im Jonischen Kleinasien. Erlebnisse und Ergebnisse“. Gymnasial-Bibliothek Heft 45, 1907, S. 18 ff. Verlag C. Bertelsmann, Gütersloh

*30.12.1846 in Schwerda. Studium der klassischen Altertumswissenschaft und Germanistik. Anschließend im Schuldienst tätig; er wirkte zuletzt als Direktor des königlichen Gymnasiums in Erfurt. Autor von zahlreichen fachlichen Publikationen, u.a. von mehreren lateinischen Schulbüchern. Im Jahre 1903 erschien von ihm: „Reiseerinnerungen aus Griechenland“. Thiele war Mitglied in manchen Fachorganisationen und bekleidete auch das Amt eines Vicepräsidenten für gemeinnützige Wissenschaften in Erfurt.
† 14.8.1907 in Erfurt.

Vedat Nedim TÖR

Veröffentlicht: Über die Türkischen Volkstänze, in: Fifth International Congress of Turkish Art. Edited by G. Fehér. Verlag der Ungarischen Akademie der Wissenschaften

*26.8.1897 in Istanbul; Vedat Tör bekleidete hohe Ämter in der türkischen Wirtschaft und Regierung; so war er Direktor des nationalen Wirtschafts-

und Sparvereins, Generaldirektor der Verwaltung für Druckangelegenheiten, Direktor des Rundfunks in Ankara. Außerdem betätigte er sich in den Organisationen für Tourismus und ist zur Zeit noch Berater für Kunst und Kultur bei der Yapı ve Kredi Bankası in Istanbul.
Außerordentlich erfolgreich war Vedat Tör auch als Autor von Romanen und Bühnenstücken; genannt sei der Roman: „Resim Ögretmeni" (Der Kunstlehrer). Von seinen zahlreichen Theaterstücken wurde „Kör" (Der Blinde) in Deutschland und Frankreich aufgeführt, ebenso 1953 Siyah-Beyaz (Schwarz-Weiß) in Deutschland und 1958 „Halıcı Kız" (Teppichknüpfendes Mädchen) im Frankfurter Sender. Von ihm ist auch eine Selbstbiographie erschienen unter dem Titel: „Yıllar böyle geçti" (So vergingen die Jahre).
Große Verdienste hat sich Vedat Tör auch bei der Teilnahme der Türkei an den internationalen Ausstellungen in Budapest, Leipzig, Marseille und New York (1949) erworben. Sein bleibendes Verdienst aber ist die Förderung und Organisation der Volkstänze in allen Regionen der Türkei, für die er die „Türk Halk Oyunlari Yaşatma ve Yayma Vakfi" ins Leben gerufen hat – eine Stiftung, die sich die Pflege des in den Volkstänzen fortlebenden Brauchtums von Anatolien zum Ziel gesetzt hat.

Ilias VENESIS (mit bürgerlichem Namen Elias Melos)

Auf einem äolischen Bauernhof 111
Veröffentlicht: Äolische Erde. Aus dem Neugriechischen übersetzt von Roland Hampe. Insel Verlag, Wiesbaden 1949. Nachdruck im Philipp von Zabern-Verlag, Mainz 1969, S. 60–62

*4.3.1904 in Ayvalık; 1922 verließ Venesis mit seiner Familie sein Geburtsland auf Grund des Vertrages von Lausanne zwischen der Türkei und Griechenland über einen gegenseitigen Bevölkerungsaustausch. Die Familie lebte zunächst auf Lesbos, und hier begann auch Venesis seine schriftstellerische Tätigkeit. Später siedelte er nach Athen über. Das Lebenswerk von Venesis umfaßt über 20 Erzählungen, Berichte und Romane. In einer Trilogie, die auch ins Deutsche übersetzt wurde, beschrieb er die Tragödie des kleinasiatischen Griechentums; einen Teil der Trilogie bildet „Äolische Erde", erstmals erschienen 1934. Venesis war Mitarbeiter an Athener Zeitungen und beim Rundfunk. 1957 wurde er zum Ordentlichen Mitglied der Athener Akademie gewählt.
† 3.8.1973 in Athen.

Theodor WIEGAND

Die Klöster im Latmos 144
Veröffentlicht: Halbmond im letzten Viertel. Briefe und Reiseberichte aus der alten Türkei von Theodor und Marie Wiegand 1895 bis 1918, hersg. und erläutert von Gerhard Wiegand, Verlag F. Bruckmann, München 1970, S. 82–84

*30.10.1864 in Bendorf/Rh. Studium der klassischen Archäologie und Altertumswissenschaften in München und Berlin. Verh. mit Marie von Siemens. Wiegand wurde der Initiator der großen deutschen Forschungsunternehmen an der Westküste Kleinasiens (Pergamon, Priene, Milet, Didyma) und Gründer des Pergamon-Museums in Berlin (Einweihung 1930).
1897 Direktor an den Berliner Museen mit Amtssitz Konstantinopel, 1911–1930 Direktor der Antikenabteilung.
1916–1918 Generalinspektor des Türkisch-Deutschen Denkmalschutz-Kommandos für Syrien, Palästina und Westarabien.
Nach seiner Pensionierung wurde Wiegand von 1932–1936 Präsident des Deutschen Archäologischen Institutes. Sein Leben und seine wissenschaftliche Tätigkeit hat Carl Watzinger in der Biographie „Theodor Wiegand – ein deutscher Archäologe (1864–1936)", München 1944, dargestellt.
† 18.12.1936 in Berlin.

Hanns WILDERMANN

Aphrodisias im alten Karien 151
Veröffentlicht: Mitteilungen der Deutsch-Türkischen Gesellschaft, Bonn, Mai 1965, Heft 61, S. 8 f.

*30.1.1920 in Augsburg. Nach Besuch des humanistischen Gymnasiums Kriegsdienst. Studium der Romanistik, klassischen Philologie und Philosophie an den Universitäten Tübingen und Paris mit Abschluß der Promotion zum Dr. phil. 1942 in Tübingen. Verleihung eines Stipendiums an der Stanford University/USA. Gasthörer an der TH in Stuttgart in wirtschaftswissenschaftlichen Fächern. Nach Tätigkeit als leitender kfm. Angestellter in einer Maschinenfabrik in Stuttgart 1952 bis 1954 Übernahme in den Schuldienst von 1954 bis 1961. Danach von 1961 bis 1972 Institutsleiter des Goethe-Instituts in Izmir; zahlreiche Reisen im Lande, besonders in der Westtürkei. Seither Leiter des Personalwesens in der Zentralverwaltung in München.

Zahlreiche Aufsätze in verschiedenen Zeitschriften über historische, archäologische und volkskundliche Themata der Türkei sowie Vortragstätigkeit über denselben Problemkreis.
Verfasser des Büchleins TÜRKEN in der Reihe „Umgang mit Völkern" des Instituts für Auslandsbeziehungen in Stuttgart (1973).

KULTURGESCHICHTE DER ANTIKEN WELT

Fachkundige Einführungen für den archäologisch und historisch interessierten „Laien"

Band 7: *Dörner, Friedrich Karl*
Vom Bosporus zum Ararat
Reise- und Fundberichte aus Kleinasien
2. Auflage
Format 16 x 23 cm; XII, 392 Seiten mit 27 Textillustrationen; 64 Abbildungen; 5 doppelseitige Farbtafeln und 6 Farbtafeln mit 8 Abbildungen; gebunden, mit farbigem Schutzumschlag
ISBN 3-8053-0417-X

Band 8: *Richter, Friedrich / Hornbostel, Wilhelm*
Unser tägliches Griechisch
Deutsche Wörter griechischer Herkunft · Mit einem archäologischen Beitrag von Wilhelm Hornbostel
Format 16 x 23 cm; 246 Seiten; 36 Abbildungen; Fester Einband
ISBN 3-8053-0464-1

Band 9: *Haynes, Sybille*
Die Tochter des Augurs · Aus dem Leben der Etrusker
Format 16 x 23 cm; 308 Seiten; 13 Farbtafeln; 42 bibliophile Illustrationen; gebunden, mit farbigem Schutzumschlag
ISBN 3-8053-0463-3

Band 10: *Haas, Volkert*
Hethitische Berggötter und hurritische Steindämonen · Riten, Kulte und Mythen
Format 16 x 23 cm; 258 Seiten; 6 Farb- und 37 Schwarzweißabbildungen; gebunden, mit farbigem Schutzumschlag
ISBN 3-8053-0542-7

Band 11: *Habachi, Labib*
Die unsterblichen Obelisken Ägyptens
Aus der Feder des Nestors der Ägyptologie erfahren wir alles über Obelisken.
Format 16 x 23 cm; 256 Seiten; 5 Farb- und 83 Schwarzweißabbildungen; Fester Einband
ISBN 3-8053-0581-8

VERLAG PHILIPP VON ZABERN · MAINZ

KULTURGESCHICHTE DER ANTIKEN WELT

Fachkundige Einführungen für den archäologisch und historisch interessierten „Laien“

Band 12: *Hagenow, Gerd*
Aus dem Weingarten der Antike
Die Bedeutung des Weines in den antiken Kulturen, in der Poesie, sowie die Technik des Weinbaus im Altertum.
Format 16 x 23 cm; 248 Seiten; 16 Farb- und 64 Schwarzweißabbildungen; Fester Einband
ISBN 3-8053-0589-3

Band 13: *Haynes, Denys*
Griechische Kunst und die Entdeckung der Freiheit
Durch die Idee menschlicher Freiheit unterschied sich die griechische Kultur von allen anderen der alten Welt und schuf die Grundlagen unseres modernen westlichen Denkens.
Format 16 x 23 cm; 148 Seiten; 90 Schwarzweißabbildungen; Fester Einband
ISBN 3-8053-0557-5

Band 14: *Lacey, W. K.*
Die Familie im Antiken Griechenland
Format 16 x 23 cm; 330 Seiten; 32 Tafeln mit 49 Abbildungen; Fester Einband
ISBN 3-8053-0543-5

Band 15: *Perfahl, Jost*
Wiedersehen mit Argos und andere Nachrichten über Hunde in der Antike
Format 16 x 23 cm; 116 Seiten; 8 Farb- und 50 Schwarzweißabbildungen; Fester Einband
ISBN 3-8053-0757-8

Band 16: *Schefold, Karl*
Die Bedeutung der griechischen Kunst für das Verständnis des Evangeliums
Format 16 x 23 cm; 113 Seiten mit 48 Abbildungen; Fester Einband
ISBN 3-8053-0639-3

Band 17: *Toynbee, J. M. C.*
Tierwelt der Antike
Format 16 x 23 cm; XV, 486 Seiten mit 1 Textabb.; 4 doppelseitige Farbtafeln; 48 Tafeln mit 144 Abb.; Fester Einband
ISBN 3-8053-0481-1

VERLAG PHILIPP VON ZABERN · MAINZ

Deschan
K r i
S
SEWASTO
BUKAREST
KONSTANZA
BULGARIEN
WARNA
SCHWARZ
GRIECHENLAND
Bosporus
Şile/Kumbaba
İSTANBUL
Ereğli
Herakleia
Marmara
Meer
Dardanellen
Izmit
Nikomedeia
Üsküb/Prusias a. H.
Bolu/Klaudiopolis
Güllük
Iznik-
Nikaia
Geyve
Mudanya
BURSA
Prusa a.O.
Troja
Assos
Lesbos
Ayvalik
Bergama
Pergamon
Thyatira/Akşehir
Söğüt
Sakarya
Kızılırmak
ESKIŞEHIR
Kütahya
ANKARA
Gordion
Midas-Stadt
Boğazk
(Boğazka
KLEIN
TÜRKEI
Magnesia
a.S.
IZMIR
Smyrna
Değirmendere
Sardes
Philadelphia
Ephesos
Samos
Ikaria
Aydın/Tralles
Sultanhisar
Milet
Herakleia
am Latmos
Patmos
Hierapolis/Pamukkale
Laodikeia/Lâdik
Aphrodisias
Akşehir
Konya
Çatal
Hüyük
Bodrum
Halikarnassos
Kalymnos
Kos
Knidos
2284
2505
Antalya
Attaleia
Side
TAURUS
2647
1610
3240
Göksu
Tarsus
Mersin
Telmessos
Xanthos
Çıralı/Olympos
Demre/Myra
Rhodos
Kreta
MITTELLÄNDISCHES MEER
NIKOSIA
ZYPERN